感谢中国钱币学会资助

中国货币经济史丛书

中国近代货币史研究
——白银核心型的货币体系

戴建兵 著

中国社会科学出版社

图书在版编目(CIP)数据

中国近代货币史研究：白银核心型的货币体系/戴建兵著．—北京：中国社会科学出版社，2017.12
ISBN 978－7－5203－0989－9

Ⅰ.①中… Ⅱ.①戴… Ⅲ.①白银—货币流通—货币史—研究—中国—近代 Ⅳ.①F822.9

中国版本图书馆 CIP 数据核字(2017)第 224746 号

出 版 人	赵剑英
责任编辑	刘 芳
责任校对	周 昊
责任印制	李寡寡

出　　版	中国社会科学出版社
社　　址	北京鼓楼西大街甲 158 号
邮　　编	100720
网　　址	http://www.csspw.cn
发 行 部	010－84083685
门 市 部	010－84029450
经　　销	新华书店及其他书店
印　　刷	北京明恒达印务有限公司
装　　订	廊坊市广阳区广增装订厂
版　　次	2017 年 12 月第 1 版
印　　次	2017 年 12 月第 1 次印刷
开　　本	710×1000　1/16
印　　张	30.25
插　　页	2
字　　数	484 千字
定　　价	99.00 元

凡购买中国社会科学出版社图书，如有质量问题请与本社营销中心联系调换
电话：010－84083683
版权所有　侵权必究

目 录

一

中国近代的白银核心型货币体系(1890—1935) ……………………(3)
全球视角下嘉道银贵钱贱问题研究 ……………………………(23)
传统币制的缓慢演变
　　——中国仿铸银元的历程 …………………………………(43)
近代银元和铜元铸造数量的一个简略估计 ……………………(51)
隐性中央银行
　　——甲午战争前后的外商银行 ……………………………(60)
晚清民初货币制度中的国家制度与民间惯例 …………………(77)
浅议清末和民国时期钱庄、银号和银行的票据 ………………(89)
中国近代货币改革思想评论 ……………………………………(103)
李大钊货币思想刍议 ……………………………………………(113)
张謇的货币金融思想与实践 ……………………………………(118)
传教士与中国货币 ………………………………………………(129)
中国近代币制的转折点
　　——机制制钱研究 …………………………………………(146)
清和民国时期交通银行的纸币 …………………………………(155)
中国近代几种商业银行纸币的券别 ……………………………(170)
清代东钱研究 ……………………………………………………(175)
清代私铸小议 ……………………………………………………(196)
乾隆朝铸币与GDP的估算
　　——清代GDP研究的一种路径探索 ……………………(203)

· 1 ·

上海钱庄庄票略说 ································ （220）

二

近代上海黄金市场研究（1921—1935） ················ （229）
抗日战争时期国民党政府的黄金政策研究 ············· （236）
论中外合办银行的纸币发行 ·························· （245）
美丰银行及其纸币发行 ······························ （264）
关于民国年间的一些花店票 ·························· （272）
试论近代西北货币的发展
　　——以甘青宁为中心 ··························· （278）
石家庄近代金融研究 ································ （293）
近代中国和意大利合办银行略论 ······················ （308）
浅析冀察币政特殊化及冀察自铸辅币 ·················· （326）
日本对华经济战中被忽视的一面
　　——日本在华公债政策研究（1931—1945） ········ （336）
一笔尚未清算的战债
　　——抗战时期日本及其傀儡政权在中国发行公债之残留 ········ （352）
抗日战争时期国民政府货币战时策略初探 ·············· （361）
抗战期间港、澳有关货币三题 ························ （372）
浅论抗日战争胜利后国民政府对战时货币的整理 ········ （375）
汪伪中央储备银行及伪中储券 ························ （385）
浅论解放战争时期华北解放区的货币斗争 ·············· （389）

三

金融史资料的散失与收集 ···························· （399）
第一届中国金融史国际学术研讨会综述 ················ （406）
第二届中国金融史国际学术研讨会综述 ················ （416）
第三届中国金融史国际研讨会综述 ···················· （424）
一代大师百草成集 ·································· （431）

智者之泉　泉家之智 …………………………………………… (433)
关于大中银行辅币券发行疑点的说明 ………………………… (436)
关于抗战时期"伪银行"的通信
　　——答加藤正宏先生 ………………………………………… (441)
读李铁生先生《古罗马币》有感 ………………………………… (445)
读《日伪政权的金融与货币图说·伪满洲国卷》有感 ………… (448)
中外货币文化交流研究成果百年回顾 ………………………… (453)
一部独具特色的外债史研究成果
　　——评马陵合的《晚清外债史研究》 ……………………… (461)
读刘志英著《近代上海华商证券市场研究》 …………………… (466)
中日货币对谈录 ………………………………………………… (470)

后记 …………………………………………………………… (480)

中国近代的白银核心型货币体系(1890—1935)

  1890—1935 年，国际货币经历了金本位制由稳定到崩溃及信用货币应运而生的时期。中国则走过了货币发展的异常复杂时期，从清中后期主要流通银两、铜钱和纸币（含私票），到晚清民初流通银两、银元、铜钱、铜元、纸币（含私票）等货币，以及废两改元确立银本位，再到发行金汇兑本位下的信用货币（管理通货）——法币。① 在学术界，关于近代中国货币体系以及相关的货币史和金融史的著作已经很多。② 但依据金融学学理，仍有深化的必要。本文研究的近代货币特指自 1890 年中国机制银元产生至 1935 年法币改革期间的中国货币，力图将历史学、经济学（金融学）、钱币学三者结合起来，对中国近代货币体系进行分析，总结出近代中国经济发展进程的一些规律。不当之处，敬请方家指正。

---

  ① 本文为河北省哲学社会科学规划课题"新视域下的中国近代货币研究"（课题号 10GJ015）的成果之一。洪葭管亦认为法币为金汇兑本位。参见洪葭管《中国金融史十六讲》，上海人民出版社 2009 年版，第 8 页。
  ② 相关研究论著有：中华人民共和国成立前，刘映岚《中国货币沿革史》，东京砥斋 1911 年版；章宗元《中国泉币沿革》，经济学会 1915 年版；张家骧《中华币制史》，民国大学出版部 1925 年版；侯厚培《中国货币沿革史》，世界书局 1929 年版；耿爱德（E. Kann）《中国货币论》，蔡受百译，商务印书馆 1929 年版；戴铭礼《中国货币史》，商务印书馆 1934 年版；吉田虎雄《中国货币史纲》，周伯棣编译，中华书局（上海）1934 年版；朱偰《中国信用货币发展史》，中国文化服务社 1943 年版。中华人民共和国成立后，彭信威《中国货币史》，群联出版社 1954 年版；魏建猷《中国近代货币史》，群联出版社 1955 年版；杨端六编著《清代货币金融史稿》，生活·读书·新知三联书店 1962 年版；千家驹等《中国货币史纲要》，上海人民出版社 1986 年版；石毓符《中国货币金融史略》，天津人民出版社 1984 年版；何汉威《从银贱钱荒到铜元泛滥——清末新货币的发行及其影响》，《中央研究院历史语言研究所集刊》第 62 本，1993 年；张国辉《晚清货币制度演变述要》，《近代史研究》1997 年第 5 期；叶世昌、潘连贵《中国古近代金融史》，复旦大学出版社 2001 年版。

一 白银核心型的中国近代货币体系

货币本位（standard）是一国货币制度所规定的货币的基本单位与价值标准。金本位是以一定量的黄金来表示和计算货币单位价值的货币制度；银本位是以一定量的白银来表示和计算货币单位价值的货币制度。此外，还有因经济发展状况及金银供给等问题引发的两本位制，即金银平行本位制和金银复本位制。两者的不同之处在于平行本位制下的金币和银币可以自由铸造，而复本位制下的金币与银币之间的交换比率是以法律形式予以规定的。[1]

"金融与贸易密切相关"。[2] "任何时代金融交易都是贸易交易的自然延伸"。[3] 金融的发展加速国际经济的一体化进程。19世纪末至20世纪30年代，国际货币体系经历了金本位崩溃、金本位制衍生的如金块本位、金汇兑本位流行及向管理通货（纸币）发展几个较大的变动阶段。[4] 1914年第一次世界大战爆发后，由于各参战国禁运黄金、纸币停兑黄金，导致国际金本位制实质上被废止。战后，随着1925年英国恢复金本位，[5] 各国也相继恢复金本位，但实际上黄金的地位被大大削弱。除美国继续维持金本位制、法国和英国推行金块本位制外，其他国家则大多实行金汇兑本位制。美国即使实行金本位制，为了减轻压力，也极力主张以国际金银复本位制来替代金本位制。[6] 金汇兑本位制经过1929—1933年的世界经济危机也岌岌可危。1931年9月，英国第二次放弃金本位。[7] 为维持国际贸易，英、美、法均组织各自的货币集团，同时，世界币制也发生变化。随

---

[1] 参见武康平编著《货币银行学教程》，清华大学出版社1999年版，第19—22页。
[2] 洪葭管：《中国金融史十六讲》，上海人民出版社2009年版，第7页。
[3] [英]约翰·希克斯：《经济史理论》，厉以平译，商务印书馆1987年版，第67页。
[4] 参见李世安《布雷顿森林体系与"特里芬难题"》，《世界历史》2009年第6期。
[5] 参见[美]约翰·H.伍德《英美中央银行史》，陈晓霜译，上海财经大学出版社2001年版，第282页。
[6] 参见马寅初《中国之新金融政策》，商务印书馆1937年版，第46—47页。
[7] Gary Richardson and Patrick Van Horn, "Fetters of Debt, Deposit, or Gold during the Greect Depression? The Internation Propagation of the Banking Crisis of 1931," *Economic History Yearbook*, Vol. 52, No. 2, pp. 29–54, 2011.

着中央银行制度在世界范围内的发展,信用货币(管理纸币本位、管理通货)制度开始在世界范围内建立。①

1840年后,中国被迫融入世界经济体系。然而,在相当长时期内,中国货币本位并没有与国际接轨。

近代中国的货币,种类极为复杂,在市场上流通的主要有:银两、银元(自铸和外国银元两大种类)、制钱、铜元、银行券、私票等。② 时人多认为近代中国货币"芜杂紊乱"③,是"最复杂的一种",外国学者认为近代中国货币"缺乏体系"④,甚至有中国经济学家认为"吾国历来,仅有货币,而无币制"⑤。

具体到光绪朝中期以前的货币本位,学术界流行的说法有两种:银钱平行本位⑥、银铜复本位,⑦ 其学理来源均为上述西方金银平行或复本位制,实际均不确切。因为清代流通的银锭和铜钱都近似本位货币。但是银两是可以自由铸造的,⑧ 而制钱却被清政府严格控制和管理,严禁民间私铸,私铸首犯及匠人均治以处斩等重罪。这与金银平行本位制中金银均可

---

① 参见李成主编《货币金融学》,科学出版社2004年版,第23—25、30页。

② 详见戴建兵《中国近代银两史》,中国社会科学出版社2007年版;《中国钱票》,中华书局2001年版;《中国近代纸币》,中国金融出版社1993年版;《中国货币金融史》(与陈晓荣合著),河北教育出版社2006年版。

③ 这是日本同文书院院长大内畅三对中国货币体系的评价。交通银行总理梁士诒曾说:"一等国用(支票)转账,二等国用钞票,三等国用硬币,若四等国,并币而无之,则用生金银。"(《上海金融史话》编写组编:《上海金融史话》,上海人民出版社1987年版,第68页)而英国人毛里斯·柯里斯则称:"中国人是没有铸币通货的。其交换媒介就是作为金属的白银。"([英]毛里斯·柯里斯:《汇丰——香港上海银行:汇丰银行百年史》,李周英等译,中华书局1979年版,第21页)

④ Frederic E. Lee, *Currency, Banking, and Finance in China*, New York: Garland Publishing, Inc., 1982, p. 8. 清末度支部币制顾问、北洋政府财政部顾问、荷兰银行总裁卫斯林认为中国没有实质的本位制度,"Thus far China has had no real standard", (Dr. G. Vissering, *On Chinese Currency, Preliminary Remarks about the Monetary Reform in China*, Amsterdam: J. H. De Bussy, 1912, p. 5)。

⑤ 赵兰坪编著:《货币学》,正中书局1936年版,第500页。

⑥ 参见彭信威《中国货币史》下册,群联出版社1954年版,第485页。1962年杨端六先生就明确认为这是不完整的平行本位制(参见杨端六编著《清代货币金融史稿》,生活·读书·新知三联书店1962年版,第3页)。

⑦ 参见王业键《中国近代货币与银行的演进(1664—1937年)》,台北"中研院"经济研究所1981年版,第5页。

⑧ 乾隆时期,江浙大县银匠多的有数百名,小县有十余名。参见浙江布政使潘思榘《奏陈整顿钱法之末议事》,乾隆十年二月二十五日,军机处录副奏折,档案号03-0770-047,缩微号052-0676,中国第一历史档案馆藏。

自由铸造为币的原则大相径庭。此外，制钱是由贱金属——铜及铅、锌铸造而成，这与西方货币本位制度中两种货币金属均由贵金属构成，有着明显区别。无论是对货币单位，还是主辅币制度，货币本位都有严格规定。但是，中国的称量货币——银两的基本单位"两"及成色在国内却千差万别。① 此外，尽管清政府在清初就规定了银一两等于制钱一千文的比价，政府也极力维持，但实际上银钱比价随行就市、时有变化，银两与制钱并非主辅币关系，这与复本位制中两种货币金属的法定比价是不一致的。因而此时的货币与严格意义上的任何本位制度均有较大距离。

那么，自光绪朝机制银元出现后，中国是否开始进入银本位时代呢？

光绪十六年（1890），广东钱局银厂开始铸造银元，随后各省纷纷仿效，使中国的货币流通领域出现新的等价物——银元，掀开中国近代货币史新的一页。1905年10月，清政府财政处拟定《铸造银币分两成色章程》十条，② 确定了本位货币为库平一两；1910年又订立《厘定国币则例》，③ 规定了银币的重量及其辅币；1914年2月北京政府颁布《国币条例》15条，④ 对银币的面额、重量、成色、辅币等均作了相应的规定。有学者由此认为此时中国已为银本位。不过，这些条例仅是具文，当时流通领域中的银质货币——无论银两、银元还是银角，均按重量、成色天天有行市，彼此之间并非主辅币关系，⑤ 从而谈不上银本位。对于晚清民初的货币制度，学者多因纷乱的货币现实而将之归为多元本位。⑥

---

① "清代时中国各地行用的平，总计起来，当不下一千种。"（张惠信：《中国银锭》，台北齐格飞出版社1988年版，第176页）"在清朝，中国全国所用的'平'无虑几百几千种。"（杨端六编著：《清代货币金融史稿》，第78页）"据民国初年中国银行调查，各地通用的平砝，即有一百七十余种。"（魏建猷：《中国近代货币史》，第30页）

② 参见奎濂等校勘《度支部通阜司奏案辑要》，沈云龙主编《近代中国史料丛刊三编》第47辑，文海出版社1988年版，第171—180页。

③ 参见中国人民银行总行参事室金融史料组编《中国近代货币史资料》第1辑，《清政府统治时1840—1911》第2册，中华书局1964年版，第783—789页。

④ 参见中国人民银行总行参事室编《中华民国货币史资料（1912—1927）》第1辑，上海人民出版社1986年版，第88页。

⑤ 参见金侣琴《银辅币问题》，《东方杂志》第24卷第5号，1927年3月10日；沧水《论推行新银辅币之必要》，《银行周报》第4卷第3号，1920年1月。

⑥ 1929年美国普林斯顿大学教授甘末尔博士（Edwin W. Kemmerer）受聘为国民政府币制改革顾问，提出《中国逐渐采用金本位实施草案及其理由书》，认为中国当时为多元本位（参见王业键《中国近代货币与银行的演进（1664—1937年）》，第5页）。

当时的中国处于世界发达国家均为金本位货币制度的国际环境之中，那么，中国近代究竟具有一种怎样的货币体系呢？

实际上，中国近代币制是十分独特的，没有严格意义上的货币银行学学理上的本位含义可以对应，其构成实质是十分独特的"白银核心型"货币体系。明代，由于对外贸易的发展，白银大量流入中国，以铜钱为币的传统改变，铜钱和白银（银锭和银元）均开始在流通领域发挥作用。[1] 清初沿袭明制，钱粮收银。顺治十四年（1657），"直省征纳钱粮多系收银，见今钱多壅滞，应上下流通，请令银钱兼收，以银七钱三为准，银则尽数起解，其钱充存留之用，永为定例"[2]，从而强化了白银在货币体系中的地位。而在市场流通中，早在乾隆年间，市场用银已占据相当主导地位。当时朝廷下令"各督抚转饬地方官出示剀切晓谕，使商民皆知以银为重，不得专使钱文"[3]，商民大数用银，小数用钱。即使边远的西北地区也是如此。[4]

之所以宜称之为白银核心型的货币体系，是因为近代市场上各自流通复杂多样的货币（纸币是硬币的货币符号）均以白银为核心兑换，并在市场上与之发生密切的关系。近代中国金融中心上海的货币市场，在1915年8月前为龙洋（龙洋折合银两数）行市，此后改为鹰洋行市。[5] 自1919年6月废两改元前，上海货币市场每天挂出各种货币行市以及相应银两借贷利率，分别为：每日银元一元合规元的"洋厘"约期买卖的银元市价即"期洋"；银辅币十角合规元的"小洋"；规元一百两合铜元的"铜元"；银元一元合铜元的"兑换"；小洋一角合铜元的"角子"；小洋一角需贴水合大洋一角的"贴水"，这些每日公布的货币行市均是以银两、银元、银角标价的。此外，相当于当时借贷市场基准利率的"银拆"

---

[1] 参见万明《明代白银货币化的初步考察》，《中国经济史研究》2003年第2期。
[2] 张廷玉等：《清朝文献通考》卷13《钱币一》，王云五主编《万有文库》第2集，商务印书馆1936年版。
[3] 张廷玉等：《清朝文献通考》卷16《钱币四》，王云五主编《万有文库》第2集，商务印书馆1936年版。
[4] 参见甘肃巡抚鄂乐舜《奏复查办通省钱价大势平减事折》，乾隆十八年八月初七日，军机处录副奏折，档案号03-0771-059，缩微号052-0964，中国第一历史档案馆藏。
[5] 参见叶世昌、潘连贵《中国古近代金融史》，复旦大学出版社2001年版，第210页。

（即规元一千两之日利）也是以白银标价的。① 其他各地亦有相应的类似组织以银两和银元为标准，每日公布当地的货币行市。② 可见，白银居于货币市场的核心地位。

白银核心型的货币体系与银本位的最大不同在于：银本位制要求的是单一银本位币及相应的辅币制度，而白银核心型的货币体系没有单一的本位币，银元和银两均发挥着类似本位币的作用。同时没有辅币制度，银角、制钱、铜元实质上都不是银元或银两的辅币，均可独立在市场流通。

整体来看，法币改革前，近代中国的各种货币都与白银关系密切，均可通过比价折合为银元、银两，但折合比价是动态的，这与西方国家货币本位中非常重要的比价严格固定的主辅币制度毫无共同之处。

白银核心型货币体系是中国货币向银本位发展的阶段，发展过程是日益向银收缩。最初表现就是晚清民国后造币厂大量铸造的银元，一方面取代铜钱等传统货币，另一方面侵消市场上的银两地位，并导致虚银两制度形成。虚银两制度以一些区域性的大中城市为核心，并影响广大区域，如上海九八规元、天津行化、武汉洋例、绥远拨谱、营口炉银、安东镇平银、汕头七兑等。铜元随着银元流通及自身的滥铸，价值日低，使用范围缩小，实质是向辅币地位转化。1933年，中国政府废两改元，标志着中国进入银本位时代。③

二　外国势力对中国货币体系的影响

（一）白银货币的外部供给

中国近代货币体系的核心是白银，其货币表现形式是银锭或银元。1943年美洲新大陆被发现后，世界产银量最多的地区为北美中部、南部。

---

① 参见潘子豪《中国钱庄概要》，华通书局1931年版，第97—98页。
② 20世纪30年代江西南昌汇划公所附设于钱业公会组织之下，"规元、洋例、银元、口拆、铜元、盐封、申钞、杂钞等行市，皆由公所挂牌，以为全市交易之标准"（参见杨祖恒《南昌之金融》，《中央银行月报》第2卷第2—3号合刊，1933年1—2月）。
③ 因银本位刚一确立就发生白银风潮而导致法币改革，故本文所探讨的白银核心型货币体系截至1935年的法币改革，即与白银基本脱离关系为止。

17世纪秘鲁、巴西发现新银矿,18世纪墨西哥几占该世纪银产量之半。但是,以白银为币的中国银产量"殊无几也"①。明代以来,由于对外贸易发展,国外白银大量流入中国。② 至近代,中国产银量仍非常有限,③北洋政府时期最高年产量不足5万两。④ 1925年调查发现中国的产银地仅有五省,总额为35569两,其地域分布如表1。

表1　　　　　　　　　中国各省的银产量

省别	产量（两）	值银元数（块）
湖南	20000	26000
四川	1569	2040
广西	10000	13000
云南	3000	3900
热河	1000	1300
总计	35569	46240

资料来源：企云《远东之银》，《钱业月报》第9卷第6—7期，1929年。

因中国产银量有限，白银的输入自然十分重要。据杨格统计，1888—1931年中国共输入白银达103700万盎司。⑤ 白银由外部供给这一特点对近代中国经济影响巨大。晚清的白银外流和国民政府时期的白银风潮均可

---

① Tomoko Shiroyama,"China's Relations with the International Financial System in the 20th Century Historical Analysis and Contemporary Implication", *International Order of Asia in the 1930s and 1950s*, Tokyo: Hitotsubashi University, 2008, p.4. 亦可参见邵金铎《银价之研究》，上海学术研究会丛书部1928年版，第1页。

② 傅镜冰是较早涉足此领域进行研究的学者，1933年发表《明清两代外银输入中国考》（《中行月刊》1933年第6期），考证了明清两代外国白银输入中国的不同时期和途径，并推算明末至清朝中叶外国白银输入的数量总计3.5亿元左右。另可参见梁方仲《明代国际贸易与银的输出入》，《中国社会经济史集刊》第6卷第2期，1939年；全汉升《明清间美洲白银的输入中国》，《中国经济史论丛》第1册，香港中文大学新亚研究所1972年版。

③ 洋务运动中，银矿仅热河承德三山银矿、广东香山天华银矿、吉林珲春天宝山银矿、广西贵县天平寨银矿等开采，但成绩不大（参见夏东元《洋务运动史》，华东师范大学出版社1992年版，第270—271页）。

④ 参见杜恂诚《中国金融通史》第3卷《北洋政府时期》，中国金融出版社2002年版，第357页。

⑤ 参见［美］杨格《一九二七至一九三七年中国财政经济情况》，陈泽宪、陈霞飞译，中国社会科学出版社1981年版，第206页。

归结于此。由于白银的外部供给，中国货币市场上极易创造出新的货币（如私票），日益激化复杂货币体系内的竞争，还导致中国很长时期内都是商品和白银双入超的国家。①

晚清中国国门被打开后，逐渐纳入世界经济体系。国民政府成立后，随着经济的发展，对白银的需求日增。1890—1928 年中国净入超白银 627177427 关两。② 1918 年中国成为白银纯进口国，这一年净进口白银达 2350 万关两。1925—1927 年的白银进口分别为 6300 万关两、5300 万关两、6500 万关两。③ 1928 年、1929 年两年更为突出，分别净进口白银 10640 万关两、10580 万关两。与此同时，黄金净出口近 200 万关两。④

货币量的多寡对经济是否发展影响十分巨大。因中国经济体内的货币量决定于白银的进出口，而白银的流动掌握在外人之手，导致了外国势力对中国经济的强力控制。

（二）大条银市场被国外白银市场控制

白银的输出入与近代中国的货币数量、价值、汇率及内外贸易均有着直接关系。中国大条银市场被国外白银市场控制的最显著标志就是上海的对外汇价以伦敦大条银价格为标准。⑤

---

① 早在 19 世纪晚期，与英国皇家金银委员会有关的学者就对中国对外贸易进行了研究，认为"中国每年要用 100 万至 200 万镑黄金平衡贸易，但是在 1864—1886 年，中国每年平均出口了 10 万多镑的黄金。而在中国出口黄金的同时中国的白银进口超过了白银出口，1877 年，差额达 530 镑"（Royal Commission on Gold and Silver, Minutes of Evidence, p. 21，转引自 Wen Pin Wei, The Currency Problem in China, New York: The Faculty of Political Science of Colombia University, 1914, p. 35）。杨端六、侯厚培等通过对 1858—1885 年的研究，亦认为中国是金出口而银进口的国家，1889—1928 年中国净出超黄金 96760217 两（参见杨端六、侯厚培《六十五年来中国国际贸易统计》，《国立中央研究院社会科学研究所专刊》1931 年第 4 号，第 159 页；姚贤镐编《中国近代对外贸易史资料（1840—1895）》，中华书局 1962 年版，第 1064—1065 页）。

② 参见杨端六、侯厚培等《六十五年来中国国际贸易统计》，《国立中央研究院社会科学研究所专刊》1931 年第 4 号，第 159 页。

③ 参见郑友揆《中国的对外贸易和工业发展（1840—1948）——史实的综合分析》，上海社会科学院出版社 1984 年版，第 343 页。

④ 参见中国银行总管理处调查部编《最近中国对外贸易统计图解：1812—1930》，中国银行总管理处调查部 1931 年版，第 70 页。

⑤ 参见潘世杰《白银市场》，杨荫溥主编《经济常识》第 2 集，经济书局 1935 年版，第 90 页。

中国白银输入早期，由于外商对华贸易逆差，需要向上海输入现银抵补。随着中国在当时世界经济体系中位置的确定，即沦为原料的产地及国外商品的市场，中外贸易日益扩大，国外实行金本位使白银在国外成为普通商品，再加上中国白银核心型货币体系日益向银收缩，中国对白银的需求量日益增大。近代中国形成了对外贸易常年逆差而白银仍大量进口的奇异现象。

第一次世界大战以前，居于世界金融中心的伦敦是唯一的白银市场。直到20世纪30年代以前，世界的银价由伦敦银市确定，银价的涨跌操于伦敦银市。[1] 伦敦市场有上海银条行市远期、近期两种价格，而纽约行市则仅有一种价格，一盎司白银的价格以便士或美金标明，每日9：30均由汇丰银行与外汇行市一起挂牌公布。[2] 中国是当时世界最大的白银输入国，第一次世界大战前主要从伦敦白银市场通过外商银行购入白银。"伦敦银价的议定，常要探询汇丰，麦加利在上海交易的多寡；而伦敦现银的市价，则由上海汇丰银行隔日挂牌公布，决定当日上海对英汇价。"上海银市"大条银的交易，没有固定的市场，主要在银行、特别是在外国银行中进行，并且常常同外汇、标金互相套做"[3]。

第一次世界大战爆发后，随着美国经济地位上升、实力提高，特别是其对世界产银量控制的加强，[4] 时人言："银贵银贱，其价格定之于伦敦，定之于纽约。"[5] 纽约银市地位不断上升，逐渐成为世界最大银市之一。上海大条银转而多从美国输入，数量超过了英国。如1931年，上海来自美国纽约的大条银达661000条，是来自伦敦112000条的5倍。[6] 仅纽约一地就有50余家银行接受中国各银行代理白银的交易。[7]

外国白银是支撑中国金融中心上海资金链的重要砝码。《申报》时常

---

[1] 参见菊曾《伦敦的银市》，《钱业月报》第14卷第12号，1934年12月15日。
[2] 参见杨荫溥编《经济新闻读法》，黎明书局1933年版，第138页。
[3] 洪葭管、张继凤：《近代上海金融市场》，上海人民出版社1989年版，第254、262页。
[4] 到20世纪20年代时，"属美国权利所管理之银矿占全世界百分之六十六"，"世界矿产之银，几有百分之九十系英美资本所控制。提炼产银于1929年所出产者有百分之八十以上，亦均为英美资本所控制。美国者占全世界总生产百分之七十三"（[美] Y. S. Leong：《银价研究》，杨先垿译，商务印书馆1935年版，第91、93页）。
[5] 杨荫溥：《中国金融研究》，商务印书馆1937年版，第313页。
[6] 参见《去年上海大条银进出概况》，《银行周报》第16卷第1期，1932年1月。
[7] 参见洪葭管、张继凤《近代上海金融市场》，第255页。

报道大条银由伦敦或纽约运至上海，在上海银炉熔铸成上海通用的银锭（二七宝银）的消息。① 据统计，1919—1931 年，上海进口的大条银有 325000 条熔铸为银锭，占进口总数的 39%。② 其余的大条银则转运至国内其他重要商埠，如天津、南京、杭州等地，铸造宝银或银元。由于大条银与英汇、印汇存在投机市场，故也有少量大条银再由上海重新出口，运至印度孟买或重返英国伦敦套利。③ 1919—1931 年，中国共计输出大条银 41000 条，占同期进口总数的 5%。④

（三）外商银行控制中国白银

在近代中国白银核心型货币体系下，银行得银者得天下，银行的实力源于其对白银的控制力。汇丰银行就是如此。

"建立以白银为基础的银行，是在中国实行资本迅速和大量积累的有效途径。"⑤ 晚清时中国海关总税务司的账户由汇丰银行掌管，款项存入该行。早在金本位时代，在中国的汇丰银行就控制了大量白银，向中国各省地方当局提供高额短期贷款，其利率要比付给各存户如财政金库的四厘利息高出许多。⑥ 为了更强有力地控制白银，汇丰银行在世界各地广设分支机构，业务上注重金银的兑换，强调与金银业务相关的新金融工具的开发。汇丰银行买入和卖出的外汇总值经常占上海外汇市场成交量的 60%—70%。⑦

---

① 参见《沪上商业之乐观》，《申报》1919 年 1 月 15 日，第 3 张第 10 版；《一星期铸银数》，《申报》1919 年 9 月 1 日，第 3 张第 11 版；《前日由美来沪之大条银》，《申报》1921 年 1 月 21 日，第 3 张第 10 版；《一星期之熔银调查》，《申报》1921 年 1 月 23 日，第 3 张第 10 版。
② 参见《去年上海大条银进出概况》，《银行周报》第 16 卷第 1 期，1932 年 1 月。
③ 参见洪葭管、张继凤《近代上海金融市场》，上海人民出版社 1989 年版，第 259 页。
④ 参见《去年上海大条银进出概况》，《银行周报》第 16 卷第 1 期，1932 年 1 月。
⑤ Frank King, *The History of the Hongkong and Shanghai Banking Corporation*, Vol. 1, Cambridge: Cambridge University Press, 1988, p. 509.
⑥ 当时掌握汇丰银行的杰克逊因此被称为"伟大的白银专家"，开创了 1865 年建行至 1902 年的杰克逊时代。在这个时代，汇丰银行的资产从 4300 万元增至 22000 万元，年度纯利润从 50 万元，猛增至 1898 年的 600 万元之巨（参见 [英] 毛里斯·柯里斯《汇丰——香港上海银行：汇丰银行百年史》，第 63 页。另可参见 Frank King, *The History of the Hongkong and Shanghai Banking Corporation*, Vol. 1, p. 269）。
⑦ 中国以银为币，黄金白银的转换实质就是外汇交易（参见张国辉《中国金融通史》第 2 卷《清鸦片战争时期至清末时期（1840—1911）》，中国金融出版社 2003 年版，第 236 页）。

中国近代的白银核心型货币体系(1890—1935)

　　与此同时，近代中国连绵不断的战乱却对汇丰银行的存款持续增长十分有利。为了躲避战乱，使自己的财富更加保险，中国的有钱人将白银运到上海、香港，在以汇丰银行为代表的英国银行开立账户。① 而汇丰又通过对资金的掌握控制了中国钱庄。"汇丰银行在中国建立买办制度。香港的董事会企图控制信贷，依靠买办提供的拆款作为担保将其控制力延伸至钱庄。"②

　　真实白银的持有量更能说明外商银行在中国货币体系中的地位。1921年时，外商银行控制中国约70%的白银储备。③ 而1921—1934年的情况，从上海中外银行存银底数的比较中可窥见一斑，见表2。

表2　　1921—1934年上海各银行现银存底折合银元总数统计　　单位：千元

时间	华商银行 库存数	比例（%）	外商银行 库存数	比例（%）	总计 库存数	比例（%）	指数
1921	21313	30.33	48950	69.67	70263	100.00	47.68
1922	28781	40.77	41813	59.23	70594	100.00	47.91
1923	29991	47.23	33511	52.77	63502	100.00	43.10
1924	48019	42.14	65919	57.86	113938	100.00	77.32
1925	62233	46.43	71817	53.57	134050	100.00	90.97
1926	73494	49.88	73859	50.12	147353	100.00	100.00
1927	79342	55.78	62907	44.22	142249	100.00	96.54
1928	102760	59.90	68781	40.10	171541	100.00	116.42
1929	144196	60.02	96064	39.98	240260	100.00	163.05
1930	166293	63.48	95663	36.52	261956	100.00	177.77
1931	179305	67.36	86883	32.64	266188	100.00	180.65
1932	253289	57.78	185050	42.22	438339	100.00	297.48
1933	271786	49.65	275660	50.35	547446	100.00	371.52
1934	280325	83.68	54672	16.32	334997	100.00	227.34

　　说明：表中数字为中国银行当时的查仓报告，以1926年指数为100.00，本表对原表有删减。
　　资料来源：中国银行总管理处经济研究室《中外商业金融汇报》第2卷第12期，1935年。

---

　　① 参见［英］毛里斯·柯里斯《汇丰——香港上海银行：汇丰银行百年史》，李周英等译，中华书局1979年版，第90页。
　　② Frank King, *The History of the Hongkong and Shanghai Banking Corporation*, Vol.1, p.512.
　　③ Frank M. Tamagna, *Banking and Finance in China*, New York: International Secretariat Institute of Pacific Relations Publications Office, 1942, p.103.

从表2可以看出，在美国等西方国家发生经济大危机前的1925年，仅从单纯的白银持有量考察，在华外商银行在白银存底上占有优势。世界经济危机爆发后，尽管华商银行白银存底已占优势（1933年因白银巨量外流例外），但考虑到外商银行对白银进口及对伦敦、纽约白银市场的掌握，以及此后由于白银贬值引发中国白银数量的绝对猛增，在白银核心型的货币体系没有发生根本变化的情况下，法币改革前在华外商银行通过掌握白银而控制中国的货币是毋庸置疑的。①

（四）外商银行操控银两制度

外商银行除了控制中国的白银外，更为重要的是掌握了与白银有关的中国金融制度。近代银两制度的确立就充分反映了这一点。

自明代白银大量流入中国以来，流通领域或如东南沿海直接使用外国银元，或如内地将银元熔化成银锭使用。但直到清代中叶，百姓还是得简单分辨银两成色，除官方平砝外，使用当地平砝。政府只规定了税收中常用的几种平砝，如户部库平、漕粮的漕平。近代以来，随着沿海沿江口岸的开放，英国商人和银行参与了中国最有影响力的几种银两制度的制定。②

上海开辟租界后，外国银行和外国商行交易最初使用的是西班牙银元，后因西班牙银元停铸，乃由外商银行与商界公议，于咸丰六年（1856）起以上海豆麦行通用的"规元"为记账单位，所有商品交易往来收付都按银元折成"规元"入账。③ 其后规元制度辐射到长江中下游和江南一带，成为近代银两制度中影响最大的一种。没有外商的支持，上海九八规元很难取得日后其在中国东南地区货币核心的地位。

洋例银是近代汉口对内对外通行的一种虚银两，在长江中游影响较大。汉口开埠后，外商要求按上海规元之例，将当地估平宝银980两当作

---

① 由于外商银行掌握白银，法币改革前汇丰银行能掌控中国货币的稳定，蒋介石曾授予汇丰银行经理郭礼宾和上海分行经理亨奇曼勋章（参见［英］毛里斯·柯里斯《汇丰——香港上海银行：汇丰银行百年史》，中华书局1979年版，第129页）。

② 参见［英］毛里斯·柯里斯《汇丰——香港上海银行：汇丰银行百年史》，中华书局1979年版，第126页。

③ 参见叶世昌、潘连贵《中国古近代金融史》，第159页。也有学者认为是咸丰八年秋季（参见杨荫溥《中国金融论》，黎明书局1936年版，第88—89页；魏建猷《中国近代货币史》，群联出版社1955年版，第24页）。

洋例1000两，以此为标准形成了新的洋例银制度，此后汉口商家相沿成习，以前各种平色的银两制度逐渐湮灭，洋例银成为主体。①

关平银制度更是如此。② 五口通商前，外商缴纳关税均为"本洋"（西班牙银元），行商收取后再改铸成纹银（关铜锭），上缴国库。鸦片战争后，中国与英、法、美签订的《五口通商章程》《新税则》《望厦条约》《黄埔条约》，规定海关使用银币收取关税，"交纳均准用洋钱输征"③，废止行商与公行制度，建立海关监督特许的海关银号。1843年7月13日经在广州分析测验，中英双方确认海关使用的银两在"平"上使用粤海关的"平"，成色采用纹银。粤海关的"平"即关平。这就是不平等条约束缚的新关税制度下产生的中国海关使用的银两——海关两。新开五口缴纳关税统一实行这种新的银两单位。以外国银币交纳关税，必须折算成这种银两单位。此后《天津条约》再次确认了这一原则。④

再如民国年间仍在使用的青岛胶平银亦是如此。一直到20世纪20年代末，青岛外国工厂产品仍以胶平银计价，中国人购买洋货仍需用胶平银，外商银行则可通过吸收洋商手中的胶平银，掌握其行市，进而操纵之。⑤

---

① 参见中国银行总管理处《内国汇兑计算法》，中国银行管理处1915年版，第202页。

② 关平银（关平两、关银、海关两），清朝中后期海关所使用的一种计账货币单位，属虚银两。清朝海关征收进出口税时，开始并无统一标准，中外商人均感不便。为统一标准，遂以对外贸易习惯使用的"司马平"，又称"广平"（"平"即砝码），取其一两作为关平两的标准单位。一关平两的虚设重量为37.7495克（后为37.913克）的足色银锭（含93.5374%纯银）。由于各地实际流通的银锭名称、成色、重量、砝码互不一致，折算困难，海关征税时，依当地实际所用的虚银两与银锭的折算标准进行兑换，关平银的实际计算标准并不统一，即使同一海关在同一时期用同一地方银两纳税，兑换率也不一致。1930年1月，中国政府废除关平银，改用"海关金单位"作为海关征税的计算单位（参见宫下忠雄《中国币制的特殊研究——近代中国银两制度的研究》，第11章"关平银制度"，日本学术振兴会1952年版）。

③ 参见王铁崖《中外旧约章汇编》第1册，生活·读书·新知三联书店1957年版，第41、53、61页。

④ 从1843年的税则和1858年的改订税则里，还看不到"关平银""*Haikwantael*"或"*Customs tael*"，这样的用语，只能见到"两"或"Tael"这样的货币单位，或者是"Sycee silver""纹银"这样的用语。从海关贸易统计来看，1875年开始使用"关平银"这一货币单位。海关贸易统计发表开始于设置总税务司制度的1859年，同年*Annual Returns of Trade*发行，1864年发行*Annual Reports of Trade*，1882年两书合并成*Annual Returns of Trade and Trade Reports*。在海关统计中，价格单位1868年以前，"两"（各地方的银两）和"元"（外国银币）并用。1869年以后采用地方两制度。1875年采用关平银制度（参见宫下忠雄《中国币制的特殊研究——近代中国银两制度的研究》，第407、408页）。

⑤ 江礼璪：《述青岛废除胶平银之经过》，《银行周报》第13卷第31号，1929年8月。

三 近代白银核心型货币体系的影响

货币制度的确立有赖于币制的统一和规范,而币制统一和规范的前提是必须有强有力的中央政府。晚清以来,中国币制极度混乱,中央政府难以对货币的发行和流通实施有效管制,多次统一币制的努力均告失败。中国近代白银核心型货币体系正是中国近代特定的政治、经济环境孕育的怪胎,有着与生俱来的缺陷,并给经济环境带来负面影响。

(一) 白银核心型的货币体系传导经济危机

由于白银核心型货币体系的核心——白银由外国控制,故而世界银价的变动会引发近代中国的经济危机,[①] 从晚清时期的银贵钱贱,到20世纪30年代的金贵银贱及白银风潮,中国经济危机的发生均有世界银价变动的重要因素。通货膨胀与通货紧缩时,经济体会受到货币数量的压力,导致物价上涨或下跌,并由此引起生产和消费领域的种种规律性变化。由于白银的进出掌握在外人手中,这种变化只能简单地传导世界银价变动,中国经济的管理者不能进行人为的调节和控制,从而对中国经济产生灾难性后果。20世纪二三十年代的银价上涨和下跌引发的经济危机即可证明。

20世纪20年代末和30年代初中国发生了"金贵银贱"风潮。世界黄金购买力日见升腾,金本位国家物价日见跌落,经济恐慌发生。[②] 当时国际上除中国、印度还以银为币外,白银在其他国家已是普通商品。1929年12月底金价突涨,到1930年6月金价达到最高,与1920年白银价格相差近五倍半左右。[③] 风潮牵动全国。这是1929年世界经济危机在中国的反映。

[①] 参见姚庆三《近十年来我国金融演变之统计的分析及若干正统货币理论之重新的估价》,《国民经济月刊》第1卷第1期,1937年5月15日。

[②] 参见路易士、张履鸾《银价与中国物价水准之关系》,金陵大学农学院1934年版,第1页。

[③] 参见工商部工商访问局编《金贵银贱问题丛刊》,工商部工商访问局1930年版,第1页。

中国近代的白银核心型货币体系(1890—1935)

　　银价下跌一方面使货币贬值，进口商品价格上涨，对中国出口商品有利，从而促进了中国制造业的开工；并吸引了国外白银持有者涌入中国，使中国金融活泼，刺激了经济无序发展。① 另一方面银价下跌却使中国人的财富无形缩水，实际购买力下降，关税、汇率、外债、商业均受损失，"吾国货币，于国际之购买力，已减少其三分之一"②。银价下跌对中国财政更是致命打击。"今银价如斯低落，则向以关盐两项作担保之外债，亦将入不敷出"③。为了避免从清代以来诸如"镑亏"等金银比价的变化对中国财政产生影响，1930年2月国民政府在关税收纳中实施海关金单位，从而在此领域尽量抵消这一影响。

　　中国白银核心型的货币体系的发展方向是银本位，其发展的过程就是不断向银本位凝聚的过程。1929—1931年的世界经济危机，导致国际金本位体系崩溃，从1931年9月到1932年12月，英国、日本、加拿大等17国先后放弃金本位。④ 1933年，中国政府废两改元，标志着中国进入银本位时代。1933年3月美国放弃金本位，次年6月后推行白银政策，在世界范围内拉高银价，世界银价腾涨，⑤ 银本位下的中国，更强烈地因为国外银价的变化而发生经济危机。首先是引发中国白银巨量外流。1934年1—7月，上海出口白银达5000万元，8月份达8300万元。⑥ 7月至10月中旬合计流出白银约2亿元。⑦ 至年底上海存银总额已由上年的3.93亿盎司降至2.53亿盎司。⑧ 1934年4月至1935年11月，中国的白银储

---

　① 参见［美］易劳逸《1927—1937年国民党统治下的中国流产的革命》，陈谦平、陈红民等译，中国青年出版社1992年版，第228—229页。
　② 杨荫溥：《中国金融研究》，商务印书馆1936年版，第316页。
　③ 资耀华编：《金贵银贱之根本的研究》，华通书局1930年版，第44页。
　④ 参见李立侠、朱镇华《中央银行的建立及其在上海的活动》，中国人民政治协商会议上海市委员会文史资料工作委员会编《上海文史资料选辑》第60辑《旧上海的金融界》，上海人民出版社1988年版，第39页。
　⑤ 参见［美］小科布尔《上海资本家与国民政府（1927—1937）》，杨希孟、武莲珍译，中国社会科学出版社1988年版，第164页。
　⑥ 参见［美］杨格《一九二七至一九三七年中国财政经济情况》，中国社会科学出版社1981年版，第235页。
　⑦ 参见《二十四年十一月份财政部钱币司工作报告（1935年12月21日）》，魏振民编选《国民党政府的法币政策》，《历史档案》1982年第1期。
　⑧ 参见耿爱德《十年来中国外汇之回顾（续）》，《中央银行月报》第5卷第4号，1936年4月。

备从约 6.02 亿元下降到 2.88 亿元,①白银外泄在中国导致严重的金融恐慌,并引发经济危机。在金融领域,金融市场票据收解寥落,各业款项收付呆滞。②在经济领域则是物价惨跌,大批工商业者破产,国际贸易衰败。③

(二) 价值尺度失衡成为社会经济发展的阻力

经济发展要求货币是单一的价值尺度,货币自身发展运动的结局也是如此。货币作为计算单位(unit of account),重要职能就是简化商品价值比较,提高交易的效率和作用,是交换的润滑剂。④简言之,交易成本是订立和实施作为交易基础的合同的成本。⑤"使用货币作为计算单位,减少了需要考虑的价格的数目,从而减少了经济中的交易成本。当经济日趋复杂时,货币作为计算单位的功能所提供的利益愈益显著。"⑥

中国近代白银核心型货币体系由于没有建立起主辅币制度,货币体系的几个层次在市场上均是相对独立的计账工具。如市场上存在多种货币,且其相对价值时常发生变化时,货币作为计算单位的职能就会发生混乱。近代上海,企业家和商人手中常常要掌握银两和银元两种货币以应对市场,这在近代资本极为缺乏的中国不仅是巨大的浪费,更是货币对市场流通和商品生产的阻碍。

货币价值尺度的紊乱失衡使得市场价格体系失灵。以白银核心型货币体系的核心银两和银元为例,市场上的商品以银两、银元两种货币定价,货币撕裂了市场。由于流通货币种类繁多,地方商会必须每天开会计算当天该地区市场上流通货币的相对价值。⑦银元和银两之间的价格变化导致

---

① 参见徐蓝《英国与中日战争(1931—1941)》,北京师范学院出版社 1991 年版,第 75 页。
② 参见魏友棐《现阶段的中国金融》,上海华丰印刷铸字所 1936 年版,第 31 页。
③ 参见杨格《一九二七至一九三七年中国财政经济情况》,中国社会科学出版社 1981 年版,第 228—232 页。
④ 参见[美]保罗·萨缪尔森、威廉·诺德豪斯《经济学》,萧探等译,华夏出版社 1999 年版,第 26 页。
⑤ 参见[美]埃瑞克·G. 菲吕博顿等编《新制度经济学》,孙经纬译,上海财经大学出版社 1998 年版,第 244 页。
⑥ [美]米什金:《货币金融学》,李扬等译,中国人民大学出版社 1999 年版,第 49 页。
⑦ 参见[俄]R. 苏莱斯基《奉票的盛衰(1917—1928):中国军阀时代的货币改革》,《国外中国近代史研究》第 3 辑,中国社会科学出版社 1982 年版,第 297 页。

了商品价格的波动，① 价格成了误导生产和市场的标向，大大增加社会生产成本。

白银核心型货币体系由于其不同层次可单独地行使价值尺度职能，还加大了城乡经济发展的差异。铜币成为农民和市民生活的货币，而白银是城市、政府、商人的货币。复杂的货币体系还滋养了钱兑业等食利中介，是中国政治分裂、军阀割据的经济基础之一。

（三）币制落后引发相关经济制度滞后

综观中外货币史可知，困扰近代中国货币制度的一些现象，在百余年前的西方国家也曾出现过。

近代白银核心型的货币体系中最重要的层面——银两是称量（计重）货币。作为近代中国货币体系核心，银两一直未能完全从原来的计重货币，抽象蜕化为"货币的货币"。实际上作为中国传统货币的铜钱，经过漫长的演化才从名义上脱离了重量单位，抽象出"文"这一货币单位，发挥"货币的货币"的作用。而近代中国银两，亦经历了货币单位的抽取过程，第一步就是虚银两这种记账单位日益发展，但从整体上看，各地不同的虚银两由于强烈的地域性，总体上仍然没有完成从重量单位向货币单位的转变。相反，欧洲人早就知道货币的计算，并不需要真正的硬币，"在比较不同硬币的价值时，货币的记账单位作为货币的货币就显得格外重要了"②。

货币制度是金融制度的基础，币制落后，影响信用制度和金融制度的发展。西方学者评论民国初年仍在营业的山西票号业务让他们想起"17世纪晚期的欧洲"③，而民国初年兴盛的中国钱庄业类似于百年前德国货币复杂的情形。④ 更严重的问题是在一些重要的信用、金融制度的

---

① 马寅初举了一个关于布价格变化的例子。他说："财政部的物价表上有一百几十样东西，几十样是用银子来计算的，还有几十样是用洋钱来计算的。"（《马寅初全集》第1卷，浙江人民出版社1999年版，第374页）

② [美] P. 金德尔伯格：《西欧金融史》，徐子健等译，中国金融出版社1991年版，第31页。

③ Frederic E. Lee, *Currency, Bankinn, and Finance in China*, p. 71.

④ Wen Pin Wei, *The Currency Problem in China*, pp. 40–41.

形成上,中国也落后于西方。早在12、13世纪欧洲就产生了结算制度及众多相应的信用工具,诸如追随商品交易而产生的信用工具——汇票。13世纪意大利商人利用汇票冲销债务,减少了易货贸易、现金支付的必要。① 16世纪初,意大利通行的期票已十分普遍,本票也大量在市面上出现。"到了19世纪初,票据经纪人变成交换的供求之间的单纯的中间人;他们自负盈亏,依靠从银行得到的短期贷款。较大的票据经纪人就是通过这种方式发展成为贴现银行的。"② 反观中国,传统的汇划制度出现于19世纪,而追随商品的汇票(而非山西票号等发行的单纯汇票)、庄票(特别是上海钱庄庄票)不但发挥作用的地域有限,而且出现的时期也很晚。③ 尤应注意的是,制度差异导致在西方基于货币制度自然出现并日益完善的金融制度,如股份制,④ 在近代中国大都还停留于制度引进的状态,呈现出传统经济制度下非自然的历史进程。这种经济文化差异,很值得深入研究。

四　余论

进入20世纪30年代,随着经济的发展,国家的相对统一,中国的币制改革迎来转机。

废两改元是中国白银核心型的货币体系进一步收缩的重要环节,这一体系的核心由两元并用而收缩为只用银元,是政府、银行、钱庄在当时经济环境下博弈的结果。传统钱庄掌握的银两体系及商业联系限制了银行的金融业务空间,引发银行与钱庄业务上的矛盾和竞争,实际成为中国近代经济发展的桎梏,也是导致1933年3月国民政府下令废两改元的重要因素之一。⑤

---

① 参见〔美〕P.金德尔伯格《西欧金融史》,徐子健译,中国金融出版社1991年版,第53、55页。
② 〔德〕汉斯·豪斯赫尔:《近代经济史从十四世纪末至十九世纪下半叶》,王庆余等译,商务印书馆1987年版,第415页。
③ 参见洪葭管《中国金融史十六讲》,上海人民出版社2009年版,第7页。
④ 有限责任公司的发明是这一系列发明中最为突出的(参见〔美〕约翰·希克斯《经济史理论》,厉以平译,第73页)。
⑤ 柏禹邨编选:《国民党政府"废两改元"案》,《历史档案》1982年第1期。

银元取代银两、两元归一既是经济发展的要求，也是中国近代货币自身运动的结果。白银核心型的货币体系运动的方向，只能是银本位的建立。废两改元的成功，对于往日异常繁杂的货币体系是一次大的清理，顺应了经济和货币发展潮流。但相对于国际上更先进的币制而言，银本位仍然落后。由于中国不能掌握白银，很快就又陷入因世界银价上涨而引发的新一轮货币危机。

1929年全球范围内的经济大危机发生后，英、美、日等国极欲扩大海外市场，转嫁本国危机。中国成为列强共同的目标。美国首先依靠强大的经济实力，以"白银政策"影响世界经济，在国际币制发生动荡之时力图用美元取代当时英镑的世界金融霸主地位，执掌国际金融新秩序的牛耳；在亚洲，则利用白银政策使中国币制发生对美国有利的变化。它先是将白银纳入美元的货币准备，以便进一步与黄金脱钩，贬值美元；同时照顾本国白银资本家的利益，推行白银政策，在世界范围内拉高白银价格。由此导致中国白银巨量外泄，引发了以银为币的中国金融恐慌。[①] 日本则以侵略的方式直接获得市场，占领中国东三省，加紧在华北的分裂活动，利用银价高涨之机大量走私中国白银，加剧中国的金融危机。英国在不开罪日本的前提下，支持中国进行币制改革，力图把中国货币拉入英镑集团，从而进一步维持英国在华的传统利益和地位。[②] 1933年后，各国更是以货币贬值为手段，开打货币战，以刺激商品出口，拉升本国经济。这对以银为币而无法任意贬值的中国经济无疑是十分沉重的打击，从而使中国货币在世界银价面前陷入两难境地。

1935年11月4日，国民政府宣布实施法币改革。主要内容是：将中央、中国、交通三银行发行的钞票定为法币，凡银钱行号商店及其他公私机关或个人持有的白银，交由发行准备管理委员会或其指定的银行兑换法币。法币政策公布后，国民政府又推出一系列币改配套方案。[③] 著名经济学家麦迪森认为："出于外交方面的考虑，这场币制改革的特点被巧妙地掩饰。因为公开放弃使用白银作为通货，将使美国的白银政策显得荒谬绝

---

① 参见任东来《1934—1936年间中美关系中的白银外交》，《历史研究》2000年第3期。
② 参见吴景平《英国与1935年的中国币制改革》，《历史研究》1988年第6期。
③ 参见魏振民编选《国民党政府的法币政策》，《历史档案》1982年第1期。

顶——正是这个政策导致了全世界最大的白银消费国脱离了银本位制。"①（见 Maddison，1985）但是法币也有缺陷，打开的另一扇门是由于货币发行基本不受国家所持有的贵金属的限制，因而容易导致通货膨胀。日后，国民政府正是由于战争因素所引致的法币滥发，导致民心更迅速地丧失。

（原载《中国社会科学》2012 年第 9 期）

---

① ［英］安格斯·麦迪森：《中国经济的长期表现：公元 960—2030 年》，伍晓鹰、马德斌译，上海人民出版社 2008 年版，第 52 页。

全球视角下嘉道银贵钱贱问题研究

嘉道年间发生于中国的银贵钱贱,一般认为是鸦片输入引发白银外流所致。实际上,19世纪上半叶,美洲金银大幅减产对世界主要国家的白银购买力产生了重要影响,导致世界范围内白银购买力的上升。处于世界白银流动末端的中国,这一时期白银购买力上升更为显著,数据分析结果显示,其白银购买力变动趋势与国外白银购买力上升密切相关;同时,中国银钱比价与白银购买力变动一致,钱计物价相对稳定。因此,这一时期银钱比价上涨的长期变动原因是银贵,而非钱贱。

19世纪上半叶,鸦片输入、银贵钱贱、白银外流对我国社会经济产生了重大影响,通常的叙述是鸦片输入导致白银外流,白银外流引发银贵钱贱、加重财政困难,加剧阶级矛盾。[①] 而制钱减重、局私民私夷钱的流通、制钱存量的增加、钱票的使用、货币领域贵金属对贱金属的排挤(即重银轻钱)等也被一些学者认为是银贵钱贱的重要因素。[②] 前人的研

[①] 早在嘉道之际,包世臣、黄中模、黄爵滋、许乃济、冯桂芬等学者、官员即提出,当时银贵钱贱是由于鸦片走私、白银外流造成的,清政府也出台了一些相应的对策,其最终措施是林则徐在广州禁烟。翦伯赞、胡绳认同这一说法。参见翦伯赞《中国史纲要》(增订本)下,北京大学出版社2006年版,第606页;胡绳《从鸦片战争到五四运动》,人民出版社1981年版,第27—28页。吴承明认为"嘉道的银贵和市场不景气,鸦片走私和白银外流当然是个重要原因,但也往往被夸大了"(《18与19世纪上叶的中国市场》,载《中国的现代化:市场与社会》,生活·读书·新知三联书店2001年版,第287页)。彭泽益认为"鸦片战争后,中国货币流通中发生的银贵钱贱问题,是由白银大量外溢直接所引起"(《鸦片战争十年间银贵钱贱波动下的中国经济与阶级关系》,载《十九世纪后半期的中国财政与经济》,人民出版社1983年版,第24页)。叶世昌认为白银外流造成三方面的后果,即引发货币危机、加重财政困难、加剧阶级矛盾(《中国金融通史》第1卷:先秦至清鸦片战争时期,中国金融出版社2002年版,第513—518页)。

[②] 针对这些现象,清政府在乾隆后期及嘉道年间采取了停铸制钱,收买小钱,打击私铸私运小钱,扩大政府支出中制钱的比重等措施。参见中国人民银行总行参事室金融史料组编《中国近代货币史资料》第1辑,第一章"鸦片战争前后中国封建货币制度的动摇",中华书局1964年版。有关银贵钱贱的研究可见彭信威《中国货币史》,上海人民出版社2007年版;杨端六《清代货币金融史稿》,武汉大学出版社2007年版;汤象龙《道光时期的银贵问题》,《社会科学杂志》1930年第3期,以及王德泰、林满红等学者的论文。

究大多着眼于国内状况的变化，较少将这一现象放在全球范围内进行分析，[①]而当时世界范围内大多数国家国内及国际贸易均以金银为币，并且这两种贵金属有着比较稳定的比价，因此本文试图依据国际金融理论，从全球视角对这一问题进行分析。另外，由于国内19世纪上半叶经济数据的不足及数学工具的缺乏，前人的讨论也多限于定性分析，未能进行充分的定量分析。本文在严中平、汤象龙、王业键等学者所整理的国内账簿、雨雪粮价折等历史数据及国外历史数据的基础上，使用计量经济学方法，进行定量分析，显示这一时期我国白银购买力变动与世界白银购买力变动高度相关，并通过了格兰杰因果关系检验。对直隶宁津银钱比价及白银购买力数据进行分析的结果，显示银钱比价的变动主要是白银购买力变化所致。

一　清代的制钱制度及银钱比价

"银两是清代货币体系中最重要的环节之一，清代已形成了大额交易用银，小额用钱，国家税收、支出用银，而小民日用以钱的货币流通局面。"[②]在实际生活中，各个地方及不同时期，则有较大差别。户部宝泉局和工部宝源局铸造的制钱，用于兵饷及各种工程支出。地方铸局铸造的制钱也用于当地的兵饷及政府支出，制钱铸造后的第一次使用多由政府来完成。有些地方大额交易时也使用制钱，如江苏常州府无锡、金匮县"邑中市易，银钱并用，而昔则用银多于用钱，今则有钱无银矣。康熙中，自两以上率不用钱，虽至分厘之细，犹银与钱并用……自乾隆五、六年后，银渐少，钱渐多，至今日率皆用钱，虽交易至十、百两以上，率有钱无银。"[③]福建建瓯地区卖田契计价也"多用钱文"[④]。

[①]　林满红将当时中国的白银外流放在世界金银减产的环境中进行了研究，提出19世纪六七十年代更多的鸦片及棉丝品输入的同时伴随的是白银内流，否认鸦片输入是19世纪上半叶白银外流的原因。参见林满红《中国的白银外流与世界金银减产（1814—1850）》，吴健雄主编《中国海洋发展史论文集》（4），台北"中研院"中山人文社会科学研究所1991年版。

[②]　戴建兵：《白银与近代中国经济（1890—1935）》，复旦大学出版社2005年版，第20页。

[③]　黄卬辑：《锡金识小录》第1卷"备参上·交易银钱"，清乾隆十七年辑，光绪二十二年术活字本，戴鞍钢、黄苇主编《中国地方志经济资料汇编》，汉语大词典出版社1999年版，第1069页。

[④]　吴承明：《中国的现代化：市场与社会》，生活·读书·新知三联书店2001年版，第251页。

货币的形态方面，银和钱都是非常繁杂的。钱有制钱和私钱，制钱为北京宝泉、宝源两局及各省官局铸造，"私铸则有所谓沙壳、风皮、鱼眼、老砂板、毛钱、灰板、鹅眼、水浮等名目，盖皆薄而小，杂以土砂铜铅锡而铸造者也。人皆夹此小钱于制钱中以充用，而钱之市价、钱之名称，亦因此私钱混杂之多少而大分别"①。

在实际交易中，各地有不同的制钱使用制度。如江苏扬州府高邮州，"道光间，他处私铸者多流入境，其时市上分三种钱，曰西典，乃山西典商所用，绝无小钱；曰徽典，乃徽州商人所用，每百两头有小钱八文、十文不等；曰毛钱，则或二八搭、三七搭、四六搭矣……（咸丰时）钱法渐坏，私小外，更有红砂、白板诸劣钱充斥于市，惟官项及田房价必用西典，其他贸易搭用红砂、白板、私小，官府亦不能禁"②。江苏阜宁县"惟纳赋及不动产之交易，均用制钱，俗名足西，即通足大钱也"③。

福建龙岩县，"清道光以前，至铜钱之使用，分净典、沙坏两种。每千钱中，净典七、沙坏三，名三七掺。如净典六、沙坏四，则名四六掺。兑价有至二千余者。净典则以九百余兑六九银一元。又有一种名粮典，以八百四兑七三银一元"④。

此种实例各地均有。从这些记载可以知道，缴纳赋税及大额交易时使用的铜钱必定是足重的制钱，白银与足重制钱之间比价的变动才会影响民众的税负水平，讨论银钱比价只需研究足重制钱与白银比价，对局私民私等小钱则不予考虑。⑤ 日常交易中使用的民私局私等不足重铜钱，已经逐

---

① 张家骧：《中华币制史》第2编，北京民国大学出版部1925年版，第98页。
② 胡为和等修，高树敏等纂：《三续高邮州志》第1卷"食货志·钱币"，1922年刻本，《中国地方志经济资料汇编》，第1069页。
③ 焦忠祖等修，庞友兰等纂《阜宁县新志》第5卷"财政志·钱币"，1934年铅印本，《中国地方志经济资料汇编》，第1069页。
④ 郑丰稔纂：《龙岩县志》第17卷"实业志·附币志考"，1945年铅印本，《中国地方志经济资料汇编》，第1071页。
⑤ 银贵钱贱引发的种种社会经济问题，主要是其造成了国民收入再分配的变化，影响对象主要是政府财政收支相关各方，即财政收支中使用银两的政府、官员及使用制钱的百姓的利益变化。商人固然在经营中受到银钱比价变动的影响，但由于钱计物价的稳定，银钱比价变动对商业的扰动不应是构成商业萧条的主要因素，对商人影响最显著的是银钱比价上升后增加的政府税收、盘剥及由此而减少了的民众购买力。财政收入以银两为计量单位，而银计物价在嘉道年间大幅下降，这相当于增加了2倍的纳税负担。私钱影响的是交易秩序，仅私铸私贩者获得一些利益，对普通民众的收入分配影响不大。

渐通过省陌等货币制度的安排，取得了相应的购买力，不会引起整个国家的社会经济危机。官方及商业记载的银钱比价应该是白银与足重制钱的比价，如常用的银钱比价序列源于直隶宁津县大柳镇统泰升记商店的账簿，其"账本中出现银钱兑换的时间大都集中在阴历二、七日，而据地方志记载，大柳镇集期恰是每逢二、七日"①。直隶完县志记载的该县县城自同治元年至民国二十二年的银钱比价，是由钱商于三、八集日共同议定的"官价"②。

图1是根据资料整理的1800—1850年全国各省的银钱比价（数值见附表），它清楚地显示全国银钱比价的变动趋势是相同的（山东1802年、湖北1807年除外），可见，各地银钱比价并没有受到当地制钱停铸的影响，沿海省份也没有因为银元的流通及白银外流较多而与内地省份发生不同的变动趋势。形成连续数据序列的宁津银钱比价与全国的比价也有相同的变动趋势，从而显示了宁津数据的代表性。③

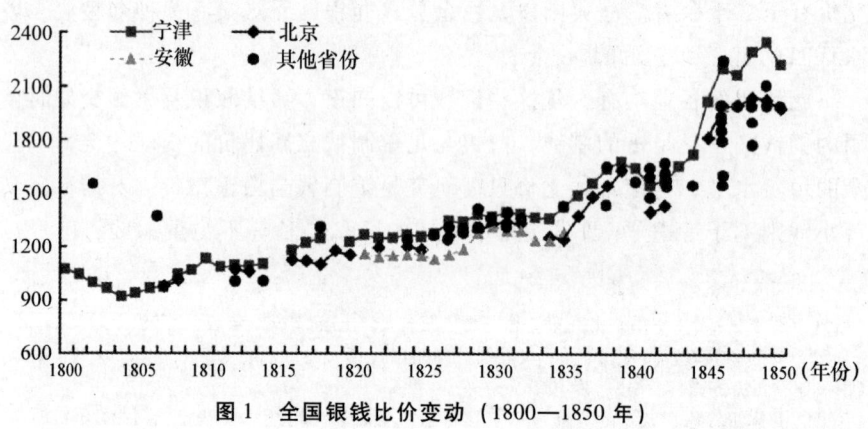

图1 全国银钱比价变动（1800—1850年）

---

① 袁为鹏、马德斌：《商业账簿与经济史研究——以统泰升号商业账簿为中心（1789—1850）》，《中国经济史研究》2010年第2期，第50—60页。
② 彭作桢等修，刘玉田等纂：《完县新志》第7卷"食货·第五"，1934年铅印本，戴鞍钢、黄苇主编《中国地方志经济资料汇编》，汉语大词典出版社1999年版，第1049—1050页。该志记载："清道光、咸丰以前，银块每两不过兑京钱二吊有奇。至同治初，始涨成二吊六、七百文。"与道光年间银钱比价剧烈变动的通常说法不一致。
③ 郑友揆曾根据皖南屯溪市资料整理了1761—1864年银钱比价，与宁津县的银钱比价变动趋势一致，但两者银钱比价的数值不同，应该是两地货币制度差异造成的（郑友揆：《十九世纪后期银价钱价的变动与我国物价及对外贸易的关系》，《中国经济史研究》1986年第2期，第1—27页）。

二 19世纪上半叶我国白银购买力的变动

清代以银为主要货币，政府收支、贸易等大额交易均使用白银，"近代白银的传统货币形态是银锭，分为官炉和私炉铸造"[①]，是称量货币，称为银两。银两的成色互不相同，各地的平砝多种多样。在19世纪上半叶，除银锭外，东南沿海还有从外国流入的银元及一部分民间仿铸的银元、银饼。银两与银元有相互交换的比价，受到市场因素的影响，甚至畸高畸低，但总的来说还是以重量、成色为基础的。并且某一地区或行业使用的银两、银元在一定时期内是稳定的，因此在进行某一地区某类商品价格变动分析时，可以暂不考虑各种白银货币之间的差别，通过商品银计物价的倒数即可反映这一地区的白银购买力。同样，各地银钱比价变动的对比，也不会太多受白银、制钱两种货币各自内部种类差别的影响。

19世纪上半叶我国物价数据主要来自雨雪（水）粮价折、账簿、田契、笔记等记载，对此很多学者进行了整理研究。吴承明根据自己整理及其他学者所辑数据，讨论了18世纪和19世纪上半叶的田价、粮价、棉价、布价、丝价，其中田价数据多表现出18世纪90年代、嘉庆末年及道光年间银计物价的下跌，苏州米价、直隶小麦小米及高粱、奉天小米大豆的价格也表现了这种变动趋势，布价、丝价根据广州出口价格整理，其变化并不明显。[②]

从田契、笔记等辑出的数据较零散，只能进行趋势观察，不能使用数量分析方法研究，可以形成时间序列进行数量分析的物价数据主要是粮价折和账簿资料。雨雪（水）粮价折开始于康熙年间，积累了延续长达170多年的粮价档案，是清代史料中非常有价值的一个部分。经过整理的雨雪（水）粮价折有：《清代粮价资料库》，是王业键先生根据台北故宫博物

[①] 戴建兵：《白银与近代中国经济（1890—1935）》，复旦大学出版社2005年版，第20页。
[②] 吴承明：《18与19世纪上叶的中国市场》，《中国的现代化：市场与社会》，生活·读书·新知三联书店2001年版，第248—269页。书中田价数据多根据卖田契，粮价根据粮价折、账簿、家谱等，布价根据《中国经济年鉴》，实业部中国经济年鉴纂委员会1934年版，丝价辑自《东印度公司对华贸易编年史（1635—1834年）》。物价数据除吴承明自己整理外，还引用了赵冈、陈铿、张正明、陶富海、彭信威、王业键、陈春声、全汉升等人数据。此外，对清代物价的研究还有［日］岸本美绪《清代中国的物价与经济波动》，刘迪瑞译，社会科学文献出版社2010年版；彭凯翔《清代以来的粮价——历史学的解释与再解释》，上海人民出版社2006年版。

院、中国第一历史档案馆的《粮价清单》搜集及建档,包括了1736—1911年各府及直隶州厅的粮价资料;①《清道光至宣统间粮价表》,是中国社会科学院经济研究所图书馆珍藏的清代道光至宣统间(1821—1911)的粮价抄档,囊括清代21个行政省域内各府、州、厅、县各种主要粮食的月度价格数据;②此外还有个别省份的粮价细册。《清代粮价资料库》所录数据时间跨度大,但一些省份粮价数据缺失较多;《清道光至宣统间粮价表》数据比较完整,二者可以互补(两种数据重复部分个别有较小差异,应不影响研究使用)。利用粮价折进行研究的主要有王业键、陈春声、威尔金森等。③王业键利用苏州米价的31年移动平均值进行长期趋势研究,陈春声对18世纪的广东米价进行了研究,威尔金森则利用20世纪初陕西的粮价细册进行了研究。

账簿数据主要是严中平先生等根据直隶宁津县大柳镇统泰升记商店整理出的"白银外流下的中国银钱比价(1798—1850)"和"北直隶宁津县零售物价和银钱比价指数(1800—1850)"④。

关于以上数据的可靠性,全汉升、王业键、陈春声都有专门的讨论,彭凯翔对此进行了总结,认为账簿数据的可靠性最高,雨雪(水)粮价折有很高的利用价值,但也存在不真实的数据。⑤

---

① 王业键:《清代粮价资料库》,http://140.109.152.38。所示数据除以100后单位为两/石。
② 中国社会科学院经济研究所编:《清道光至宣统间粮价表》第1—23册,广西师范大学出版社2007年版。
③ Yeh-Chien Wang, "Secular Trends of Rice Prices in the Yangzi Delta, 1638-1935", in Thomas G. Rawski and Lillian M. Li (eds.), *Chinese History in Economic Perspective*, University of California Press, 1992, pp. 35-68. 陈春声:《市场机制与社会变迁——18世纪广东米价分析》,中山大学出版社1992年版。E. P. Wilkinson, *Studies in Chinese Price History*, New York: Garland Pub., 1980.
④ 严中平:《中国近代经济史统计资料选辑》,科学出版社1955年版,第37—38页。
⑤ 彭凯翔:《清代以来的粮价:历史学的解释与再解释》,第16—31页。关于数据的代表性,彭凯翔只是对彭信威在20世纪50年代整理的米价与王业键1992年整理的苏州米价进行了代表性分析,未对雨雪(水)粮价折进行全面研究,数据量较少。《清代粮价资料库》中有比较全面的数据,可以较好探讨数据的代表性问题。数据的代表性需从两方面考虑,一方面是地区的代表性,另一方面是商品种类的代表性。《清代粮价资料库》有全国各省各府州的多种粮价数据,在地区范围方面,具有广泛的代表性。但其数据仅限于粮价,商品种类较少,对白银购买力,即社会整体价格水平的反映缺乏代表性。直隶宁津账簿数据包括各类商品价格,符合商品种类代表性的要求,但在地区代表性方面有欠缺。因此,本文对这两种数据进行相关分析,以弥补两种数据各自的缺陷。

从《清代粮价资料库》及《清道光至宣统间粮价表》资料分析，各省省内各类粮价及省内各府粮价的关联性较高。河南、甘肃、浙江、湖南、四川、广东、贵州、云南 8 省在 1800—1850 年期间均有多个年份粮价数据相同的现象，本文暂不使用这 8 省粮价数据，直隶数据录入量较大，未进行数据分析。将山东、山西、陕西、安徽、江苏、湖北、福建、广西 8 省 90 个府、直隶州 1800—1850 年粮价数据（1821—1826 年数据源自《清道光至宣统间粮价表》，其他年份源自《清代粮价资料库》）与直隶宁津的农产品（包括大米和花生两项）价格数据进行相关性分析，① 显示各地粮食最低价序列中，7 省 71 个府、直隶州的上米、稻米价格序列有 57 个与宁津粮价存在中度以上相关，6 省 69 个府、直隶州的小麦价格序列有 40 个与宁津粮价存在中度以上相关，3 省 39 个府、直隶州的小米价格序列有 19 个与宁津粮价存在中度以上相关，3 省 29 个府、直隶州的大麦价格序列有 20 个与宁津粮价存在中度以上相关。② 各地最高价序列与宁津农产品价格序列的相关性较差，反映了各地粮食最高价受地域条件影响较大。

将广西（上米）、福建（上米）、陕西（大米、小麦、小米）、安徽（上米、大麦、小麦）、江苏（上米、大麦、小麦）、山西（小麦、小米、高粱）、湖北（小麦、上米、大麦）、山东（稻米、小麦、粟米）8 省粮价指数③及 8 省平均粮价指数，与宁津粮价进行相关性分析，其相关系数如下。

表1　　　　宁津与 8 省粮价相关系数（1800—1850）

年度	8省平均	广西	福建	陕西	安徽	江苏	山西	湖北	山东
1800—1850	0.86	0.58	0.38	0.72	0.62	0.73	0.36	0.87	0.39
1810—1850	0.95	0.81	078	0.80	0.78	0.80	0.67	0.89	0.91

① 各省粮价序列有间断，本文取其上下两年平均值，如山东、陕西、广西 1815 年，山西 1814 年，福建 1807 年，安徽 1804 年、1815 年。
② 相关系数 |r|>0.95 表示两变量存在显著相关，|r|≥0.8 表示高度相关，0.5≤|r|<0.8 表示中度相关，0.3≤|r|<0.5 表示低度相关，|r|<0.3 表示关系极弱，视为不相关。
③ 取各省主要粮食价格指数的平均值为其粮价指数。

表1显示1810—1850年8个省的粮价与宁津粮价多高度相关,且高于1800—1850年的相关性,这主要是嘉庆前期粮价剧烈的"U"形变动在各地时间与幅度上的差异造成的。8省平均粮价与宁津粮价在1810—1850年显著相关,相关系数达0.95。图2为1800—1850年8省平均粮价与宁津粮价图,显示二者的变动趋势基本一致,并且显示了19世纪30年代初期的自然灾害对粮价的影响。

从表1和图2综合分析,可以认为直隶宁津的物价数据基本上反映了当时全国物价情况,这样,依据直隶宁津数据中的零售物价总指数(原数据所缺1837—1842年及1846—1849年数据采用三次样条插值补入)和银钱比价可以得出1800—1850年我国白银购买力的变动情况(1821年=100),如图3。图中可以明显看到19世纪上半叶我国白银购买力总体呈上升的趋势,吴承明研究的田价也表现了这一趋势。[①]

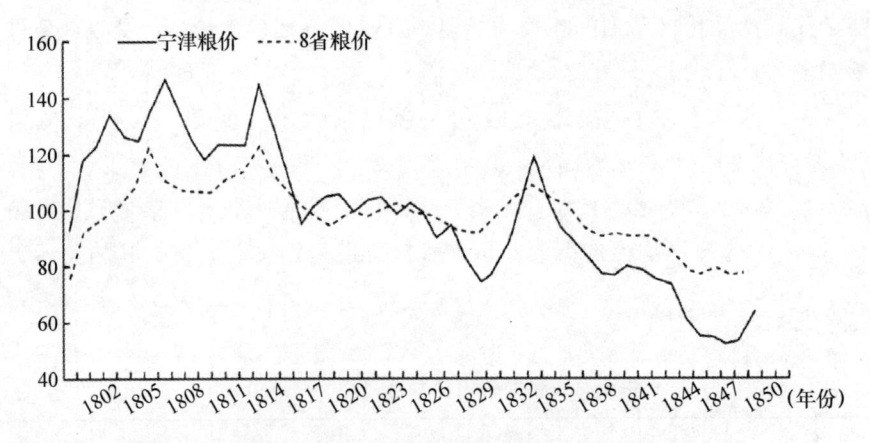

图2 8省粮价与宁津粮价(1800—1850,1821年=100)

---

① 吴承明:《18与19世纪上叶的中国市场》,《中国的现代化:市场与社会》,第248—269页。为了更准确地说明当时物价变动问题,根据王业键《清代粮价资料库》中山东、江苏、湖北三省粮价计算得出三省粮价指数(1867—1911)与中国进出口货䍧售价格指数(1867—1911)的相关系数高达0.94,自然灾害(19世纪30年代初及19世纪70年代的丁戊奇荒)、太平天国起义后赋税政策变动等因素对粮价的短期影响都有清楚的表现。三省粮价与英国银计物价(1800—1911)的变动趋势也是相似的,二者的相关系数达到0.77。晚清粮价的变动除了受到自然灾害、赋税政策变动等因素的短期影响,长期变动更多地受到银价变动的影响。

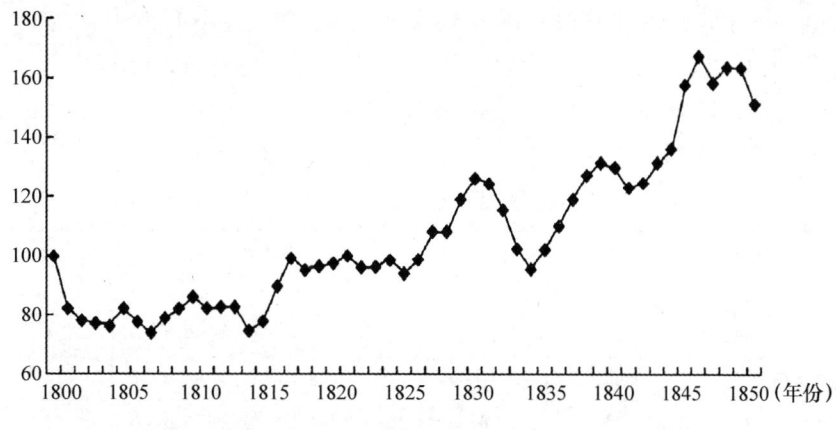

图3 中国白银购买力变动（直隶宁津，1800—1850，1821年=100）

三　19世纪上半叶世界白银购买力变动

19世纪及以前，金银在世界货币领域有一定的相互替代作用，金银产量的变化均会影响世界白银购买力的变动。由于美洲白银的流入，欧洲发生了物价革命，"西班牙的一般物价水平在16世纪中叶便开始上涨，17世纪初涨成四倍。而英法的上涨则晚于西班牙五十年，到17世纪中叶才达到顶点……中国物价的上涨，比英法又慢一百年，而且上涨的程度没有英法那样厉害"[1]。这是"因为美洲白银的流入适应了清朝赋税征收、财政运行和官僚系统运作的需要，很快地进入国家的贡赋体系，并有很大一部分为国库、皇帝和大官僚所囤积，所以，18世纪大规模的白银输入，才没有引致物价的大幅上升"[2]。

19世纪上半叶，"受拉丁美洲独立运动及气候因素的影响"[3]，世界金银大幅减产，19世纪20年代的白银产量比19世纪初减少48.5%，黄金产量19世纪10年代比18世纪50年代减少53%。直到19世纪60年代

---

[1] 彭信威：《中国货币史》，上海人民出版社2007年版，第632页。
[2] 陈春声、刘志伟：《贡赋、市场与物质生活——试论十八世纪美洲白银输入与中国社会变迁之关系》，《清华大学学报》2010年第5期。
[3] 林满红：《中国的白银外流与世界金银减产（1814—1850）》，载吴健雄主编《中国海洋发展史论文集》（4），台北"中研院"中山人文社会科学研究所1991年版，第21页。

白银生产才开始超过 1781—1810 年水平，黄金产量在 19 世纪 40 年代超过了 1741—1760 年水平。1811—1830 年生产金银的总价值降到了一个历史的低点，仅为 1801—1810 年的 60% 左右。

表2　　　　　　　　　世界金银产量（1741—1860）

年份	产量（千盎司）* 金	产量（千盎司）* 银	占金银总价值百分比** 金	占金银总价值百分比** 银	金银生产总价值数
1741—1760	791	17100	40.5	59.5	131
1761—1780	665	21000	31.8	68.2	141
1781—1800	572	28300	23.4	76.6	169
1801—1810	572	28700	23.7	76.3	172
1811—1820	368	17400	24.7	75.3	106
1821—1830	457	14800	32.4	67.6	100
1831—1840	652	19200	34.5	65.5	134
1841—1850	1762	25000	52.1	47.9	238
1851—1860	6313	26500	77.5	22.5	538

资料来源：* Pierre Vilar, *A History of Gold and Money: 1450—1920*, p.331, 转引自林满红《中国的白银外流与世界金银减产（1814—1850）》，第 20 页。林文中单位为百万盎司，应为千盎司，数字为金银产量年平均数。1 金衡盎司等于 31.103 克，约合库平两 0.8336 两（中央库平 1 两为 37.31 克）。** William Arthur Shaw, *The History of Currency: 1252 to 1894*, New York: Burt Franklin, 1896, p.155. 占金银总价值百分比也可通过每期产量及金银比价计算，与此比例相同。

19 世纪上半叶，除英国于 1816 年实行金本位外，其他主要国家均实行银本位或金银复本位制度，白银是世界货币。在这半个世纪里，金银比价波动较小，在世界货币领域有一定的相互替代作用，金银产量的变化均会影响世界白银购买力的变动。世界金银的减产不仅对金银货币的供给造成影响，也影响纸币的发行数量,[①] 对全球白银购买力产生了重要影响。图 4 是欧美 4 个主要国家英、美、法、德 1800—1850 年白银购买力变动情况，表明这 4 个国家白银购买力在 19 世纪上半叶均有上升趋势，并且

[①] 林满红：《中国的白银外流与世界金银减产（1814—1850）》，载吴健雄主编《中国海洋发展史论文集》（4），第 22 页。

开始于世界金银减产的19世纪10年代。[①] 19世纪40年代世界金银生产的恢复并没有立即改变物价水平的走势，直到1850年前后在美国和澳大利亚发现了储量丰富的金矿及1859年在美国发现了重要银矿，世界金银生产快速增长，世界物价下跌才得以结束。

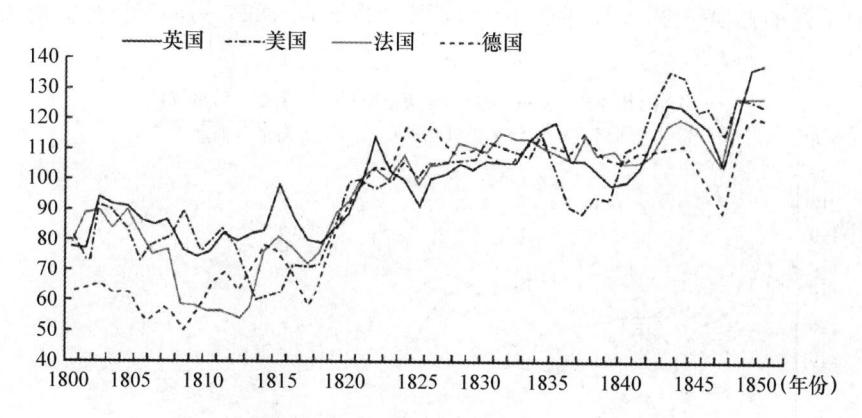

图4　欧美主要国家白银购买力变动（1800—1850）

资料来源：英国、美国数据根据Roy W. Jastram，*Silver, The Restless Metal*，New York：John Wiley & Sons Inc，1981，Table 18 the index of the purchasing power of silver England，1560 - 1979 （pp. 197 - 199），Table 22 the index of the purchasing power of silver United States，1800 - 1979 （pp. 208 - 209），调整为1821 = 100。法国、德国数据根据［英］B. R. 米切尔编《帕尔格雷夫世界历史统计（欧洲卷，1750—1993）》第4版，贺力平译，经济科学出版社2002年版"H1 批发物价系数"，第903—904页。

表3　　　　　　　　　土耳其CPI指数（1780—1859）

年份	以银表示的CPI指数（1469 = 100）	年份	以银表示的CPI指数（1469 = 100）
1780—1789	158	1820—1829	126
1790—1799	150	1830—1839	112
1800—1809	191	1840—1849	170
1810—1819	186	1850—1859	232

资料来源：Sevket Pamuk，"Prices in the Ottoman Emoire，1469—1914"，*International Journal of Middle East Studies*，Vol. 36，No. 3 （2004），Table 1 Summary of price indexes （decennial averages）。

---

① 当然物价水平的下降受到多种因素的影响，如欧洲战争的结束及工业化带来的效率提高和成本下降，但19世纪上半叶持续几十年的金银减产应该是物价水平下降的主要因素。

位于近东的奥斯曼土耳其和南亚的印度半岛在19世纪上半叶也出现了白银购买力上升的趋势。① 从表3中看出，1800—1839年期间土耳其以银表示的CPI指数下降了41%，相应的是白银购买力的上升。根据Asiya Siddiqi整理的粮食价格序列（图5）表明，19世纪上半叶印度粮食价格有下降的趋势，其中以孟买省的浦那（Poona，1824—1842）表现最为

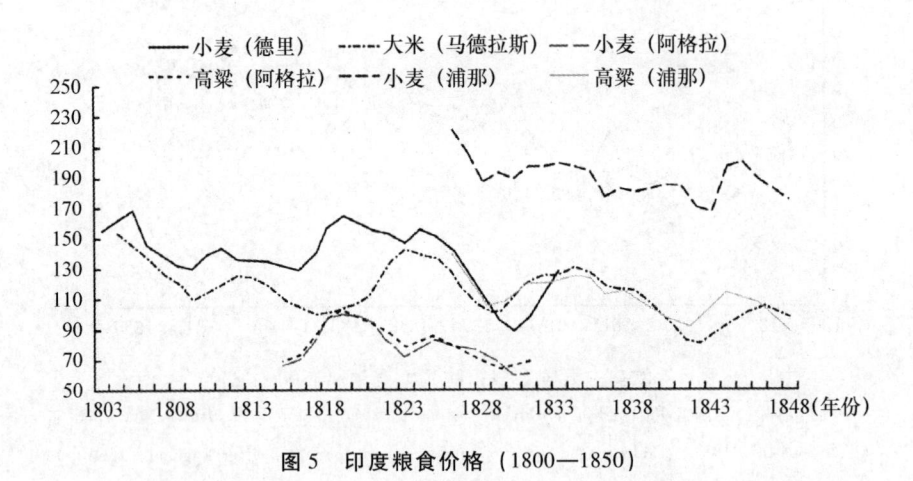

图5 印度粮食价格（1800—1850）

资料来源：小麦（阿格拉）、高粱（阿格拉）：Asiya Siddiqi, *Agrarian Change in a Northen Indian State: Uttar Pradesh, 1819 - 1833*, Oxford: Clarendon Press, 1973, p.190；小麦（德里）：W. Stanley Jewones, *Investing in Currency and Finance*, London: Macmillan, 1909, pp. 216 - 217；大米（马德拉斯）：A. Sarada Raju, *Econonmic Conditions in the Madras Presidency, 1800 - 1850*, Madras: University of Madras, 1941, pp. 228 - 229；小麦（浦那）、高粱（浦那）：Bartle Frere, "Memorandum on Prices in Western India", *British Parliamentary Papers*, Vol. 19, 28 March, 1871, pp. 617 - 618。以上均转引于 Asiya Siddiqi, "Money and Prices in the Earlier Stage of Empire: India and Britain 1760 - 1840", *The Indian Economic and Social History Review*, Vol. 18, No. 3 - 4（1981），pp. 231 - 263。

---

① 英国和美国的白银购买力数据也可根据《帕尔格雷夫世界历史统计》计算得出，其结果与 *Silver, The Restless Metal* 中结果一致。《帕尔格雷夫世界历史统计》中1800—1850年消费物价指数数据量较少，而同期的批发物价指数完整，因此本文采用其批发物价指数。英国批发物价指数与消费物价指数在1800—1850年的相关系数达0.97，属高度相关，反映了在长时期内二者具有相同的变动趋势。本文中代表中国物价的直隶宁津物价指数属于零售物价指数，而清代粮价折记载的数据"应为产地价格或批发价格"（王业键《清代的粮价陈报制度》，《清代经济史论文集》(2)，台北稻乡出版社2003年版，第21页），两者在长期内也有较强的相关性。

显著，其他地区如德里（1800—1835）、北部城市阿格拉（Agra，1813—1833）和马德拉斯（Madras，1801—1850）也表现出了这种趋势。① 由于粮食价格易受气候因素的影响，不能完全代表白银购买力的变动，但也反映了19世纪上半叶印度白银购买力的上升趋势。同期英国低价棉织品②在印度的大量销售，③也会带动印度物价水平的下降，即白银购买力的上升。

四 19世纪上半叶中外白银购买力变动理论与实证分析

学术界分析近代中国白银价值的变动，一般是基于贸易顺差国家现金流入造成通货膨胀和贸易逆差国家现金流出引发通货紧缩的理论，认为19世纪上半叶的白银外流是我国银贵的原因。而蒙代尔在分析金本位制度下贸易与黄金流动关系时，认为黄金的流动并不造成"一些国家通货膨胀，另一些国家通货紧缩，相反，绝大多数国家同时经历通货膨胀和通货紧缩。金本位制使一个货币区成员国经历同样的货币现象"④。

同样，银本位时代（或者说白银作为世界货币的时代）世界各国同在一个货币区内，也经历了同样的通货膨胀和通货紧缩。19世纪及以前，金银在世界货币领域有一定的相互替代作用，金银产量的变化均会影响世界白银购买力的变动。美洲白银流入引发欧洲物价革命，处于世界白银流动末端的中国，在白银内流时期，银计物价变动发生得最晚，变动幅度也较小。在银计物价上涨的同时，中国金银比价与世界金银比价也日趋一

---

① Asiya Siddiqi, "Money and Prices the Earlier Stages of Empire: India and Britain 1760 -1840," *The Indian Economic Social History Review*, Vol. 18, No. 3 - 4 (1981), pp. 231 - 262.

② 英国"1770年—1820年间棉纺织业的机械化使总劳动生产率提高了100—200倍，棉线的实际价格降低到以前水平的1/15"（［英］彼得·马赛厄斯、悉尼·波拉德主编：《剑桥欧洲经济史》第8卷"工业经济：经济政策和社会政策的发展"，王宏伟等译，经济科学出版社2004年版，第94页）。

③ 马克思说："从1818年到1836年，大不列颠向印度输出的棉纱增长的比例是1∶5200。在1824年，输入印度的英国细棉布不过100万码，而到1837年就超过了6400万码。"卡尔·马克思：《不列颠在印度的统治》，《马克思恩格斯全集》第9卷，人民出版社1961年版，第147页。

④ ［加］蒙代尔：《蒙代尔经济学文集》第4卷"宏观经济学与国际货币史"，向松柞译，中国金融出版社2003年版，第117页。

致,18世纪欧洲金银比价一直在15:1上下波动,中国的金银比价则由18世纪初期的10:1升至18世纪中后期的15:1左右,即在18世纪中后期开始与欧洲的金银比价基本持平。① 18世纪末东西方金银比价差距的缩小,表明了在经济全球化过程中,金银作为世界货币功能的增强及中国经济与世界经济联系的增强。② 因此19世纪上半叶,与世界经济联系更为紧密的中国,其白银购买力更不可能因国内白银数量的多寡单独发生变动,而是随世界范围内普遍发生的白银购买力变动而发生同方向的变动,并且变动趋势更为显著。西方白银购买力受美洲金银减产影响的程度,仅限于自美洲输入金银数量的减少,并且减少的数量部分由自中国流入的白银所抵消。而在美洲金银减产的背景下,不但由外部输入中国的白银减少,中国的白银还大量外流,因此中国白银购买力波动更大一些。

总之,中国白银购买力与世界白银购买力具有相同的变动趋势,下面使用计量分析的方法,对中国与欧美4个有完整数据的国家的白银购买力的变化情况进行实证分析。③

上文依据1800—1850年中国及欧美主要国家白银购买力,生成了图3、图4,从图中可以看出这些时间序列具有相似的变动趋势。下文先进行白银购买力序列之间的相关分析,探讨各国白银购买力的关联性,然后进行序列的格兰杰因果关系检验。格兰杰的因果性思想是原因对结果应该有预测性,④ 即两个事件发生的先后顺序及关联性。

表4是中国(宁津)、英国、美国、法国和德国5个国家白银购买力

---

① 彭信威:《中国货币史》,"18世纪中外金银比价对照表",第648页。又郑光祖《一斑录》"杂述六·金价"中记载"余于(乾隆)五十五年至滇省时,黄金一两换白银十五两,数年无甚更改。时江南亦略相等,又闻西洋各国时黄金一两换白银十六两",说明当时中国国内金银比价相差不大。

② 这一时期,日本与世界经济联系较弱,金银比价与外界相差较大,"日本经济与世界的隔离程度也可以用金银比价来显示,1850年前后日本的金银比价相差8倍,西方则是16:1",见彼得·马赛厄斯、悉尼·波拉德主编《剑桥欧洲经济史》第8卷,第142页。日本19世纪上半叶白银购买力没有上升,是日本锁国政策的表现。日本物价数据见三井文库编《近世后期主要物价动态》,东京大学出版会1989年版。

③ 欧美4国白银购买力指数由各国批发物价除以金银比价(或白银价格)得出,中国宁津白银购买力指数由当地钱计物价除以银钱比价得出。宁津物价属于零售物价。在长时期内,同一地区的批发物价与零售物价应该有相似的变动趋势。

④ 曹永福:《格兰杰因果性检验评述》,《数量经济技术经济研究》2006年第1期。

相关系数矩阵（1800—1850）。如表所示，中国与英、美、法3国白银购买力的相关系数都接近0.8，具有较强的相关性，4个欧美国家之间白银购买力的相关系数大都在0.8以上，属于高度相关，这表明了当时世界主要国家白银购买力变动的同步性。

表4　　　　　中外白银购买力相关系数矩阵（1800—1850）

	中国	英国	美国	法国	德国
中国	1.00	0.76	0.79	0.77	0.67
英国	0.76	1.00	0.85	0.89	0.81
美国	0.79	0.85	1.00	0.83	0.77
法国	0.77	0.89	0.84	1.00	0.88
德国	0.67	0.81	0.77	0.88	1.00
均值	0.75	0.83	0.810	0.85	0.79

从图3和图4中可以发现上述各国白银购买力变动的具体年度有一些差异，这种差异是世界金银减产而造成的白银流动变化的结果，上文已有所阐述，在此进一步运用格兰杰因果关系检验进行分析。由于当时与中国进行贸易的主要国家是英国，故只对中、英两国白银购买力的变动进行格兰杰因果关系检验。[1]

检验结果如下（表5）：

---

[1] 格兰杰因果关系检验的前提为序列是平稳的，如果序列是非平稳的则必须是协整的，而协整的前提是两个序列必须是同阶单整的。对中、英两国白银购买力序列取自然对数，得到LNCH和LNEN两个序列，采用Eviews 5.0软件处理，在ADF检验（单位根检验）中，对两个序列进行一阶差分，△LNCH、△LNEN的ADF值均小于1%，即LNCH、LNEN是一阶单整序列。协整检验采用E—G两步法，回归方程的残差序列不存在单位根，是平稳序列，LNCH和LNEN之间存在协整关系，即中英两国白银购买力存在长期的均衡关系。建立误差修正模型方程为：△$LNEN_t$ = − 0.012118 + 0.377837 △$LNEN_{t-1}$ − 0.055132 △$LNCH_t$ − 0.593313 △$LNCH_{t-1}$ − 0.686049ECM_{t-1} + ε_t。误差修正模型中误差项的系数反映了序列对偏离长期均衡的调整力度，模型中该系数为 − 0.686049，是显著的，负值表明模型符合反向误差修正机制。当短期波动偏离长期均衡时，将以68.60%的调整力度将非均衡状态拉回到均衡状态。中英两国白银购买力变动都是世界白银产量等因素作用的结果，本文格兰杰检验的目的是确定二者变动的先后顺序，协整检验中的回归方程不具实际意义。

表 5　　　　　　　　　格兰杰因果检验结果*

滞后期数	原假设	样本数	F 统计量	P 值	结果
1	EN 不是 CH 的 Granger 原因	50	6.91558	0.011551	拒绝
1	CN 不是 EN 的 Granger 原因	50	6.12295	0.01701	拒绝
2	EN 不是 CH 的 Granger 原因	9	3.04872	0.05755	
2	CN 不是 EN 的 Granger 原因	9	16.3908	4.8E−06	拒绝

* 格兰杰因果检验结果的 F 统计量的大小衡量两个变量之间关系的强弱，数值越大意味着变量间关系越强，反之亦然。P 值是原假设为真的前提下，实验结果出现的概率。P 值小于 0.01 表示在 1% 的显著水平下拒绝原假设。

说明：CH、EN 分别为中、英白银购买力序列。

检验结果表明，在 5% 显著水平下，LNEN 与 LNCH 互为格兰杰原因；在 1% 显著水平下，LNCH 是 LNEN 的格兰杰原因。中、英白银购买力之间格兰杰原因分析结果与上文中分析世界金银减产对中国白银购买力的影响大于欧美国家是相符的。

五　白银购买力与银钱比价变动

清代官定银一两等于制钱一千文，但市场上很少存在这个比价，每个地方也不尽相同，并且是经常变动的。银价在清前期从"每两七八百文到八九百文"[①] 之间变动，到乾隆后期涨到千文左右，19 世纪上半叶是银钱比价变动剧烈的时期。对于这一阶段银钱比价变动的原因，有多种阐释，下文主要通过数据进行探究。

如上所述，直隶宁津数据序列具有可靠性和代表性，因此，笔者由宁津银钱比价数据和以制钱表示的物价数据，计算出白银购买力数据系列（银计物价指数 = 钱计物价系数/银钱比价系数，白银购买力为银计物价的倒数）和制钱购买力（钱计物价倒数）数据系列。[②] 图 6 是白银购买

---

①　彭信威：《中国货币史》，上海人民出版社 2007 年版，第 609 页。
②　直隶宁津账簿中价格数据以制钱表示，其银计物价通过以制钱表示的价格与银钱比价计算得出。计算得出的银计物价与粮价单中以银表示的粮价有着较强的相关性，这也说明当时虽然不同商品使用不同的货币计价，但应该不存在较大的套利空间，使用银钱比价来换算钱计物价与银计物价是可行的。

力、制钱购买力及银钱比价变动图，显示了这一时期制钱购买力较平稳的变动及白银购买力与银钱比价同步的变动，说明在这一时期银钱比价变动的主要原因是白银购买力的上升。

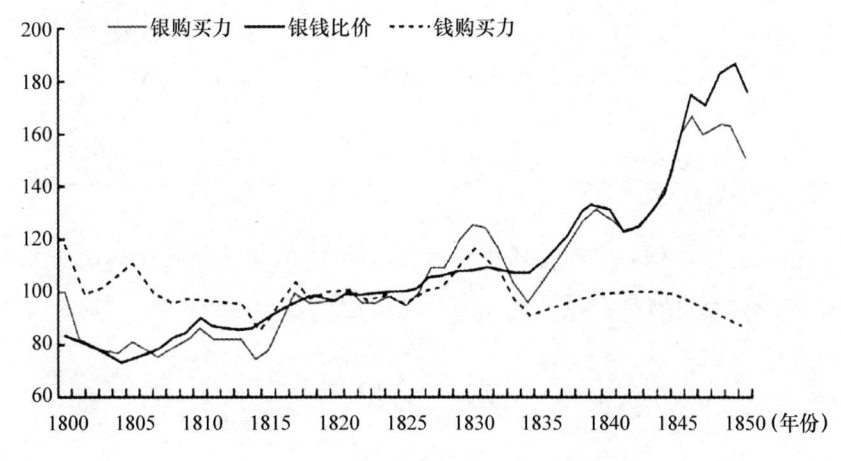

图6 白银、制钱购买力及银钱比价变动

下面使用 Eviews 对白银购买力（YGML）、制钱购买力（QGML）及银钱比价（BJ）三个数据序列进行分析。由于1800年物价数据偏离较大，而原数据缺少1846—1849年的物价数据，本文分析采用了1801—1845年数据。

表6是白银购买力（LNY）与银钱比价（LNBJ）的格兰杰检验结果，① 表明在1%显著水平下，银钱比价是白银购买力的格兰杰原因。这

---

① 银钱比价和白银购买力两个序列分别取自然对数得到 LNBJ 和 LNY，进行单位根检验，在1%的显著水平下，检验结果表明 LNBJ 和 LNY 均存在单位根，一阶差分后得到的序列△LNBJ 和△LNY 都不存在单位根。LNBJ 和 LNY 均为一阶单整序列。钱购买力序列取对数后的序列 LNQ 是平稳序列。采用 E—G 两步法进行协整检验，对 LNBJ 和 LNY 进行回归，对回归方程的残差进行单位根检验，在1%的显著水平下，方程的残差序列不存在单位根，是平衡序列。因此，LNBJ 和 LNY 之间存在协整关系，即宁津白银购买力与银钱比价存在长期的均衡关系。构建 LNY 与 LNBJ 之间误差修正模型，误差修正模型方程为：△LNY_t = 0.001029 + 1.064267 △LNY_{t-1} − 0.610022△LNY_{t-2} + 0.981171 △$LNBJ_t$ − 1.231189 △$LNBJ_{t-1}$ + 0.691416 △$LNBJ_{t-2}$ − 0.884529 △ECM_{t-1} + ε。误差修正模型中误差项的系数反映了序列对偏离长期均衡的调整力度，模型中该系数为 −0.884529，是显著的，负值表明模型符合反向误差修正机制。当两个序列短期波动偏离长期均衡时，当以88.45%的调整力度将非均衡状态拉回到均衡状态。

表明银钱比价变动先于白银购买力变动,[①] 二者存在长期同步变动关系。

表6　　　　　　　银钱比价、银购买力格兰杰检验结果

滞后期数	原假设	样本数	F统计量	P值	结果
1	LNY 不是 LNBJ 的 Granger 原因	44	1.75655	0.19239	
	LNBJ 不是 LNY 的 Granger 原因		9.07315	0.00443	拒绝
2	LNY 不是 LNBJ 的 Granger 原因	43	0.63490	0.53552	
	LNBJ 不是 LNY 的 Granger 原因		7.37264	0.00197	拒绝

钱购买力（LNQ）与银钱比价（LNBJ）之间明显没有协整关系和格兰杰原因，不再列出检验结果。

六　结论

通过上文的数据分析可以得出以下结论：19世纪上半叶世界白银购买力的上升在白银流动的末端——中国开始较早（LNCH 是 LNEN 的格兰杰原因），中国白银购买力的上升与世界其他国家白银购买力的上升高度相关，19世纪上半叶的银贵是全球普遍现象，不是单独在中国发生的事件。

从直隶宁津数据分析可知，这一时期银钱比价的上涨与白银购买力的上升是密切相关的。1801—1845年两序列相关系数达0.95，属于高度正相关,[②] 并且误差修正项系数为 -0.884529，说明两个序列在短期内偏离长期稳定趋势后有很强的回调力量。而这一时期钱计物价在较小的范围内变动，白银购买力的上升是世界白银购买力上升的区域表现，因此19世

[①] 银钱比价变动的主要原因是白银购买力的变动，但数据分析的结果显示银钱比价的变动对白银购买力的变动有预测性，即银钱比价的变动先于银计物价的变动，这是由于白银购买力的变动最先表现为银钱比价的变动。因此在协整检验中构建的回归方程以银钱比价为解释变量，以银购买力为被解释变量，这与通常理论叙述的因果关系相反，而与数据分析中格兰杰因果相符。

[②] "乾隆五十三年（1788）以后广东用银两表示的米价有下跌趋势，这大概与当时银价上涨，钱价下降的变化有关。"陈春声：《市场机制与社会变迁——18世纪广东米价分析》，中国人民大学出版社2010年版，第171页。

纪上半叶银钱比价上涨的长期变动原因是银贵,而非钱贱。① 政府收支以银计算,在白银购买力上升时,由于清政府的腐败及政府支出的刚性,政府并未节减开支,② 从而导致民众税收负担加重,引发社会经济危机。③

附表　　　　　　　**全国银钱比价表(1800—1850)**

年份	宁津	北京	直隶	山西	陕西	河南	山东	江苏	安徽	浙江	福建	江西	湖北	湖南	四川	广东	广西	贵州	甘肃
1815																			
1816	1177	1124																	
1817	1217	1118																	
1818	1245	1101									1300	1300							
1819		1178																	
1820	1226	1154																	
1821	1276									1160									
1822	1252	1197								1141									
1823	1249									1146									
1824	1269	1202								1156	1240	1240							
1825	1253	1187								1147									
1826	1271								1260	1134									
1827	1341	1259								1300	1154						1235		
1828	1339								1300	1280	1187								
1829	1380	1288					1400			1300	1276								

---

① 当时政府针对钱贱在制钱领域采取的众多对应措施,并没有起到多少作用,这也从另一方面说明当时银钱比价的变动不是由制钱方面的因素引起的。19 世纪后半叶银钱比价回落,当时银购买力变动不大,其主要原因应是铜价上涨,对此将另文探讨。

② 御史李维翰于道光三十年在"地丁折钱十年间几增加一倍浮收"折中提到"即以山东一省而论,州县征纳钱粮,相沿皆以钱折交。道光初年,交制钱一千七八百文,即作完银一两;自十八年至今,已交至二千八九百文矣。十余年间,多增几至一倍……河工每岁修防,发解帑金,动盈巨万,就现在银价计之,每银千两较前已多易制钱八九百串,有盈无绌,经费正可由此节省,无如在工之员,藉报险为开销张本,以冒支为浮华地步,纨绔挥霍,工所呼为酒地花天,万两工料,到堤不过二千三,此固彰彰在人耳目也"(中国人民银行总行参事室金融史料组编《中国近代货币史资料》第 1 辑,中华书局 1964 年版,第 32—33 页)。政府官员的薪水、铸钱所用滇铜洋铜购买、兵饷发放并没有因为银贵而减少开支。嘉道年间滇铜的生产没有引起官员的太多讨论,可能是滇铜生产的利润在银贵环境下有所改善。

③ 参见王业键《十九世纪前期物价下落与太平天国革命》,《清代经济史论文集》(2),第 251—287 页;习永凯:《白银购买力波动影响清末财政》,《中国社会科学报》2012 年 3 月 14 日,A06 版。

续表

年份	宁津	北京	直隶	山西	陕西	河南	山东	江苏	安徽	浙江	福建	江西	湖北	湖南	四川	广东	广西	贵州	甘肃
1830	1365	1323								1315	1315	1315							
1831	1388	1339		1300	1385					1289									
1832	1387	1330							1350	1289	1350								
1833	1363									1236									
1834	1356	1255								1237									
1835	1420	1245								1237		1428							
1836	1478	1372																	
1837	1559	1481																	
1838	1637	1546				1650									1428			1428	1428
1839	1679	1630																	
1840	1644									1570									
1841	1547	1395			1480					1650	1590		1626				1612		
1842	1572	1432		1540	1600		1620			1600			1666	1666					
1843	1656																		
1844	1724															1552			
1845	2025	1815																	
1846	2208	2000		1900	1800	2250		1850	2000		1855	1923			1550	1550	1660	2000	
1847	2167	2004								2000	2000					2000			
1848	2299	2045						2000		1900	1900				1774				
1849	2355	2037		2100							2000								
1850	2230	1988									2000		2000						

资料来源：直隶宁津数据源于严中平《中国近代经济史统计资料选辑》，第37页；北京（1807—1850）、安徽（1821—1835）银钱比价由彭凯翔惠赐，分别由甘博（Gamble）辑自直隶燃料铺账簿及彭凯翔辑自钦泉公收支账簿；其他数据来源：王宏斌《晚清货币比价研究》，河南大学出版社1990年版，第35—36页；陈春声《清代广东银钱比价》，《中山大学学报》1986年第1期；（清）刘永熙修，李世芳等纂《宜宾县志》卷30"钱法志"，清嘉庆十七年刻本，《中国地方志经济资料汇编》，第1079页。

（原载《近代史研究》2012年第6期）

传统币制的缓慢演变

——中国仿铸银元的历程

中国传统币制是银两和制钱混用,且没有主辅币的关系。清政府曾规定银两一两折合制钱一千文,但实际上两者比价随市场变化而波动。

货币单位是货币制度十分重要的内容。中国铜钱从计重钱(如半两、五铢等)进化到唐朝开元通宝,以文为单位,一文表示一枚铜钱,不像过去以重量表示其价值。货币作为记账单位,简化了价值比较,很多西方货币学理论将记账单位作为货币十分重要的功能。在此基础上,人们能够更深刻地认识货币实际是衡量万物的"纯价值体",而不是货币所穿贵金属外衣的价值,由此引发了人们更深层次的信用观念。

中国近代的货币银两,一直到废两改元前,依然是计重货币。其单位是"两""分""厘"等。依其重量的白银价值衡量其他商品的价值,已落后于时代。中国近代币制因为没有主辅币制度,因而货币间的比值每天均发生变动。晚清政府铸造银元后,就是货币体系的核心——白银,银元和银两之间价格也天天变动,时人称为洋厘。而且,银两之间,由于成色和平砝及市场需求的关系,也无时不处于变动之中。而西方国家的银元,却早已走出了计重货币的阴影。各国纷纷抽象出自己的非计重的货币单位,如英镑、里尔等,并铸造银元按枚行使。这种货币制度随着西班牙银元的铸造及大帆船贸易而大量流入中国,极大地影响了中国近代币制的发展。

14—15世纪,西欧的手工业有了很大的发展,资本主义萌芽已经出现。商品经济的发展,使得社会经济需要更多的金银货币。而此时欧洲的金属矿源已近枯竭。"14世纪和15世纪蓬勃发展的欧洲工业以及与之相适应的贸易，都要求有更多的交换手段。而这是德国——1450—1560 年的白银大国——所提供不出来的。"① 在与中国和印度的通商过程中，欧洲输出了大量的白银，因而交易媒介问题成为困惑欧洲经济的主要问题。通过寻找新航路，发现新的金银矿，成为欧洲一些冒险者的梦想。

哥伦布发现新大陆后，马上就开始强迫埃斯帕诺拉的印第安人缴纳黄金。而西班牙殖民主义者更是将眼光投向了拉美大陆。在毁灭了阿兹特克和印加文明后，西班牙人掌握了墨西哥和南美西部丰富的矿藏。1530 年，墨西哥城附近的苏提皮克和祖潘戈银矿开采后，采矿业就开始在塔斯科和特拉布雅华、新加利西亚、萨卡特卡斯、瓜那华托、帕丘卡、桑布雷雷特、圣路易斯、波托西等地发展起来。其中萨卡特卡斯的银产量最高，占墨西哥白银产量的 1/3。美洲是 16—18 世纪世界最大的白银产地。西属美洲殖民地的大批银矿的开采都在 16 世纪。最著名的秘鲁波多西银矿，也在 1580 年达到鼎盛期。波多西在 1581—1609 年 20 多年中，平均年产白银 254000kg（约合明制六百八十万九千余两），几占当时全世界产银总额的 60%。占有巨额（白银）财富的西班牙，于 1571 年占领马尼拉。菲律宾殖民地发展为著名贸易地点。经中外海商之手，西班牙运向东方的白银滚滚流入中国。② 这一条新的海上贸易之路，后来取代了陆上的丝绸之路，改变了世界历史的进程。由于交易商品品种的改变，后人将其称为"丝银之路"。

贸易史上，从此开始了西班牙人以菲律宾为基地与中国进行贸易的时期。由于贸易量巨大，西班牙曾规定从墨西哥出航的船只不许装运超过 25 万比索的银币。③ 交易的媒介主要是西班牙银币。

从明代中后期到清代中期，是西班牙人通过与中国贸易，以银币向中国换取丝绸、瓷器的时代。为此，本来产银不多的中国，竟然开始在流通领域中大量使用银两——大批将西班牙银币熔化再重新铸造成船形的元宝。

不同的美洲西班牙银币，其铸造大体分成三个时期。一是 16 世纪至

---

① 恩格斯：《致康拉德·施米特》，《马克思恩格斯全集》第 37 卷，人民出版社 2006 年版，第 185 页。
② 王裕巽：《明代白银国内开采与国外流入数额试考》，《中国钱币》1998 年第 3 期。
③ 陈健鹰：《关于西班牙银元流入中国的若干问题》，《福建钱币》1994 年第 3、4 期合刊。

1732年，为打制的不规则的手工银币，称为COB（卡伯），① 正面为西班牙国徽或双柱，下为水波纹，背面中间"十"字周绕曲线。西班牙银币使用八进位，8REAL（里尔）相当于1元，这一时期的银片重约25g—27g左右，还有4R、2R、1R几种。这些银片不同的铸地均有各自的标记，墨西哥为M，秘鲁为L，玻利维亚为P。

二是1732—1772年所铸，又称老双柱，分三世（1732—1741）、五世（1742—1746）、六世（1747—1759）、后三世（1760—1771）机制币，周边有纹饰。

三是1772—1825年铸造的西班牙国王头像银币，分为卡洛斯三世（1772—1788）、四世（1789—1808）和斐迪南七世（1809—1821或1825），即新双柱、人像双柱，均以国王肖像为版面。中国民间称其为佛洋，面值为8R、4R、2R、1R、1/2R、1/4R几种。

墨西哥独立后，1823年停铸双柱，自铸墨西哥鹰银元（西班牙银元改在本国铸造）。其面值、直径、重量或成色与西班牙银元完全一脉相承。一直到1905年，才由于实行金本位而停止铸造。墨西哥银元早在1829年就流入广东，起先被称为蝙蝠。② 第一次鸦片战争后，更是大量流入，成为中国现存量最大的外国银元。由于墨西哥鹰洋制作技术和成色好，1850年左右鹰洋就代替了"双柱"。它的流通区域和数量与双柱相比，有过之而无不及。后来香港地区、日本、美国、安南、英国、中国等也陆续造银元，大多受到"鹰洋"影响，其直径、重量、成色均作模仿，甚至相似。

明末清初，外国银元大量流入中国后，南方的广东、广西、福建、江西、浙江、江苏、安徽和湖南的东部、南部逐渐成为银元流通区域。

外国银元的流入，对中国传统的币制产生了巨大的冲击。首先，中国传统单一的以铜币和纸币相结合的货币制度发生了根本性的变革。过去，白银虽然很早就成为货币家族中的一员，但是其货币的属性大多囿于储蓄。自从明中后期美洲银元大量流入中国以后，白银在中国货币体系中的

---

① Saran Singh, *The Encyclo paedia of The Coins of Maloysia, Singapore and Brunei 1400 - 1967*, Malaysia Numismatic Society, Kuala Lumpur, 1996, p.540.

② 参见伍连炎《外国银元大量注入广东史迹》，《银海纵横》，广东人民出版社1992年版。

地位大为增强。政府在赋税中征收白银的政策,更提高了白银在中国社会经济中的重要地位。白银在大额交易和政府财政上,起着纸币和铜钱无法替代的作用。

其次,引发了中国自铸银元。中国最早的银元,应当是仿铸的外国银元,如西班牙银元或墨西哥银元(现已发现仿铸的币模)。中国终于走上自铸银元之路。

中国最早仿铸的是西班牙银元,发生在乾隆年间的广东。当时,广东省的藩库官员曾下令让银匠将银元"铸得像外国人造的一样"。但是这个命令带来了麻烦,由于银匠向银币内掺铜,致使市场上银元贬值。政府下令禁止其流通。①

嘉庆、道光年间,仿铸外国银元在中国南方已相当普遍。道光十二年,黄爵滋在奏稿中说:"盖自洋银流入中国,市民喜其计枚核值,便于运用,又价与纹银争昂,而成色可以稍低,遂有奸民射利,摹造洋板,消化纹银,仿铸洋银。其铸于广东者曰广板,铸于福建者曰福板,铸于杭州者曰杭板,铸于江苏者曰苏板、曰昊庄、曰锡板,铸于江西者曰土板、曰行庄。种种名目,均系内地仿铸,作弊已非一日,流行更非一省。"② 郑光祖在《一斑录》中记载道:"广东省造者曰广板,形大而声尖;福建造者曰建板,旁有字脚作钓;苏州造者,形同小吉而声尖。"③ 其中,小吉系指仿西班牙银币。此外,还有加铜掺铅的。由于这些仿铸银元的成色太低,不久在江南就不能使用了。两江总督陶澍和江苏巡抚林则徐在奏稿中说:"是仿铸之洋银,在本地已不能通用。"④ 咸丰年间,江苏有一个叫徐雪村的人,也曾自行铸造了一些银饼。李鼎颐的《通行银元八议》说:"咸丰初年,徐君雪村,曾于无锡乡间,自行开铸,民间指为新板,不能通行,以此竟作罢议。"《平贼记略》也说:"继有徐雪村者,吾邑北乡人,仿造银元与外国一式,识者既辨其色,又听其声音,以为皆逊于洋

---

① *China Review*, Vol. iii, p. 8, Wen pin wei, *The currency problem in china*, Columbia university, 1914, p. 41.

② 中国人民银行总行参事室编:《中国近代货币史资料》第1辑,中华书局1964年版,第43页。

③ 同上书,第52页。

④ 同上书,第45页。

元，而抑其值，遂至闽、粤，仍以七钱三分兑换而已。"①

除了直接按外国银元的币模样式仿铸银元外，国人还开始自铸银元。最早类似于银元的东西当属银片，这些东西和西班牙银元一起出土，因而很可能参与了当时的流通。福建南安市官桥乡1972年出土了1004g 西班牙COB银币。大者重25.8g—27.4g，中型的重13.6g，小型的重7g，上有NO、OMP、OMD、PST 等字样。此外还有4块银片，上有"金""鸡""落""井"4汉字，重0.12g—0.29g。西班牙银币有在墨西哥城铸造的（时间为1618—1633），有在波多西铸造的（1640—1649）。其中，塞哥维亚铸造的是中国出土西班牙铸造时间最早的银币。② 这些钱币经大英博物馆的克里布考证，多系墨西哥城所铸。③ 这与当时泉州与马尼拉之间的贸易关系密不可分。史料记载："漳泉商船，装载生丝和丝织品的，每年开进马尼剌，至少三十四只。"④ 而有汉字铭文的4个银片，很有可能是中国最早的仿铸银币。

在民间仿铸外国银元的同时，一些地方政府也开始自铸银元。林则徐在其任上就曾自行铸造了一批仿铸的外国银元。从史料的记载中可以知道，这种仿铸的银元实际上是一种银饼，而且"其面如棋，面刊是银七钱三分"。但是，这种银饼流通了很短的时间，就因为出现了仿铸而不得不废除了。⑤

日本人吉田雄虎的《中国货币史纲》中说："又在浙江省，于道光中，铸造一两银币，以与外国银币一起使用，但因流通阻滞，终于废止了。"⑥《币制汇编》第4册也说："道光中，浙江曾自铸一两重银钱，欲与洋元并行，以民间阻滞而止。"《松江府续志》记载："道光季年，当事

---

① 罗尔纲：《清代流行的外国银元及最初自铸的银元》，《历史研究》1956年第4期。
② 赖俊哲等：《试论16世纪后福建的对外贸易与外国银币的流入》，《福建钱币》1994年第3、4期合刊。
③ [英] V.E.克里布：《在中国福建省发现若干17世纪西班牙币藏》，陈丽琼译，《福建钱币》1994年第3、4期合刊。
④ 傅衣凌：《明代福建海商》，载《明清时代商人及商业资本》，人民出版社1956年版，第116页。
⑤ 冯桂芬：《校邠庐抗议》，第38页；郑观应：《盛世危言》第3卷"铸银"。另，周腾虎《铸银钱》及《平戎记略》也有记载。
⑥ [日] 吉田雄虎：《中国货币史纲》，山口高等商业学校东亚经济研究会1933年版，第102页。

者恶其（外国银元）夺利，制为银饼（每元重一两），迄未行。"①

1981年4月，北京大兴县红星公社南羊大队村民在基建施工时，在地下0.7m处发现了一个木匣窖藏，从中出土了银饼19枚。这种银饼呈圆形，直径26mm—28mm，厚3mm。正面微凸，有三行戳记。中间是横书的"库纹"和直书的"七钱二分"；右边是浙江省的县名（其中永嘉2枚，奉化、长乐、龙泉、海盐、钱塘、黄岩、诸暨、鄞县、临海、上虞、平阳、乐清、长兴、淳安各1枚，还有3枚文字不清）；左边记的是发行银号的名字（有振昌6枚、协丰2枚、性诚4枚、敦裕3枚，还有4枚文字不清）。这些银饼重18.6g—24.6g，成色95%。报告者认为是道光年间铸造的银饼。由此可知，浙江的银饼可能有两种情况，一种是官铸的一两重银饼，而民间的银号也铸造有七钱二分的银饼。② 浙江造银饼是中国近代货币史上重要的一笔。

上海开埠后，使用的货币以西班牙的本洋为主。但是，由于商人囤积等原因，本洋曾一度越来越少。这样，上海道曾以船商的名义发行过一种仿外国银元的银饼。

咸丰六年（1856），上海道以该地3家商号的名义发行一种银饼，币上只有文字，标明铸造的银炉、工匠名字，以及成色重量、发行时间和商号名称。其中正面为"咸丰六年上海县商号某某某足纹银饼"；背面为"朱裕源监倾曹平实重壹两（五钱）匠某某造"。面额分为一两和五钱。发行一两银饼的有王永盛、经正记、郁森盛三家，而发行五钱的只有后两家。这种银饼有不同的银匠版别，郁森盛发行的有丰年、平正、王寿3种，王永盛发行的均为万全。这3家商号均为当时在上海势力强大的沙船商。③ 这种银饼用简单机械制造，仅流通了半年。

福建漳州铸造的"漳州军饷"，是清政府为了支付当地驻军的军饷，采用土法铸造的银元。人们将其分成3大类，第一类面文为"漳州军饷"，第二类币上戳印特多，第三类币面文字一般认为是"谨慎"或"谨性"。

---

① 《松江府续志·疆域志·风俗》，第4册，光绪十年刻本，第15页。
② 北京金融志编委会编：《北京金融史料》货币编，1995年编印，第190页。
③ 傅为群：《图说中国钱币》，上海古籍出版社2000年版，第111页。

道光、咸丰年间，为了镇压当地农民起义，台湾地方政府用库存的数十万两白银铸成银元，发放军饷。计有 3 种图案样式：一种是寿星，一种是花篮（如意银元），一种是剑秤。重均七钱二分，上有"库府"两字。这是台湾最早的自铸银元。

福建和台湾的早期自铸银元，由于与农民起义有一定的关系，因而在 20 世纪 50 年代时曾引起史学界的热烈讨论。

此外，中国传统的银两，一般分为 3 等，大锭重 50 两，中锭重 10 两，滴珠重 5 两以下不等（用于找零）。传统的滴珠形制各异，随着外国银元对中国币制的影响，很多地方的滴珠，也开始铸成像银元一样薄的圆盘状。

洋务运动掀开了中国向西方学习的浪潮。清政府的一些封疆大吏开始向国外购买机器，用机器铸造货币。铸造银元是其中的重要内容。光绪十三年（1887）初，两广总督张之洞上奏，要求设立钱局，购买机器，用机器铸钱，不久获得了批准。张之洞向英国购买机器，在广东广州大东门外黄华塘建造厂房。十五年（1889）钱局竣工，定名为广东钱局。其实，仍不过是用机器铸造制钱。

早在光绪十年（1884），吉林将军希元就上奏："仿制钱式样，铸造银钱……饬交机械局制造足色纹银一钱、三钱、五钱、七钱、一两等重银钱，一面铸刻监制年号、吉林厂平清汉字样……"[①] 秦子纬所著《中国近代货币集拓》一书，有吉林厂平银币 1 枚，此币当为希元上奏后吉林机器局铸造的中国第一枚银元。该币仿制钱样式，面值 5 钱，与上文相符。因未获清廷批准，没有大量铸造。就是人们现在熟悉的吉林厂平银元一套 5 枚，也仅仅铸造 5000 两银子。

光绪十六年（1890），附设于广东钱局内的银厂开始铸造银元。为抵制外国银元，广东钱局铸造的银元比通行的外国银元重一些。在劣币驱逐良币的经济规律作用下，该币反而不能流通，于是又铸造与市面上通行银币同样重的银元。这两套银元外边都环绕着英文，一些人就说此币有反意，因而称为"反版银币"。这是中国最早一批流通的自铸机器银元。

制度经济学认为，经济后发的国家不仅有后发优势，还要承受对后发

---

① 长顺等：《吉林通志·经制志五·钱法》，民国十九年重印版。

者的诅咒，即经济后发者往往只学习看得见的技术或产品，而不学习这些东西后面隐藏的经济制度。中国自铸银元的历史也说明了这一问题。自铸银元上面一般并没有标名"元"，依然使用过去的计重（如"七钱二分"），说明中国的银元还是在走传统的银两制度的老路，并没有像外国银元那样，从计重单位中抽象出来，更没有形成诸如"元""镑""法郎""里尔"这样的纯货币单位。一直到晚清、民国后，才出现标有"圆"而不再计重的银元。1933年，中国最终废除银两制度，废两改元。从仿铸外国银元、自铸银元，到真正步入近代货币体系，中国人花了几百年的时间。

（原载《钱币文论特辑》2006年第2期）

近代银元和铜元铸造数量的一个简略估计

流通数量反映了银元在流通领域中的地位，但由于当时统计资料的分散，更由于地方造币厂为地方利益而滥铸、盗铸及浮报、伪造统计报表，准确翔实的铸币数量极难获得，仅能依据现有资料做出一般性的大趋势估计。彭信威先生认为：清末货币总量（包括中外银元、银锭、银角、铜币、纸币等）为20.97亿银元，"全国人口若以四亿计，每人约占五元二角四分"，如果以其中30%的货币在上海流通，则上海流通货币量有6亿元。①

《银行周报》认为，自光绪十五年张之洞在广东开铸银元，到1913年底时，全国共铸银元约2.2亿元，小洋约铸2.3亿元。1913年至1916年，银元共铸1.8亿元，1917年至1918年，银元共铸约1.5亿元，小洋约铸0.8亿元。② 则1918年合计银币产量约为8.6亿元。另有资料认为，在1915年初开铸新币时，时人调查应改铸的旧币数额为：银元206028152枚，五角银币32279421枚，二角1232860442枚，一角235004212枚。③ 则当时旧币的铸造数量约为2.75亿元。

北洋时期银元铸造额据《北洋政府时期银元铸毁数目表》统计，铸造数目1141453035元，销毁数目63916823元。④ 据此则1928年各厂已铸银元约为10.7亿元。另据《北洋政府时期历年铸造银元数目表》则为：

---

① 彭信威：《中国货币史》，上海人民出版社1958年版，第889页。
② 《银行周报》第9卷第8号，1925年3月10日。
③ 上海《新闻报》，1915年1月20日。
④ 中国人民银行总行参事室编：《中华民国货币史资料》第1辑，上海人民出版社1986年版，第125—126页。这个统计并不全面，其中有一些前清的数据，也有一些年份没有计入。

铸造数目 1743304437 元。① 此数大概含旧币改铸数。故数目偏多。

《银行周报》1931 年估计：中国铸造银币总数 1627225000 元，外币在中国流通之估计数 80000000 元，中国流通银币总数 1707225000 元。②

《中央银行月报》的 1890—1932 年鼓铸银币统计为各省造币厂铸造总额为 1746304427 元。③

表1 中央造币厂鼓铸新本位银币统计（1933 年 3 月至 1935 年 6 月）④

单位：银元

时期	种类	重量（贝分）	成色	总额
1933 年 3 月至 12 月	银币	26.6971	880	2806018
1934 年 1 月至 12 月	银币	26.6971	880	70956464
1935 年 1 月至 6 月	银币	26.6971	880	33569016
共计	银币	26.6971	880	132586398

由此可见，30 年代中期前中国铸造一元银币在 17 亿—18 亿元左右。

在铸造约 17 亿—18 亿银主币的同时，铸造的银辅币数据 30 年代早期不完全统计为，五角 145582129 枚，二角五分 1140000 枚，二角 1386623516 枚，一角 244967161 枚，五分 5684159 枚，三钱二分藏元 18045454 枚，一钱六分藏元 136336 枚，八分藏元 125612 枚，广东双毫 1055247000 枚，而闽铸二角则无统计数目。⑤ 而 1918 年后历年铸造的新银辅币数目，五角为

---

① 依《财政年鉴》第 12 编，商务印书馆 1935 年版，第 1531 页改制。该表清代龙元为民国八年调查数，据国民政府财政部调查，宁、津、汉、杭四厂至 1828 年时已销毁 72718632 元，南京造币厂为民国元年至十八年停铸时数目，内有民国元年至民国三年所铸江南旧模 36651016 元，天津造币厂为民国三年 12 月 24 日开铸袁像币至 1918 年 3 月 15 日停止造时数目，第二个数字是 1920—1928 年 1 月 23 日的铸数，广东造币厂为 1915 年 8 月 13 日至 1917 年底时数目，武昌造币厂为 1912 年至 1928 年铸数，内有旧模币 7302510 元，杭州造币厂为 1922 年至 1932 年停铸时数目，成都造币厂为 1912—1928 年铸数，内有旧模币 7302510 元，杭州造币厂为 1922 年—1932 年停铸时数目，成都造币厂为 1912—1923 年停止造时数目，而新汉字大元则是 1928 年铸数，此外还有四川渝造汉字大元一种，没有铸数。
② 民国二十年流通银币总额之估计，《银行周报》第 16 卷第 2 号，1933 年 1 月。
③ 《中央造币厂之沿革》"附表"，《中央银行月报》第 4 卷第 10 号，1935 年 10 月。
④ 同上。
⑤ 《财政年鉴》第 12 编，商务印书馆 1935 年版，第 1540—1541 页。

· 52 ·

42798268枚，二角11470588枚，一角14641270枚。①

广东造币厂多铸双毫，其民国元年至十年历年铸造数目为87000千枚、109974千枚、41691千枚、22332千枚、19500千枚、19700千枚、402250千枚。② 合计872747000枚。《广东经济年鉴》记载，自民国元年至1931年广东造币厂共铸出双毫三亿七千多万元。③

1918年北洋政府开铸新银辅币，本想依此统一银辅币，但是由于各地滥铸，种类繁多，新银辅币很快失败。银角极度复杂，而且价格不一，以上海为例，市场上有29种银角流通，且价格不一。老八开④十一角九分合银元一元，而老四开则十一角六，油板则分成两种，价格分为十二角左右和十六角二分，普通银角十二角左右，袁像八开十二角六，袁像四开十三角一分，袁像对开十三角一二分，十币三十角六，十花十二角五，九花十二角九，旗角十七角，厚边十一十六角六，私板十六七角，新九十二角，新十一二十角左右，新十二二十三角五六分，新十三二十角余，老十二十三角五六分，老十三十三角六七分，汕头角十三角，福官局角十一角五六分，旗福十一角八九分，浙叉旗十二角二三分，药水角十六七角至二十四角五，铅角和铜角市面拒用，做旧四开看货论值。而这仅仅是在上海市面流通的银角,⑤ 全国各地所铸银角种类远远在此之上。

表2　　　　　　　　　　清末铸造铜元数目⑥

铸币厂	铸造时期	折合当十铜元
清江浦造币厂	光绪三十一年正月至三十二年七月底	740085585枚
江苏铜币旧厂	光绪三十年二月至三十二年五月十二日	529430867枚

---

① 《财政年鉴》第12编，商务印书馆1935年版，第1540—1541页，其中五角中无四川及云南半元数。

② 中国人民银行总行参事室编：《中华民国货币史资料》第1辑，上海人民出版社1986年版，第727页。

③ 秦庆均：《民国时期广东财政史料》，《广州文史资料选辑》第29辑，广东人民出版社1983年版，第25页。

④ 老八开及下述旗、花等均为按银角样式的不同而定的俗称。

⑤ 金国宝：《中国币制问题》，第45—47、50—55页。另可见中国人民银行总行参事室编《中华民国货币史资料》第1辑，上海人民出版社1986年版，第728—729页。

⑥ 关于银角铸造、种类请参见戴建兵等著《中国历代钱币通鉴》，人民邮电出版社1999年版，相关造币厂部分。

续表

铸币厂	铸造时期	折合当十铜元
江苏铜币新厂	光绪三十一年五月至十月二十五日	354812089 枚
安徽银元局	光绪二十八年四月至三十二年四月十六日	519361334 枚
江西铜币厂	光绪二十九年三月十六日至三十二年十月底	379722376 枚
浙江造币总局	光绪二十九年至三十二年十二月	821107384 枚
浙江造币分局	光绪三十一年四月至十二月	163253380 枚
湖南造币旧局	光绪二十八年六月至三十二年八月底	179959100 枚
湖南造币新局	光绪三十一年六月至三十二年十二月初八日	632356825 枚
河南造币厂	光绪三十年十月至三十二年十一月二十九日	230545880 枚
湖北铜币局	光绪二十八年八月至三十二年十二月十五日	2548327055 枚
湖北银元局	光绪二十九年闰五月至三十二年二月初一日	1211653299 枚
湖北兵工厂铜币厂	光绪三十一年二月底至三十二年二月止	527544700 枚
江宁造币厂	光绪二十八年至三十二年是十二月底	1603984850 枚
广东造币厂	光绪二十六年至三十一年底	958606000 枚
福建造币南局	光绪二十六年至三十一年底	347248868 枚
福建造币西局	光绪三十一年九月至年底	79059249 枚
福建闽关局	光绪三十年五月至年底	73701952 枚
直隶造币厂	光绪二十八年六月至三十三年三月底止	682180520 枚
四川造币厂	光绪二十九年七月至三十二年年底	275512944 枚

相对而言，北洋政府注重于一元银币的铸造和统一，并在各地方造币厂铸造一元主币方面控制较严，当孙像和袁像银币在全国流通开来后，其成色和样式为全国各地普遍接受，因而地方军阀控制地方造币厂后，铸造一元银币已无利可图，或铸出后无法行使。因而各地普遍将视线转向政府控制并不严密的银辅币，一是北洋政府1918年才开始做出以新银辅币统一银角的努力，二是这种努力很快大败，因而滥铸劣质银角成为各地生财之路。其种类之多，让人瞠目结舌，[①] 而且最终在东北和两广一度形成了以二角银币为主的小洋流通区，并在此区域内形成主币，一元银币反而对

---

① 关于银角铸造、种类请参见戴建兵等著《中国历代钱币通鉴》，人民邮电出版社1999年版，相关造币厂部分。

银角有行市。

据《财政年鉴》统计，历年各造币厂铸造的辅币折合新银辅币一角为14641270枚,[1] 约0.14亿元。实际上，如加上地方军阀及各种私铸，当不下0.2亿元，甚至更多。

张公权说："根据财政部估计，一九一八年共有银元二亿五千万元，流通在全国。十五年以后，这个数目几乎增加了六倍。一九三三年三月，财政部估计流通的银元为十四亿元。""一九三三年的银元流通总额共为十六亿元，银锭的银子共有一亿五千三百万上海两（约二亿元）。"[2] 这个估计基本上是准确的，但笔者认为如加上各种滥铸、私铸及辅币，以及中央造币厂成立后所铸新币的铸造额，则法币改革前，中国银币的流通额当不下20亿元，甚至更多。

晚清及民国到底铸造了多少铜元呢？

梁启超估计光绪三十年至三十四年五年间铜元铸造数见表3。[3]

表3所列120亿枚以上，但还不包括光绪二十八年、二十九年及宣统年间所铸及民间和外国私铸，梁氏认为当时中国就流通铜元140亿枚。

表3

时间	原料铜	铸成铜元
三十年	255771 担	1741167 千枚
三十一年	749000 担	4696920 千枚
三十二年	213637 担	1709383 千枚
三十三年	356400 担	2851200 千枚
三十四年	1785100 担	1428000 千枚
合计	3359944 担	12426670 千枚

---

[1] 《财政年鉴》，1935年版，第1541页。另可见中国人民银行总行参事室编《中华民国货币史资料》第1辑，上海人民出版社1986年版，第724页。

[2] 张公权：《中国货币与银行的朝向现代化》，见薛光前编《艰苦建国的十年》，台北正中书局1971年版。另见罗荣渠、牛大勇编《中国现代化历程的探索》，北京大学出版社1992年版，第198—199页。

[3] 梁启超：《各省滥发铜元小史》，《币制汇编》第6编，第279—286页。另可见《梁启超全集》第4册，北京出版社1999年版。

中国铜元的铸造量，1900—1906 年估计有 125 亿枚，民国前五年铸造铜元数目，据北洋政府财政部答复法国调查为当十铜元 10579000455 枚，① 则将近 106 亿枚。1915 年初开铸新银币时，时人调查应改铸的旧铜元为：当二十文 274786428 枚，当十文 28583195856 枚，当五文 37942952 枚，一文 185937660 枚。② 当十铜元已达 285.8 亿枚，全部折合当十铜元约为 290.5 亿枚。而到 1917 年时则增加至 317 亿枚。日本人不完全统计折合当十铜元则为 342 亿余枚。③ 据政府统计，1917 年，天津、南京、武昌、广东、成都、云南、奉天、重庆、湖南及停办各厂所铸铜元数计为：当二百文 3064862 枚，当一百文 15699227 枚，当五十文 300805522 枚，当二十文 386292307 枚，当十文 31682120306 枚，当五文 37952509 枚（18942509 枚原文如此），当二文 28718641 枚，一文 160487661 枚。④ 折合当十铜元约为 338.7 亿枚。美国人估计仅民国十六年间流通的铜元数量总计达 400 亿枚。

1917 年时，财政部调查重要城市铜币流通情况，可以看出，铜元已基本上取代原来制钱在流通中的地位。当时的调查结果见表 4。⑤

表 4

地名	铜元流通数	制钱流通数
天津	2000 万枚	
保定	500 万枚	
奉天	100 余万枚	
吉林	50 余万枚	
青岛	500 余万枚	

---

① 《财政部档》，中国人民银行总行参事室编《中华民国货币史资料》第 1 辑，上海人民出版社 1986 年版，第 302 页。

② 《上海新闻报》1915 年 1 月 28 日。

③ ［日］久重福三郎：《铜元问题》，大正十五年五月《支那研究第十号别刊》，第 11 页。

④ 曹汝霖：《伪币制重要履宜整理缮具币制节略呈》（1918 年 8 月 12 日），《中华民国史档案资料汇编》第 3 辑，江苏古籍出版社 1994 年版，第 130—131 页。

⑤ 据《财政部档》改制而成，一般而言，一文制钱，即一枚制钱，千文即千文，串即千文。另可见中国人民银行总行参事室编《中华民国货币史资料》第 1 辑，上海人民出版社 1986 年版，第 688—692 页。

续表

地名	铜元流通数	制钱流通数
烟台	4000 余万枚	150 万文
禹县	1 万余枚	21 万余串
开封	1000 余万枚	6 亿文
太原	500 万枚	15 万千文
南京	300 万枚	400 千文
芜湖	200 万枚	
九江	12 万串	甚少
赣州	20 万—30 万枚	100 余万文
杭州	440 万枚	2500 千文
宁波	50 万枚	100 千文
温州	100 万枚	2000 千文
汉口	40 万枚	无
宜昌	1000 余万枚	
沙市	当十 30 万串，当五十 1 万串，当二十 3 万串	
西安	360 万串	
广州	5 亿枚	120 万枚
汕头		100 万千文
南宁		1000 余串
贵阳	100 万枚	20 万千文
热河	27 万枚	1500 万文
包头	200 万枚	2 亿文

另据日文资料，民初一文、二文、五文、十文、二十文、五十文、百文、二百文合计，1913 年的流通额（折合当十铜元）为 29193684378 枚，1917 年则为 34217767791 枚；而到了 1923 年则为 47493363948 枚，[①] 已近 475 亿枚。

1922—1924 年天津造币厂和 1922—1923 年的武昌造币厂则又铸出了

---

① ［日］久重福三郎：《铜元问题》，大正十五年五月《支那研究第十号别刊》，第 12—13 页。

当二十铜元 2627658946 枚,当十铜元 1233645179 枚。① 折合当十铜元 176 亿枚。仅 1923 年中国各造币厂铸造铜元数目据北洋政府财政部答复英国调查为:一分铜币 733361 枚,五厘铜币 61110 枚,当十铜元 1531024 枚,当二十铜元 1438948104 枚。② 折合当十铜元约 28 亿枚。

《中华民国货币史资料》依一些文献对北洋时期一些造币铸额的统计见表 5。

表 5　　　　　　　　各造币厂铸造各种旧型铜币数额③

造币厂	当五十（枚）	当二十（枚）	当十（枚）
津厂	1304484	3421205072	2514966785
	1124484		
宁厂		58500000	4244333886
鄂厂	2564000	2733806103	9121782723
粤厂			3282183943
川厂	373646326	178826526	749516902
滇厂	3937575	910410	36701057
		645475	36133222
奉厂		65986778	257435428
		56637378	237844728
			177068428
重庆局	61124500	31380225	
湘厂		51328200	11090995625
晋厂		23257023	451608472
停办各厂		10445262	5399944522

1935 年《大公报》刊出王文均的文章估计 1891—1928 年中国铜元累

---

① [日] 久重福三郎:《铜元问题》,大正十五年五月《支那研究第十号别刊》,第 12 页。
② 《财政月刊》第 11 卷,第 132 号,1942 年 12 月。
③ 据《财政年鉴》《财政部钱币司章程汇编》《云南经济》《东三省整理金融委员会报告》《中华币制史》《中国币制问题》编制,另见中国人民银行总行参事室编《中华民国货币史资料》第 1 辑,上海人民出版社 1986 年版,第 738 页。另表中还有一些造币厂铸有当二百、当一百、当五、当二、当一的数据没有收录。

积数见表6。①

表6　　　　　　　　1891—1928年中国铜元累积数

当十铜元	26947000000 枚
当二十铜元	6493000000 枚
当五十铜元	1608000000 枚
当百铜元	404000000 枚
当二百铜元	765000000 枚

由上述数字可知，到国民政府成立前，中国仅铜元铸造累积数折合当十铜元应在800亿枚左右。这些还不包括地方军阀造币厂如四川防区制时代小军阀的大量铸造及民间和外国的私铸。加上国民政府成立后地方造币厂的铸造数，笔者认为，法币改革前中国的铜元累积量折合当十铜元应在800亿—900亿枚之间。

（原载《中国钱币》2006年第1期）

---

① 《上海满铁调查资料》第十三编，《恐慌发展过程——中国币制改革研究》，南满洲铁道株式会社上海事务所昭和十一年版，第115页。

隐性中央银行

——甲午战争前后的外商银行

从近代经济发展而言，财政与政府层面、金融与市场层面关系紧密，金融机构存在政府管理层面和市场需求方面向中央银行发展的趋势。在近代中国，作为一个整体视角下的外商银行，日渐强化为隐性中央银行。甲午战争前，外国银行就已经通过对白银进出口的经营而成为中国发行货币的银行，又通过对中国钱庄的掌控实质上成为银行的银行。甲午战争后，外国银行又通过对华贷款而成为中国政府的银行。在地方督抚财政权力增强的趋势下，外商银行通过新式企业的投资影响地方财政。因而，以外商银行为中心考察近代中国经济，其基本层面是外商银行逐渐成为中国经济中隐性的中央银行。

一 甲午战争前外商银行的地位和作用

发行的银行是中央银行的重要职能，而近代中国，白银日益成为货币体系的核心。中国基本不生产白银，外商银行正是通过对白银进出口的控制日益壮大，逐渐成为中国白银货币的最终发行人。

甲午战争前的外商银行经历了与洋行竞争，以及由于近代经济的发展而日益扩大影响的两个阶段。由于外商银行使中国本地钱庄的庄票成为外商银行与中国实业相联系的中介，从而排挤了洋行。在这个过程中，外商银行通过对白银的掌握而影响中国的币制。

银行业务是追随客户的，鸦片战争后近代中外贸易的发展，扩大了中外金融业务往来的范围，其中最为重要的是汇兑业务。19 世纪四五十年代,进入中国的外资银行还是从事以中国为基地的国际汇兑业务为主。"除了汇兑以外,其他项目,或者并未开始经营,或者虽已经营,而局面未能打开,立于无足轻重的地位"①。此时外国银行还没有真正进入中国的货币体系之中,还没有操控钱庄庄票的意愿和能力,因而中外贸易基本上处于以货易货和现金交易的时代。19世纪50年代中期中国生丝出口旺季时,"欧洲市场白银罗掘一空",仍不能满足中国丝茶出口的需要,金银的出入口在海关的统计中总是占有相当显著的地位,1859年仅通过海关进口的金银就有1000多万两,同时出口金银400万两。② 这种纯粹的现金交易自然不能适应迅速增长的中外贸易的需要,从而导致了外商银行的进入;③ 另一方面有着使用票据经验的西方银行,自然重视中国金融市场上的信用工具庄票,故而钱庄的庄票制度开始显示其作用。钱庄最早的庄票往往是买办自己做生意时使用的,"银行和洋行老板通过买办之手所收到的中国钱庄庄票,在没有到期以前,一般都听任买办支配。这无异给自己的买办提供做买卖的资本"④。而买办也乐于使用洋老板的资金,常常是银行或洋行所接受的庄票,实际就是买办自己钱庄开出的庄票。这对日后庄票制度在中外金融机构的信用建立有着十分重要的意义。

1865年3月3日,汇丰银行正式开业,从此中国的金融格局发生了变化。

19世纪70年代,科学技术的进步引发了金融创新,1870年苏伊士运河开通,当年经过运河而至中国的货物达到了50万吨。第二年4月,伦敦与上海的电报开通,6月香港与伦敦,不久后欧洲经俄国海参崴到中国的电讯联系建成,中外贸易方式开始变化,苏伊士运河将货物从欧洲运到中国的航程缩短了一半以上,原来伦敦与上海信息来往需要6—8个星期,此时变成朝发夕至。电汇开始取代信汇;汇票由六个月付现改为四个月;货价的清偿,从原来买主汇付的方式,改变成为卖主出售汇票的行为,生产方式从存货待售改为订货预售,生产方资金流动更为顺畅。一系列的金

---

① 汪敬虞:《外国资本在近代中国的金融活动》,人民出版社1999年版,第30页。
② 同上书,第37、43页。
③ [日]滨下武志:《近代中国的国际契机:朝贡贸易体系与近代亚洲经济圈》,朱荫贵、欧阳菲译,中国社会科学出版社1999年版,第151页。
④ 汪敬虞:《外国资本在近代中国的金融活动》,人民出版社1999年版,第43页。

融创新给在华外商银行发展提供了绝好的时机。此时"外国银行在中国金融市场的地位,已经凌驾一向垄断中国对外贸易的洋行之上了;中国的贸易市场和金融市场,已经开始控制在外国银行之掌中了"①。而在英法德三国银行在中国鼎立的局面中,英国银行资本较强,汇丰银行更是英国银行的代表。

由于受国际金融创新和中外贸易量扩大的影响,上海"出售的一切外国进口货,都是以本地钱庄开的五天到十天的期票进行支付"。这种做法迅速在汉口、福州等通商口岸蔓延。新信用形式的发展,使外商银行与中国钱庄迅速结合。外商银行依其强大的资金支持开始支撑起钱庄的庄票制度,并且从70年代初开始直接贷款给钱庄,建立资金的拆放关系。②因为钱庄的流动资金一向短缺,要仰仗外商银行"拆票"放息,形成钱庄流动资金大部分来自外商银行的局面。一旦以汇丰银行为首的外国银行抽紧银根,钱庄就会周转失灵,甚至有停闭的危险。汇丰银行完成了通过"拆票"控制钱庄使之变为其附庸的过程,同时上海也就成了汇丰银行统治的金融中心。这个中心不但有汇丰银行那样控制全局的外国金融机构,也有为汇丰银行所控制,专为中国商人服务,"脉络遍布各省大小城镇……穷乡僻壤到处可以通汇"的钱庄,以及分号遍布各通商大埠和重要码头专办大额汇款的票号。内地资金源源不断地汇集上海,洋货络绎不绝运往各埠;土特产则由出口商携带资金前往产地采购,然后运回上海,售予外商回笼资金。随着进出口商品以上海为中心的不断循环,资金亦以相同步伐在上海不断聚散。上海逐步变成对远东和全国都有重大影响的国际金融中心。③

在这种外国商人—外国银行—中国钱庄—中国商人的对外贸易格局中占据主导地位的是手中拥有大量白银资本的外国银行。"在整个70年代以至80年代初,上海金融市场曾经发生过多次货币恐慌的风潮,而几乎每次风潮,都为外国银行所左右。这时中国钱庄用外国银行资本做生意,已经是'众所周知的事实'。数目经常在300万两左右的外国银行放款,

---

① 汪敬虞:《外国资本在近代中国的金融活动》,人民出版社1999年版,第86页。
② 中国人民银行上海分行编:《上海钱庄史料》,上海人民出版社1978年版,第28—29页。
③ 丁昶贤:《中国近代金融市场回顾》,《中国研究》1998年第3、4期。

此时竟成为维持上海市面正常周转的数量,一旦市面货币低于这个限额,银根立刻感到紧张。"① 一旦外商银行收回拆款,市场利率立刻上升到30%以上。② "拆息逐渐成为上海金融行市的中心,其他各种利息,咸以此为转移。而这个构成上海金融行市中心的拆息行市,从一开始就掌握在外国银行手里。在这里,中国对外贸易局面的恶化,贸易逆差的长期延续和扩大,则是外国银行掌握中国拆息行市的一个基本条件,因为拆息行市的高下,决定于市场银根的状况;市场银根的状况,又决定于钱庄对外国银行收解状况,而钱庄与外国银行之间收解状况,则最后决定于对外贸易的赢绌状况。"③ 如此明显的外商银行放款与利率的正相关关系,说明外商银行已经成为中国与外贸联系密切的通商大埠金融市场上的最终贷款人。这种局面的形成,最重要的原因就是外商银行掌握着资金——白银。近代中国步入近代化的一切均须资金的支持,特别是中外贸易的日益深化,已使中国成为国外制成品的市场和原料的输出地,单纯维系这种物流的移动也须臾离不开资金的支持。

19世纪70年代后外商银行之所以能够迅速掌控上海的金融市场,主要原因一是中国金融业发展已不适应当时迅速开放的市场以及上海作为进出口中心的地位。金融市场的主角,迅速从洋行、钱庄、外商银行三足鼎立而向外商银行靠拢。二是电信业的发展引发了第一次信息革命,外商银行可以通过电讯业在世界范围内调动资金。早在1876年上海银元价格与旧金山银价发生细微变化时,汇丰银行立即下令其旧金山分行买入而在上海卖出,顷刻之间"获得了30%的暴利"。而传统钱庄无此优势,仅能在上海一地囤积居奇,加大上海的金融风险,并向内地传播。电讯业在中国的发展则强化了上海金融中心地位。80年代后,外国银行增加了在内地的机构,上海与内地的电讯网也基本建立,④ 从而使上海金融市场的辐射性大为增强。三是技术创新的过程中引发了贸易和金融创新,物流时间的缩短和资金周转的加速壮大了外商银行的实力,而钱庄仅是将传统的庄票制度纳入了中外贸易的金融范围之中。产生这一趋势最为重要的原因则是

---

① 汪敬虞:《外国资本在近代中国的金融活动》,人民出版社1999年版,第128—129页。
② 同上书,第130页。
③ 同上书,第134页。
④ 《申报》1883年3月7日。

整个中国社会资本的缺乏。

在这个过程中，币制也使外商银行占天时地利。首先是在中国传统的以银为核心的货币体系中，货币的核心——白银，中国并不能掌握，而外商银行则可从世界范围内调入。其次是世界白银产量增长使得对银的调动更为容易。再次是世界金本位币制的形成，白银存世量日大。最后，中国传统的白银核心型的货币体系，银两和银元并存，洋厘价格频繁变动，使外商银行尽可依此博利。

19世纪80年代后，外商银行在中国内地设立分行，与内地的钱庄和其他金融机构发生联系。银行的基本业务，存款、放款和汇兑日益完善，在中国开展了一角起存的存款业务，在放款上更注重对政府的财政借款。甲午战争以前，外商银行已在中国金融界形成了下列的格局。

其一，外国银行掌握着中国货币体系的核心——白银的输入和输出，因而成为中国金融业的最后贷款者。

其二，外国银行在大力拓展内地业务的同时，将中国传统的钱庄掌握在手，一方面通过对钱庄信用工具庄票的支持，将之纳入附属于己的对外贸易和货币体系之中，同时通过对钱庄的贷款而影响其业务方向和规模。

其三，外国银行日益成为中国金融业中心上海金融市场的主角，由于其掌握白银的进出口，银拆、洋厘的定价权已隐性地掌握在它们手中。

其四，外商银行的存款由于其既重视从升斗小民手中争取一角存款，同时利用其在华的政治特权（即安全性）注重对官僚富人大额款项的吸纳，在存款量日益增长的同时，能够运用中国的资金充实其资本。

其五，外商银行在注重商业放款的同时更加强调对中国政府的财政借款，由此获得超越商业借款的巨大利益，且波及商业领域外的其他领域。

所有这一切，使外商银行在中国的金融界已处于超然地位。基于外商银行对白银流通的掌控，在白银核心型的中国货币体系中，其隐性中央银行的身份开始显现。

二 隐性中央银行的最终形成

政府的银行是中央银行的另外一大职能，而这一职能一般是通过银行对政府国库的代理等实现的，甲午战争以后，外商银行群体通过对中国政府外债的经理实现了这一职能。外商银行成为中外贸易的中介，故而开始影响中国币制，而甲午战争的失败，使中国财政纳入了外商银行的业务之中，从而最终使外商银行成为中国隐性的中央银行。

从单个外商银行考察，哪一家银行对白银的控制力大，谁的实力也就越大，汇丰银行在中国实力的强大，源于其对白银的控制力。

"汇丰银行也掌管着中国海关总税务司的账户，其存款包括：办公用费，罚款和没收款项，船舶吨位税，各种手续费和其他特殊款项。（它不包括关税收入，虽然该款在大约二十年后也一直存放在汇丰银行。）这些巨额的政府存款，意味着由于当时银价跌落，其他银行都把资金积存英镑而将其白银库存削减到最低水平，但汇丰银行的库房中却满存白银。汇丰银行持有这样丰富的白银和铸币，从而能对各省当局进行高利短期放款，其利率比起付给各存户如财政金库的四厘利息要高出许多。只要中国继续维持银本位，汇丰银行就照此办理，而且相信这样做法是一个总行设在香港的银行的正当方针。"[1] 由此，当时掌握汇丰银行的杰克逊被称为"伟大的白银专家"[2]。因而有人称1865年建行至1902年为杰克逊时代。[3] 在他的时代，汇丰银行的资产从4300万元增至22000万元，年度纯益从50万元，猛增至1898年的600万元之巨。[4]

由于东南亚国家久受中国货币文化的影响，汇丰银行对中国的策略同样在东南亚国家显现出来。汇丰银行对东南亚的许多业务也是靠白银做成的。在越南"值得注意的是1878年对建筑西贡大教堂的三笔总额八万元的白银贷款，如果当时法国的殖民机构或它设立的东方汇理银行有足够的白银在手的话，它就会自己提供此款"[5]。在泰国，汇丰的"外汇业务集中在主要的出口物资大米作物方面。汇丰银行从碾米厂主（一般为中国人）那里接来这些厂的银行业务，这就是要用白银支付出口汇票……1888年一年之间，就运来了四百多万墨西哥银洋来偿付大米的出口。不

---

[1] ［英］毛里斯·柯里斯：《汇丰——香港上海银行》，李周英等译，中华书局1979年版，第27—28页。
[2] 同上书，第28页。
[3] 同上书，第58页。
[4] 同上书，第63页。
[5] 同上书，第47页。

过香港的总行总持有为数甚巨的准备金,随时都能在曼谷充分用白银供应给大米收购商"。本来汇丰准备发行钞票,但是"内地米农只接受白银"①。在新加坡,"这个分行日益昌盛,竟获得了政府存款半数的特权,这是最受欢迎的白银存款"。而且每当出现金融危机时,"汇丰银行在香港有充裕的白银准备,足以随时应付这类突然事故"②。这大大强化了汇丰银行的实力。

为了控制白银,汇丰银行在世界各地设置机构并在经营上注重金银的兑换及新金融工具的创造。"1875年汇丰银行在旧金山设了分行,主要业务是购买西班牙所属墨西哥的银洋和白银,并运往香港。"③汇丰银行利用印度作为其黄金和白银转换的窗口。"利用来自总行的准备金用于买卖印度政府发行的白银和英镑两类债券上,这就是按照著名的杰克逊公式进行的,其目的就是要使汇丰银行保持平稳,防止由于银价波动而遭受损失。""在两者彼此的增减中,盈亏可以相抵。"④从而最终保证了汇丰对世界范围白银的掌握。

战争使汇丰银行的白银存量增加。"因为中国的有钱的官吏和商人怕把钱存在当地银行会被军阀突然提走,常常想方设法把他们的钱隐藏起来,于是他们把白银运往上海和香港,存入英国银行,特别是在汇丰开立存款户和往来账户。"中央银行的一大职能是政府的银行,而外商银行通过资本输出,强有力地影响中国财政,成为清末民初隐性的中央银行。

滨下武志认为,1891年以后的外商银行,因为经营金银汇兑,对外承载着"稳定中国币制对外机能的作用",对内"利用银两银元间的比价变动向钱庄进行银资金的贷款和回收",因而"发挥着一种中国中央银行的机能作用"⑤。实际上远不止此。甲午战争后,由于外国银行对中国财政贷款的发放,进一步强化了其在中国的中央银行地位。中日甲午战争

---

① [英]毛里斯·柯里斯:《汇丰——香港上海银行》,李周英等译,中华书局1979年版,第50页。
② 同上书,第51页。
③ 同上书,第58页。
④ 同上书,第59页。
⑤ [日]滨下武志:《近代中国的国际契机:朝贡贸易体系与近代亚洲经济圈》,朱荫贵、欧阳菲译,中国社会科学出版社1999年版,第84—86页。

前，中国向外国所借外债70%是向汇丰银行借的，① 汇丰银行提供的借款，大多有关税抵押。

对外赔款数量的巨大使外商银行掌握了中国的财政，而对中国币制的影响程度伴随着当时币制对财政的依附而更为强烈。

甲午战争后，对日巨额赔款成为清政府财政的重负。1894年时，清政府一年的财政收入为白银10156.7万两。② 而战争赔款的第一期5000万两应于1895年10月17日支付。对华贸易占首位且把持中国海关的英国反对清政府通过提高关税在国内自筹赔款的意愿。清政府只得举借外债。甲午战争前的各种外债并没有直接危及中国的国际地位，影响中国财政，也没有涉及借款担保的可靠性问题，这些借款还不需要强大的政治支持，主要的贷款提供者是汇丰银行，而此时各方则开始纷纷觊觎对华贷款，对华贷款权成为俄法英德等列强激烈争夺的对象。③

《马关条约》签订后，1895年6月，清廷命恭亲王奕訢督办借款事宜，孙毓汶、翁同龢、徐用仪、张荫桓帮办，赫德也参与其间。④ 赫德主张向英国借贷。赫德事实上从3月起即已进行与"海关自己的银行"（the Customs own bankers）汇丰银行秘密商谈，策划由汇丰银行牵头酝酿一个"德法英三国银行组成的银行团"对华联合贷款，并计划提供贷款6000万英镑，其中300万英镑用于遣散中国军队，1500万英镑用于支付赎辽费和第一批赔款，4200万英镑用于以后的赔款和政府费用。⑤

第一批借款由于俄国在三国干涉还辽中的主导地位而由俄法获得，即1895年4亿法郎的俄法洋款。经过激烈的争斗，第二批借款最终由英德联合提供。1895年12月，英德银行团达成了协议，由两国公使向中国提出借款条件，汇丰、德华两银行合借1600万英镑，约合1亿两白银，年息5厘，89.5%折扣，经手规费5%。他们以最后通牒式的口气宣称，

---

① 徐义生：《中国近代外债史统计资料》，中华书局1962年版。
② 许毅：《清代外债史资料》上册，档案出版社1990年版，第370—371页。
③ Frank King, *The History of The Hongkong and Shanghai Banking Corporation*, vol.2, London: Cambridge University Press, 1988, pp. 265-266.
④ 赵柏岩：《光绪朝大事汇鉴》下卷8，台北广文书局，第12页。
⑤ Frank King, *The History of The Hongkong and Shanghai Banking Corporation*, vol.2, London: Cambridge University Press, 1988, p. 265.

1896年1月30日前"即须订妥，过期尚另议"①。清政府嫌利息太重，要求降到4厘5毫，英德拒不答应。总理衙门于是暂时中止与英德辛迪加的谈判，转而向其他国家洽商。1896年3月23日，总理衙门与英国汇丰银行、德国德华银行正式签订了《英德洋款合同》，亦称《中国五厘借款合同》，中国向英国汇丰银行、德国德华银行借款1600万英镑，英德"应各分一半，彼此不相牵连"，利息5厘，36年还清，中国"不得加项归还，不得提前一次清还，也不得改变其他还法"。借款"全应以中国通商各关之税银为抵还"，并标明"尽先偿还"字样，如海关不敷，中国应另外设法付还。借款生效后，6个月内，中国不得另借他款，并且在此次借款未付还时，中国海关事务，应照现今办法办理。②此次借款使英国更抓紧了中国海关行政权。赫德说："借款合同签字，海关终获全保。我在总理衙门的地位也满意。"③《马关条约》中规定：中国若在三年内能将赔款偿清，将少付利息1000多万两，清政府"若不如期交清，于国体利权，均有损碍"④，故决定在1898年4月前，一次性付清剩下赔款。1898年3月1日，汇丰银行、德国德华银行在战胜竞争对手后再次与清政府签订1600万英镑的借款合同。

甲午战争后，尽管在中国借款问题上，国外形成了不同国家组成的银行团，并进行激烈的争斗，但是在中国境内，由于汇丰银行的根基、历史和英国经济势力及把持海关等助力，使汇丰银行保证了其在中国境内银行业龙头老大的地位。

汇丰银行的经济感觉十分敏锐，《中俄密约》订立后不久，英国汇丰银行就和怡和公司共同组织了中英公司，以为中国铁路建设提供资金。⑤不仅如此，汇丰银行还使英国在华大公司均成为自己的董事单位，从而使其与英国在华利益更紧密地结合，与中国经济形成互动关系。在此基础

---

① 王亮：《清季外交史料》，书目文献出版社1987年版，第7页。
② 中国人民银行总行参事室编：《中国清代外债史资料》，中国金融出版社1991年版，第198—201页。
③ 中国近代经济史资料丛刊编委会编：《帝国主义与中国海关》第八编《中国海关与英德续借款》，科学出版社1959年版，第12页。
④ 王亮：《清季外交史料》，书目文献出版社1987年版，第25页。
⑤ [美]雷麦：《外人在华投资》，蒋学楷、赵康节译，商务印书馆1959年版，第342页。

上，汇丰成为中国金融市场的主人。

与此同时，一些地区，如东北，由于华俄道胜银行利用财政借款以及一些其他的经济政策也成为区域性的中央银行。近代中国币制混乱，币种繁杂，各地货币互不通用。外商来华采购货物，要先兑换成当地货币，才能交易。以东北为例，外商采购粮食、豆类等农产品，要先将外币兑换成上海规元，以规元兑换营口炉银，再用炉银兑换当地通行的制钱、官帖、银两等，才能应用。同样，中国进口商人在国外采购货物，也要以当地货币兑成营口炉银，再以炉银兑换上海规元，以规元兑成外币。因此，中外贸易十分不便。华俄道胜银行在东北设立分行后，中俄贸易均改用卢布或转换其他外币结算，简化了地区间汇兑不同币种买进卖出的繁杂手续。

华俄道胜银行还操纵着东北、西北的汇兑业务。原来东北华商到关内采购，也要辗转兑换。南满与北满的贸易，因流通的币种不同也需要换算。华俄道胜银行成立后，直接用卢布办理中国与欧洲主要城市之间、东北与关内各大商埠之间以及南满与北满之间的汇兑，从而取代了中国落后的流通手段，控制了东北到内地的汇兑。在西北的新疆，过去清政府对新疆等边境省份的拨款和各省的协济款项，都由山西票号经营。边境省份的官员和士兵，多来自内地省份，每年薪俸所得也靠票号汇解回家乡，每汇银百两收银 1.5 两，往来款项无不经票号之手。华俄道胜银行在新疆喀什、伊犁、迪化设分行后，开始承办汇兑业务，致使票号的汇兑业务大受影响。原来承办从新疆到北京、张家口汇款业务的蔚丰厚、天成亨、协同庆等票号也要借助于华俄道胜银行。

三　外商银行投资中国实业的浪潮

外商银行群体不仅通过对外债的经理而控制中国的中央财政，还通过对地方新兴及传统工业等项目的投资，控制了地方税源而间接影响地方财政，这对晚清地方财政影响极大，也更加重了其隐性中央银行的作用。在成为隐性的中央银行后，外商银行开始利用手中的资金及政治特权，渗透中国的经济。甲午战争后，银行成为外国投资中国经济的重要机构，投资以对经济辐射力度较大的铁路建设为主。

1896 年李鸿章奉派到俄国参加了尼古拉二世的加冕典礼，两国出于各自的目的订立了《御敌互相援助条约》即《中俄密约》，依此俄国在共同防日的情形下，夺取了中国东北铁路的特权，后订立了《中俄合办东省铁路公司合同章程》，条约规定：由俄国负责修建和经营中东铁路，铁路沿线的行政权、警察权和采矿权归俄国。这成为日后列强对华权益要求的范本。1897年11月德国占领胶州湾，12月俄国占领旅顺、大连；1898年3月英国要求拓展香港界址，强租威海卫，4月又强租深圳湾、大鹏湾等；1899年11月法国强租广州湾（湛江湾）；不久在此基础上形成各列强的势力范围。

在铁路修筑上，由于中东铁路的建设，中日甲午战争后，英法两国一面竞相向清政府索取铁路修筑权，一面索取修筑铁路用料的免税特权。①

19世纪末20世纪初，沙俄对华投资是非常巨大的。尽管它本国经济并不发达，资金不足，然而它把从法国的资本输入和本国的资本输出有机结合起来，为其在中国的经济扩张服务。据统计，1895—1904年俄国对华投资额为56350万卢布。② 到1902年，俄国对华投资占列强对华投资额的31.3%，仅次于经济最发达的英国（33%）。中国东北是沙俄的主要投资场所，投资领域主要集中在中东铁路的修筑、航运业、采矿业和食品工业（主要是面粉加工工业）以及城市（主要是哈尔滨、旅顺、大连等）的公用设施、住宅建筑业。

华俄道胜银行章程赋予华俄道胜银行极其广泛的权利，可以获取"在全中国范围内建筑铁路和敷设电线的租让权"③。这样，铁路投资成为沙俄对华投资的最大宗，铁路投资中又以中东铁路为最。沙俄政府采用银行和铁路联手的手段，二者密切配合，互相渗透，共同扩大在华的经济势力。

沙俄在华铁路投资初期，多采用直接投资的方式，华俄道胜银行初以"私营银行"身份投资成立中东铁路公司，直接获取了中东铁路的修筑权和经营权。后期则以贷款方式取得间接投资权，从而控制铁路的修建和运营，如对芦汉、正太等路的投资。

---

① 陈诗启：《中国近代海关史：晚清部分》，人民出版社1993年版，第404页。
② 徐日彪：《试论俄国在华投资与东省铁路财政（1895—1917）》，《近代史研究》1994年第2期。
③ [苏]罗曼诺夫：《俄国在满洲》，陶文钊等译，商务印书馆1980年版，第85页。

1896年，华俄道胜银行在北京设立分行，任命璞科第为分行经理，首要任务就是从清政府手里取得中东铁路的修建权。1896年6月，李鸿章在莫斯科与俄国签订了共同防御日本的《中俄密约》，其中第四条规定：为使俄国便于运输部队至被其威胁区域，中国允许俄国通过黑龙江、吉林两省修筑一条直达海参崴的铁路，该路的建筑和经营由华俄道胜银行承办。1896年5月，华俄道胜银行与沙俄政府签订秘密协定，先由华俄道胜银行认购中东铁路公司的全部股本，共1000股，每股5000卢布，其中70%归俄国政府，这些股份由华俄道胜银行掌握，代存至转交政府所有时为止，余下的30%由"私人"认购。

1897年1月中东铁路公司第一届董事会成立，3月，东省铁路公司正式成立，总公司设在彼得堡，分公司设在北京东交民巷华俄道胜银行行内。清政府任命驻俄公使许景澄为总办（董事长），俄方克尔别兹为会办（副董事长）掌握实权，华俄道胜银行璞科第为东省铁路驻北京负责人。经过3年的勘测工作，基本上确定了中东铁路干、支线的走向。1896年8月28日中东铁路公司举行了开工典礼。1897年中东铁路干线开工，1898年支线开工。中东铁路建筑工程以哈尔滨为中心，分为东部、西部和南部3条线路，干支线全长2800多公里，纵贯黑龙江、吉林、辽宁三省广大地区，并与俄国境内的西伯利亚大铁路相连接，可达俄国远东的出海口——海参崴。[①]

中东铁路是俄国对华企业投资的最大项目，曾先后占俄国对华投资总额的84.6%和70.3%。[②] 截至1903年7月，中东铁路的建筑费约在3亿至3.75亿卢布，差别主要在于后者将"义和团事件损失费"计入了成本。[③] 中东铁路和南满支线的建成通车，在铁路建设几近空白的东北大地上建起了一个"丁"字形骨架，实现了东北铁路建设史上零的突破，铁路交通加强了东北与外界的经济、文化、贸易联系。沙俄的纺织品、卷烟等工业制成品开始倾销到东北市场，为扩大沙俄对东北的商品输出，1907

[①] 张蓉初：《红档杂志有关中国交涉史料选译》，生活·读书·新知三联书店1957年版，第169页。

[②] [美]雷麦：《外人在华投资》，蒋学楷、赵康节译，商务印书馆1959年版，第438页。

[③] 徐曰彪：《试论俄国在华投资与东省铁路财政（1895—1917）》，《近代史研究》1994年第2期。

年哈尔滨华俄道胜银行组织哈尔滨交易会，垄断市场和商品销售价格。同时，东北大量的农、林、矿产也输往国外。沙俄通过中东铁路强占土地、采伐森林、开采煤矿，仅在长春附近，俄国就先后开采了18个煤矿。在以哈尔滨为中心的北满地区，面粉、制糖等工厂至1911年已有63家之多。随着铁路的延伸，中俄两国在东北的移民大量增加，大片耕地被开垦，大量农产品通过铁路运往国外，加快了东北地区农业生产商品化的步伐，使农业生产开始向专门化发展。东北大豆及大豆制品被大量输往欧洲，走俏国际市场，大豆产量也日益增加。铁路交通的便利，扩大了商品流通，加强了中外及城乡之间的联系，促进了东北地区对外贸易的发展。中东铁路的修筑促进了新兴城市的兴起，满语原意是"渔村"的哈尔滨，由于中东铁路总局设在哈尔滨的香坊，从而成为中东铁路的枢纽，1905年人口已增至10万人，有东方的巴黎之美誉，并且成为东北北部的工业、商业、贸易和政治中心。

华俄道胜银行通过直接投资修建和经营中东铁路，把整个东北变成了俄国的势力范围。为了控制华北，渗入长江流域，华俄道胜银行与法国巴黎荷兰银行联合，并拉上比利时，结成秘密财团，获取了对芦汉铁路的投资权。芦汉铁路是中国主要的南北大干线之一，它从卢沟桥到汉口，在经济和战略上都具有特别重要的意义。1898年底，比公司从南北两端同时开工。1906年4月全线通车，改称京汉铁路。自北京前门西站至汉口玉带门车站全长1214公里。共投入资金89634488.17元，其中比款为55652892.56元（按债票面额计算，并非实际收到的款数）。[①] 清政府把赎路款全数付清，第二年1月1日，中国收回了京汉铁路的管理权。

为开发山西煤炭资源，华俄道胜银行力争投资修筑太原到正定的铁路。1898年5月，华俄道胜银行董事璞科第与山西商务局签订了《柳太铁路合同》（柳林堡到太原，即正太铁路，柳林堡接近芦汉铁路的正定车站），由于山西各阶层人民的反对和义和团运动，此事被搁置下来。

---

① 国民党交通铁道部交通史编纂委员会：《交通史路政编》第7册，1931年版，第1432—1433页。

1901年底，华俄道胜银行向总理衙门重申前请，催办旧案。璞科第于1902年致电山西巡抚岑春煊，要求修改前订的柳太铁路合同。1902年10月，盛宣怀在上海与华俄道胜银行上海总办佛威郎签订了《正太铁路借款详细合同》。主要内容有：正定到太原铁路全长250公里，是芦汉铁路的支路，限3年完工；清政府向华俄道胜银行借款4000万法郎（约合银1300万两），九扣交付，年息5厘，除由中国国家担保外，并以正太铁路财产及进款作担保品；中国按所付利息数额的0.25%向华俄道胜银行支付酬金；所需筑路行车器材，统归华俄道胜银行代购；由华俄道胜银行选派工程师，负责一切工程事宜，中外籍员工均由其差遣。同时签订《正太铁路行车详细合同》，规定中国将正太铁路委托华俄道胜银行"代为调度经理、行车生利"，以30年为期；华俄道胜银行应提20%的纯利。[①] 后来，华俄道胜银行自感资金不足，便将正太铁路转让给法国巴黎银公司承办。法国巴黎银公司与华俄道胜银行"名虽不同，其所有董事仍系银行董事"。正太铁路于1904年5月动工，1907年10月全线通车。一直到1932年3月，法国贷款全部偿清后，中国政府才正式收回了正太铁路。

此后华俄道胜银行还对滨黑（1914）、墨齐、京太（1904）、津芦（1895）、汴洛（1902）等铁路进行了投资。由于铁路对经济建设的辐射作用，华俄道胜银行还依此加大了对铁路沿线以及东北区域内其他部门经济的投资。中东铁路修筑期间，在铁路供职的俄国人员利用华俄道胜银行的贷款，率先在哈尔滨投资设厂。哈尔滨的第一家面粉厂、机械厂、糖果厂、电站、酒厂等，都是铁路员工首先创办的，而俄商最积极的投资领域是面粉加工工业。俄国政府"赋予华俄道胜银行以殖民银行的任务，以促进俄国在（中国）东北工商业的发展"[②]。华俄道胜银行对俄商发展面粉工业，在资金上给予大力支持，提供了开办资金的90%。[③] 这些面粉厂

---

① 王铁崖：《中外旧约章汇编》第2册，生活·读书·新知三联书店1957年版，第118—129页。

② 中国社会科学院近代史研究所：《沙俄侵华史第4卷》上，人民出版社1990年版，第419页。

③ [苏] 阿瓦林：《帝国主义在满洲》，北京对外贸易学院俄语教研室译，商务印书馆1980年版，第161页。

利用东北盛产小麦的有利条件，低价收购，加工成面粉后除在东北销售外还大量运销俄国。俄国垄断中国东北北部的新式制粉业，一直持续到第一次世界大战。长春道胜银行曾对哈尔滨永胜火磨公司提供信用贷款日金（金票）31284.15元；哈尔滨道胜银行对于永胜公司的营业，无论行内自行贷款或为之担保均予以充分协助，即使道胜停业以后，也曾竭力维持该公司继续存在。在华俄道胜银行营业时期，永胜公司共欠华俄道胜银行哈大洋975685.05元，日金198523.65元，此外尚有为之担保哈大洋648200元，日金6万元，上海银两35万两，金镑310镑，美洋3203.63元。永胜公司欠华俄道胜各分行款本息共计约50余万元，华俄道胜银行认购永胜公司的股票共计11960股，共1495000元，已占该公司全部股份的50%以上，上海华俄道胜总行为永胜公司的最大股东。①

除面粉业以外，俄商在东北也开办了酿酒厂、卷烟厂、榨油厂、肉食厂、电厂、制糖厂、皮革厂、采木公司等企业。这些企业有华俄道胜银行直接投资兴办的，也有的企业与华俄道胜银行有着重要的资金融通关系。营口东盛和五联号是从事豆油加工业和运销业的商办企业，在华俄道胜等银行的资本融通下，发展成为拥有百万资产的大型工商业联合体。至1907年11月，东盛和借欠银行贷款达纹银5382862两，其中欠华俄道胜银行借款117万卢布。② 东盛和倒闭后，华俄道胜等银行凭借特权对贷款"则收其十足而有余"。

华俄道胜银行对中国矿产资源的投资，初期集中于开采金矿，继而投资于煤铁等资源。1897年，华俄道胜银行与俄国采金公司就组成了中国矿藏勘察公司，资本为50万卢布。③ 华俄道胜银行与英国人罗斯及吉尔伯特公司成立英俄开拓公司，开采营口到山海关一带的金矿。④ 1900年，沙俄出兵东北后，强占并开采漠河和观音山金矿。后沙俄与吉、黑两省又订立一系列采矿合同，获得在中国东北广大区域内勘探和

---

① 《长春清理处函为永胜火磨公司贷款应否集中京行请核示由》，辽宁省档案馆藏全宗号JC7，东三省道胜银行总清理处，案卷号34。
② 黄鉴晖：《中国银行业史》，山西经济出版社1994年版，第69页。
③ [美] 雷麦：《外人在华投资》，蒋学楷、赵康节译，商务印书馆1959年版，第424、432页。
④ [苏] 罗曼诺夫：《俄国在满洲》，陶文钊等译，商务印书馆1980年版，第320页。

开采金、煤、铁等矿产资源的权利。华俄道胜银行通过投资中国工矿业，控制了中国东北地区的工矿业生产，开发了中国大量煤铁等资源，获取了巨大商业利益。

四 结语

近代以来，由于中国一步步被纳入世界资本主义发展体系之中，国门洞开，使经济发展的内涵发生了变化。在金融方面，由于外商银行的影响力日大，经济获益以及政治用途的凸显，使外国在中国纷纷设立银行。"在中日战争之前，从事对华投资的只有汇丰银行、东亚银行和怡和公司（均属英国），其中以汇丰投资最多。……中日战争以后，各国在华纷纷设立银行。这些外国银行用尽一切办法争夺铁路和矿山的投资，自己不方便出面的，则暗中组织别种公司，或与别种公司联合组织投资机关，例如中英公司，就是汇丰与怡和合资组成，而由前者指挥的。"[1]

对于近代中国的部门经济而言，甲午战争使中国独特的经济发展之路中断了，政府由于其财政能力的缺乏使之不得不从原来主导经济发展的地位上退了出来。外国资本大量涌入了中国，并利用超经济手段强制获得高额的利益。但是，后进的国家在经济的发展中具有后发优势，因此，政府由于财政问题而从经济领域的"退出"，改变了当时政府官督商办以及几年内不许他人设厂的局面。这客观上使中国偏离了自己独特的经济发展之路，中国经济的民营部分得到了发展，并形成了政府通过超经济手段强制引领并直接进入经济领域的经济基础，其中，由于政治上的不平等构架了人们心目中的经济民族主义，并与政治结合从而形成革命的思潮。这种情形是辛亥革命和北伐战争的经济动因，最终使中国经济回归于政府主导的局面。

总之，甲午战争打破了中国近代经济的独特发展之路，近代中国由于没有资本主义的原始积累过程，同时又是国外的原料产地和商品的输出地，因而其现代化的道路，是一条以国家进行超经济的强制，通过财政的投入而引领部门经济的发展，并以此追赶国外经济的发展，以强国力的道

---

[1] 许涤新：《中国经济的道路》，香港新中国书局1949年版，第13—14页。

路。由于甲午战争的巨额赔款,使得中国不得不暂停了在这条道路上的行进,此外,由于外债的借入导致了国外经济势力在中国的扩张,经济停滞、民族危亡成为日后中国革命的直接动因。

(原载《安徽师范大学学报》2007年第3期)

晚清民初货币制度中的国家
制度与民间惯例

中国传统的货币制度实际包含着两个组成部分，一是政府颁布的相关法令，二是民间的惯例或民间组织的约定俗成，两者有机地结合构成了完整的货币制度。这种制度大致在汉代就已经正式产生，即除政府铸造钱币外，有的分封的王国也可以铸造钱币，而且民间私铸的私钱也可流通，尽管政府对于私铸制定了严格的法令，但是官铸与私铸一起流通则是不争的史实。

这种国家制度与民间惯例混合并行的局面一直存在发展，而到了晚清民初则更有脉络可循。

以晚清为例，政府层面的货币种类有制钱、银锭、银元、铜元，还以银行、官银号纸币为法定货币，但民间流通的并不止此。如果将民间惯例或民间组织及民间授受的非政府法定货币称为私币，那么清代私币体系就是铜钱中的古钱（明及明代以前铸造）、私钱（私人铸造）、外国钱（日本、朝鲜、安南等国的方孔铜钱及西属殖民地的美洲银元）、私票（非政府部门发行未经政府允许但可在小区域内流通的纸币）。除此之外，民间惯例也在货币制度中发挥作用，有机构架了当时的货币制度。如银两，清朝仅对国库收支所用的重量、成色作了规定，民用的银锭完全放任为民间惯例控制。早期银币（西属殖民地银元）经过西方的贸易而进入中国在民间流通，而非清政府铸造发行。明末以来，其首先通过福建、广东、浙江诸港输入，主要在华南地区开始流通。银币是以西班牙银元为主的外国银币。私票由钱铺、钱庄以及商店等发行，有钱票和银票两种。早在乾隆年间就有钱票的流通，明清民初则成泛滥之势。

晚清民初官方货币的情况本文不述，仅说明私币层面。

在私币层面又分为三种层次，一是各种私币的流通；二是进入货币制度层面的民间惯例；三是官币与私币在制度层面的结合。

一 晚清民初私币的流通

先以外国银元铜钱的流通为例。

从明代中后期到清代中期，外商通过和中国贸易，以西属殖民地银币向中国换取丝绸、瓷器，为此产银不多的中国，开始在流通领域中大量使用银锭——大批将西班牙银币熔化再重新铸造成船形的元宝。

不同的美洲西班牙银币铸造大体分成三个时期，一是 16 世纪至 1732 年，为手工打制的不规则的银片（币），称为 COB（卡伯），[①] 西班牙银币使用八进位，8REAL（里尔）相当于 1 元，这一时期的银片重 25—27 克左右，还有 4R、2R、1R 几种。

二是 1732 年始至 1772 年铸造的老双柱，分三世（1732—1741）、五世（1742—1746）、六世（1747—1759）、后三世（1760—1771）机制币，周边有纹饰，又称老双柱。

三是 1772 年至 1825 年铸造的西班牙国王头像银币，分为卡洛斯三世（1772—1788）、四世（1789—1808）和斐迪南七世（1809—1821 或 1825）。旧时人称新双柱或人像双柱，均以国王肖像为版面，中国民间称其为佛洋，面值为 8R、4R、2R、1R、1/2R、1/4R 几种。

墨西哥独立后，1823 年停铸双柱，自铸墨西哥鹰银元。其面值、直径、重量和成色与西班牙银元完全一脉相承，直到 1905 年实行金本位而停止铸造。墨西哥银元早在 1829 年就流入广东，初时被称为蝙蝠。[②] 第一次鸦片战争后更是大量流入，成为中国一个时期的主要通货及现存量最大的外国银元。墨西哥鹰洋制作技术和成色极好，1850 年左右鹰洋就代替了"双柱"，流通区域和数量与双柱相比，有过之而无不及。后来中国香港地区、日本、美国（贸易银元）、安南（法属，坐像）、英国（贸易

[①] Saran Singh, *The Encyclopaedia of the Coins of Malaysia Singapore and Brunei 1400 – 1967*, Amalaysia Numismatic Society Publication, Kuala lumpur, 1996, p. 540.

[②] 伍连炎：《外国银元大量注入广东史迹》，《银海纵横》，广东人民出版社 1992 年版。

银元，站像)、中国大陆等也陆续造银元，大多受"鹰洋"影响，在直径、重量、成色上进行模仿。

鸦片战争以后，外国方孔铜钱也乘机大量流入中国市场。当时在中国货币市场上通用的外国铜钱，有日本的宽永通宝，朝鲜的常平通宝，安南的光中通宝、景盛通宝、景兴通宝、景兴巨宝、景兴泉宝、景兴大宝和嘉隆通宝等，安南钱钱身轻薄，时称"夷钱""外国轻钱""皮钱"或"水上漂"。当时广东省行使的钱文中，光中通宝、景盛通宝最多。这些夷钱与内地钱掺杂行使，在一些地区占60%—70%。道光九年，两广总督李鸿宾就请严禁外国轻钱流入中国，并下令："如有积存前项夷钱，每斤照部议给制钱六十文，统限半年期内呈缴净尽。……至此等夷钱铜色铅砂夹杂，不堪煎炼，且恐收缴零星，徒费工火，转于鼓铸阻滞，应毋庸运局搭铸，即令各州县将收缴夷钱，候限满解省销毁。"[1] 清政府也多次下令禁止流通。[2]

外国铜钱除在广东进口外，还从福建、山东等处流入。道光九年，闽浙总督孙尔准、福建巡抚韩克钧也有奏折云："泉州、漳州间有夷钱限期收缴，按次换给制钱。"同年年底山东巡抚纳尔经额奏："兖州间或有光中、景盛字样钱同，拟倍价收买，每一文换制钱二文。"[3] 二十年，鸿胪寺卿黄爵滋奏称："夷钱之来路，不特来自外洋，亦有私铸出内地，自漳、泉二府行使夷钱，每千掺入几及十分之六、七，以光中最多，景盛次之，亦有潮州嘉应州所铸，托名夷钱。"同年给事中巫宜稷也有奏折称："汀州府属夷钱，俗称皮钱，每千几及十分之八九，掺铸沙土，两指一捏可以破碎。"[4] 应当注意的是这些钱币在一个特定的区域内流通，而且起到过本位币的作用。

实际上，私币流通更为明显的例子是非政府部门不经中国政府允许而

---

[1] 李翰：《晚清时期中国市场上流通的外国铜钱》，《中国钱币》1985年第1期。
[2] 《大学士阎敬铭等为遵议张之洞奏广东购机铸钱并试铸银元事奏折》，《光绪十三年三月初五日晚清各省铸造银元史料续编》(上)，《历史档案》2003年第3期。
[3] 中国人民银行总行参事室编：《中国近代货币史资料》第1辑，中华书局1964年版，第99—101页。
[4] 李翰：《晚清时期中国市场上流通的外国铜钱》《中国钱币》1985年第1期。亦可见《清史稿·食货志》："至道光间，闽、广杂行'光中''景中''景兴''嘉隆'诸夷钱，奸民利之，辄从仿造。"

发行的私票流通，我们可列出两种极端的例子，一是外国在华公司等在中国发行私票在中国流通，二是一些宗教寺庙堂观发行的纸币在流通。①

鸦片战争期间，怡和洋行发行在当地流通的用中文和英文书写的银元纸币。② 清末汕头英商德记洋行账房开办的万昌银庄，是汕头最早发行无限制及无准备纸币的银庄。③ 开平煤矿本是中国政府开办的煤矿，后被英国殖民主义者巧取豪夺，英国资本家在光绪二十八年（1902）发行面值1元和5元的两种纸币，由英国著名的印钞厂华德路印钞公司印制。尽管它打着公资证的旗号，但该票面上注明唐山和直隶的地名，可以在这些地区流通，纸币上印有"开平矿务有限公司"及英文 Chinese Engineering and Mining 的字样。清末时，太古洋行就曾在汕头发行银票。④ 1925年，英商邓禄普橡皮公司沙市分公司经理萧永寿和该公司上海总公司串通，在沙市发行了该公司的钱票，计有百万元之多，发行有以千字文开头的一部，百家姓的一部，印有韵言四十字，每字一千号，该票发行后充斥市面，使钱价大跌，4串多文才可换银1两，使沙市金融陷于十分危险的境界，引起该市商民的强烈不满。⑤ 1926年，营口英商太古洋行在营口擅自发行辅币，打着方便找零的旗号，发行了面额为1角和2角的纸币，而且发行后拒绝兑换。营口道尹向英国领事馆提出了强烈抗议，并允许其收回，但该公司仍大量发行，最后中国政府谕令商民在三日内将之兑换成东三省官银号发行的纸币。⑥ 晚清民初天津英租界的行政管理机构是英国政府派驻的所谓"大英公部局"，该局于1929年竟在租界内发行了自己印制的，可在租界内和天津市面流通的辅币券，面额为1角、2角、5角3种。但只使用了10天。

中日合办的本溪湖煤铁有限公司，在日方的要求下经奉天省长的认可，发行私票，面额分为小银元1分、2分、5分及1角、2角5种小票

---

① 明清民国私票流通详情可参见笔者《中国钱票》，中华书局2015年版。
② [美]赫延平：《中国近代商业革命》，陈潮、陈任译，上海人民出版社1991年版，第57页。
③ 杨起鹏：《汕头银业史略及其组织》（上），《银行周报》第13卷第14号，1929年4月。
④ 《汕头的七兑票、白票、商库证及银庄》，《银海纵横》，广东人民出版社1992年版。
⑤ 中国人民银行总行参事室编：《中华民国货币史资料》第1辑，上海人民出版社1986年版，第1200页。
⑥ 同上书，第1200—1201页。

流通，共发行小银元券 16900 元，1924 年后全部收回。①

晚清德国在山东建立了自己的势力范围后，强占中国的胶州，并在胶州发行标有汉文"大德国宝"和德文"德国的山东"字样的镍币，这种镍币分为 5 分和 1 角两种，在租界和胶济铁路沿线附近城镇通行，一直到第一次世界大战后，日本强占青岛，山东成为日本的势力范围，这种镍币才停用。

中东铁路是光绪二十二年（1896）李鸿章与俄人订立的密约中，允许俄国在中国境内修筑的一条铁路，始称东清铁路，1897 年 3 月东清铁路公司成立（后改称中东铁路），设总公司于彼得堡，分公司于北京，在哈尔滨设立铁路局，1903 年 7 月建成，名义上由中俄双方合办，实际由俄方专办。义和团运动时，沙俄政府出兵侵入中国东北，中东铁路的大权更独操于俄国之手。1918 年，中东铁路在吉林的一个车站横道河子，以所谓"同信会"（mutual credit association）的名义发行了一种以卢布为单位的纸币。1918 年发行的第一套纸币上标有中文，"此券本横道河银行兑换三元五元十元之零帖惟兑换时付上等老帖请至本行接洽可也"。这一套纸币分 1、3、5 卢布 3 种，1919 年又发行了同面值的一套纸币。② 1918 年冬天，中东铁路督办兼护路军总司令霍尔瓦特命令与之联系密切的俄亚银行（Russo Asiatc bank），即哈尔滨华俄道胜银行发行了一种以霍尔瓦特为名的纸币，面额有 1、3、10、100 卢布及 50 戈比 5 种，由于当时正值沙俄纸币由于政治原因大为贬值之时，这种纸币一经问世就仅值原沙俄罗马诺夫斯基纸币的一半，受到了中国人民的抵制，只能在哈尔滨和中东铁路沿线使用。1920 年至 1921 年，中东铁路局发行过一种面值大洋 25 元的债券，这种由北京印刷局印制的债券上印有中俄两种文字，它是一种短期债券，期限一年。但在中东铁路沿线可以用来购买货物，并在中东铁路局控制的各部门当大洋流通。③ 此外该公司还发行过奎盛公司纸币。

接下来是宗教的寺庙堂观发行的私票。

宗教给人以清静无为，与世无争的印象。特别是在金钱上，一些宗教

---

① ［日］东亚经济调查局：《满洲流通的私帖》，东京堂书店昭和四年版，第 27—28 页。
② Ward D. Smith, *Brian Matravers Chinese Banknote*, Shirjieh Publishers, 1970.
③ 《哈尔滨文史资料》第 9 辑（金融专辑），中国人民政治协商会议黑龙江省哈尔滨市委员会文史资料委员会编，1986 年版。

言论对于钱财的看法总是让人感觉"真正的无欲",诸如基督教"富人进天堂比骆驼穿针眼还难"的箴言,佛教所云的"施舍"。但实际上,古代寺庙里就开过长生库——放高利贷,而现实宗教活动也需要货币支撑,民国初年,由于国家币制混乱,佛教、道教、天主教、喇嘛教等宗教寺庙堂观发行货币流通,这在世界经济史、宗教史以及社会史里大概都是极为独特的。

1916年湖北枝江县私票很多,多为竖版,上印"无息存单壹串文"或"当制钱壹串文"。江口弥陀寺的住持妙云和尚以宝积公的名义与当地士绅一起印制票子发行,并称用于修佛殿,因而流通很广,有的甚至流通到了江西。中国自魏晋南北朝以来寺院经济力量很大,但是和尚发行钱币,除了元代的供养钱外,这也是仅见的一例。[1]

1921年的湖北建始,各商号争相发行私票,县商会规定,发行票子必须要加盖商会图章,以为限制,但仅为具文。1925年时私票更多,烧汤锅的郑永煊、道士、乞丐(郭继仁)都发行私票。[2]

四川甘孜的大金寺曾发行纸币在寺内及附近地区流通。大金寺全名为扎西大金寺,发行的纸币可在寺内、外流通,为木版刻印,纸币分为1元券和半元券两种,发行制度十分完备,10元可换4斤茶。这是喇嘛发行的钱票。[3]

晚清以来,基督教在中国的势力很大,由于在政治上常能得到列强的支持,因而其经济实力也日益膨胀。

民国初年老河口天主教堂大兴土木修建教堂,兴办医院,开设学校,买地置产还放高利贷,而资金的来源就是发行纸币。当时老河口货币混乱,大商号、商务会均发行票子,1917年,该地钱铺缝源、恒茂、钱丰、人和、同丰、天生、德盛、增茂、立昌、乾丰、裕大、增盛、泰昌、谦德、怡隆、林茂、聚玉、广盛发行钱票。但是老河口若瑟中药店的票子却是信誉最好且流通最广的,不仅在老河口流通还远至光化、谷城一带,面额有当制钱一百文、二百文、三百文、五百文,实际上是老河口天主教堂

---

[1] 《哈尔滨文史资料》第9辑(金融专辑),中国人民政治协商会议黑龙江省哈尔滨市委员会文史资料委员会编,1986年版。
[2] 张仲甫:《江口商户自发"票子"见闻》,《枝江文史资料》第5辑,1990年。
[3] 况浩林:《中国近代少数民族经济史稿》,民族出版社1992年版,第229页。

发行的，因为这个所谓的中药店里既无名医，也无良药。而天主教堂却靠这些纸币扩大了教产。① 1923 年，河南南阳靳岗天主教堂在南阳设立了意利布庄，实际上是一家钱庄，发行了一元和五角的小票。河北献县是近代北方天主教势力强大的县之一，该县天主堂印书馆在 1938 年时发行过纸币。此外该地与天主教和基督教有关的一些部门，也曾发行过各种各样的私票。

二 进入货币制度中的民间惯例

晚清民初民间惯例在货币制度层面发生影响的例子很多，我们仅以制钱中的短陌和银两中的虚银两来说明问题。

晚清货币制度中的短陌在货币特别是制钱流通时作为一种惯例，与银两中的虚银两一样，强有力地在货币制度中发生着作用。

晚清制钱有长钱、中钱、小钱之区别，长钱又叫老钱，一枚为一文，又分足钱和虚头钱即短陌钱，足钱 1000 文为一吊或一串，而短陌则有九九钱、九八钱、九七钱、九六钱、九五钱等名目，为 990、980、970、960、950 等。中南各省用长钱。中钱又叫京钱、津钱，以一枚为二文，足钱一百为 50 枚，九九钱则为 495，九八钱则为 490。直隶山东为中钱。小钱一枚当十文，十枚为 100，100 枚为一吊。也有以 16 枚为 100，160 为一串者。东三省黑龙江一带用小钱，奉天营口用 16 枚小钱。② 再如民国初年的保定为九六京钱，480 文为一吊，后以当十铜元 48 枚为一吊。③

银两制度中的虚银两则更为复杂。

晚清民初政治混乱，中央财政旁落，地方势力为控制地方财政纷纷设厂铸币以补财用，因而晚清民初地方造币厂林立，银元种类不一，成色复杂。这反而加重了一些非政府、旧有势力较大的民间惯例如上海九八规元等虚银两的地位。此外，银元并不能完全将银两排斥出流通领域，反倒形成了流通领域中互有价格的并行局面。由于虚银两地位巩固，银元有了以

---

① 艾伯铺：《老河口天主堂"生财有道"》，《湖北文史资料》第 7 辑，湖北政协文史资料研究委员会编印，1982 年。
② 卫挺生：《清季中国流行之货币及其沿革》，《清华学报》1924 年第 2 期。
③ 《保定经济调查》，《大陆银行月刊》1926 年 4 卷 9 期。

银两为标价的行市。也就是说,银两的存在使得政府银元必须注重其成色而无法得到政府应得的铸币税,从而使银元实质上仍以其重量和成色流通于市。马寅初认为当时外国人乐用上海九八规元为本位币的理由是:"因洋钱的价格高低不一——昨天有昨天的行市,今天有今天的行市,天天不同——不能拿来计账。假使拿来计账,市价一有高低时,便须将它改过,岂不麻烦极了么?所以外人因为这桩不便利的缘故,遂采用无实物的规元,作为本位币。"[①] 民间惯例培育出来的上海九八规元成了一些地区的本位币。

银两日少及计重货币自身的发展及银元的不统一使虚银两在各地大量出现。除了我们熟悉的上海规元、汉口洋例和天津行化外,近代商埠均产生过自己的虚银两。[②]

民国初年时,南昌通行九三八平砝这种虚银两。[③]

汉口除洋例外,还有一种九八五平它纹,通商以前钱业公所买卖铜元均用此平色。[④]

沙市沙平九九银,早年系一种五两重元锭名,为九九宝,实际化验仅九六成或九七成,民初时已现货不多,后成为一种有名无实的虚银两。[⑤]

山西新绛1915年有拨账银即九九五银。九九五银系一种拨兑过账银码,兑换现银差色甚大,每百两差至三四两不等,另有行市。[⑥]

苏州漕平银又称补水银,民初只能转账。[⑦]

扬州系用银码头,"为扬二七平,一名扬曹平银,系从前由银炉所化之宝银,通行于市上者,凡商人办盐,应缴国课钱粮等皆用之,光复后此

---

① 马寅初:《吾国币制之整理》,《马寅初全集》第1卷,浙江人民出版社1999年版,第406—407页。他又说:"因为规元是死的,不变动的。"(同上书,第548页)但实际上,虚银两对国内的各种银两和银元是不变的,而对国外货币,特别是金本位国家的种种货币是随金银比价不断变化的。
② 晚清民国虚银两详细情况可参见笔者《中国近代银两史》,中国社会科学出版社2007年版。
③ 同上书,第443页。
④ 同上书,第203—210页。
⑤ 中国银行编:《内国汇兑计算法》,1915年编印,第222页。
⑥ 同上书,第431—432页。
⑦ 上海商业储蓄银行编:《国内商业汇兑要览》,1925年版,第59页。

种宝银已绝迹,二七平为虚银"①。

溧阳当地1920年废两改元前,都以补水纹银结算,实际上并无这种银两,是虚银两。②

芜湖二七宝拨账银,自现银绝迹,商家买卖一律改用拨账,如偶需现银,其燥水最大时每只至五六两之巨,至小时约在四五钱左右,其贴水大小视申票涨落而定。③

青岛胶平银本是该地商家的记账单位,是一种虚银两,并没有实银存在,但是所有货物都要以该项银两为交易媒介,交易时要用这种单位再换成银元,而银两和银元的兑换率不断变化,使该地的棉纱和棉布的交易损失极大。1929年该地商人一致同意废除胶平银两,改以银元为交易标准。④ 后将所存的实银24万两全部运至上海。⑤

周村青银,即丝店平,绸绫丝品买卖均用,每年三月至九十月间,日有行市,最高额为九百八十三两,最低额为九百七十二两,该银仅具虚名,如上海规元、汉口洋例通行于街市。⑥

临清十足银,市面通用,惟现货已归消灭,民初成为一种有名无实的银两矣。⑦

营口炉银,系一种过账银码,为汇兑交易计算主体。

沈阳抹兑沈平银,系同行过账银,不能收现,如欲兑现须纳市加色。民国以来,行政各机关经费及军饷均改用小洋,沈银因之用项甚少,势将逐渐取消矣。⑧

民国初年以来,张家口的银锭日少,以至于市面交易要依靠拨兑,被称为口钱平拨兑银,为虚银两。在20世纪20年代,口钱平拨兑银在张家口及其周围地区的国内贸易中占有重要地位,一直存在至1933年的废两改元。

---

① 《扬州之金融》,《交行通信》,卷1号,1932年8月7日。
② 史邦进:《解放前溧阳的钱庄和金融机构》,《溧阳文史资料》1984年第1期。
③ 中国银行编:《内国汇兑计算法》,1915年编印,第195页。
④ 《胶海关十年报告》,《帝国主义和胶海关》,档案出版社1986年版,第202页。
⑤ 《中国银行史》,中国金融出版社1995年版,第305页。
⑥ 中国银行编:《内国汇兑计算法》,1915年编印,第77页。
⑦ 同上书,第100页。
⑧ 同上书,第344页。

拨谱是北方一种不能兑现而拨账交易的虚银两，形成于民国初年，当时任何纸币均要掉换拨谱银两才能通行。各种纸币均要依当地行市在市场上换成拨谱，和营口炉银一样。① 拨谱银曾在山西祁县、太谷、天津、北京、张家口、大同、古城子、乌里雅苏台、科布多、库伦等地通行。② 在当地拨谱银是十分稳定的，而银元和纸币的价格却有涨落，当时袁头元合拨谱六钱八分，大清银币一枚合六钱六分，湖北造银币一枚合六钱四分。

三 政府货币制度与民间惯例在制度层面的结合

政府货币制度与民间惯例在制度层面的结合的突出表现是地方政府和民间惯例结合起来形成的一些新币制。

如晚清福州台新议平番银，又名台捧。因在银币上标注各种记号而打烂斩轻的各种银元。福州通行的台伏票是代表台捧的，每台伏一元固定兑换台捧七钱。福州的七一七洋平为汇丰、渣打两家外国银行特定之平，以龙（杖）洋每元额重七钱一分七厘，故有七一七洋平之称，此种洋平较台新议平每千两大三十三两，每洋平七钱一分七厘，合升台捧七钱四分另六毫六厘，汇丰、渣打于收进付出平砝分两种办法，凡彼收进须作七四一六计重，付出则以七四零六六计重，故福州平码又有七四一六平之称。③ 在这种货币制度中，货币来源既有官铸银元，也有私币（外国银元），开始时为民间惯例而后又为政府在税收中认可，最终成为一种地方的货币制度。

又如民初重庆的银两，有九七平净银和三七周行银两种。所谓净银是指没有混杂军用票的银锭。所谓三七周行银是指七成九七平净银和三成军用票搭配的银两。民国元年以来的数年中，四川军政府发行了军用票（代表银元）。军用票用于战费，无发行准备，贬值十分厉害。但政府强令行使，作为折中的办法，商民创立了周行银，任何交易都以七成银锭和三成军用票搭配使用。④ 军用票法定每元七钱一分，但因实际价值变动，

---

① 渠自安口述，刘静山整理：《包头的钱行业》，《内蒙古文史资料》第33辑，1988年版。
② 贾汉卿：《归化城金融史话》，《内蒙古文史资料》第18辑，1985年版。
③ 中国银行编：《内国汇兑计算法》，1915年编印，第413—414页。
④ 中国银行编：《四川金融风潮史略》，1933年编印，第3—4页。

三七周行银的价值对九七平净银也随行就市。三七周行银,为七成九七平净银,搭配三成军票,军票每百元按七钱一分折合银两,军票价有涨落,周行银折合净银数目亦时有多少。从而使官币与私币框架了一种新的货币制度。

依民间惯例而流通运行的非政府法定货币制度可称为私币制度。私币制度产生的主要原因,首先是政府的放任,其次为当地经济活动的惯例,最后是区域内商会、商帮制定货币单位甚至币制。后两个原因相互影响,但是,一般而言,第三个要素、第二个要素所起的作用强一点。因而可以说私币制度基本上是行业公会的制度。商帮有的是乡帮,有的是同业者的行帮。但两者在多数情况下是一致的,即非如此,在不同行帮中特定的有势力的乡帮会压服其他乡帮,经营由特定的乡帮来领导的情况很多。

不同行业使用不同的货币在近代极为普遍,这是相对于货币地域特色的行业特色,仅以武汉的银两为例。①

商帮或营业种类	惯用的平名	惯用的银两
杂货	九七八平	二四宝九八兑
砂糖	九八〇平	二四宝九八兑
漆、木耳、粮食等	九八二平	二四宝九八五兑
四川疋头	九八二平	二四宝九八兑
绸缎、棉布	九八三平	二四宝九八兑
瓷器、药材、杂货	九八七平	二四宝九八兑
木油	九八七平	二四宝九八七兑
桐油	九九七平	二四宝九八七兑
麻	九八七平	二四宝九九七兑
生丝等	九八九平	二四宝九八兑
棉花	九九〇平	二四宝九九兑
棉花	九九〇平	二四宝九七兑
棉花	九九〇平	二四宝九九七兑
白蜡	九九一平	二四宝九九七兑

---

① [日]根岸佶、越智元治:《支那及满洲的通货与币制改革》,东亚同文会,昭和十二年版,第326—327页。

续表

商帮或营业种类	惯用的平名	惯用的银两
香油	九九一平	二四宝九八七兑
茶、油及江西帮	九九二平	二四宝九八七兑
油市	九九三平	二四宝九八七兑
四川帮	九八七平	二四宝九九七兑
云贵帮	九七九五平	二四宝九八六兑
浙江帮	九八〇平	二四宝九八七兑
江西帮	九九二平	二四宝九八七兑
公估局、钱庄等	公估平（九八辛六平）	足纹银（二四宝）
外省汇兑、杂货输入、棉布、石油、茶、人参、鸦片、煤等	洋例平（九八六平）	足纹银（二四宝九八兑）
盐、麻、豆油、菜油、皮货等	钱平（九八五平）	它纹银（二四宝九八七兑）

由商会、公所制定货币单位可以在银两制度中普遍见到。制钱铸造归属国家独占，商会、公所能做的仅在于制定货币单位及一个区域内诸如省陌之类的惯例。行业公会的成员或者雇用银匠或者委托专门的炉房自由地铸造银锭。总之，特定货币的制造、货币单位的制定，并不是由政府统一来进行，而且只要按照固定一地的商帮或金融业行业公会的惯例来运营，也就不会对国家整体币制的制定有什么太大的影响。

（原载《晚清改革与社会变迁》，社会科学文献出版社2009年版）

浅议清末和民国时期钱庄、银号和银行的票据

中国发行庄票的历史很早，鸦片战争以后，庄票逐渐成为中外贸易的中介，为中国封闭的社会打开了一个面向世界的缺口。本文通过作者收集的资料，介绍了上海、天津、武汉、汕头等地发行的各种庄票、期票、汇票等票据的类型、形制和使用，从中可以看出中国金融走向近代化的脚步。

在大宗的商品交易中，纸币现钞是很少使用的，更方便的是一些票据。这也是社会经济发展的必然。中国的钱庄很早就发明了便于商品交易的商业票据，近代上海的庄票（本票）就是在社会经济中起到突出作用的一种票据。

上海钱庄发行庄票的历史很早，道光年间上海县关于庄票的告示，碑刻仍存于上海豫园的内园，从中我们可以看出，那一时期庄票就已经在上海通行无阻了。《南京条约》签订后，庄票在对外贸易中的地位日益提高。

鸦片战争前，中外商人进行交易时，主要靠相互信任，外商将商品先交付给华商，等华商出售完商品后再向华商索取货款。而鸦片战争后，由于五口通商，外商大量涌入中国，中外商人之间的信用已经不再存在，内地商人和洋商之间的交易都需要买办做中间人，而中间人大多不过只是通晓外语而已，手头并没有多少资金，因而外商对这些没有经济保障的中间人也不敢信任。这样，钱庄就以中间人信用保障的身份出现在中外贸易中。

钱庄承担信用保障的方式是发行庄票，把庄票提供给认为可以信任的中间人。庄票有即期支付的本票，也有期票。期票日期一般五天至二十天

不等，后来最长不超过十天。中间人向洋商办货时，用庄票支付；洋行等庄票到期后，再向钱庄取款；而购货者的钱在没汇到钱庄时，钱庄先为之垫付。这样，中间人对钱庄负责，而钱庄对洋商负责，使中外贸易得以顺利进行。

外商对当时上海的钱庄之所以这么信任，其一是因为他们对中国的事情并不十分了解，在对华贸易中需要有一个中间金融机构；其二是钱庄毕竟是一个有资金保证的商号，如果中间人不能付货款，洋商可以向钱庄追讨，经济利益有双重保障，故而庄票开始在中外贸易中起重要作用。①

随着中国半殖民地化的加深，中外贸易最后形成了这样的格局：中国商人将庄票交给外国商人后取得洋货，外国商人将庄票送到在中国的外资银行去收自己的账；而出售中国商品的商人在收到外国商人所出的支票后，也将这些支票送到外资银行去兑现。于是，外国银行就建立了在中国钱庄庄票和外资银行支票间轧账的票据交易所，使现金搬运得以避免，中外商人只清算双方在交易中的差额，从而大大便利了中外贸易。1853年时，由于太平天国运动使上海地区银元供应量大为减少，"导致普遍采用钱庄庄票"②，张国辉先生的研究也证明了这一点。③

对于外国商人而言，庄票还有一个最大的好处是能使外国商品在中国迅速销售。商品出售得越快，外商所提的利润也越大。"汉口贸易的实际表明：它在1862年开辟为商埠后，买办为外国商人推销商品时，都是利用当地钱庄庄票作为支付手段。1865年……多次实践证明了：'接受期票支付货款，远比用卖了货的现款再来买货要销出更多的货物'。"④ 更为重要的是庄票为中国商品的出口也提供了更便利的条件，"钱庄庄票有助于方便内地丝茶的收购"⑤。

由于庄票在中外贸易中的地位巩固，庄票发行的数量也越来越多。清

---

① 马寅初：《汇丰银行》，《商业月报》第5卷第7号，1925年7月。
② 《北华捷报》1853年5月7日。
③ 张国辉：《晚清钱庄和票号研究》，中华书局1989年版，第60页。
④ 同上书，第62页。
⑤ [美] 郝延平：《中国近代商业革命》，陈潮、陈任译，上海人民出版社1991年版，第99页。

末庄票的发行额有人估计达到了 30 亿两，1919 年时有人估计上海钱庄庄票的发行达到了 17 亿两左右。如果上海钱庄在全国占有二分之一的份额，那么这一年全国的庄票发行额将达到 34 亿两。①

和中国传统的钱票相比，庄票是更为先进的一种信用工具。钱票是中国古老的信用工具，它主要在小量的交易中起流通作用。特别是钱票的发行者资本一般较少，发行的钱票只能在很小的地区范围内流通，对社会经济的发展提供不了多少帮助，只能维持一个地区最低的商品流通需求。进入民国以后，一些大的钱庄就已经开始发行不再是钱票的票据了，从而使钱庄的业务更适应时代的发展，钱票也从钱庄业务的发展中找到了自己发展的轨迹。

而中国由于日益被打开国门，强制性地纳入国际经济大循环中，庄票就自觉不自觉地造成了对中国传统社会经济的破坏，将中国封闭的社会打开了一个通向外部世界的缺口。在庄票的作用下，中国的半殖民性商业得到了很大发展，自给自足的经济已被日益涌入的外来商品打破，而没有资本积累的中国社会经济，只能处在被帝国主义列强掠夺的局面，这不能不说是钱票向更"现代"、更"高层次"进化的代价。

由于庄票在中外贸易中取得了双方认可的中介地位，使上海的庄票日益发展，钱庄业对之也进行了多方的规范。1859 年上海钱业重整业规时就对庄票进行了规定，1863 年又规定不入钱业公会者不得发行庄票，从而使庄票自身得以日益规范化。② 上海钱庄发行的庄票一般都有准备金。其形式为中间书写银两数额，右边是庄票号码，左边是应解日期，票面盖有箱口印（骑缝章），年份章盖在左上角，还有庄章盖在银数上以防涂改。另外还有"汇划"和"双力"两章，指此款只能同业当日汇划，及取票水双力之意。汇划票据过当日下午二时后照例不能收受，只能第二天兑现，因而票面上有"两点钟后，明日照办"的图章（参见图 1）。

上海银行的本票比钱庄发行的庄票印制得更为精致，一般为两联式，上印有"凭票即付"的字样，表明无条件支付的责任（参见图 2）。

---

① ［美］郝延平：《中国近代商业革命》，陈潮、陈任译，上海人民出版社 1991 年版。
② 中国人民银行上海分行编：《上海钱庄史料》，上海人民出版社 1978 年版，第 20—21 页。

图1 上海的庄票

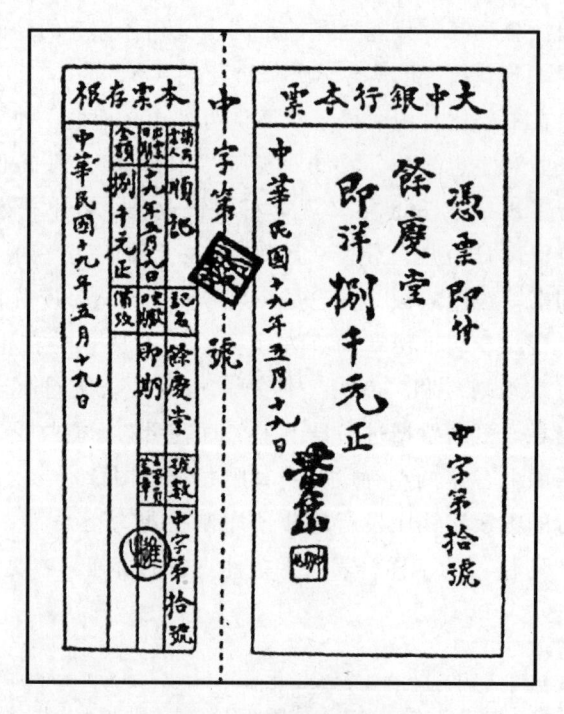

图2 大中银行的本票

浅议清末和民国时期钱庄、银号和银行的票据

到了20年代，汉口的一些大钱庄就已有了多种商业票据，比较著名的有庄票、上条、钱条、汇票、划条、拨条等。① 汉口钱庄的商业票据一般都是按传统习惯办理的，比如，票据上使用的时间一般都是阴历，图章一般都是以传统工艺用牛角精心雕刻的，在发行票据时，先用毛笔书写，然后再加盖图章，以防伪造。发展到后来，上条、钱条、汇票、划条、拨条都有了已经印刷好的空白票据，但庄票却一直用毛笔书写。下面我们将这些票据的形式和功能分述如下。

庄票，也称为本票，钱庄以外的商人一般称为银票，有即期和限期两种。汉口的庄票，即期的书写一个"即"字，当天就可以去钱庄兑现。期票上面一般写明某日到期时才可以兑现，在没有到期时可以向钱庄换买官票或铜元、银元等。这种票据分二联，一联为存根，一联交给持票人，按当地的洋例银100两以下写成计兑，100两以上写成计交。其形式为：

  第　号　丙子　月　日　庄票
  计交洋例　纹　两　钱　分

汉口银票一般用行书书写，在骑缝处盖有图章，书写有号码，为不记名式的票据，无论即票还是期票，受票人一般都要到钱庄验票，以防伪造。兑现时间一般都在下午七时之前，钱庄确认后，要在庄票后加盖一"××庄照准支取"的图章，而甲庄之票到乙庄去取时，要加盖一"此票凭××庄亲收别人拾得作为废纸"的图章。

钱条和银票差不多，只不过其代表物为铜元或官票二种，使用范围较小，其形式为：

  第　号　　　　丙子　月　日
  计存官票或铜元　　串文整

天津银号和钱庄也发行这种票据，但是叫银条或钱条（参见图3）。

---

① 黄既明：《汉口钱庄通用之票据》，《银行杂志》第3卷第7号，1926年2月。

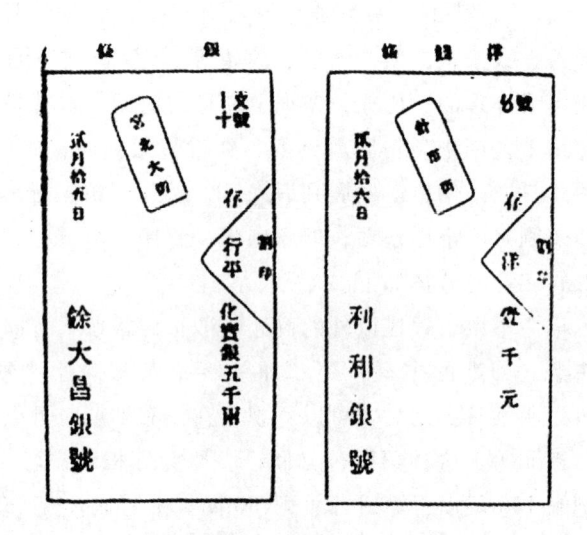

图3　天津的银条和洋钱条

上条，实际上就是支票，是存款人向银行支取存款的票据，汉口称为上条，为钱庄给其他商人所用。其形式为三联，由钱庄制备，并在骑缝处加盖图章，书写号码，甲联钱庄自存，乙丙两联交给商人应用，丙联由存款人收存，乙联则为正式上条，一般又分为记名和不记名两种，不记名者上书"来人"即可，其形式为：

宝庄照解　　　丙子　月　日　条
此致
洋例银　　　两　　钱　　分
凭票祈付

汉口的钱庄还发行有码单，是储蓄的便条；赁折是钱庄给商人开列的账户。而在天津，钱庄和银号给存户开写的是存条（参见图4）。

在天津，钱庄和银号发行的支票称为拨条（参见图5）。在上海的银行和钱庄，往来存款户可使用支票，一般50张或100张为一本，上海钱庄的支票大部分为三联式，也有四联的。三联式的叫"坐根联票"，四联的叫"行根联票"，都有即期和远期的两种，远期的一般为十天。

浅议清末和民国时期钱庄、银号和银行的票据

图 4　天津的存条

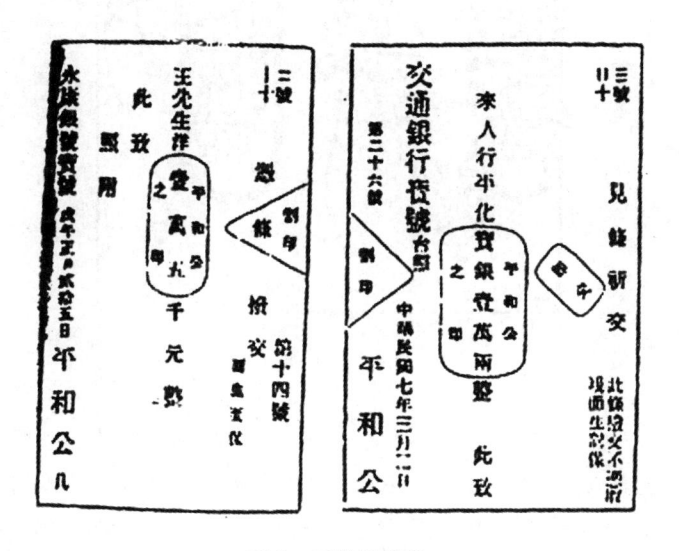

图 5　天津的拨条

坐根票为三联，第一联为存根，第二联是支票，第三联是坐根，均有骑缝章和号码，还有某庄联票的骑缝章，存票（存根）记该票数量及用

途，出票人自存，第三联坐根留于解款的钱庄，用于验证，第二联就是正式的支票，写明支票的数额和解款的日期及验付钱庄名，右上角有出票人的地址，左下角有出票人的名章（参见图6）。

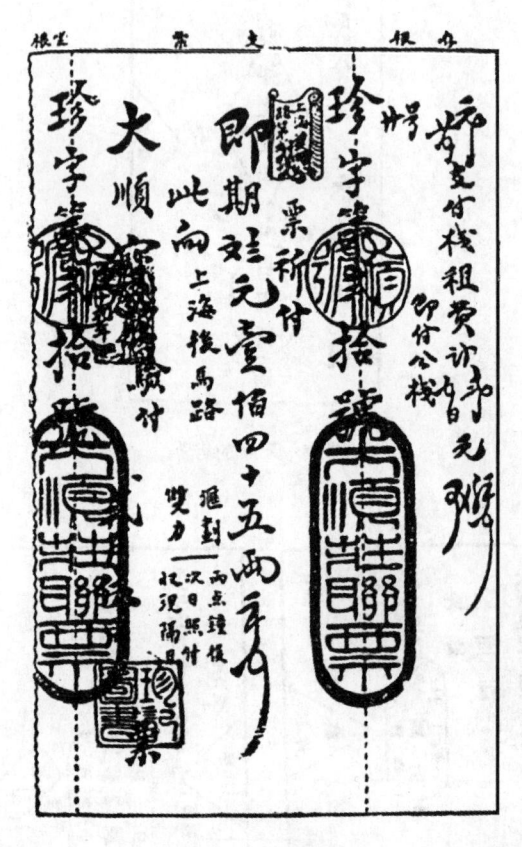

图6 坐根联票

行根联票又分成两种，一种为三联式，一种为四联式，三联者同坐根联票，而与坐根联票不同之处在于三联均由出票人掌握，只是出票人在支票到期的前一天到银行去送坐根验证。四联式一联为存底，出票人自留；二联为支票；三联为行根，与支票一起开出，否则不能收款，故上有"此票带根无根不付"的印章，第四联为存根（参见图7）。

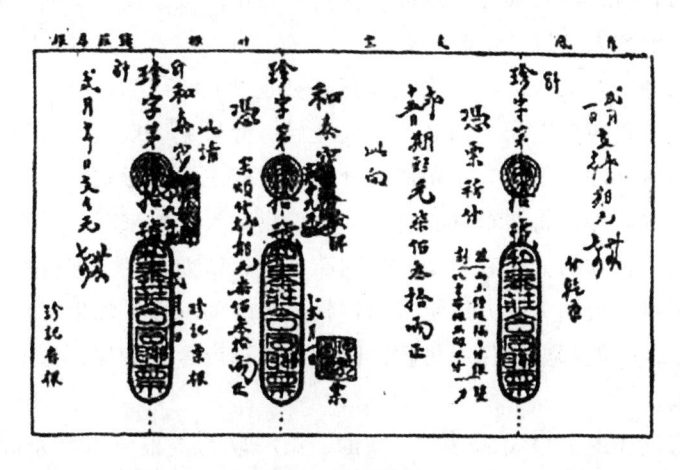

图 7　行银骑票

　　上海银行的支票大多为二联式，分存根和支票两联，也有少数用三联的，银行的支票全部为即期，细分其种类还有普通支票、划线支票和保付支票。①

　　进入民国后，我国的汇兑业务十分发达，清代依靠票号汇兑的模式已经被银行和钱庄的多种汇兑形式所代替。当时的汇兑又可以分成顺汇和逆汇两种大的形式，两种形式下又可分成很多种类。在顺汇中，第一种是电汇，这是当时汇兑中最为快捷的一种，只要汇款人将汇款、汇费和电报费交给汇款银行或钱庄，并告知收款人姓名地址，银行或钱庄就会通知自己在该地的联行或代理行通知收款人。而且当时的银行和钱庄为了防止冒领，都有一种叫"押脚"的密码，也就是在电报最后一字上做文章，这种押脚由于次次更换，因而十分保险。

　　第二种是信汇，汇款人除交给银行或钱庄所汇的款项外，并将写好的给收款人的信委托给银行代为寄出，信封上写明收款人的姓名、地址、汇款人的姓名和地址及汇款数额、日期，银行将这些信编成汇款报单，由邮局寄出至自己的分行或代理行，分行或代理行收到信后，将原信和正副收条两纸送交收款人，收款人签字盖章后，在领款时出具正副收条，并将原

---

① 杨荫溥：《杨著中国金融论》，黎明书局1941年版，第264页。

信皮交回收验，然后代理行或分行将信皮和正副收条及汇款回单寄回汇款行，交给汇款人，以备汇款人查验。

第三种是票汇，由汇款人在银行或钱庄先购买汇票，再寄给收款人，由收款人持票向票上指定的联行或代理行、分号兑取现金。这种汇票和当时的邮局所办理的汇款方法相似，分为二联或三联等形式。银行除向汇款人收取汇水以外，将票根寄联行或分行，收款人持票来时，联行、分行要查对票据。付款的方式有即期、迟期和板期，即期是见票即付，迟期是票后若干天付，板期为双方约定日期付款。当时的习惯，如果汇票上有收款人的姓名，一般都要讨保后付款，而且保人以商号为最佳，如不记名则较容易领取。

上海钱庄的汇票大部分是三联的，第一联为上根由出票人自存查对，第二联为正式汇票，交汇款人寄出，第三联为下根，由出票人直接寄外地付款庄，以便查对付款。上海钱庄多有坐根，即将整本汇票的坐根加盖骑缝章后先行整本寄出，以图方便。上海钱庄的汇票有即期和远期两种，银行的汇票与此相似（参见图8、图9）。

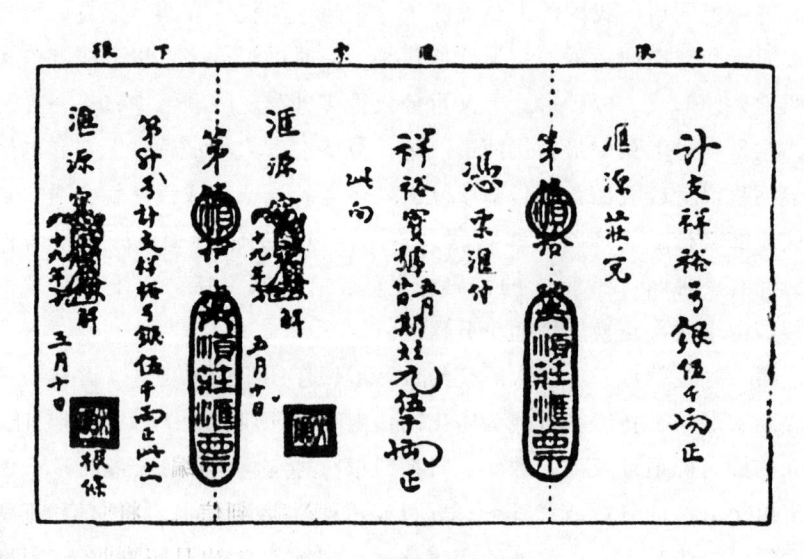

图8　上海钱庄的汇票

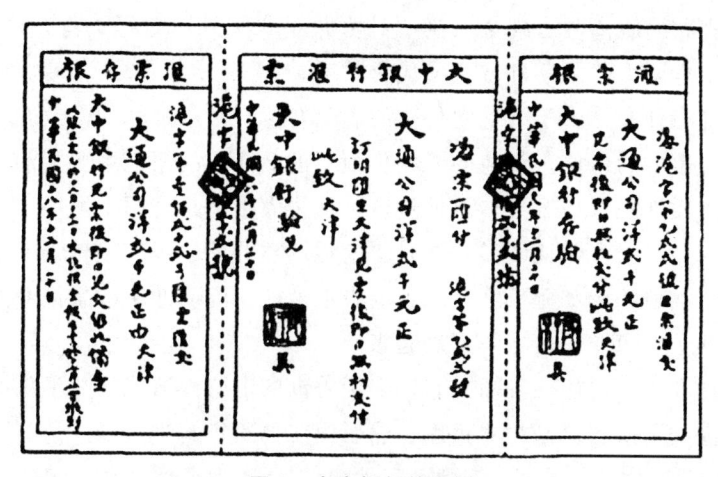

浅议清末和民国时期钱庄、银号和银行的票据

图9 大中银行的汇票

第四种是条汇，条汇实际上是信汇的变种，汇款人先到银行或钱庄，填写空白纸条，汇款人不用再写信给银行附寄，而是在空白的纸上按银行或钱庄的要求填好内容即可。

第五种是活支汇款，是一种便利于旅行者或办货商人的汇款方式，免除携带现金之不便，先将预用的款项全部交给起程地的银行或钱庄，同时将要去的地方和所需的款项告知银行或钱庄，就可在到达一地后，向该银行或钱庄的分行、联行或代理行支取。对于这种汇款，银行或钱庄一般是交给汇款人一张付款证书，上有交款人交纳的全额款数，并让汇款人签发一些印章票，作为该银行或钱庄进行验证的凭据，这样汇款人每至一地就可出具印章和付款证，支取现金或开支票，而到最后一地时，则该地银行或钱庄将付款证收回，这一过程中的时间是由双方商定的。

逆汇则有三种汇兑方式。所谓逆汇是指不是由债务人在银行或钱庄购买汇票，寄送债权者，而是由债权者对于债务者发出票据。也就是说，银行或钱庄在本地先付款项给请求人，再从请求人指定的地方银行或钱庄取回其款项，这就称逆汇。

第一种是押汇，是指售货商将货物卖给外地的进货商时，后者并没有将货款汇付给前售货商，而是找保人，和银行或钱庄商量，将运送中货物的提单、发票、保险单等交给银行，押取现金。而银行则以货物实价的七八折押与现金，然后将之寄给自己在购货者所在地的联行或分支行号，凭

· 99 ·

这些抵押物向货商收取现金。第二种方式是购买外埠票据，与押汇相仿，但比押汇危险大。第三种方式是代收款项。①

又如在汕头，由于该地中外贸易十分发达，银庄发行的汇票在商贸中占有十分重要的地位。该地的汇票称为票汇。汕头的票汇主要为汕头和上海、香港两地的贸易服务，该地进口的货物大半来自这两个地区，而汕头出口的商品又大多输往南洋。同时，南洋爪哇的糖、越南的鱼干、泰国的大米、新加坡的锡和椰子又多以香港为汇聚地，因而汕头的票汇业务就在香港、汕头、南洋三地之间开展起来。

南洋商人在汇还汕头商人时，多用香港的汇票以清账，故汕头的商人多将香港的汇票出售给汕头银庄，然后银庄再出售给进口商人。

当时汕头银庄的票汇分三种，一为即天票，为见票即付，多用于香港票。一为定期票，为内地来往的汇票，日期多为3—10天，而板期票多由上海的代办店汇往汕头支款，时间14天为限，到期必付。此外，汕头还有一种叫碗单的，由磁器厂发行，故称为碗单，其期限为见票后40—50天付款。②

中国的汇兑在1932年废两改元以前依汇兑的货币形式还可分成银汇即汇兑银两，洋汇即汇兑银元和洋两互汇等三种形式。其中又以汇兑银两最为麻烦，因为当时各地银两的成色平码都不一样，要进行十分麻烦的换算。

汉口钱庄经办汇兑的汇票有二联，存根和正式汇票均由商人拿去，汇票交给取款人时，同时将票根由邮局用双挂号寄给钱庄，以便核对照付，分现票、期票及见票后若干日三种，其形式为：

钱庄照兑　　　　丙子　月　　日　票
向汉口　　　　　　街
洋例银　　　　　两　　钱　　分
凭票汇付

汉口的拨条，是钱庄之间汇划的票据，以免除运送现银的麻烦，其形式为：

---

① 王家栋：《中国国内汇兑之演进》，《中央银行月报》第5卷第1号，1936年1月。
② 杨起鹏：《汕头银业史略及其组织》（下），《银行周报》第13卷第15号，1929年4月。

浅议清末和民国时期钱庄、银号和银行的票据

　　　　　　　钱　　　图章
　　　宝庄台解　　丙子　月　日
　　祈拨　　洋例银　　两　分

　　这种票据，上海叫公单，天津叫拨码，① 是钱庄间来往转账开立的票据。

　　汉口的划条是钱庄向钱业公会购买，专门用于公会汇划，在钱业公会之外没有任何效力的一种票据，其形式如下：

　　　公会台升　　丙子　月　日　　庄划条
　　　计划某某庄洋例纹　　两　钱　分

上海的钱庄也有划条（参见图10）。

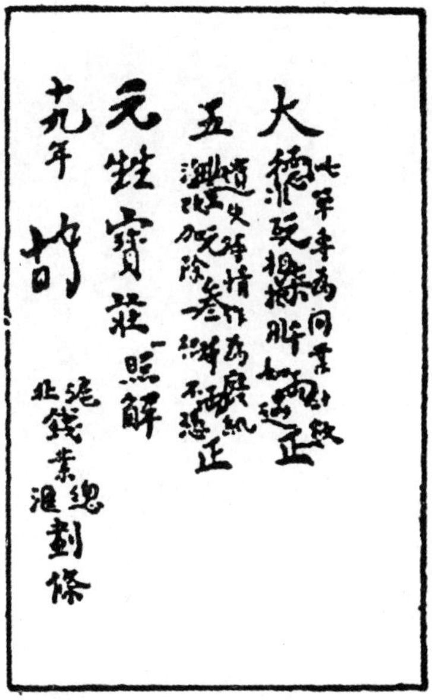

图10　上海钱庄的划条

---

① ［日］《天津之通货》，无出版时间及著者。

中国近代银行、银号和钱庄发行的各种票据,对于中国近代经济的发展起到了一定的作用,也表现出了鲜明的时代特点和地区特点。

[原载《中国钱币论文集》(第三辑),中国金融出版社1998年版]

中国近代货币改革思想评论

近代币制改革有着其特殊的历史背景，面临着无法解开的死结：一是在追随世界金本位潮流时，由于国内经济困境而无资金实现，同时从外部环境也无法得到资金支持；二是银本位落后于世界货币环境且银的进出受制于外人，但却是无可奈何的现实选择；三是政治混乱和战争导致的军阀割据与自然经济的残余完美地结合从而使近代币制改革缺乏良性的环境。近代由于世界金本位体制的确立，世界银价日益跌落，与此同时，由于美国等产银国的力争及战争等因素曾多次使银价上涨，银价的大涨大落又使白银成为世界性的投机商品。银价在总体下跌的情况下涨落不定，使中国对外贸易及外人对华贸易常遭汇率风险的损失，因而近代中国币制改革正是依此种特殊的情况而考虑的。

近代中国币改思想或政府实践过于看重三个实际方面的问题，而忽视了三个随之而生的问题，即看中货币的流通媒介作用，而忽视其价值尺度的职能；注重货币的对外汇价，而忽视货币的对内价值；为政府财政设想过多，而忽视货币在社会经济中的作用。具体而言，主张采用金本位者，多源于对外债偿付时中国亏赔的思考；而主张金汇兑本位者多从对外贸易逆差的角度思考；强调银本位者又多泥足于现实环境。

有关近人币制的议论，真可谓是龙吟虎啸，各据胜场。但中国近代币制改革的总体思路，强而言之约有三条，一是金本位，二是金汇兑本位，三是钱币革命，即管理通货。而从时间来分（实际上有交叉），则约在1895年至1900年人们多强调金本位；从1910年至1927年人们在金汇兑本位或先施行银本位再向金汇兑本位过渡的思想间徘徊；自1927年至1935年是国民政府继承、探索或实现孙中山钱币革命理想的时期。

一 金本位制

近代中国在鸦片战争以后，高唱"中学为体，西学为用"的口号，而到了甲午战争后，才认识到中国不仅物质文明落后，而且制度上也有缺陷，这与现代经济学的"对后发者的诅咒"相合。①

中国近代货币实在复杂，严格地讲谈不上什么本位，强而言之，清末以前为银铜跛行本位，清末以后至1932年则为白银核心型货币体系。在法币改革前的这一过程，学者、银行家、政府官员、行政部门都对中国币制的发展进行了方方面面的探讨。这些讨论既反映了当时中国经济与世界经济接轨时国人的思考，也反映了国人对当时货币本质的理解和社会环境对人们思想的制约，其中一些思想形成了思潮，为日后法币改革创造了条件。

晚清货币已十分混乱，特别是咸丰年间以后，中国传统的币制已近崩溃，而外部世界，特别是金本位的世界经济环境，使得已经与外国发生经济关系的中国处于一种十分不利的贸易与财政状态，故而当时的政府官员已经开始关注币制改革。特别是甲午战争赔款及庚子赔款确立后，银价下跌，金银折算使中国财政损失奇重，人们日益重视对币制的研究，而1902年的《中英商约》和第二年的《中美商约》均将统一中国币制写入了条约，并以增加关税作为交换条件，于是币制更引起朝野人士的关注。但终清之世，由于政府无力，币改终成画饼。

在人们认同世界金本位制以前，晚清官员首先提出来的是金银铜三品币制，其代表人物有三。1895年顺天府尹胡燏棻在条陈变法自强案中主

---

① "经济发展中的后发劣势又被称为'对后发者的诅咒'。它是指下列现象：经济发展中的后起者往往有更多空间模仿发达国家的技术，用技术模仿来代替制度模仿，因为制度改革比模仿技术更痛苦，更触痛既得利益。但多模仿技术的空间反而使制度改革被迫延缓。这种用技术模仿代替制度模仿的策略，短期效果不差，但长期效果极差。"杨小凯：《经济发展中的后发优势和劣势》，2001年2月19日，《经济学消息报》第403期。经济学家沃森在财政联邦主义、政治经济学等领域很有建树，"后发劣势"概念就是他提出来的。英文名称叫"Curse To The Late Comer"，即"对后来者的诅咒"。澳大利亚莫纳什大学经济学系教授杨小凯曾在北京天则经济研究所讲演过《后发劣势》，并引发讨论。见北京天则经济研究所网站（http://www.uniruleorg.cn）。笔者认为后发劣势主要出现在明显的路径追随中。

中国近代货币改革思想评论

张"铸金银铜三品之钱",更强调"今日即孔孟复生,舍富强外,亦无立国之道,而舍仿行西法一途,更无致富强之术"①。同年底,监察御史王鹏运奏请变更币制,上《请开办矿务鼓铸银元折》,主张"鼓铸金银铜三品之钱"②。同年陈炽著《通用金镑说》:要求开金矿铸金币。这时人们对于币制改革的困难估计不足,幻想将国内统一币制与对外币值稳定两个问题一起解决,因而并不切合实际。③

片面了解国外金本位的实际情况,使一些人认为中国应当建立金本位制。在这方面,盛宣怀和杨宜治是代表人物。盛宣怀主张先统一银币,然后再铸金币。杨氏则在1897年时由于日本和俄国采用金本位而条陈《请仿造金银钱折》,请求仿行英镑。④ 此后主张中国实行金本位者极多,诸如胡惟德、汪大燮、康有为、曹汝霖、贾士毅、甘末尔等。

胡惟德说:"当今环球各国既皆用金,而吾国岂可居其后乎?"⑤ 此外,当时中国政府的日本顾问堀江归一,也极力反对金汇兑本位,而积极建议中国实行金本位。⑥

国民政府成立后,1929年2月,财政部邀请美国著名自由化货币专家甘末尔(E W. Kmmerer)筹划中国币制改革,写出《中国逐渐实行金本位币制法案及理由书》⑦,甘氏提出实行金汇兑本位、推行新币制、统一货币发行的币制改革方案。这个方案的重点是"逐渐"两字,方案因没有过分地伤害中国的主权,因而为国内人士所接受。但由于国民政府此时正忙于中原大战和"剿共",财政十分困窘,无意也无力在货币问题上大动干戈,加上不久爆发了世界经济危机,世界各国又纷纷放弃了金本位,中国除在币制上实施了海关金本位并发行关金券以避免银价低落所引

---

① 中国人民银行总行参事室编:《中国近代货币史资料》,中华书局1964年版,第637页。
② 同上书,第643—654页。
③ 吴斐丹:《中国币制改革之史的发展》,《财政学报》第1卷第5期,1943年7月。
④ 中国人民银行总行参事室编:《中国近代货币史资料》,中华书局1964年版,第653—654页。
⑤ 丁洪范:《中国晚近币制改革总检阅》,《交易所周刊》第1卷第50期,1936年1月18日。
⑥ 沈云龙:《近三十年来我国币制改革的检讨》,国魂书店1936年版,第4689页。
⑦ Project of Law for China of A Gold Standard Currency Systerm in China Togeter with a Report in Snppert Thereof.

起偿还外债的损失外,一切依旧。

对于金本位制度,近代人们最为认同的时期是1930年金贵银贱风潮这一特殊时期。

二 金汇兑本位

金本位制对于中国而言最大的困难是中国不产金,也不能从对外贸易中通过顺差而获得黄金。因而对外用金、对内用银的金汇兑币制则成为人们追求的第二条道路。

20世纪初,世界各国普遍采用金本位,在中国使用银币,因世界银价日跌,赔累不堪。1903年,时任中国海关总税务司的英国人赫德(Sir Robert Hart)建议中国实行金汇兑本位,当年他写了《中国银币之确定金价论》,认为1英镑恰合中国库平银8两,中国可仿印度而建立金汇兑本位,并铸造统一的一两等银币。翌年初,美国人精琦向中国政府提出了《中国新圜法条议》[①],实际上也是提倡金汇兑本位,只是在实行细节上与前者不同。但赫德的建议没有引起清政府的重视,精琦的主张由于极力照顾列强在中国的利益,特别是要设立洋司泉官一事而遭到了人们的强烈反对,尤以地方实力派张之洞反对最烈。他说:"财政一事,乃全国命脉所关,环球各国,无论强弱,但为独立自主之国,其财政未有令他国人主持者,更未有令各国人能干预者,今精琦条议……直欲举中华全国之财政,改归其所谓正司泉洋员一手把持,不复稍留余地。"[②]张之洞反对金汇兑本位,他认为中国应当先铸造银币,统一货币。张之洞强调要先统一中国货币的思想,强调了当时中国币制的实际,对以后的币改思想起到了重大影响,即不论人们追求哪种币制,均

[①] 美国政府依《中美商约》于1903年3月组织国际汇兑委员会(Commission on international Exchange),以精琦(G. W. Jenks)、汉那(H. Hanna)、孔那蜕(C. A. Coant)等为委员,在1903—1904年共发表了4份报告,即1. *Memoranda on a New monetary System for China 1903*,2. *Stobility of Internation Exchange Washington 1903*,3. *Consideration on A New monetary systerm for China New York 1904*,4. *Yold standard in International Trade Washington 1904*,第一个报告即《中国新圜法条议》(或叫《精琦提案》《美国计划》),第三个报告即为《中国新圜法诠释》。

[②] 中国人民银行总行参事室编:《中国近代货币史资料》,中华书局1964年版,第643—654页。

认同要先统一中国币制,具体而言即先统一银币(或先统一于银本位)。恰逢此时世界银价上扬,张的主张在袁世凯的支持下终于使政府决定仍旧用银为币。1905年制定了《铸造银币分两成色并行用章程》,但是关于银币以两计值或以7钱2分或以元计值,仍争论不休。光绪朝末年,清政府又想借美国之力实行币制改革,一是一厢情愿,二因辛亥革命爆发,遂又终止。清末以来中国的币制改革虽然没有成功,但加强了国民对货币制度、货币改革的了解。

由于中国本不产金,特别是近代白银核心型货币体系日渐明显,且银在中国货币体系中的作用日益强化,因而总有一些人提出银本位[①]或金银币并行,并认为只有先施行银本位或金银并行后,才有可能向金本位或金汇兑本位过渡。这些观点可以视为金本位或金汇兑本位的变种。

认为中国要实行银本位者的理由是十分现实的,主要有三:一是中国习惯银铜并用,有历史传统,而且日常用银两;二是中国不产金;三是人民生活程度不高,现不宜实行金本位。这是一种承认现实的态度。实际上,北洋政府和国民政府初期三令五申的政令也是在朝银本位制迈进。但是一直到废两改元前,政府政令都是具文。

对于银本位而言,从政府方面说,1896年经政府官员讨论后下令铸造一两银币,1897年及1908年又有划一银币定一两币等谕。1910年有改订币制谕,以银为本位改为7钱2分。1914年政府公布国币条例,1933年国民政府公布的银本位币铸造条例等,显现了其脉络。

而金银币并行制则认为应当铸造金银币,但两者之间不像金汇兑本位那样有笃定的比价,相互价格随行就市,实际上是对金汇兑本位的误解和对现实白银核心型货币体系的发展。持此意见的代表人物有王鹏运、杨宜治、卫斯林、刘冕执、诸青来,最有代表性的是卫斯林。精琦的币改方案没有得到人们的认可,但是美国对中国的币制改革依然十分关注。自1907年起,驻美公使唐绍仪继续交涉币改借款,1910年9月中国政府正式向美国银行团要求借款5000万元,结果引起各国的反对。1911年由四

[①] 此时还有人提出了银两本位,如华格尔(S. R. Wage),1915年在上海出版了《中国之通货与银行》(*Chineses Currency and Banking*),认为银两存在这么多年,自然有其优点,不如发展之。

国组织了银行团,成立币制改革借款,总额1000万英镑,其中30%用于开发东三省,剩余基金全部用于币制改革,先行拨款40万英镑,其余等银行团认可的币改方案出台后再行拨付,此时爪哇银行总裁、荷兰的卫斯林博士被聘为币制改革的顾问。卫斯林著有《中国币制改革刍议》一书,① 他提出创办中央银行,从整顿银行入手改革币制,并计划分三期改革。他认为中国在现时实行不了金汇兑本位的情况下,不如先实行金银币的混用,再向金汇兑本位过渡,但也未实现。日后,仍不断有关于币制改革的建议问世,皆因当时国内政治动荡,财政拮据,而未能实现。

1912年财政部组织了一个币制改革委员会,也认为中国币制未来发展的方向是金汇兑本位。他们讨论了三种不同意见,即采用金汇兑本位制(精琦案)、金本位和银本位暂并用(卫斯林案)和以《币制则例》为中心的银本位制。到1913年该委员会撤销,最终还是决定采用银本位制,"以今日世界大势论,银本位固非可持久无弊,但中国之大患在无本位,如其闷响最好本位,不如行银本位以为过渡,作改进金本位的预备"②。这句话成为以后政府努力的路径依赖,1914年由此出台了《国币条例》。

在政府层面,1912年财政总长周学熙《整理财政说帖》中说:"本位币制,银本位既非天演界中所宜,舍银而金,又非我国实力所能,择其最适于我国情形者,惟金汇兑本位制度。"而第二年的新财政总长熊希龄则很现实,认为还是应先搞银本位。③ 1916年6月,再任财政厅总长的陈锦涛则认为先实行银本位,然后实行金本位或金汇兑本位,"循序而进,其势自顺"④。1917年的财政总长梁启超,鉴于当时中国政府参加第一次世界大战,对协约国要求庚款延期支付,一时财政稍安,又提出了改革币制三策,即划一银币、整理纸币、向外国银行团借款币改。后由日本银行代表团代表四国银行团单独借款2000万元,于1918年1月6日签字。梁氏

---

① 卫斯林(G. Vissering)和罗斯脱(W. A. Roest)均为中国所请顾问,1911年先在荷兰阿姆斯特丹发表了《中国通货论》第一卷《货币问题》(*On Chinese Currency*, Vol. I, *The Monetary Problem*),后卫斯林辞职,罗斯脱继任,1913年罗氏病死于辽宁,卫斯林重新接任,并于1914年发表了《中国通论》第二卷《银行问题》(*On Chinese Currency* Vol. II, *The Banking Problem*),一般人所知的《中国币制改革刍议》一书,是《中国通货论》第一卷中的一部分。

② 袁远福、缪明杨编著:《中国金融简史》,中国金融出版社2002年版,第111页。

③ 沈云龙:《近三十年来我国币制改革的检讨》,国魂书店1936年版,第4689页。

④ 同上。

也提出利用公债先统一银行后实行金汇兑币制的谋划。① 但梁氏去任后，此项借款用于军事。② 曹汝霖的《币制改革案》可以说是先以金银本位为过渡，再向金汇兑方向发展的代表，并由此产生了《币制节略》和《金券条例》。③ 但由于其有日本背景，其中都贯串先行统一银币以为日后实现金汇兑本位制作准备的思想。

三　钱币革命

除此之外，近代中国还有一种认为货币并不需要金银作为保证，而可以用纸币，或以粮食、能力、物品为保障发行的纸币作为流通媒介的理论，这种理论以孙中山先生的钱币革命最具代表，其他诸如徐青甫的虚粮本位、刘冕执的能力本位、阎锡山的物产证券理论均可视为孙中山钱币革命理论的变种。

孙中山的钱币革命理论贯串了国民经济实践活动。

1912年时，沙俄趁中华民国初建，妄图攫取蒙古。当时中国百废待兴，财政极其困难，言兵无钱。孙中山在1912年12月6日向全国发布了《钱币革命》的通电，要"行钱币革命，以解决财政之困难"。他认为"在工商业未发达之前，多以金银为（钱币）之，在工商业已发达之国，财货溢于金银千百万倍，则多以纸票代之矣。然则纸票者必将尽夺金银之用，而为未来之钱币"④。

孙中山在钱币革命理论中认为：纸币是比金属货币更具有弹性的一种货币，中国财政紧张和金融恐慌往往源于金属货币本身的缺陷，因而现代国家必须采用更具有弹性的纸币作为交易媒介。具体办法是："严禁金银，其现在作钱币之金银，只准向纸币发行局兑换纸币，不准在市面

---

① 贾士毅：《民国初年的几任财政总长·梁启超》，见夏晓虹编《追忆梁启超》，中国广播电视出版社1997年版，第249页。
② 沈云龙：《近三十年来我国币制改革的检讨》，国魂书店1936年版，第4689页。
③ 中国人民银行总行参事室编：《中华民国货币史资料》第1辑，上海人民出版社1986年版，第467页。
④ 卓遵宏：《中国国民党的货币政策（1894—1937）》，民国史研究丛书之八《中国国民党党史资料与研究》，中华民国史料研究中心1989年版，第238、245、245—246页。

对于钱币革命，孙中山说："世之能用钱而不知钱之为用者，古今中外，比比皆是。"② 而其本质则为"钱币者，百货之中准也"③，"钱币为何？不过交换之中准，而货财之代表耳"④。

货币改革的目标是"改革货币：革新货币制度，以谋国内经济之进步"⑤。纸币可以解决中国资本缺乏的问题。"若知识高原透彻，则知外资非独金钱能借……如是中国乃有富强之希望"⑥。"若行钱币革命，以纸币代金银，则国家财政之困难立可抒，而社会之工商事业，亦必一跃千丈。"⑦ 当然最现实的目标是"行钱币革命，以解决财政之困难"⑧，"钱币之革命者何？现在金融恐慌，常人皆以为我国今日必较昔日贫乏，其实不然。我之财力如故，出产有加，其所以成此贫困之象者，则钱币之不足也"⑨。

尽管以前旧政府发行纸币害民，但是只要将纸币发行的办法进行整理，发行纸币仍是善策。"纸币低折，众苦吾民……查恶币之害，由无固定基金，一致信用全失。应俟财政统一，别筹根本整理之方。枝节补救，殊未有良策以善其后也"⑩。而且他还认为纸币是世界上国家经济发达后的必然产物，"此代表之物，在工商未发达之国，多以金银为之，其在工商已发达之国，财货溢于金银千百万倍，则多以纸票代之以。然则纸票者必将尽夺金银之用，而为未来之钱币，如金银之夺往昔之布帛刀贝之用，而为钱币也。此天然之进化，势所必至，理有固然"⑪。

---

① 孙中山：《钱币革命》，《国父全集》，台北"中央"党史会编印1973年版，第93—94页。
② 孙中山：《建国方略·孙文学说》（1917—1919），《孙中山全集》第6卷，第176页。
③ 同上。
④ 孙中山：《倡议钱币革命对抗沙俄侵略通电》（1912年12月3日），《孙中山全集》第2卷，第545页。
⑤ 孙中山：《中国国民党党纲》（1923年1月1日），《孙中山全集》第7卷，第5页。
⑥ 孙中山：《复李村农函》（1919年秋），《孙中山全集》第5卷，第122页。
⑦ 孙中山：《倡议钱币革命对抗沙俄侵略通电》（1912年12月3日），《孙中山全集》第2卷，第545页。
⑧ 同上。
⑨ 同上。
⑩ 孙中山：《给杨希闵的指令》（1923年3月8日），《孙中山全集》第7卷，第169页。
⑪ 孙中山：《倡议钱币革命对抗沙俄侵略通电》（1912年12月3日），《孙中山全集》第2卷，第545页。

纸币应"以国家法令所制定纸票为货币,而悉贬金银为货物"①。"国家收支,市廛交易,悉用纸币。严禁金银,其现在作钱币之金银,只准向纸币发行局兑换纸币,不准在市面流行。"②

后来国民党要人奉孙中山"废金银、行钞券,以纾国用,而振工商"的钱币革命理论,演义出了两派货币理论,一以朱执信、廖仲恺、褚辅成为代表,推理出货物本位;一以刘执冕、蔡元培、张继等人演义出能力本位。

1913年国民党发表的政见宣言,有关币改的意见,调和了孙中山的钱币革命思想,要求设立中央银行,由央行发行纸币,实行金汇兑本位。③而第一次世界大战期间,列强多放弃金本位,推行纸币,孙中山日益认为其理论可行,1918年又写出了《孙文学说》一书,其中有《用钱为证》一文,宣传他的纸币理论。

1926年1月,国民党第二次代表大会《财政决议》第二十六项说:"在发行新纸币时,中央银行可以此等借款之单据、金钱及外国纸币等为发行新纸币之担保。发行的新纸币须有充分之洋毫、银砖、外国纸币及兑换券为其担保;中央银行须依市面所须之数目发行纸币,市面之纸币若多余需求时,宜将其多余数目收回,中央银行可与本国出口货物盛多,而外国纸币价值低下时,收买外国纸币以为调剂该银行所发行纸币的找换律之用。"④这些文字既是孙中山先生钱币革命思想和日后法币改革政策的中间思想媒介,也深合现代信用纸币的理念。

1928年国民政府召开的财政会议上,对于币制明确了两点,一是推行纸币集中主义,二是推行金汇兑本位货币之本位。第一条实合钱币革命理论。

1929年3月,中国国民党第三次全国代表大会提出了"统一货币之铸造权,与纸币发行权,使外国货币,不得充斥于国内市场"⑤,此后国民党的货币政策迁就于理想和现实之间,摇摆于纸币本位和银本位、金汇

---

① 孙中山:《倡议钱币革命对抗沙俄侵略通电》(1912年12月3日),《孙中山全集》第2卷,第545页。

② 同上。

③ 孙中山:《国民党政见宣言》,《国父全集》,台北"中央"党史会编印1973年版,第800—801页。

④ 卓遵宏:《中国国民党的货币政策(1894—1937)》,民国史研究丛书之八《中国国民党党史资料与研究》,中华民国史料研究中心1989年版,第243页。

⑤ 朱子爽:《中国国民党财政政策》,国民图书出版社1943年版,第54页。

兑本位之间。① 时人认为"孙中山先生这种理论,是以其对于现代货币金融有彻底的了解,以现代最进步的管理通货理论为基础而发。国民政府以后的币值改革,当然完全根据孙中山先生所指示的方针来推进"②。

1931年中国的长江大水和"九·一八"事变,使中国局势极危,而政府财政无着,在11月的国民党第四次全国代表大会上,由蔡元培、张继等23人提出《实现总理钱币改革之遗教择地试办国币代用券》,要求实行孙中山钱币革命的遗教,发行国币代用券。"一·二八"事变后,蔡元培又宣讲钱币革命。1934年1月的国民党四届四中全会上,以立法院法制委员会委员长焦易唐为首,联署者有张继、吴静恒、张静江、居正、于右任等30余人,提出了《实践总理钱币革命案》。会上陈立夫也另案介绍了中华钱币革命协会的请愿书。③ 此后关于此问题的研究和倡议者日众。1935年11月在国民党第五次全国代表大会期间,河南省党部又提出"实行币制革命,以救危亡"的议案。

而在1941年6月国民政府第三次全国财政会议上,蒋介石则说:"法币政策,是什么?今日不妨明言之,就是我们国父所主张的钱币革命。"④

当然孙中山的钱币革命理论中并没有像日后法币那样和英镑、美元密切结合的观点,对此,法币改革的设计者之一徐堪辩解说,他认为钱币革命理论中有三个基本原则,一是有代表物;二是示民有信;三是管理有方。他认为法币政策是遵守了钱币改革的精神,而未拘泥于形式。⑤

(原载《历史档案》2008年第2期)

---

① 卓遵宏:《中国国民党的货币政策(1894—1937)》,民国史研究丛书之八《中国国民党党史资料与研究》,中华民国史料研究中心1989年版,第238、245、245—246页。
② 吴斐丹:《中国币制改革之史的发展》,《财政学报》第1卷第5期,1943年7月。
③ 卓遵宏:《中国国民党的货币政策(1894—1937)》,民国史研究丛书之八《中国国民党党史资料与研究》,中华民国史料研究中心1989年版,第238、245、245—246页。
④ 蒋介石:《第三次全国财政会议训词》,1941年油印本第10页。
⑤ 徐堪:《徐可亭先生文存》,1970年版,第40—41、47页。

李大钊货币思想刍议

1907年9月李大钊到天津投考了天津北洋法政专门学堂和长芦银行专修所，被两校同时录取，他最终选择了天津北洋法政专门学堂，这所学堂辛亥革命后改为学校。李大钊在这里度过了近6年的学习生活，系统学习了政治学、财政学、经济学、应用经济学、社会学、政治哲学、政治史、外交史、通商史、宪法、民法、刑法、国际公法、私法、商业、银行、货币、商法、地方自治、统计等，多达30余科，取得优异的成绩。由此可见，李大钊在那个时代其知识结构与时代结合相当紧密，并有货币学的学养。

胡寄窗先生是较早研究中国金融学术史的学者，他在《中国近代经济思想史大纲》（中国社会科学出版社1984年版）中专门分析了中国近代货币学的研究，并认为中国货币学多是引进日本的观点，而在"五四"前多以文章的形式发表货币学研究的成果，以后则专著和论文两种形式均大为增加。当时中国关于货币学的著作包括译著和专著约有175部，其中20年代29部。可见货币学的研究处于发端。

1914年5月，章士钊在日本东京创办了《甲寅》杂志，主张"条陈时弊，朴实说理"，倡导启迪民智。杂志很快吸纳了当时中国最优秀的一批青年思想家如陈独秀、高一涵、胡适及易白沙、吴虞、杨昌济等人参加。当时正在日本早稻田大学学习的李大钊，被《甲寅》所吸引，撰写了《物价与货币购买力》一文，投给《甲寅》。此文引起了章士钊的注意，二人关系日益密切。此后李大钊在《甲寅》杂志上发表了一系列具有一定思想深度的理论文章。

日本的后藤延子在1990年写作的《李大钊与日本文化》一文中，指出了李大钊的《物价与货币购买力》，是对1913年日本经济学界关于

"通货膨胀=物价腾贵=生活困难"论战的关注,其中,李大钊从河上肇的文章中受到较大影响,在这场论战中河上肇"舌战群儒"(写文章参加论战的有福田德三、寺尾隆一、高城仙次郎、高田宝马等人),这给李大钊留下深刻的印象。

当代经济学界是这样解释货币购买力的:"货币购买力(Currency purchasing):单位货币购买商品或换取劳务的能力。其大小决定于货币价值与商品价值的对比关系;其变动与商品价格、服务费用水平的变动成反比,与货币价值的变动成正比。在货币价值不变的条件下,商品价格、服务收费降低时,单位货币购买力就提高;反之,则下降。在纸币流通条件下,纸币本身没有价值,是价值符号。在社会商品总量一定的前提下,纸币发行过多,单位纸币代表的价值就会下降,表现为物价上涨,这时单位纸币的购买力也就下降。所以,决定纸币购买力的基本因素是:①商品价值的变化;②纸币发行的数量。"

李大钊所言"货币之多寡,与其购买力之富弱,适成反比例"[①],是结合当时中国货币环境所言,中国货币体系与国外不同,多为贱金属币,政府又多将贱金属币当成财源,故滥发引起价值下跌。

李大钊对于中国货币史研究的贡献主要集中于在王效文编《货币论》后,李给王的一封信中。[②]

王效文编的《货币论》由上海商务印书馆1923年出版,计273页。内容取材于胡祖同的《货币论》,美国根来及柯南的《货币论》、《银行史》,以及贾士毅的《民国财政史》等书。分总论、实币论、纸币论等编。卷末"附录"作为第4编,叙述制钱、铜元等货币形式及制度的沿革。

在这封信中,李大钊十分明确地表示了实物货币,特别是牛,在形成一般等价物的过程中所占的突出地位,并从语言学中获得证据,此为中国货币史的首创。

牛在实物货币时代成为一般等价物,除李大钊所言西方语言中的表现

---

① 《物价与购买力》,《李大钊全集》第1卷,河北教育出版社1999年版,第672—673页。
② 《王著〈货币论〉书后》,《李大钊全集》第4卷,河北教育出版社1999年版,第302—304页。

外,在现在出土的古代西亚和希腊化世界的古代货币中,均有钱币学意义上的证据,即许多钱币图案上标示为牛的图案。此外,李大钊又从中国语言学中说明了在中国古代社会,也有着与此类似的现象,如半,从牛,可以分也。

他还从文字学中证明了贝为中国古代早期货币及财富的代表。"我们试看凡经济学上的名辞,全从贝字,足证中国在石器时代以贝为主要的货币。"并提出中国古代金属铸币应出现在周代以后,周以前似无金属铸币的观点。中国旧史记录,在太昊、神农时已有金属铸造货币了,可是据河南安阳出土的甲骨文考证,那上面没有"金"旁的字,只有从"贝"的字,表示用"贝"做货币。只有到周代才进入铜器时代,才有金属货币。李大钊说,上面"这样的例举不胜举"。这些结论为当前中国考古发掘所证明:至商代主要货币形态还是贝,春秋战国时期的金属铸币在中国已大量出土。在他写的《原人社会于文字书契上之唯物的反映》(1920)[①] 一文中更深入地说明了这一问题。

李大钊较早地提出了货币史的研究,对于王著,他认为如果对于历史研究更为深入的话,则有利于史学和货币学的研究。在那个时代,人们的认识或是传统的中国钱币学,即泉学,或为当时极为新潮的西方货币理论,而提出研究货币史,并像现在这样形成学科,李大钊是较早的倡言者。

李大钊对于他那个时代货币制度的评介文章不多,但是《论收毁制钱宜有准备》[②] 一文是对北洋政府货币政策的时评。1917年,北洋政府与保利银公司订立合同,准备让该公司收回在中国流通的明清时代的制钱,以使铜元更加广泛地流通。对此,李大钊认为相对于铜元,明清时代的制钱却是良币。如果让外国公司收买制钱,制钱退出流通领域,将会出现下面的一些情况,一是由于市场流通钱币的减少会使商人大量发行私钞,引发货价上涨。二是政府发行的新铜元人们不一定接受。三是由于物价上涨引发借贷关系的麻烦,由于铜元面额较大等,最终会使物价上涨,人民生

[①] 《原人社会于文字书契上之唯物的反映》,《李大钊全集》第 3 卷,河北教育出版社 1999 年版,第 559—574 页。

[②] 《论收毁制钱宜有准备》,《李大钊全集》第 2 卷,河北教育出版社 1999 年版,第 457—458 页。

活困苦。

　　李大钊的文章充分显示了一个无产阶级革命家对于人民生活的关注。但是他对于当时货币的看法并没有获得历史的证明。首先，尽管民国初年北方几省还存在有一定数量的明清制钱流通，但是经过晚清海量铜元的铸造，以及民国以来各省政府以充裕本省财政为目的而进行的深度推广，铜元作为一种市场价值尺度已为广大人民所接受，南方诸省制钱已基本绝迹。尽管贬值给人民带来了无尽的苦难，但是与制钱相比，铜元制作之精良，相对于制钱难以伪造等还是先进了一个时代。而且正是由于铜元的大量铸造引发的贬值，一枚当十铜元早已与清代发行铜元时设想的以一铜元当十制钱的理念脱轨，一枚铜元的实际价值也就在原制钱的2—4文之间，李大钊所担心的生活高涨十倍（一铜元合十个制钱）的现象并没有出现。

　　北洋政府时期的币制是中国币制最为混乱的时期，但是，大额交易以银（银两加银元），小额交易以铜元的局面日渐成型。由于货币制度的混乱，铜元并不是银元的辅币。

　　此外，李大钊还有两篇文章隐性地谈到了国际金融和国家战略储备及黄金，即《战争与铜》《黄金累累之日本》。[①] 此二文均发表于1917年初，正是第一次世界大战将尽之际，国际金本位由于战争而将发生重大变化，战争对于黄金、铜等战略资源的需求及这些资源对于一个国家的重要性，以及对战略资源的掌握将使一个国家走向何方，尽入李氏法眼。而这两篇文章也恰恰体现了李大钊运用马克思辩证唯物主义史观从经济的变迁中去追寻一个时代政局军事的变化。

　　李大钊认为，社会主义社会是以计划经济为主体的经济制度，社会主义制度下，仍然存在货币和商品经济，在经济领域中还存在竞争。李大钊认为，货币作为交换物品的手段和社会经济的计算工具，在社会主义制度下仍需保留。他在《社会主义下的经济组织》[②] 一文中指出："生产品不就是为消费的，有直接分配于消费者，有分配于他业者。后者不过记一记账，前者则须代价。金银纸币流行，可以换取所需的物品。"又说，"国

[①] 《战争与铜》《黄金累累之日本》，《李大钊全集》第2卷，河北教育出版社1999年版，第479—481、470—472页。

[②] 《社会主义下的经济组织》，《李大钊全集》第4卷，河北教育出版社1999年版，第142—147页。

家将生产品经过一回中心市场,使有货币者得以换取所需的物件,售价适应于此期流行的货币"。这些观点已为现实社会所证明。可贵的是,李大钊在那个时代没有采纳诸如取消货币、使用劳动券等观点,而是认识到了货币在人类社会中不可替代的作用。

(纪念李大钊诞辰 115 周年学术研讨会论文)

张謇的货币金融思想与实践

张謇（1853—1926），近代著名实业家、教育家。出生于南通市海门长乐镇小商人家庭，少年科举，四十状元，金榜题名时，他在日记中写道："栖门海鸟，本无钟鼓之心。伏枥辕驹，久倦风尘之想。"

不管你如何想，那个时代都会让他有日后的官场浸淫。张謇曾任清政府翰林院修撰，后在朝鲜入吴长庆幕，甲午战争中主战。① 1894 年，中日甲午战争爆发，清流派与李鸿章激烈冲突。开战后中方连连失利，清流朝臣纷纷弹劾李鸿章。后张謇因是翁同龢门下清流，也在党争中受到冲击。1894 年末，因父去世，张謇趁机"回乡守制"。

《马关条约》签订后，在强烈的"救亡图存"潮流中，1895 年冬光绪正式委派张謇在通州（南通）创建大生纱厂。南通很快依此基础成为全国著名的轻纺工业基地。20 世纪前 20 年，张謇在大生纱厂的基础上创办了大生轮船和通海垦牧公司，他所参与的企事业总数高达 180 家以上，涉及的行业和门类包括工业、农地开发、牧业、交通、金融、贸易等。大生集团在纷乱的时局中竟然两次扩张，成为当时中国的著名"民营"企业。南通也几乎是在张謇个人的努力下，建成了"中国近代第一城"。

一 以《国币条例》为核心的币制建设理论与实践

建立中央银行，是 20 世纪初世界发达国家经济发展后的一个自然的经济进程，中央银行往往与统一的货币密不可分，张謇在很早时就提出了在中国建立中央银行的思想，尽管这种思想的实质是统一货币。

---

① 《张謇传》，《国史馆馆刊》第 1 卷第 2 期。

在1901年的《通海垦牧公司集股章程启》中，张謇认识到"经济之厚莫先于货币"①。后来他指出："农工商业之能否发展，视乎资金之能否融通，近十年来商场之困顿不可言喻，盖以国家金融基础不立。为今之计，惟有确定中央银行，以为金融之基础，又立地方银行以为之辅，励行银行条例，保持民业银行、钱庄、票号之信用，改定币制，增加通货，庶几有实业之可言。"张謇的中央银行思想，实际上是与其统一货币思想一脉相承的，也是相互表里的。此时的他认为，只要有国家的中央银行，就可以统领当时中国的金融机构，从而为中国的实业投入更多的资本，这种思想是与当时国人建立银行以解决财政问题有很大不同的。

晚清时，张謇在日本参观日本金融机构后，认为中国币制极度落后，"华人苦货币之困久矣，近行铜元以济其穷，然不造金币，则金日流于外而日贵，且无本位，则代本位者势必有穷，非计也"②。他在《变法平议》指出："圜法之坏极矣。金镑银价，中外不同，权操于人，我甘其敝。"他建议政府"行金镑改钱法"。"金钱引而镑价均，银元行而市价平，铜元引而私毁清。"③ 当时的张謇首先认识到中国货币无本位，但却想在中国实行金本位，这是不现实的。特别是当国外为金本位世界，而中国却是一个以银为币且无本位的国家，银价和金银比价中国均无法控制，面对此种局面，向往外部世界的金本位是很自然的事情。

在张謇没有真正地从事币政管理的时候，他也幻想中国能够以当时世界的潮流金本位制为蓝本，建立中国的币制，但是币制的实践让他修正了自己的想法，顺应了当时中国货币的现实。

张謇于1913年9月11日被北洋政府任命为农林、工商总长，同年10月18日在北京就职。在11月8日的国务会议上，张謇发表实业政见宣言，他认为欲发展实业，需有四个条件，④"乞灵于法律"，"求助于金融"，"注意于税则"，"致力于奖助"。在论及金融时，他认为："农工商业之能否发展，视乎资金能否融通。近十年来商场之困顿，不可言喻。盖以国家金融基础不立，而民间钱庄票号等金融事业，索索无生气，重以倒

---

① 《张謇全集》第5卷，上海辞书出版社2012年版，第25页。
② 《张謇全集》第8卷，上海辞书出版社2012年版，第544页。
③ 《张謇全集》第4卷，上海辞书出版社2012年版，第41—42页。
④ 沈家五编：《张謇农商总长任期经济资料选编》，南京大学出版社1987年版，第11页。

闭频仍,信用坠地。于是一国现金,非游荡而无所于归,即窖藏而不敢或出。总之金融家无吸收存款之机关,无以供市场之流转,遂至利率腾贵,企业者望而束手。于是而欲求工商业之发展,虽有智者,无能为役。"① 在国内大多数学者及当权者均力图使银行成为政府财政的附属,并由此依银行资金解决国家财政问题的时代思维中,张謇始终认为银行的发展方向应当是实业的支撑,这在当时确实是难能可贵的。

张謇1913年12月与国务院总理兼财政总长熊希龄一起草拟《国币条例》。1914年2月7日,国务院以教令第19号公布《国币条例》与《国币条例施行细则》。

《国币条例》与《国币条例施行细则》对于晚清原有币制、货币流通实际,是一个改良的政策实施。张謇从货币制度的角度,以历史发展的视角对当时货币流通现状进行分析,认为中国要发展实业、发展经济,从当时的国力和政治方面而言,是实现不了金本位的,因而理性地选择了银本位制。②

中国的货币制度经过长期的变动与发展,延至清代,货币无本位,而成为一种以白银为核心的货币体系,表现在市场上是极度混乱。

1840年鸦片战争前后,外国银元进入中国流通领域的有多种,其数量约3000万元(枚)。外国银元的流通地区由沿海的粤、闽、浙、苏等省而延伸到内地。晚清开始,清政府开始自铸银元。中华民国临时政府1912年1月1日成立,孙中山就任临时大总统,一开始就重视厘定币制,铸行了1000万元孙中山肖像银币,袁世凯当政后,铸造了袁世凯银币,俗称"袁大头"。

张謇的《国币条例》和《国币条例施行细则》的目标是:确立银本位;取消各省的货币铸造权;废除银两流通;确立主辅币制度。

张謇的《国币条例》和《国币条例施行细则》最重要的贡献就是要确立中国的货币本位,而且依当时货币环境,确立以银为本位。而本位制度的基础之一是确立本位币。

---

① 《张謇全集》第2卷,江苏古籍出版社2012年版,第163页。
② 可参见戴建兵《中国近代的白银核心型货币体系(1890—1935)》,《中国社会科学》2012年第9期。

《国币条例》和《国币条例施行细则》明确规定:"国币之铸发权,专属于政府。""以库平纯银六钱四分八厘为价格之单位,定名曰圆。""旧有各官局所铸之一元银币,政府以国币兑换改铸之。"这也是对清政府于宣统二年(1910)4月15日公布的而未全面实行的《币制则例》在法理上的继承。但《国币条例》明确规定"国币之铸发权,专属于政府";实质上为中华民国货币统一,消除中央货币与地方货币、本国货币与外国货币并存的局面,奠定了法律和理论上的基础。这在《币制则例》上是没有的。《国币条例》规定"以库平纯银六钱四分八厘为价格之单位,定名曰圆";确定了我国的币制为银圆本位制,力图消除银两铜钱并行的局面,为本位制度的建立,特别是确立本位制度中的本位币,奠定了法律基础。

《国币条例》力图确立辅币制度。本位制度的基础之一是辅币制度。《国币条例》规定,"国币以库平纯银六钱四分八厘为价格单位,定名曰圆"。国币种类为银币(一元、半元、二角、一角),镍币一种(五分),铜币五种(二分、一分、五厘、二厘、一厘)。在其施行细则中还明确了"凡民间债项以银两计者,折合国币改换计算之名称。以旧银角、旧铜元、旧制钱或他项钱文计者,折合国币改换计算之名称"。《国币条例》还规定了"国币计算均以十进,每圆的十分之一称为角,百分之一称为分,千分之一称为厘。公私兑换,均照此率"。

《国币条例》体现的政府意志有四点,第一是日后使中国向着形成了白银核心型的货币体系进一步发展,特别是强化了银元的中国货币流通中的地位;第二是日后各省基本不再像晚清那样铸造带有各省标记的银元,从而使银元向地方的银两发起了挑战;第三是30年代早期中国实现了废两改元;第四是国民政府成立后,建立了中央造币厂,主辅币制度才有了实质的推进。

具体到银元的铸造上,《国币条例》与《国币条例施行细则》规定:"旧有各官局所铸之一元银币,政府以国币兑换改铸之";改铸费用不少,在铸造民国新银币时,考虑到兑换、改铸费用问题,确定了银圆成色、重量。《国币条例》原规定一元银币重量为库平七钱二分、成色为百分之九十,含银量为六钱四分八厘。新银币时即改成色为百分之八九,含银量为六钱四分一厘。银圆币图案:正面为袁世凯头像、铸造年份,背面嘉禾纹样、壹圆字样。1914 年 12 月开始由天津造币厂铸造。1915 年 2 月南京造币分厂开始铸造。同年 8 月、11 月，广东、武昌造币分厂也分别开始铸造。此后，1920 年起杭州造币分厂、安庆造币分厂相继铸造。此种新铸银圆投入流通后，一般称为"袁大头"。其铸造总额，《银行周报》认为：自光绪十五年张之洞在广东开铸银元，到 1913 年底时，全国共铸银元约 2.2 亿元，小洋约铸 2.3 亿元。1913 年至 1916 年，银元共铸 1.8 亿元，1917 年至 1918 年，银元共铸约 1.5 亿元，小洋约铸 0.8 亿元。则 1918 年合计银币产量约为 8.6 亿元。另有资料认为，在 1915 年初开铸新币时，时人调查应改铸的旧币数额为：银元 206028152 枚，五角银币 32279421 枚，二角 1232860442 枚，一角 235004212 枚。[1] 则当时旧币的铸造数量约为 2.75 亿元。

不久，袁世凯积极筹备复辟称帝，1914 年底至 1915 年，政见不同者纷纷离职，张謇也愤然拂袖回归南通，实施他的实业救国之志。

二 企业、银行融资思想及实践

张謇在 1901 年的《变法平议》中认为，政府应当提倡办银行，银行是实业之母，国民进化之阶梯，各省应当设立一家官银行，各府县收集闲资。[2]

光绪二十九年（1903）张謇一行参观了日本的三十四银行，学习了日本银行的先进经营模式。张謇很早就认识到银行是国民经济的资金枢纽，产业发展的资本推进器。他指出，欧美各国的富强之道在于"广设银行"，日本"次第仿效，三四十年之间，由小国而跻于强大矣"[3]。

张謇早年还向清政府极力推荐英、法、德等国的金融体制，因为这些国家"银行之性质，纯然一私家公司，所以坚商民之信，而利商业之用"[4]。张謇建议各级政府以注入现金方式参股民营银行。[5] 张謇在筹备通

---

[1] 上海《新闻报》1915 年 1 月 20 日。
[2] 沈韵霞：《论张謇的经济思想》，《镇江师专学报》2000 年第 4 期。
[3] 《张謇全集》第 4 卷，上海辞书出版社 2012 年版，第 67 页。
[4] 《张謇全集》第 2 卷，江苏古籍出版社 1994 年版，第 59 页。
[5] 张敏：《论张謇现代金融体制理念的思想渊源》，《忻州学院学报》2006 年第 5 期。

州储蓄兼商业银行时,提出由地方社会各界人士"先合资本十万元,凡一万股,每股十元"①。张謇在《劝业银行条例》中也明确表达了"劝业银行为股分(份)有限公司"的理念。②

张謇不仅重视应当建设银行为实业提供资金,他甚至认为国家应当用财政资金支持实业。特别是面对当时中国民间的百分之八的投资官利,他认为政府应当出息三年对重要实业以支持。③创办银行支持实业更是其典型思想。事实上,在《国币条例》及其施行细则颁布前后,南京临时政府曾颁发过兴办商业银行、惠工银行等条例,北洋政府曾颁发《劝业银行条例》。

张謇自晚清时就寻求外资,设立合资、合作银行。他参与了建立中法劝业银行、中美联合银行、中美治淮农业银行的谈判。张謇花了近10年时间,与法方讨论合资建设银行事宜。1905年10月,张謇与法国商部专使和法商代表德隆格,讨论合资建立中国国民实业银行。1908年4月,张謇与法方代表德·马尔托等人达成建立一所中国劝业银行的意向书。1913年张謇又与法方达成合资经营银行的建议,次年中法劝业地产银行正式成立。法国人卜夏参与了劝业银行合同的签订。1910年,张謇代表中方股东发起人,与美国商人签订草约,双方各占50%的股权,共同出资1000万元,设立中美联合银行。1913年他还与美商商谈治淮农业银行事宜。④

民国初年,张謇成为抵制北洋政府停兑令,保护民众利益的代表人物之一。

1916年5月11日,袁世凯称帝,中交两行垫款支持,银行滥发引起挤兑,时任民国北洋政府国务总理的段祺瑞下令中国、交通两银行自奉令之日起,所发行之纸币及应付款项,暂时一律不准兑现、付现。时称"停兑令"。

停兑令激起人民反抗,社会秩序一片混乱。中行在上海的货币发行是中国银行发行的主体,分行总理宋汉章认为违抗段令是杀头之罪,执行段

---

① 《张謇全集》第4卷,上海辞书出版社2012年版,第68页。
② 周新国:《中国近代化先驱:状元实业家张謇》,社会科学文献出版社2004年版,第121页。
③ 沈韵霞:《论张謇的经济思想》,《镇江师专学报》2000年第4期。
④ 张敏:《论张謇现代金融体制理念的思想渊源》,《忻州学院学报》2006年第5期。

令银行又有40%的资金缺口,将会使上海中行彻底垮台,难以向股东和存、储户交代。两难之际,宋找到张謇。张謇认为应当:第一,抵制停兑止付令,对印有上海地名券的纸币照常兑现,民众提存照常付现。如现银不足时,可向汇丰、德华等银行商借,不得已时,可用资产抵押。第二,政府支付单,一律不付现。第三,召集中行上海分行股东会,由股东会决议声明不执行停兑令。宋汉章与张謇不谋而合,召开了中行上海分行股东联合会,推举张謇为会长。

1916年5月13日,张謇以中行上海分行股东联合会会长的名义,向国务院抗议:停兑令无异宣告政府破产,银行倒闭,直接、间接宰割天下同胞,丧尽国家之元气。自此之后财政信用一劫不复。沪上中国银行由股东联合会决议,通知分行总理照常兑现付存,不能遵照院令办理。段祺瑞无可奈何,1916年6月1日宣布取消停兑令。中行上海分行信誉大增,业务发展迅猛。张謇在关键时刻起了重要作用。

20世纪20年代初,交通银行由于经营不善陷入困境,有合并于中国银行之说。张謇临危受命担任交行总理一职。1922年6月18日,交通银行第十一届股东总会在北京召开,张謇为总理,钱永铭为协理。在经营交通银行的近三年时间里,人事上他安排江浙金融势力进入管理高层,逐步改变梁士诒和交通系独大的状况,经营上逐步改变银行过分依赖政府的现状,内部治理上逐步改变分支行割裂以及机构膨胀的状况。在他的主持下,交通银行迅速走出了危机,经营状况也大为改善。张謇维持了交通银行国家银行的地位。交行拥有纸币发行权并参与国库管理,完善了银行自身放款制度并积极清理旧欠,同时追求发行上的独立公开。张謇认为,停止向政府垫款还是治标,发行独立公开才是治本之策。[①]

张謇不论是自创银行还是对国内已有的银行,他最关注的实际上就是银行资金的运用或投向,这对他而言是十分明确的,那就是实业。

1910年他在《对于救国储金之感言》中说储金不应当"为教育、海陆军之备费",而应当"为实业之备费",因为"教育犹在,海陆军犹果也,而其根本则在实业"。他甚至认为储金应当用于植棉,植棉是当时救

[①] 张启祥:《张謇与危机中的交通银行》,《南通大学学报》(社会科学版)2007年第6期。

国的"当务之急"①。

再如他十分关注的农垦事业,认为应当建立农业银行,利用银行贷款兴垦。1913年,张謇呼吁"其所以请筹立农业银行,以为各地方河渠沟洫、堤岸闸坝工程之准备者,厥有二义:一为对外。今日而言水利,所需资本,悉仰给于外人"。"惟有筹立农业银行……人民得赖此种银行,作其保障,资其周转,则关于水利之兴造,既无官吏之督促,亦必百废举矣。"②1923年,在《论理财致王克敏函》中,他说垦牧需要贷款:"设劝业银行者上也;次则于国家银行内兼营一部分长期贷款事业;又次则由农垦公司自行借款。"这是张謇对这一问题认识的集中体现。张謇曾多次与徐公溥、吴吉卿以书信形式讨论相关问题,对于农业银行一致主张模仿德、法、日本地贷银行制度,同时要结合中国实际,根据国情拟订符合本国国情的简章。③

张謇创办的银行主要有以下几家,实际上张謇均赋其特殊职能。大生上海事务所实际是大生集团的外汇银行,通海实业有限公司实际是集团的投资银行,大同钱庄实际是集团的商业银行,淮海实业银行实际是集团的中央银行,这些机构对筹集资金发展大生集团实业起到了积极作用。

张謇的实业主要以股份制形式筹集资金,采取保息分红、滚动发展、股权均等,这更使他深刻认识到银行融通资金的重要。大生集团内部资金的相互调剂,使企业不需要向金融机构抵押房产,就能获得大量资金,避免烦琐的信贷手续,减少抵押贷款次数,加快资金周转速度,提高资金的使用效率。大生集团内部资金结算方式的变革是中国较早的公司财务管理案例。

张謇在1902年就设想创办南通劝业银行。他认为:"国非富不强,富非实业不张,实业非有多数之母本不昌,欧美人知之,故广设银行。"但因创办银行条件不成熟,他就采取分步渐进之策,先在大生一厂创立储蓄账房,吸取职工存款,发行临时钱票、支单,形成银行雏形。大生纱厂专门制定"存工"制度,工人工资迟一礼拜发,长存一礼拜在厂。④他还要

---

① 《张謇全集》第1卷,江苏古籍出版社1993年版。
② 《条议全国水利呈现》,《张謇全集》第2卷,江苏古籍出版社1994年版。
③ 张敏:《论张謇现代金融体制理念的思想渊源》,《忻州学院学报》2006年第5期。
④ 《张謇全集》第5卷,上海辞书出版社2012年版,第74页。

求通过吸收工人工资和社会闲散资金,筹措资金。1922年,大生纱厂借款总额为709.8万两,其中存款为113.9万两。[①] 后他又在南通商校创设银行专修科,为创办银行培养人才。特别是辛亥革命后,南通市面不振,银根紧缩,地方新政权请求张謇给予援助,张謇决定用本厂银元钞票,补市面现金不济。

1918年初,张謇向南通工商界急切呼吁:"吾花纱布同业所感受之痛苦之艰难,而徒唤奈何者,一言以蔽之曰,金融关系而已。""欲求操纵自如,确立巩固地位,必在南通创设实业银行。"张謇这一主张,得到了大生集团股东们的支持,集团组建银行班子,在南通濠阳路营建银行大楼。1919年夏历四月十日,举行大生股东会,银行定名为淮海实业银行,在大生股东余利项下,提十分之一入淮海实业银行股份,并向社会各界招股,计划股本100万元,后实到股本125万元,随即上报财政部、农商部批核,注册资本为500万元,按当时银行成例,实收资本达注册资本1/4即可开业,故于1919年冬得准开业。淮海实业银行营业范围有存放款、贴现、受抵有价证券、代理南通地方公债、代保管和买卖金银、兑换外国币、经理大生公司股款、股息等,并获得货币发行权。1920年1月正式开业。

淮海实业银行开业后,印就1元、5元、10元三种面额的汇兑券,正面上横为"淮海实业银行汇兑券"9个字,中间皆为张謇之子、该行总经理张孝若半身像,左侧标各自面额,右侧印有"凭票汇付同额国币,淮海实业银行照付"等字样。背面主图1元、10元都印南通狼山风景图,5元背面为该行总管理处的主楼图。

淮海实业银行开业后,1920—1921年营运较好,年存、放款量各达500万元以上,位居当时南通金融机构之首。1922年南通大生集团陷入困境,苏北又连续发大水,灾情惨重,各盐垦公司亏损巨大,农工商各业萧条,淮海实业银行的营运资金呆滞,张謇及其子张孝若为保护民众利益,不仅决定把印好的钞票继续封存不发,而且从1925年起歇业清理,多方向外筹资,对存储户一律按原约足额付给本息,对贷款户采取逐步清理。

---

① 大生系统企业史编写组:《大生系统企业史》,江苏古籍出版社1990年版,第220页。

三 金融市场融资思想及实践

对于张謇而言，在那个时代巨大的实业需求使他早就感到单纯的银行融资不能满足实业的需求和发展，因而创建金融市场，并在市场上融资，是其金融思想及实践的重要组成部分。

晚清时，张謇就发行过股票。光绪三十四年（1908）商办苏省铁路有限公司股票上有总理王清穆、协理张謇等的签名，附带有息单。①

中国的证券交易是由西方传入的。1869年，上海长利（西洋代理券商）已经从事国际股票买卖。洋务运动中一批官督商办、商办企业为了融资，开始从事股票事业，出现了一批华商股票掮客。当时中国没有股票交易所，一般在茶馆进行股票交易。直到1914年秋天上海股票交易公会成立。

张謇在担任农商部长时，大力推动《证券交易法》《证券交易所法实施细则》及附属规则的制定和颁布。

1916年，孙中山联合虞洽卿向北京政府申请创立上海证券物品交易所，孙中山期望通过此举获得革命活动经费。张謇以国际惯例为依据，指出证券交易所只能交易证券不能涉及物品交易，依据1914年证券交易法，交易所不能外资持股，但在虞洽卿的方案中，涉及外资。在张謇的反对之下，虞洽卿等人的申请被搁置起来。

1916年，北京证券交易所成立，这是中国第一家证券交易所，4年后，以虞洽卿为董事长的上海证券物品交易所建立，交易的既有证券也有棉花、布匹等物品。经过疯狂的交易和泡沫浪潮，到1922年，交易所热潮降下帷幕，泡沫破灭之后，存活的交易所只有6家，进入了证券交易的冰河期。

1921年9月南通成立了南通棉业、纱业、证券、杂粮联合交易所。交易所股票每股面值50元，总计24000股，总股本为120万元，股东多为南通地区钱业和花纱布业的资本家、大生纱厂股东和高级职员。张謇全力支持南通交易所的创办。这是我国较早创设的现代高级金融交易市场

---

① 泓盛首届股票债券大型专场拍卖会2012拍卖目录。

之一。

张謇也十分强调发行国债以积累资金支持实业发展,但他强调"国债票应以某项入款为押,以昭信用"[①]。

1923年张謇致黎元洪、张绍曾函,为华商纱厂联合会组织中华棉业公司发行债券,"对于债券担保,要求政府主持","实未增国库丝毫之负担"。这种"以国力为保障"的做法,是筹集资金的一种辅助手段。[②]

但张謇的时代,却是国债用于银行取利而无向实业投入的时代,他的这些符合基本经济规律的思想,在当时均未发生较大的实效。

1922年,张謇七十大寿。在北京、上海报纸举办的成功人物民意测验中,张謇在选举时代"最景仰之人物"中得票数最高,人生似乎走到了顶峰。但也正是这一年,大生集团对外负债突破400万两。一场突如其来的暴风又将他常引为骄傲、赖以保障南通的许多水利工程摧毁,张謇的人生从高峰跌入低谷。一直到1926年辞世,他再也没有盼来大生集团的转机。

历史似乎在告诉人们,先进的思想实践与社会现实总是存在着吊诡之处,一时的起步总会被历史的大潮风吹雨打去。但历史总会在前人的实践中永不止歇地前行。

(2015年张謇研讨会论文,上海)

[①] 《张謇全集》第2卷,江苏古籍出版社1994年版,第59页。
[②] 从卫兵:《论张謇现代农业资本运作思想与实践》,《沈阳农业大学学报》(社会科学版)2006年第1期。

传教士与中国货币

明末清初以来，中国货币开始发生变化，由于和西方国家的贸易交流，特别是新大陆发现后，北美大银矿的发现、西属殖民地银元的铸行、丝银之路的开通，使得中国传统的币制开始发生了巨大的变化，传统的行使铜钱和纸币的货币体系，开始向着使用银和铜钱的时代转变。本文将从完全不同的视角去讨论这一问题，那就是西方传教士眼中的近代中国币制演变。西方传教士与中国货币的关系可概括为两方面，一是传教士留下的许多文献，如书信、文章、论著及回忆录等，这些对今天人们研究中西经济、文化交流提供了独到而珍贵的史料；二是长期生活在中国的西方传教士，不仅在理论上关注中国的货币制度及币制变化，还通过教会发行私票的方式直接影响近代中国币制的变革。

一 西方传教士与中国旧式银两

（一）清初传教士记述中国早期货币使用

中国清朝初年货币的流通情况，可以从清初耶稣会士的通信集里反映出来。法国人杜赫德编写的《耶稣会士中国书简集》一书中，有较详细的描述。1712年耶稣会士记载景德镇一个瓷商，曾漂洋过海经商，为了还愿建立了一座天后庙。"这座新庙是靠（这位富商）在印度各地积聚的皮阿斯特兴建的，当地对这种欧洲货币很熟悉，因此不必像其他地方那样将其熔化后再用于流通。"[①] 这说明当时景德镇可流通皮阿斯特，而这是

---

① ［法］杜赫德编：《耶稣会士中国书简集》第2册，郑德弟等译，大象出版社2001年版，第89页。

一种外国银元的名字。

中国和西方不一样，不铸造金币，只使用不规则的金块和银条，对此西方传教士十分惊奇。1714年6月26日，在福建的一位耶稣会士认为，中国国君们从不允许铸造金币和银币。他们按分量收售金银，而且很善于辨认是纯的金银还是混杂了其他金属。他们购物时有时也使用金子，但这时金子被当成了商品而不是货币。

银锭开始在交易中大量出现，因此在中国的法国传教士们越来越多地使用中国银锭，并总按法国的货币来进行换算，如银锭的重量有的相当于法国2个埃居，有的约为6个、7个甚至50个埃居，另一些银锭的价值达法国250古斤的银价。中国传统的银锭依重量一般分为三种类型，一是五十两的银锭，二是十两重的，三是五两以下的各种市银。银锭用以支付大笔款项，但零星使用时就很麻烦，必须把它放在火上加热，再用锤子敲扁，这样才能将其分割成小块，支付所需的银两。为此与购买相比，支付所需的时间总要长得多，也麻烦得多。用惯了西方铸币银元的传教士们自然感觉不便。

传教士对用银锭交易的复杂性感触很深。1712年9月1日，耶稣会传教士彭加德（Jacquemin）神父在致印度和中国传教巡区使神父的信中讲述了在南京的银锭流通情形：商贸中使用的货币与全国通用的一样，即放在手提小秤（戥子）上称各种形状的银块重量。银子成色是不一样的，有九成银，也有最纯的十成银，甚至还能见到成色最低的八成银。这种银子是流行的。交易时，每人都带一杆秤，买进卖出都要用它来称，但需经户部派出的官吏检验方可使用。称小件物品的秤很像罗马秤，人们放在盒内随身携带，它可用来称银，最多可称二十五两。每一次交易都用戥子进行称量，因而传教士自然就会与自己国家的币制进行比较：而中国人和我们的区别是我们有不同价值的金币、银币，而中国人只有银两。他们把银子切成块，用秤来称，多减少补，直到数额正好。同时，对中国人为什么用如此复杂的交易手段而不借用西方的简便易行的金铸币的疑问，传教士有自己的理解：中国人知道，如果像欧洲那样拥有固定币值和规定重量的货币，那就方便多了。但是若果真如此，中国各地区马上会冒出大批伪造或篡改货币的人；像现在这样根据购物所需的银两切割银锭，就不会有假币之虑了。

除了银锭就是铜制钱了,1724年耶稣会士记载道:"中国人铸造的货币只有小铜板,买卖土地、家具、商品、食物都用小铜板结算。就是说在中国和欧洲一样,使用铜币做交易。""这种铜币是扁平圆形的,中间有一个小方孔以便串联。所有货物买卖皆论分量。一担为一百斤,一斤为十六两,一两为十钱(或者十个八分之一盎司),一钱为十分(或者是十苏),一分为十个小铜钱,即这种流通的小铜币。因此,一千个小铜钱合一两白银;而一两白银相当于我们5利弗乐的价值。与我们相应的重量单位比较,中国的重量单位重百分之二十四。"①

(二) 鸦片战争后传教士论中国银两制度

随着1840年外国殖民主义者的入侵,中国社会方方面面均发生了变化。然而,中国货币制度的进步却是十分缓慢的。

1. 传教士对中国银两主币地位的论述

18世纪后期,中国的银两依然是大额的货币。英国人麦高温,1860年来华,先后在中国南方的上海、厦门传教,1909年时他在上海出版了《中国人生活的明与暗》一书,书中记录了当时中国银两的一些情况。

中国各地流通的标准货币是银两,它相当于一盎司白银的重量。各种商业账册的记录和一切商业交易行为的履行都是以银两为记账单位。这种银锭重有几两,便于人们出门时携带,在需要用钱时可到钱庄将其兑换成现款。钱庄遍及全国,银锭兑换起来也很方便。如果不想把一块银锭都换成现钱,人们也可以根据需要在银锭上切下一块,钱庄里的人会称出这块银子的重量,然后再付给相等价值的现钞。除了银锭之外,还没有哪种货币能取代银两的作用。② 这说明在晚清时期,银两是中国货币体系的核心。实际上到1933年废两改元以前,银两的这种地位一直没有改变。

2. 何天爵对银两制度复杂性的观点

银两制度的复杂性表现在多方面。首先,衡量银两重量的标准称为

---

① [法]杜赫德编:《耶稣会士中国书简集》第2册,郑德弟等译,大象出版社2001年版,第118、272页。

② [英]麦高温:《中国人生活的明与暗》,朱涛等译,时事出版社1998年版,第211—214页。

"平砝"。中国的平砝十分复杂,有库平、关平、漕平、市平等大类。"库平"是清廷制定的征收税银的平砝,又分中央库平和各省藩库平、道库平。"关平"是海关征收关税银两的平砝,比库平大些。各地海关关平并不一致。"漕平"是清廷征收漕粮改收银两的平砝,比库平小些,各地的漕平也不相同。"市平"是各地市场通用的平砝,几乎每个城市都有自己的市平,甚至一个城市有两三种不同的市平,标准因平而异。

1869年来到中国的美国传教士何天爵（Chester Holcombe），在北京负责公理会所办的学校，1895年回国，同年出版了《真正的中国佬》一书，书中以北京地区为特殊对象，将中国人使用的银两重量分为五种。[①]第一种是"二两银"（two ounce' weight）（实际是九八规元），它规定九十八两银子便算作一百两。换句话说，它比实际重量少了2%，这是所有标准中最轻的一种。第二种是"商业银"（commercial ounce），即市银。第三种是"官银"（official ounce）。第四种是"库平银"（treasury ounce）。最后一种，也被传教士认为是最重的一种，就是"海关银"。它是在近代产生的一种新的标准，用于海关进出口货物税的征收和支付等。不知出于什么原因，这一标准比政府的"库平银"标准还要重得多。何天爵认为，中国政府没有制定任何法律来规范每两银子的实际重量和成色。因此，在银子的成色和重量这两个异常重要的具体问题上，不存在统一固定的标准。但为了防止个人在银子的重量上做文章，北京约定俗成地逐渐形成了五种不同的银重标准。

银两复杂性的另一个表现是"成色"，各地成色差异很大，平砝又多种多样，这就给银两的流通带来许多问题。何天爵对银两成色的看法可概括为以下几点：

第一，清朝中央政府有自己的一套关于银子成色的通行标准。符合这一标准的银子叫作"库平银"。政府按照这一标准收取一切进项并用于一切支出。这一标准规定银子的成色是98%。但是它对于民间的所有交易并没有任何约束力。在全国各地根本没有统一的白银成色标准。即使在同一座城市或者同一个地区，成色标准也不统一，这对于商业贸易的正常运

---

① [美]何天爵：《真正的中国佬》，鞠方安译，光明日报出版社1998年版，第239—251页。

行会带来极大的不便，造成某种不稳定性。

第二，中国的习俗总是在很大程度上任意支配着人们的行动。他们有一条不成文的规定，即如果双方没有事先达成协议的话，某些种类的生意总是固定用某种成色标准的银子作为支付手段。比如在北京，房租可以用最轻的成色银支付，而欠商人或者店家的账可以用市场银或者"商业银"偿还；同时其他的账目往来又必须用更重一些的银价标准来平衡。若想探寻这种交易规则到底始于何时，又是出于何种考虑，那是枉费心思的。虽然习惯并没有规定一个人不可以要求一种成色最重的银价标准，但包含其中的道德迫使他望而却步。

第三，政府对于熔铸银锭的事情从来不予以干涉，它完全掌握在私人钱庄和商号的手里。银锭通常被铸成椭圆形，有点像中国人穿的鞋子。因此，外国人称为"足银"。虽然有时也铸造得较小一点，每个大约重十两，但多数情况下每个银锭都是五十两一个。这些银锭在日常交易中往往被切割成小块的碎银，以适应支付的需要。每块银锭上都打印着铸造者的商号，而且都有表示银锭纯度的特殊标志。那些素享盛誉的商号所作的标志一般都是真实的。我们在上面已经提到，中国的生意人能够根据每种银锭的铸造方式，异常精确地判断出它们的成色和纯度。铸造银锭的铸模通常是用石棉做成。先将熔化的银子倒进铸模里猛地摇晃一下，待其冷却之后再倾倒出来。这样做成的"鞋子"，在其表面我们会发现有若干细小的波纹，而在其各个边和底部，会有一些针眼般的小孔。这些波纹和小孔是判断银锭纯度如何的两个最重要的依据。波纹越多，孔眼越细密，那么就说明银锭的品级越高。[①]

何天爵以上记述，直观地反映了当时中国银两制度的核心内涵。银两成色、重量各异，商号收进的银两就不能简单相加记账。为了解决这个困难，"虚银两"应运而生。虚银两没有实体，只是一种以一定的平砝和一定成色为标准的记账单位"纹银"，用于商品标价、国家财政收支、民间债权债务契约，即所谓的"中央政府有自己的一套关于银子成色的通行标准"。但实际交易中又用实银两，因而"它对于民间的所有交易并没有任何约束力"。除官方使用的纹银以外，全国还有地方性的虚银两。有影

[①] ［美］何天爵：《真正的中国佬》，第239—251页。

响的为上海的九八规元、天津的行化银和汉口的洋例银。九八规元是纹银的九八折，即所谓的"这一标准规定银子的成色是98%"。

（三）传教士论中国银两的运输方式

有的传教士还记载了中国传统的银两运输方式，也就是镖局对银锭的运输。

对于银锭的运输情况，《真正的中国佬》中有详细记载：中国大部分的税收是以汇票的形式汇寄到北京。但是也有某些省份是以散装的形式把银子运到北京。其装运的方式非常原始独特。有时人们会看到长长的一列车队缓缓驶进北京城，人困马乏，风尘仆仆。每辆车上都插着一面三角形的黄色小旗，那表明车上装载的是皇家的财产；同时，每辆车上还有一名看押的士兵，每辆车上看上去都好像装载的是老粗的大圆木。每根"圆木"都嵌着一圈又一圈的铁箍，同时每个"圆木"上还贴着带签名的封条。实际上，每根"圆木"都被分为上下两部分，其中间是空的，上下深约几英寸。这一部分空间被很合适地塞满了每块重五十两的银锭后，它们就以上述的方法经过长途跋涉，不辞千里，来到北京城后，在国库里安家落户。[1]

对于当时百姓用得最多的货币铜钱，英国人麦高温的《中国人生活的明与暗》作了如下描述："对这个国家的大多数人而言，他们从来就没有见过银子的模样。国家发行了铜币，这也是这个国家唯一认可的铸币。"铜币的大小与先令相差无几，中间有一个方孔，以百为单位穿在一起。十串这样的铜币相当于一美元，也就是两个先令。每个铜币只等于千分之一美元，可见其价值是多么微小。从另一方面看，铜币则只能算是平民货币了。它是穷苦人的伙伴，即使是个乞丐，他的口袋里也会有几枚硬币。那些卖苦力的人，干了一整天的苦力活，只能得到两百个铜币。一个熟练的技术工人若是挣了三百个铜币，"看到自己的丈夫带了这么多的钱回家，妻子的眼睛里也放出了光彩"[2]。

---

[1] ［美］何天爵：《真正的中国佬》，第274—275页。
[2] ［英］麦高温：《中国人生活的明与暗》，第211页。

二 传教士眼中的外国银元与中国币制

中国近代的货币银两一直到废两改元前依然是计重货币,这已落后于时代。而西方国家的银元却早已走出了计重货币的阴影,并纷纷铸造银元按枚行使,这种货币制度随着西班牙银元的铸造及大帆船贸易而大量流入中国,极大地影响了中国近代币制的发展。中国在经历了明末清初外国银元的流入,以及西班牙银元的大量流通后,到了近代,外国银元一度成为中国流通的主要货币。

从西方传教士记录中国币制的文献中,可以把外国银元对中国货币的影响分为四个阶段。这一过程更准确地说,从传教士的视角看,是外国银元如何逐步被中国老百姓及官府所接受。

第一阶段,明末清初时外国银元大量流入后多被熔铸成中国银两。从明代中后期到清代中期,是西班牙人通过贸易以银币向中国换取丝绸、瓷器的时代,从此本来产银不多的中国,竟然开始在流通领域中大量使用银两——将大批西班牙银币熔化再重新铸造成船形的元宝。

墨西哥银元初入中国时,甚至在相当长时间里,在部分地区也同样遭受到西班牙银元的命运——被投入熔炉再铸成中国式的银币"元宝"。

对于外国银元在中国又被重新熔化成银两的做法,西方传教士大惑不解。南方沿海的港口城市是西班牙银元最初流入中国的地区。后来在对外贸易活跃和发达的地区,由于墨西哥鹰银元(又称鹰洋),制作技术和成色好,1850年左右鹰洋就代替了西班牙银元"双柱"。它的流通区域和数量与"双柱"相比,有过之而无不及,墨西哥银元广为流行。但是,这种银元毫无例外到中国后都得按重量来计价。本来这些银元的流入是为了向当地居民证明,它们所代表的货币是坚挺可靠的。然而,它们不远万里来到中国之后,大部分很快就被投进了熔炉之中,经过重新精炼后,再铸成银锭在市面上流通。无论就其重量还是成色而言,墨西哥银元都被公认为是世界上标准的通用货币,它之所以在中国受到如此荒唐的冷遇,其中的原因是多方面的。

麦高温在《中国人生活的明与暗》中,分析了被世界公认的标准货币墨西哥银元在中国遭受"冷遇"的原因。他记载道:中国的生意人在辨别其本国银锭的成色方面有一双"异常犀利的眼睛"。墨西哥铸的银元与中国的银锭相比很不相同，它没有中国商人所习惯辨认的那些符号和线纹。虽然它们自己并不能说明，"但中国商人总是模模糊糊、疑神疑鬼地相信，类似墨西哥铸银那样的外国货币肯定是用一定比例的合金铸成的"。也就是说，墨西哥银元不是纯银，但到底成色多大，中国人看不清楚。因此，他们宁愿把这些东西捣腾成自己所喜闻乐见的原始形式。"这样的话，只要瞄一眼，他们立刻就能够判断出其真正的价值如何。"可以说，这是人传统的思维习惯的结果。但不可否认，中国官方的态度，"除纯色的银锭之外，中国政府从来没有接受、认可或者支付其他任何形式的货币"①，也是一个重要原因。

14、15世纪，西欧在与中国和印度的通商过程中，输出了大量的白银，因而交易媒介问题成为困惑欧洲经济的主要问题，通过寻找新航路发现新的金银矿成为欧洲一些冒险者的梦想。哥伦布发现新大陆后，西班牙人了解到墨西哥和南美西部有丰富的矿藏。美洲是16—18世纪世界最大的白银产地，西属美洲殖民地的大批银矿开采都在16世纪，最著名的秘鲁波多西银矿（Potosi）也在1580年达到采银的鼎盛期。波多西在1581年至1609年近二十年中，平均年产白银达254000公斤，约合明制680.9万余两，几占当时全世界产银总额的60%以上，占有巨额白银财富的西班牙于1571年占领马尼拉，菲律宾殖民地发展为著名交易地点，经中外海商之手，西班牙运向东方的白银滚滚流入中国。② 这一条新的海上贸易之路，后来取代了陆上的丝绸之路，并改变了世界历史的进程。由于交易商品品种的改变，后人将其称为"丝银之路"。从此开始了西班牙人以菲律宾为基地与中国进行贸易的时期。由于贸易量巨大，西班牙曾规定从墨西哥出航的船只不许装运超过25万比索的银币。③ 交易的媒介主要是西班牙银币。

墨西哥独立后，1823年停铸西班牙银币"双柱"，自铸墨西哥鹰银元。其面值、直径、重量和成色与西班牙银元完全一脉相承。直到1905

---

① ［英］麦高温：《中国人生活的明与暗》，第211页。
② 王裕巽：《明代白银国内开采与国外流入数额试考》，《中国钱币》1998年第3期。
③ 陈健鹰：《关于西班牙银元流入中国的若干问题》，《福建钱币》1994年第3、4合期。

年才由于实行金本位而停止铸造。墨西哥银元早在1829年就流入广东，开始时被称为蝙蝠。① 第一次鸦片战争后更是大量流入，成为中国现存量最大的外国银元。

第二阶段，墨西哥银元逐步被中国人接受，其明证即烂板银元。

传教士对烂板银元在中国的流通有较详细的记载。早期墨西哥银元在中国流通时，曾经历过两种模式，一是被重新熔化成银锭，二就是在银元上打上各种记号。钱币学上称为"烂板银元"（chop coin）。之所以形成这种烂板银元，也是由于银元需要按照中国传统的银锭即按重量流通，同时也需要中国钱庄的成色保证。可以说它是中西货币制度相结合的产物。需要指出的是，似乎这两种方式同时并存，但随着时间的推移，两者有此消彼长的变化：初时多数被熔铸，少数被打上印记；后来更多的被打上印记了。所以后期可被视为一个新阶段。

看看传教士是怎样描述这种特殊银元的：烂板现象产生的原因在于这些沿海城市形成了一种风俗，当地的钱庄和银号总要把它们所经手的所有银元打上自己商号的印记，以作为负责定额兑换的信用标志。于是，这种做法陈陈相因，家家仿效，每家商号都在经手的银元上面打一个信用记号，如此重重叠叠、反反复复，一块银元很快就变得千疮百孔，面目全非，难以辨认。它们在显然不能按块计算其价值以后，还可以凭重量流通一段时间。而下一步等待它们的最终命运，便是进熔炉。

德国传教士卫礼贤对中国人制作出烂板银元提出自己独到的看法：西方银元虽受到沿海商民的欢迎，但是在一些地方，"交易也并不总是诚实的"。每个商行都有自己的小戳子，用于往银元上打戳记，为其真实性做证。但在这个过程中，少量的银子就被这些商家刮下来自肥。那时候，你可以发现银元上布满了戳记，这些银元毫无疑问是真的，"但太多的戳记已把大约百分之二十的重量和价值剥去了"②。

《中国人生活的明与暗》中的例子更是烂板银元的生动写照："数年之前，一位很有名气的美国女士在广东游历时，希望凭信用卡（应为外

---

① 伍连炎：《外国银元大量注入广东史迹》，《银海纵横》，广东人民出版社1992年版。
② ［德］卫礼贤：《中国心灵》，王宇洁等译，国际文化出版公司1998年版，第345—347页。

商银行汇票）在当地的钱庄取 500 元的墨西哥鹰洋，以作购物之用。但是钱庄老板向她建议，最好不要带着钱去做现金交易。她可以给每位商人出具一份自己的购物证明，然后钱庄老板再从账户上扣除她的全部花费。夫人拒绝了这一建议，还是愿意自己带上钱去买东西。于是钱庄老板按照要求，从一个麻袋中倒出夫人所需银元的数目，让她自己再核实一下是否有误。摆在面前的墨西哥银元无异于一堆废铜烂铁：其中没有一块能够称得上是完整的银元，其价值也只能按照实际重量计算。然而，据说那还是在广东所能够得到'最完好的墨西哥银元'。"①

明末清初外国银元大量流入中国后，尤其是墨西哥银元的影响日益扩大，很快广东、广西、福建、江西、浙江、江苏、安徽和湖南的东部及南部逐渐成为银元流通区域。过去商人们的习惯做法是把收到的外来银元毫不犹豫地投入熔炉中，重新铸成他们所熟悉的宝银。但是墨西哥银元成色的稳定、制作的精美，再加上交易的便利，使得它已越来越被人们所接受了。不过这种接受不是一下就完成的，而是要经历一个过程。我们从流传下来的特殊银元"烂板"身上，依稀可见当时国人对外国洋银态度的转变。

第三阶段，中国仿铸和自铸银元时期。墨西哥银元的巨大影响力，使列强坐立不安，后来日本、美国、英国等也陆续铸造银元，大部分受"鹰洋"影响，在直径、重量、成色上进行模仿，甚至相似。

1897 年，德国同善会传教士卫礼贤在青岛传教。作为一位汉学家，他于 1922 年任德国驻华使馆文学顾问，在中国生活了 25 年，著有多本著作。其《中国心灵》一书记录了银元对中国币制的影响。

"考虑到与直接流通手段相连的种种困难——其巨大的数量，用银支付意味着更大的问题，在中国古代，银只是一种商品。其与金（金从来不用铸币）的比值，最初是十比一。银的货币单位是两，没有等值的钱与之相对应。从十两到一百两的银条或呈小船状的银锭，称为纹银或银稞子，是钱庄发行的，上刻有字，以证实其足色无欺。银和铜币之间的兑换比率浮动相当大，不光是不同时间不同地点有不同的兑换率。有个传言说，有个人怀里揣着一两银子，从某个大城市的银街一头开始，先把银子兑成铜钱，再到下一个钱庄将铜币兑换成银子，如此往复，等到他走到这

---

① [英]麦高温:《中国人生活的明与暗》，第 214 页。

条街的另一头，他就会变得两手空空，一无所有。这样除了大额支付的问题外，围绕银家兑换率的争执也产生了无穷无尽的麻烦。结果，外国人先是引进了西班牙，后来又引进了墨西哥银元，因其重量长期固定不变而被作为通货普遍接受，尤其是在各通商口岸城市。"①

外国银元的流入对中国传统的币制产生了巨大的冲击。首先，中国传统的以铜币和纸币相结合的货币制度发生了根本性的变革。过去白银虽然很早就成为货币家族中的一员，但是其货币的属性大多囿于储蓄，自从明中后期美洲银元大量流入中国以后，白银在中国货币体系中的地位大为增强，政府在赋税中征收白银的政策，更加强了白银在中国社会经济中的重要性，白银在大额交易和政府财政上起着纸币和铜钱无法替代的作用。

其次，引发了中国自铸银元。中国最早的银元，应当是仿铸外国的银元，如西班牙银元或墨西哥银元，现在已经发现了仿铸这些银元的币模。

中国最早的仿铸外国银元，发生在乾隆年间的广东，当时广东省的藩库官员曾下令让银匠将银元"铸得像外国人造的一样"。但是这个命令带来了麻烦，由于银匠向银币内掺铜，从而使市场上的银元贬值，政府下令禁止其流通。②

自乾隆年间银元在中国南方广为流通后，到了嘉庆、道光年间，各地仿铸外国银元在中国南方已相当普遍。道光十三年黄爵滋在奏稿中说，沿海各省市民因为喜爱洋银"计枚核值，便于运用"，所以很多人"消化纹银，仿铸洋银"。铸于广东者叫"广板"，福建的叫"福板"，杭州的叫"杭板"，江苏的叫"苏板"等，③ 郑光祖的《一斑录》对于这些仿铸的银元也有过记载。④ 但是，由于这些仿铸银元的成色太低，不久在江南就不能使用了。咸丰年间，江苏有一个叫徐雪村的人，也曾在无锡乡间自行铸造了一些银饼，被民间视为新板，但很快被停用。

在民间仿铸外国银元时，地方政府也开始自铸银元。林则徐在其任上就曾仿铸外国银元。从史料的记载中可以知道，这种仿铸的银元实际上是

---

① ［德］卫礼贤：《中国心灵》，王宇洁等译，国际文化出版社公司1998年版，第346页。
② Wen pin wei: *The Currency Problem in China*, Columbia University, 1914, p. 41.
③ 中国人民银行总行参事室编：《中国近代货币史资料》，中华书局1964年版，第43页。
④ 同上书，第52页。

一种银饼，而且"其面如棋，面刊是银七钱三分"。但是这种银饼流通了很短的时间就因为出现了民间私自仿铸而不得不废除了。①

浙江省曾在道光时自铸过银饼。日本人吉田雄虎的《中国货币史纲》中说："又在浙江省，于道光中，铸造一两银币，以与外国银币一起使用，但因流通阻滞，终于废止了。"②《币制汇编》和《松江府续志》中的记载与上书情形十分相似。1981年北京大兴县出土了银饼19枚，银饼中间有横书的"库纹"和直书的"七钱二分"；右边是浙江省的县名，其中有永嘉、奉化等15个县名，另3枚上面文字不清；左边记的是发行银号的名字，如振昌、协丰、性诚、敦裕等。这些银饼成色约95%。道光年间铸造的浙江银饼可能有两种情况，一种是官铸的一两重银饼，另一种是民间银号铸造有七钱二分的银饼。③浙江造银饼是中国近代货币史上重要的一笔。

上海道曾以船商的名义发行过一种仿外国银元的银饼。原因是上海开埠后使用的货币以西班牙的本洋为主，但是由于商人囤积等原因，本洋曾一度越来越少。咸丰六年（1856），上海道以该地3家商号的名义发行的这种银饼，上面只有文字，标明铸造的银炉、工匠名字、成色重量、发行时间和商号名称。面额分为一两和五钱，发行一两银饼的有王永盛、经正记、郁森盛3家，而发行五钱的只有后两家。而且这种银饼还有不同的银匠版别，郁森盛发行的有丰年、平正、王寿3种，王永盛发行的均为万全。而发行的这3家商号均为当时上海势力强大的沙船商人。④这种银饼为简单机械制造，仅流通了半年。

福建漳州铸造的漳州军饷，是清政府为了支付当地驻军的军饷而用土法铸造的银元。现在这种银元人们一般将其分成三个大的种类，第一种面文为漳州军饷，第二种上面的戳印特别多，第三种上面的文字人们一般认为是"谨慎"或"谨性"。

道光、咸丰年间时，由于农民起义，台湾地方政府将库存的数十万两

---

① 冯桂芬：《校邠庐抗议》，第38页；郑观应：《盛世危言》第3卷"铸银"。另周腾虎《铸银钱》及《平贼记略》也有记载。
② [日]吉田雄虎：《中国货币史纲》，山口高等商业学校东亚经济研究会昭和八年版，第102页。
③ 北京金融志编委会编：《北京金融史料·货币篇》，1995年编印，第190页。
④ 傅为群：《图说中国钱币》，上海古籍出版社2000年版，第111页。

白银拿出来铸成银元，发放军饷，铸造了三种图案样式的银元：一种是寿星，一种是花篮，一种是剑秤，重七钱二分，上有"库府"两字。这是台湾最早铸造的银元。现在人们一般称花篮银元为如意银元。福建和台湾的早期中国自铸银元，由于与农民起义有一定的关系，因而在20世纪50年代时曾引起史学界的热烈讨论。

此外，中国传统的银两，一般分为大锭，重五十两；中锭，重十两；滴珠，重量在五两以下不等，用于找零。而传统的滴珠形制各异，随着外国银元对中国币制影响的加深，很多地方的滴珠，也开始铸成像银元一样的薄的圆盘状。

第四阶段，晚清政府官铸铜元、银元时期。卫礼贤在《中国心灵》中记载了晚清机制制钱改革的一些情况。"衰亡之中的清帝国特别急于进行的改革之一就是铜币改革，中间一个大眼的硬币突然间显得不那么文明了，按照外国钱币式样铸造新币，被认为是高级文化的象征。每个省会城市都建造了造币厂。新钱值原来十个大钱，大约相当于半个英国便士。但所用的金属材料，大概只有原来的两到三个重。其余的只要不是用于购置造币的机器，便流进了造币厂督办和其走运的属下的腰包。新钱在流通中自然不能保持其名义价值，最初的反对被政府施展手段镇压下去以后，物价上涨了百分之百还多，这样先前以生活水平低下闻名的中国，其整体生活费用也危险地接近了欧洲人的水平。"①

上述文字，反映了近代中国货币在西方国家的影响下发生了剧烈的变革。从形制上说，"中间一个大眼的硬币"指的是中国传统的货币圆形方孔钱。从货币制度上来说，中国近代聘请了一大批的外国顾问，请他们为中国设计货币改革的方案，而所有的这些方案均是想与国际货币制度接轨，特别是与当时世界通行的金本位制接轨，但是由于中国传统用银，因而一直到1933年以后，中国进行了废两改元和法币改革，中国货币才开始与世界货币发展的潮流一致起来。

制度经济学认为，经济后发的国家不仅有后发优势，还要承受对后发者的诅咒，即经济后发者往往只学习看得见的技术或产品，而不学习这些东西后面隐藏的经济制度。中国自铸银元的历史也说明了这一问题。自铸

---

① ［德］卫礼贤：《中国心灵》，王宇洁等译，国际文化出版公司1998年版，第345页。

银元上面一般并没有标名"元",而依然是用过去的计重如"七钱二分",说明中国的银元还是在走传统的银两制度的老路,银元是按银两七钱二分的价值在市场上流通,并没有像外国银元那样,从计重单位中抽象出来,从而形成诸如"元""镑""法郎""里尔"这样的纯货币单位。直到晚清民国后,才出现标有"圆"而不再计重的银元,到了1933年,中国才最后废除了银两制度,废两改元。从仿铸外国银元、自铸银元,到真正步入近代货币体系,中国人花了几百年的时间。

三 传教士与私票发行

中国近代货币体系中有一种十分奇特的被人们称为私票或钱票的小区域流通货币。这种私票的历史十分悠久,其起源可上追至宋代的交子。中国私票是指各种经营性或行政部门发行的小区域流通的货币,多在县或县以下的乡村流通。这种小区域流通的货币名称是千奇百怪的,诸如钱票、银票、私票、花票、流通券、私帖、街帖、商帖、银帖、屯帖、代价券、土票、土钞、凭票、抵借券、工资条等,代表的货币有银两、铜钱、铜元、银元、银角等。由于它们的初始形式在清代前、中期被人称为私票,我们也就将其泛称为私票。这些私票具有一般货币的职能,如价值尺度、流通手段等。

近代中国,教堂也曾在中国发行过小区域流通的货币。

在华传教机构早就从事经济与金融活动,比如开设钱庄,发放高利贷。俄国学者约·拉甫列茨基著《梵蒂冈宗教、财政与政治》中讲道:"耶稣会徒在中国从事商业和财政活动的积极性并无逊色。在18世纪初期游历过中国的使节法国人李多尔农在报告中谈道:耶稣会士在北京开设三家钱庄做高利贷生意。每家钱庄拥有五万到六万串钱的流动资金。"法国学者埃德蒙·帕里斯也谈道:"人们注意到神父们过分地忙于那些与宗教无关的事务,如商业、外汇,甚至成为破产倒闭的清产人……在中国,神父们借钱给商人、利息高达25%—100%。"[①] 甚至出现西洋传教士张若

---

① [法]埃德蒙·帕里斯:《耶稣会士秘史》第四章"耶稣会士在欧洲",张茹萍等译,中国社会科学出版社1990年版,第80页。

瑟将自己的银子"放在澳门生息",息钱高达 500 两的记载。①

如一些宗教言论对于钱财的看法总是让人感觉真正的无欲。但实际上,中国古代佛教寺庙就开过长生库——放高利贷,西方中世纪的教会也强有力地影响着当时的经济,如 9 世纪加罗林王朝解体后,国王也曾把造币权赐给若干教会。在中国晚清民国年间,由于国家币制混乱,一些佛教、道教、基督教、喇嘛教等宗教部门也曾发行货币在小范围内流通,这在中国经济史、宗教史以及社会史里都是极为独特的。

1921 年的湖北建始,各商号争相发行私票,县商会规定,发行票子必须要加盖商会图章,以为限制,但是没有任何用处。1925 年时私票更多,一时间烧汤锅的郑永煊、道士、乞丐(郭继仁)都发行私票。这是近代中国仅见的一例道士发行的私票。②

也是在湖北,1916 年枝江县江口弥陀寺的住持妙云和尚以宝积公的名义与当地士绅一起印制票子发行,并说用之修佛殿,因而流通很广,有的甚至流通到了江西省。中国自魏晋南北朝以来寺院经济力量很大,但是和尚发行纸币,也是中国历史上仅见的一例。③

四川甘孜的大金寺曾发行纸币在寺内及附近地区流通。大金寺全名为扎西大金寺,发行的纸币可在寺内流通,也可在寺外流通,为木版刻印,纸币分为 1 元券和半元券两种,发行制度十分完备,10 元可换 4 斤茶。这是喇嘛发行的私票。④

近代以来,基督教在中国的势力很大,而且由于在政治上常能得到外国列强的支持,因而其经济实力也日益膨胀。1923 年,河南南阳靳岗天主教堂在南阳设立了意利布庄,实际上是一家钱庄,发行了 1 元和 5 角的小票。河北献县是近代北方天主教势力强大的县之一,献县张庄天主堂是一个占地广、规模较大的天主教堂,该堂创建于 1856 年,1874 年夏在总教堂(即张庄教堂)建立印书房,以便为当地及附近教堂,如位于张庄以东 20 多公里的百兴庄天主堂的传教士、教徒和在教堂办的学校读书的

---

① 《钞录张若瑟等人供词》,转引自罗兰桂《清朝前期天主教在中国的传播及清政府对天主教的政策》,硕士学位论文,暨南大学,2000 年。
② 仲甫:《江口商户自发"票子"见闻》,《枝江文史资料》第 5 辑,1990 年编印。
③ 同上。
④ 浩林:《中国近代少数民族经济史稿》,民族出版社 1992 年版,第 229 页。

学生印刷《圣经》、课本等书籍和读物,时而也印刷像《道真来华》之类的官话小说。献县张庄天主堂的传教士来自欧美数国,印书房主持人——精通汉文的法国修士溥若思曾于20年内用木板刻雕汉字4万个,并用其制作字模,浇铸铅字。印书房建立初期,使用人力手摇印刷机,后改由电力拖动。1890年到1894年,曾印刷《法华大字典》《初步华语会谈》《崇修引》《民众道德及习俗》等图书。据河北编著《出版纪事》载,献县总堂曾于1868年在天津建印字馆和报馆。① 可见,献县天主堂印书房是一所具有一定规模的印刷机构。该县天主堂印书馆在1938年时发行过纸币。此外与天主教和基督教有关的一些部门,也曾发行过各种各样的私票。

民国初年老河口天主教堂大兴土木修建教堂,兴办医院,开设学校,买地置产还放高利贷,发行纸币也是其一大财源。当时老河口货币混乱,大商号、商务会均发行票子,1917年,该地钱铺缝源、恒茂、钱丰、人和、同丰、天生、德盛、增茂、立昌、乾丰、裕大、增盛、泰昌、谦德、怡隆、林茂、聚玉、广盛等发行私票。但是老河口若瑟中药店的票子在当时是信誉最好且流通最广的,不仅在老河口一地流通,还远至光化谷城一带,这种当制钱一百文、二百文、三百文、五百文不同面额的纸币,实际上就是老河口天主堂发行的。② 扬州南门外浸会堂也发行过一分的代价券。③

下面介绍最近发现的一张与天主教有关的纸币,这张纸币是由湖南省一个商号发行的。背面图案是"圣家庭"。上面的文字"一里"则是指中国里甲制度的管理单位,背面正中"薛淑善"三字则应是该商号的主人,而且从名字上分析应当是一位女性,这也和私票正面右边图案中的人物图案相吻合,因为该图案上的人物穿着恰是民国初年流行的女装。

中国古代不论是佛教还是道教均有印制各种善画以传播宗教思想的传统,因而近代中国私票上多有佛教人物、故事及道教的八仙等图案。而使用与中国人观念最为相近的"圣家庭"理念进行传教也曾是利玛窦最初

---

① 树栋等:《中华印刷通史》,印刷工业出版社1999年版,第471—472页。
② 艾伯铺:《老河口天主堂"生财有道"》,《湖北文史资料》第7辑,湖北政协文史资料研究委员会编,1982年。
③ 张南:《有红十字标志的扬州浸会堂代价券》,《专题集钞》2003年第6期。

在中国传播天主教时使用的方法，但是在纸币上印有基督教教义的图案，在中国近代纸币史上还是极为罕见的，它为研究中国近代纸币及中外文化交流，留下了巨大的空间。

（原载《江苏钱币》2008 年第 2 期）

中国近代币制的转折点

——机制制钱研究

在光绪朝中，近代币制已开始了制钱向铜元、银两向银元的转变，尽管这种变革还不彻底，制钱和银两仍作为货币使用，但其颓势已露。而在这场转变中，机制制钱承上启下，是一个关键。本文试就光绪机制制钱谈一些看法。

一 机制制钱产生的历史背景

清自咸丰朝以来，对外割地赔款，对内镇压太平天国革命，"资财耗费无数"，为维持财政开支，咸丰帝求助于发行纸币和大钱，京城自咸丰四年（1854）开始搭放当十、当五十、当百大钱，使银价增长十余倍，银一两可换制钱二三十串，物价大涨。尽管使用了当十大钱，"物价仍未平减，兵民尚复拮据"。由于当十大钱"行使日久，市尘相率折减，每大钱一枚，不独不能当十文之用，并不敷所糜之工本，欲省铜而转以费铜，且小民零星贸易以钱易银，及以钱购物均受折减之累，于国用民生皆有未便，此亟宜停大钱以复制钱也"[①]。

铸大钱的目的是人为地搞通货膨胀，以减重的手段来获得巨额的铸息，以补国用。实际上当十大钱并未达到这种目的，因只能折二行使，不仅没有铸息可得，反而铸造亏本，而且物价久涨不下，因而清政府又试图恢复过去的制钱制度。

---

① 《皇朝政典类纂》卷59《同治六年户部奏议》。

早在同治元年（1862）七月十八日，湖广总督官文以京师用大钱物价上涨为由，上奏请恢复制钱。同治六年（1867），户部尚书宝鋆上奏，以一二年之内难以恢复京师鼓铸，建议由外省筹解制钱，汇集京师，待制钱充足，再明定章程更改。这样，清政府打着"天津练饷"的名义，下令向京师调拨铜钱，但因调入数量有限，不能解决根本问题。

清廷虽极力想恢复各地铸造，但因久已停铸，又无铜源，一时难以规复。

光绪十二年（1886），醇亲王奕譞等上奏，请以三年为期，恢复制钱，督促各省用土法开铸。同时因左宗棠在同治四年（1865）主政福州船政局时提到机器可以铸钱，因而想在有机器局的直隶、江苏等省，以机器铸造制钱。

光绪十三年（1887）正月十三日，上谕限户部一年内将开铸制钱的有关事宜办理就绪，后因李鸿章等人多次上奏声明机器铸钱工本过亏，清廷严令他们"核实举办"，并称"闽浙督臣杨昌濬所奏机器局铸钱各节，工本尚无亏折"，同时强调："总之旧制必宜规复，钱法亟宜整顿……限于一年内一体办理。"清廷之所以想用机器鼓铸，是幻想机器铸钱，节省劳力，速度快，铸额巨大，可迅速恢复制钱制度，同时希望能有铸息。另外是觉得机器铸钱可根绝私铸，以解决统治者头疼的这一问题。"机器压模……精则私铸者未能如式，其弊不禁自绝。"[①]

实际上，机制钱币是清代洋务运动的组成部分，从19世纪60年代始，在奕䜣、文祥等人的支持下，地方实力派曾国藩、李鸿章、左宗棠、张之洞等人，抱着"中学为体，西学为用"的宗旨，为巩固清封建地主阶级的统治，大量引进西方的近代工业，以图"富国强兵"。故当清政府想恢复制钱时，一方面严令各省恢复土法鼓铸；同时把更大的希望寄托在洋务派创建的近代工业上，想以机器制币来打破币制混乱的僵局，并解决一些封建统治者难以解决的如私铸等问题。在这种气候下，中国近代机器造币工业产生了。

[①] 中国人民银行总行参事室编：《中国近代货币史资料》，中华书局1964年版，第554页。

二 各省的机铸制钱

在慈禧的严令下，各地开始积极筹备用机器制造制钱，从光绪十二年（1886）福建创铸为始，至广东、奉天于光绪二十六年（1900）开铸铜元为止，共断断续续地实行了14年。福建首先机铸八分五厘制钱，"在船厂设炉鼓铸，借资轮机以省人工，酌改铢两以杜私毁"。这种机制钱面文为光绪通宝，光背，是中国机制制钱之始，但并没有大量铸造，福建不久就恢复了土法鼓铸。

第二个开铸机制制钱的省份是浙江，据英文《北华捷报》1887年（光绪十三年）3月23日杭州通讯记载：（杭州）"机器局的总监工给他的友人们看了新造制钱的样品，这是由浙江巡抚下令铸造的"①。这种钱用钢模压字成钱，每文以重九分为率，试铸钱一千文合计铜铅工火运耗共须库平纹银一两，但到了4月底就停工了。

浙江大量铸造机制制钱，是在光绪二十年（1894）以后，杭州报国寺银元局开立，铸造银元，旋又有开铸制钱之议。到了光绪二十二年五月二十三日，《直报》记载："杭省报国寺开炉鼓铸制钱已阅六月，所出钱不下数十万缗，近闻业已停歇。"②浙江机制制钱，钱背为满文"宝浙"。

在福建试制机器铸钱成功的鼓舞下，光绪十三年正月二十七日，清廷令"李鸿章先行购置机器一分，就天津机器局鼓铸，运京应用"。当时慈禧规定每文钱重一钱。不久，即开工生产，造成制钱字画轮廓均尚清楚，但因亏损，不久就改为土法铸造，光绪二十二年前后（1896）又土洋结合铸造减重制钱。天津所造机制钱，钱背为满文"宝津"。

在广东，张之洞在光绪十二年（1886）就开始筹备机制币工厂。十五年（1889）八月初六张之洞上奏时称"于四月二十六日开炉试铸"，并将样钱一千枚，分装两匣，恭呈御览。但光绪帝反对钱背铸有"库平一钱"字样，九月二十六日朱批为"各省钱样向有成式，该省铸钱应用清文宝广二字"。后两广总督李瀚章于光绪十六年（1890）闰二月二十六日

---

① *North China Herald*，1887年3月23日。
② 《直报》，光绪二十二年五月二十三日（1896年7月3日）。

上奏，改铸每枚重 8 分的新钱，钱背为满文"宝广"。

广东机制钱又有当五和当十两种大钱，一般人们均认为是张之洞所铸。笔者认为这两种钱也应为李瀚章改铸 8 分重制钱时的试铸品。理由一是这两种大钱不符合张之洞铸机制钱的原旨，如为张之洞所铸，则背文应标为"库平几钱"，因为张之洞所铸机制钱与白银有固定的比价；背文局名也应为满汉文"广"字，与机制"库平一钱"钱相同。二是此钱符合以前清朝制钱的样式，实为李瀚章汲取了张之洞的教训所为。

香港也铸造过与广东机制钱极为类似的背满文为"宝广"的钱币。这种机制制钱钱背穿下有英文香港制造的字样。

广东铸机制制钱的数量和时间为各省之冠，实际上，广东机制钱也赔，"亏折过巨，力有不支，惟有搭铸银元，或有余息藉资弥补"①。而且"广东另有捐项弥补"②，故而得以延续时间较长。

早在光绪八年（1882），吉林将军希元采取先斩后奏的办法，在机器局用机器制造厂平银元，为解决市面交易缺制钱，希元又下令就省城旧有废置不用之官铁炉设局，名曰"宝吉钱局"，鼓铸制钱。光绪十五年（1889）吉林将军长顺，又增炉座及工料，并至上海采购机器，大量制造制钱，所铸钱背满文"宝吉"。背满文"宝吉"钱币，常被认为是直隶蓟镇局所铸，实际上光绪年间蓟镇并未开炉铸钱。

在湖北，湖广总督张之洞首先将制造枪炮的机器改为铸钱机，再由茂生洋行向美国汉立克纳浦厂订购春饼机、压字机、剪床等机器及刻字钱模，在旧日宝武局基地建造了"铸铜钱局"。

据光绪二十四年《直报》记载："汉口来信云，铸钱局已于前六月十七日开工，现每日出钱一百串，各机开足，每日可出钱三百串，该局所出钱甚佳，较广东所铸，略小而厚，铜质亦光润、坚致。"③

光绪二十一年（1895），"江宁藩司、两淮运司、江安粮道、苏护厘局各借拨银四万两共十六万两，分别汇解上海道库存储，由江宁藩司委员，赴沪支取采买上等东洋紫铜及外洋白铅运赴广东，交由两广督臣饬交

---

① 《张宫保政书》，转引自《皇朝政典类纂》卷 58《钱币一》。
② 《李文忠奏议》，转引自《皇朝政典类纂》卷 58《钱币》。
③ 《直报》，光绪二十四年八月九日（1898 年 9 月 24 日）。

广东钱局附铸制钱二十万串，补给工钱仍照定章，铜六铅四，每文计重八分。"笔者认为，这种钱就是常见的背满文"宝苏"机制制钱，它实际上是由广东代铸的。原因为：其一，该币面文与宝广机制制钱毕工毕肖，重量均8分；其二，苏州造币厂于光绪三十年（1904）才建立，而此时机制制钱已失败，该厂无铸造的可能。

光绪二十二年（1896）初，两江总督刘坤一有感于向广东搭铸制钱有限，不够市场需要，分别向英德两国陆续添购机器。三月启用关防，曰"江南铸造银元制钱总局"，机铸制钱，省份字样为"江南省铜钱"，每文重7分，此即为钱背为满文"宝"、汉文"江"的机制制钱，但旋停铸。光绪二十三年（1897）十月二十八日该厂划成东西两厂，西厂专铸制钱，于十二月十五日开始铸造。该厂又造有背满文"宝宁"的机制制钱。

光绪朝机制制钱简表

省 份	局 名	开铸时间	重量	备 注
福建		光绪十二年（1886）	8分5厘	试铸、光背
浙江	宝浙 宝浙	光绪十三年（1887） 光绪二十二年（1896）	9分 7分	由杭州机器局试铸 报国寺银元局铸，旋改土法铸造
直隶	宝津	光绪十四年（1888） 光绪二十二年（1896）	一钱 8分	土洋混铸，旋改土法铸造
广东	宝广	光绪十五年（1889） 光绪十六年（1890） 光绪十六年（1890） 光绪十六年（1890）	8分	背库平一钱 日铸500缗 当五、试铸 当十、试铸
吉林	宝吉	光绪十五年后（1889）	8分	
湖北	宝武 宝武	光绪二十二年（1896） 光绪二十一年（1895）	7分 7分	广东代铸 湖北自铸
江南	宝苏 宝江 宝宁	光绪二十一年（1895） 光绪二十二年（1896） 光绪二十三年（1897）	8分 7分 7分	广东代铸 试铸 光绪二十四年后改为土法铸造
奉天	宝奉	光绪二十四年（1898） 光绪二十五年（1899）	 1分	试铸，钱背有公平二字 钱背官板四分

奉天在光绪二十四年六月开工试造机制钱，钱背有"公平"二字。光绪二十五年，复加扩充添盖厂房，续购机器，以机器试造4分重铜钱，即宝奉官板4分。

自从洋务运动学习西方近代工业技术以来，中国造币工业也由原来的土法翻铸而改为"购机置厂"，为赚取中国的银两，许多国家积极"帮助"中国增设新厂。为此，许多厂家曾铸造了一些仿清制钱的广告币，以宣传自己的产品，以英国伯明翰希顿厂为例，计铸有机制乾隆通宝（背英文为英国伯明翰父子公司）、机制宝浙局同治通宝、机制乾隆通宝（背宝苏清漪）等。同时国内的机器造币厂也试铸或臆造了一些机制币，如江南铸的"一统万年""天子万年"钱，广东铸的"光明世界"币。

三 机铸制钱的失败

各省开铸机制制钱一般一两年就被迫停铸，广东开铸时间最长，但到了光绪二十六年（1900）也改铸铜元，铜元的出现，标志着机制制钱的彻底失败。机制制钱的失败，究其原因，主要是亏赔太多。以直隶宝津局为例，光绪十三年（1887）李鸿章上奏时说："今以西洋机器造中国钱式，须另添打眼挺杆，由钱模正中穿透始能撞出钱孔，地位殊窄，撞力过大，挺杆上下与钱模互相磨触，最易伤损，每日每座机器模撞修换数次及十余次不等，人工既费，成数亦少。又土铸系用生铜熔灌，工料简易，仅用铜五成四，铅四成六，机器则须铜七成方受压力，铅只三成，且必先化成六分厚铜板，再用卷铜片机器烤卷十数次，使其质性纯熟，减至不及半分厚之铜片始能压造成钱，其铜片成钱者只六成，下余四成废边又须加费熔卷再造，仅卷铜片一项工料，每造钱千文应合银四钱一分，零加以他项工料为费甚多。原订此分机器长时每日成钱二百四十串，今因机器时须修理，约计每日成钱二百串……每年成钱七万二千串，共需工料银十万七千四百余两，按制钱一千五百文合银一两，每造制钱一千约需工本制钱二千二百三十七文七厘，亏折未免过巨……计每年机器造成之钱直银不足五万两，而工本则需十万七千余两，赔贴银至五六万两之多……现用土法鼓铸，计每铸制钱一千文不过赔贴三百文左右。"①

其他各省的情况大都如此，因而最后许多地方将规复制钱的任务让土法鼓铸挑大梁，而机器则用于铸造有利可图的铜元了。

早在光绪二十三年（1897）监察御史陈其璋就奏请铸造铜元，并言其利大。第二年刘庆汾又提出了一个更为详尽的建议，且指出了铸造铜元的好处是："成本极轻，获利倍增也；制造甚精，分两无几，可杜作伪，而免私熔也；钱价划一，小民厚沾其惠也；饬官收用，则中饱可除，漏卮可杜也。"②清廷接受了他的建议，上谕："著总理各国事务衙门妥定章程办理。"这样一来，自广东始铸后，各省纷纷开铸。

将铸钱机改为铸铜元机后，果然获利不少。天津"仅阅两三月，而铸出者数千万枚，获利百数十万两"③。"江南铜元余利，每百万枚约得银三千三百余两。"④

晚清机铸制钱

各地造机制制钱

---

① 《直报》，光绪二十五年十月三十日（1899年12月2日）。
② 《皇朝政典类纂》卷59《光绪邸钞》。
③ 梁启超：《各省滥铸铜元小史》，《饮冰室合集》。
④ 陈度编：《币制汇编》第2册，第224页。

铜元的铸利极大地吸引了封建统治者，从而引起滥铸，弊病立现，为了补救铜元的贬值，机制制钱还有一次回光返照。

光绪末年，铜元当十已不抵十文制钱，贬值过甚。光绪三十二年（1906），两广总督岑春煊，因市面零用不便而改铸有孔减重光绪通宝一文钱，福建随即仿铸。第二年度支部造币总厂也开铸了一文有孔铜币。

光绪三十四年（1908）正月，清政府下令各省一律仿铸一文钱，并否决了有孔样式。

早在光绪二十三年（1897），监察御史陈其璋就奏请铸一文小钱，后改为完全无孔的小钱，因为不铸一分钱"不足以显铜元当十之数"。这已经和原来清廷规复制钱原旨大相径庭了，此时所铸的一文新钱，已经纳入铜元的体系中去了，清代的制钱制度实际上已经崩溃了。

另外，新疆还曾开铸过机制红钱，时间在1907—1908年，系试铸钱性质，铸额不多。

光绪末年机铸一文钱简表

省 份	时 间	备 注
山东	光绪三十二年（1906）	中有孔、背山东一文、试铸
广东	—	中有孔、背满文宝广
福建	—	中有孔、背满文宝福
北洋	—	北洋零用一文、无孔
度支部造币总厂	光绪三十三年（1907） 光绪三十四年（1908）	铜币一文、中有孔 铜币一文、背无孔 戊申一文、中"总"字
福建	—	戊申一文、中"闽"字
江南	—	戊申一文、中"宁"字
湖北	—	戊申一文、中"鄂"字
四川	—	戊申一文、中"川"字
直隶	—	戊申一文、中"直"字
河南	—	戊申一文、中"汴"字

清末机铸制钱给近代币制带来了巨大的震动。清政府在使用机器铸钱

的问题上,一开始对机铸银元不感兴趣,而将机制制钱当成挽救清末币制的关键。银元是为补制钱之不足而开铸的。但清统治者万万没有想到,主观的愿望——采用机器铸钱来规复制钱,竟会使晚清币制产生巨大的变化,从此机器铸币开始取代土法铸造,铜元击败了制钱,银元也开始威胁传统银两的地位,机制制钱作为中国近代币制的一个转折点,其意义是极为深远的。

(原载《中国钱币》1993年第3期)

清和民国时期交通银行的纸币

光绪三十三年十一月，清邮传部奏设成立交通银行，订章程38条，有纸币发行权。民国三年的《交通银行则例》23条中又重申政府特许其发行兑换券。民国五年政府明令交通银行与中国银行同为国家银行，享有发行兑换券的特权，到民国二十四年11月4日，国民政府推行法币政策，交通银行纸币与中央银行、中国银行纸币（后加入中国农民银行纸币）同为法币。民国三十一年7月11日，国民政府又规定《统一发行办法》，由中央银行统一发行，交通银行停止发行，但后仍与中央银行、中国银行、中国农民银行及中央信托局一起发行过定额本票。

交通银行是中国近代史上最为重要的银行之一，该行纸币在近代经济生活中起了极其重要的作用。而且纸币发行种类繁多，又因纸币信用好，且除交行法币外所发其他票币收回较为彻底，故交通银行纸币的集藏极为不易。近年来，国内外的钱币学界出版发表了大量有关交通银行纸币的资料、专著和论文，但这些出版物仍难窥交通银行纸币的全貌，特别是对交通银行的银两票、铜元票和在东北地区发行的小银元票及民国元年京华印书局版大银元票、改色券更是不知其详，对交通银行纸币的地名加盖也知之甚少。为此笔者多年来查阅了大量的民国时期的报纸、期刊、书籍及交通银行档案，将交通银行纸币的版次种类基本搞清，为叙述得法，一目了然，列表如下。不当之处，敬希指正。

交通银行各种钞别的印制和发行情况为：第1版银两券印制了2666两。第2版银两券印制了11种面值计471770两，分济平足银、汴平足银、库平足银三种，1915年后收回。

铜元票第1版印刷了464000120枚，第2版印刷了11519400枚，第3版43025550枚。此外，交通银行还印有第4版铜元券，由烟台泗兴公司印制，面额100枚，共印了2000万枚，原拟加盖烟台地名发行，后因无发行的必要而全部切角销毁。

辅币券第1版计印1259503.40元，第2版印制了430750元，第3版由华德路公司印制了802300元，后又因青岛需用量极大，又印制了200450元的改色券。

第1版大银元券，原拟印制1元、5元、10元、50元、100元5种，后仅印前三种，计3770520元。第2版为添印性质，仅印制了67553元。第3版因中华民国成立，故改印五色旗图案版票，计印9530823元。第4版是交通银行首次向外国印钞公司订印的钞票，美国钞票公司计印此钞券74559368元。第5版仍由美钞公司承印，1918年开始发行，计11100万元。一开始各地券别颜色同，1927年因宁、汉分裂，汉口地名券停兑，涂改地名混用之事屡有发生，交通银行不得不另印改版改色券，初印"沪用""津用""奉用"改色券，印制额为32650.8万元，"奉用"券印制不多，也未发行，1934年时厦门分行成立后改加"厦门"地名发行。改色券中未加印地名者后来作为法币券发行，交通银行日后曾大量印制。第6版大银元券计印14535264元，多为哈尔滨地名，仅有极少量的黑河地名券。第7版为哈大洋券，上有中、英、俄文的哈尔滨地名，曾多次添印，印数为3050万元。第8版在奉天发行，有"兼汇上海规元"字样，共印1000万元，每元合奉小洋12角，故又有12奉大洋券之称。第9版初仅印1元、5元、10元3种，计16144000元，1927年4月交通银行为纪念交行成立20周年，又添印20元一种200万元，但未发行，1935年后改为法币券全部发出。第10版在券版底纹内印制了上海、天津、汉口、山东、奉天五区地名，计印11737万元，其中奉天地名券500万元未发行，日后第10版券也改为法币券行使。第11版大银元券，原计划印制天津、上海地名券1元、5元、10元各3种，后仅印上海地名1元券310.4万元。1936年又添印1元券1775万元，作为法币券。中国实业银行1元改制交行法币券，计改制了500万元。

第1版小银元券计印560313.50元。第2版1912—1913年两次印制了2443068.50元。第3版印制了10146758.50元。第4版小银元券分两种，一为财政部印刷局印制，分1角、2角、5角3种，计印1100480.10元；一为将1913年美钞版大银元券1元、5元、10元、50元、100元改印为10角、50角、100角、500角、1000角的改印券，共印24515058

元,上有"每圆付小洋十角,照市价折兑大洋"的字样。

交通银行法币券因存世尚多,人们多有涉及,此不赘言。

至于交通银行本票,因票面上有"奉财政部核准发行与现钞同样行使"的字样,故实为交行发行纸币之一种。发行缘起为抗战胜利后,新被收复的地区券料缺乏,且又通货膨胀严重,故财政部下令中央银行、交通银行、中国银行、中国农民银行、中央信托局、邮政储金汇业局发行本票,发行期限为3个月。据四联总处档案记载,在发行本票的5个地区中,京沪区发行200亿元,各行局发行比例未定;东北区发行360亿元,交行占25%;天津区200亿元,交行比例未定;汉口区200亿元,交行占25%;广州区15亿元,交行占25%;青岛区150亿元,交行占25%。本票面额原定为500元、1000元、2000元、5000元、10000元、20000元、50000元7种。

除此之外,民国二十六年初,交通银行为纪念交行成立50周年,特意赶印了一批50元的纪念钞,该钞由民国三年版的50元大银元券加以改制,将正面中文"财政部核定"改为"中华民国二十六年印"9字,将"凭票即付中华民国国币伍拾圆整"的"凭票即付"四字去掉,将正面"中华民国三年印"改为"三十周年纪念",背面英文也依此改制,并向美钞公司订印了10万张,但后因故而未发行。

当然,交通银行的纸币仍还有待于认真地探索方能彻底解决其发行种类及地名加盖等问题。有一些交行纸币仅见实物而史料无载,而交行大部分银两券和铜元券,仅能从其档案中查到关于票样的文字描述,实物还未发现(仅见徐州地名铜元本票)。因而加强钱币学界对交通银行纸币的收集与研究,是十分必要的。

交通银行银两券

版次	印制年份	面额	图案	颜色	印刷厂	地名加盖	备注
第1版	宣统元年(1909)	1两	正面双龙、龙旗 反面大清邮政局、轮船	黄绿 黄绿	商务印书馆	济南	
	宣统元年(1909)	5两			商务印书馆		
	宣统元年(1909)	10两	正面双龙、龙旗 反面大清邮政局、轮船	黄绿 黄绿	商务印书馆	济南	
	宣统元年(1909)	50两					

续表

版次	印制年份	面额	图案	颜色	印刷厂	地名加盖	备注
第2版	宣统元年（1909）	1两	正面云鹤 反面火车、马车、邮筒、轮船	红黄橄榄	京华印书局	河南	
	民国元年（1912）	2两	正面云鹤 反面双马	灰、红、绿绿	京华印书局	河南	
	民国元年（1912）	2两	正面云鹤	蓝黄	京华印书局	济南	
	民国元年（1912）	3两	正面云鹤 反面双马	灰、红、绿棕、绿	京华印书局	河南	
	民国元年（1912）	4两	正面云鹤 反面双马	灰、红、绿棕、绿	京华印书局	河南	
	民国元年（1912）	5两	正面云鹤 反面双马	灰、红、绿棕、绿	京华印书局	河南	
	民国元年（1912）	5两	正面云鹤	蓝黄	京华印书局	济南	
	民国元年（1912）	10两	正面云鹤 反面双马	灰、红、绿蓝黄	京华印书局	河南	
	民国元年（1912）	10两	正面云鹤	灰、红、绿蓝黄	京华印书局	济南	
	民国元年（1912）	20两	正面云鹤 反面双马	灰、红、绿棕、绿	京华印书局	河南	
	民国元年（1912）	30两	正面云鹤 反面双马	灰、红、绿棕、绿	京华印书局	河南	
	民国元年（1912）	40两	正面云鹤 反面双马	灰、红、绿棕、绿	京华印书局	河南	
	民国元年（1912）	50两	正面云鹤 反面双马	灰、红、绿棕、绿	京华印书局	河南	
	民国元年（1912）	50两	正面云鹤	蓝黄	京华印书局	济南	
	民国元年（1912）	100两	正面云鹤 反面双马	灰、红、绿棕、绿	京华印书局	河南	
	民国元年（1912）	5两	正面云鹤 反面火车、马车、邮筒、轮船	蓝黄橄榄	京华印书局	豫省	

· 158 ·

交通银行铜元券

版次	印制年份	面额	图案	颜色	印制场	地名加盖	备注
第1版	民国二年(1913)	20枚	正面花纹 反面风景	黑、青莲蓝	商务印书馆	九江、张家口、湖南、镇江	
	民国二年(1913)	30枚	正面花纹 反面风景	黑、黄茶青	商务印书馆	九江、湖南、镇江	
	民国二年(1913)	50枚	正面花纹 反面风景	黑、绿红	商务印书馆	张家口、河南、顺德、德县、胜芳	
	民国二年(1913)	100枚	正面花纹 反面风景	黑、红绿	商务印书馆	镇江、河南、徐州、扬州、九江、张家口、沙市、湖南、重庆、胜芳、德县、顺德、宜昌、清江	
	民国二年(1913)	1000枚	正面花纹 反面风景	黑、蓝橙	商务印书馆	徐州、湖南	
第2版	民国三年(1914)	100枚	正面花纹	红	商务印书馆	徐州	
第3版	民国三年(1914)	50枚	正面花纹 反面火车、轮船	蓝绿、黄棕、黄	烟台泗兴公司	龙口	票面京钱壹串作铜元五十枚
	民国三年(1914)	100枚	正面花纹 反面火车、轮船	蓝、绿、红绿、棕	烟台泗兴公司	龙口	票面京钱壹串作铜元一百枚
	民国三年(1914)	100枚	正面花纹 反面火车、轮船	棕、绿、黄淡蓝	烟台泗兴公司	烟台	票面市钱壹千文
	民国三年(1914)	150枚	正面花纹 反面火车、轮船	棕绿绿蓝	烟台泗兴公司	龙口	票面京钱三串作铜元一百五十枚
	民国三年(1914)	250枚	正面花纹 反面火车、轮船	棕绿蓝绿	烟台泗兴公司	龙口	票面京钱五串作铜元二百五十枚

续表

版次	印制年份	面额	图案	颜色	印制场	地名加盖	备注
第3版	民国三年（1914）	300枚	正面花纹及古文一篇 反面火车、风景	棕绿、黄绿、棕	烟台泗兴公司	烟台	票面市钱叁千文
	民国三年（1914）	500枚	正面花纹及古文一篇 反面轮船、火车	淡蓝、黄棕	烟台泗兴公司	烟台	票面市钱伍千文

交通银行小银元券

版次	印制年份	面额	图案	颜色	印制场	地名加盖	备注
第1版	宣统元年（1909）	5角	正面龙旗、双龙 反面火车、轮船	黄棕	商务印书馆	营口	
	宣统元年（1909）	10角	正面龙旗、双龙 反面火车、轮船	绿、黄绿	商务印书馆	营口	
	宣统元年（1909）	50角	正面龙旗、双龙、火车、轮船	黄红、绿	商务印书馆	营口	
	宣统元年（1909）	100角	正面龙旗、双龙、火车、轮船	绿棕、绿	商务印书馆	营口	
第2版	民国元年（1912）	5角	正面五色旗、火车、轮船	棕棕	德华印书馆	奉天、营口、长春	
	民国元年（1912）	10角	正面五色旗、火车、轮船	蓝棕	德华印书馆	奉天、营口、长春	
	民国元年（1912）	50角	正面五色旗、火车、轮船	蓝黄	德华印书馆	奉天、营口、长春	
	民国元年（1912）	50角	正面五色旗、火车、轮船	紫青灰	德华印书馆	奉天、营口、长春	
	民国元年（1912）	100角	正面五色旗、火车、轮船	棕青灰	德华印书馆	奉天、营口、长春	
	民国元年（1912）	100角	正面五色旗、火车、轮船	蓝青灰、黄	德华印书馆	奉天、营口、长春	

续表

版次	印制年份	面额	图案	颜色	印制场	地名加盖	备注
第3版	民国四年（1915）	5角	正面轮船	青灰青灰	美国钞票公司	热河、奉天、营口、长春	
	民国四年（1915）	10角	正面火车头	青灰青灰、红、绿	美国钞票公司	热河、奉天、营口、长春	
	民国四年（1915）	50角	正面山中火车	青灰青灰、红、紫	美国钞票公司	热河、奉天、营口、长春	
	民国四年（1915）	100角	正面桥下火车	青灰青灰、绿、紫	美国钞票公司	热河、奉天、营口、长春	
第4版	民国六年（1917）	1角	正面轮船	橙橙	财政部印刷局	奉天、长春	
	民国六年（1917）	2角	正面风景	青灰青灰	财政部印刷局	长春	
	民国六年（1917）	5角	正面火车	绿绿	财政部印刷局	奉天、长春	
	民国二年（1913）	10角	正面马达反面轮船	橘、蓝绿	美国钞票公司	黑龙江、长春、吉林	由第4版大银元券1元券改印
	民国二年（1913）	50角	正面火车反面火车头	绿、紫绿	美国钞票公司	黑龙江、长春、吉林	由第4版大银元券5元券改印
	民国二年（1913）	100角	正面火车头反面邮政局	紫红紫	美国钞票公司	黑龙江、长春、吉林、哈尔滨	由第4版大银元券10元券改印
	民国二年（1913）	500角	正面火车头反面江海关	棕、绿棕	美国钞票公司	长春	由第4版大银元券50元券改印
	民国二年（1913）	1000角	正面轮船火车反面轮船	蓝、绿蓝	美国钞票公司	长春	由第4版大银元券100元券改印

交通银行辅币券

版次	印制年份	面额	图案	颜色	印制厂	地名加盖	备注
第1版	民国八年(1919)	5分	正面中文条例说明 反面英文条例说明	茶青、黄赭黄、蓝	财政部印刷局	黑河、哈尔滨	
	民国八年(1919)	1角	正面中文条例说明 反面英文条例说明	黄绿 紫黄	财政部印刷局	青岛、张家口、包头、哈尔滨、多伦、无地名	多伦地名券加盖蒙文
	民国八年(1919)	2角	正面中文条例说明 反面英文条例说明	紫蓝 棕绿	财政部印刷局	青岛、张家口、包头、哈尔滨、多伦、无地名、威海卫	多伦地名券
	民国八年(1919)	5角	正面中文条例说明 反面英文条例说明	棕紫 绿橙	财政部印刷局	青岛、张家口、包头、哈尔滨	加盖蒙文
第2版	民国十四年(1925)	1角	正面轮船	绿茶		上海、济南、青岛、石家庄、威海卫	
	民国十四年(1925)	2角	正面火车	橙橘		上海、济南、青岛、石家庄、威海卫	
第3版	民国十六年(1927)	1角	正面火车	蓝、红黄	华德路公司	上海、济南、青岛、石家庄、张家口	
	民国十六年(1927)	2角	正面火车	赭、黄蓝	华德路公司	上海、济南、青岛、石家庄、张家口	
第3版改色	民国十六年(1927)	1角	正面火车	红、黄青灰	华德路公司	青岛	
	民国十六年(1927)	2角	正面火车	蓝、红橘	华德路公司	青岛	

交通银行大银元券

版次	印制年份	面额	图案	颜色	印制厂	地名加盖	备注
第1版	宣统元年（1909）	1元	正面双龙 反面火车、轮船	黄绿	商务印书馆	上海、南京、天津、北京、张家口、汉口、广东、济南、开封	
	宣统元年（1909）	5元	正面双龙、火车、轮船	黄、绿、绿棕	商务印书馆	上海、南京、天津、北京、张家口、汉口、广东	
	宣统元年（1909）	10元	正面双龙、火车、轮船	黄、绿、绿棕	商务印书馆	上海、南京、天津、北京、汉口、广东、济南、开封、张家口	
第2版	民国元年（1912）	1元	正面云鹤 反面英文字	蓝黄白蓝	京华印书馆	北京、天津、济南	
	民国元年（1912）	5元	正面云鹤 反面英文字	蓝黄白蓝	京华印书馆	北京、天津、济南	
	民国元年（1912）	10元	正面云鹤 反面英文字	蓝黄白蓝	京华印书馆	北京、天津、济南	
第3版	民国元年（1912）	1元	正面五色旗、轮船、火车	黄白绿	德华印书馆	上海、天津、北京、济南、汉口、河南、营口、湖南、太原、张家口	
	民国元年（1912）	5元	正面五色旗、轮船、火车	黄黑棕红	德华印书馆	上海、天津、浦口、北京、济南、汉口、河南、奉天、营口、长春、湖南、长沙、太原、张家口	
	民国元年（1912）	10元	正面五色旗、轮船、火车	蓝红淡红		上海、浦口、天津、济南、北京、汉口、河南、长沙、太原、张家口	

续表

版次	印制年份	面额	图案	颜色	印制厂	地名加盖	备注
第4版	民国二年（1913）	1元	正面马达反面帆船	橘蓝橘	美国钞票公司	上海、江苏、无锡、长春、浙江、浦口、徐州、湖南、扬州、安徽、天津、岳州、北京、山东、济南、重庆、烟台、汉口、芜湖、湖南、奉天、营口、张家口	
	民国二年（1913）	5元	正面火车反面火车	绿紫绿	美国钞票公司	上海、江苏、无锡、长春、浙江、浦口、徐州、湖南、扬州、安徽、天津、岳州、北京、山东、济南、重庆、烟台、汉口、芜湖、湖南、奉天、营口、张家口	
	民国二年（1913）	10元	正面火车头反面邮政局	紫红紫	美国钞票公司	同上	
	民国二年（1913）	50元	正面火车头反面江海关	棕绿棕	美国钞票公司	上海、江苏、安徽、天津、北京、山东、重庆、烟台、汉口、芜湖、湖南、奉天、张家口	
	民国二年（1913）	100元	正面轮船火车反面轮船	茶青绿茶青	美国钞票公司	同上	

续表

版次	印制年份	面额	图案	颜色	印制厂	地名加盖	备注
第5版	民国三年（1914）	1元	正面火车 反面帆船	蓝橙蓝	美国钞票公司	上海、九江	
	民国三年（1914）	1元	正面火车 反面帆船	紫黄绿紫	美国钞票公司	上海、西安、厦门、重庆、天津	
	民国三年（1914）	5元	正面火车头 反面邮政局	棕绿棕	美国钞票公司	上海、九江、厦门、重庆、	
	民国三年（1914）	5元	正面火车头 反面邮政局	红赭绿红	美国钞票公司	上海、九江、厦门、山东、重庆	
	民国三年（1914）	5元	正面火车头 反面邮政局	棕橙绿棕	美国钞票公司	天津	
	民国三年（1914）	5元	正面火车头 反面邮政局	橙黄蓝绿橙黄	美国钞票公司	厦门	
	民国三年（1914）	10元	正面江海关 反面轮船火车	红紫红	美国钞票公司	上海、厦门、山东、重庆	
	民国三年（1914）	10元	正面江海关 反面轮船火车	紫棕紫	美国钞票公司	天津	
	民国三年（1914）	10元	正面江海关 反面轮船火车	蓝紫蓝		厦门	
第6版	民国八年（1919）	1元	正面风景	白蓝棕绿	财政部印刷局	哈尔滨	
	民国八年（1919）	5元	正面风景	绿白赭黄蓝	财政部印刷局	哈尔滨	
	民国八年（1919）	10元	正面风景	棕白、紫橙黄	财政部印刷局	哈尔滨	

续表

版次	印制年份	面额	图案	颜色	印制厂	地名加盖	备注
第7版	民国九年（1920）	1元	正面火车反面帆船	青灰紫绿棕	美国钞票公司	哈尔滨	
	民国九年（1920）	5元	正面火车头反面邮政局	青灰橙绿青灰	美国钞票公司	哈尔滨	
	民国九年（1920）	10元	正面江海关反面轮船火车	青灰橙绿绿	美国钞票公司	哈尔滨	
	民国九年（1920）	50元	正面风景反面轮船	青灰黄绿橙黄	美国钞票公司	哈尔滨	
	民国九年（1920）	100元	正面铁桥反面火车头	青灰黄绿橘	美国钞票公司	哈尔滨	
第8版	民国十二年（1923）	1元	正面马达反面帆船	橘、黄绿橘	美国钞票公司	奉天	
	民国十二年（1923）	5元	正面火车反面火车头	绿、红绿绿	美国钞票公司	奉天	
	民国十二年（1923）	10元	正面火车头反面邮政局	紫、黄绿紫	美国钞票公司	奉天	
第9版	民国十三年（1924）	1元	正面火车反面行屋	棕、黄绿棕、黄绿	华德路公司	上海	
	民国十三年（1924）	5元	正面火车头反面行屋	青灰红绿青灰红绿	华德路公司	上海、江苏、安徽、烟台、汉口、九江	
	民国十三年（1924）	10元	正面火车轮船反面行屋	绿、紫黄绿、黄绿	华德路公司	上海、江苏、安徽、烟台、汉口	
	民国十三年（1924）	20元	正面交通工具反面行屋	蓝、黄绿蓝、红绿	华德路公司		

续表

版次	印制年份	面额	图案	颜色	印制厂	地名加盖	备注
第10版	民国十六年（1927）	1元	正面火车	蓝、红绿 蓝、红绿	美国钞票公司	上海	
	民国十三年（1924）	5元	正面火车头	棕、红绿 棕、红绿	美国钞票公司	上海	
	民国十三年（1924）	10元	正面江海关	红、橙绿 红、橙绿	美国钞票公司	上海	
	民国十三年（1924）	1元	正面火车	绿、橙紫 绿、橙紫	美国钞票公司	天津	
	民国十三年（1924）	5元	正面火车头	橘、红绿 橘、红绿	美国钞票公司	天津	
	民国十三年（1924）	10元	正面江海关	棕、红绿 棕红绿	美国钞票公司	天津	
	民国十三年（1924）	1元	正面火车	橙黄紫绿 橙黄紫绿	美国钞票公司	山东	山东地名底纹，山东地名券另加青岛、烟台、龙口、威海卫
	民国十三年（1924）	5元	正面火车头	紫、黄绿 紫、黄绿	美国钞票公司	山东	
	民国十三年（1924）	10元	正面江海关	绿、红绿 绿、红绿	美国钞票公司	山东	
	民国十三年（1924）	1元	正面火车	橘、红黄 橘、红黄	美国钞票公司	汉口	
	民国十三年（1924）	5元	正面火车头	绿、红绿 绿、红绿	美国钞票公司	汉口	
	民国十三年（1924）	10元	正面江海关	茶青紫黄蓝 茶青紫黄	美国钞票公司	汉口	汉口地名底纹
	民国十三年（1924）	1元	正面火车	褐 褐	美国钞票公司	奉天	
	民国十三年（1924）	5元	正面火车头	紫 紫	美国钞票公司	奉天	

续表

版次	印制年份	面额	图案	颜色	印制厂	地名加盖	备注
第10版	民国十三年（1924）	10元	正面江海关	蓝蓝	美国钞票公司	奉天	
	民国二十年（1931）	1元	正面飞马 反面银行大楼	紫紫	美国印交通银行改印券钞公司		
	民国二十年（1931）	5元	正面飞马 反面银行大楼	红红	美国印钞公司		
	民国二十年（1931）	10元	正面飞马 反面银行大楼	绿绿	美国印钞公司		
	民国二十四年（1935）	1元	正面飞马 反面银行大楼	红、黄绿红	华德路印钞公司	上海	

交通银行法币券

版次	票面年份	面额	图案	颜色	印制厂	地名加盖	备注
第1版	民国二十四年（1935）	1元	正面火车 反面颐和园	紫紫	华德路印钞公司		
	民国二十四年（1935）	5元	正面帆船 反面颐和园	绿绿	华德路印钞公司		
	民国二十四年（1935）	10元	正面无线电塔 反面颐和园	红红	华德路印钞公司		
第2版	民国三十年（1941）	5元	正面火车 反面大楼	栗栗	美国钞票公司		
	民国三十年（1941）	10元	正面大楼 反面轮船	红红	美国钞票公司		
	民国三十年（1941）	25元	正面马达 反面电塔、飞机	绿绿	美国钞票公司		
	民国三十年（1941）	50元	正面火车过峡谷 反面火车头	棕棕	美国钞票公司	重庆及无地名	
	民国三十年（1941）	100元	正面火车过桥 反面火车头	紫紫	美国钞票公司	重庆及无地名	
	民国三十年（1941）	500元	正面港中轮船 反面高压线塔	蓝蓝	美国钞票公司		

续表

版次	票面年份	面额	图案	颜色	印制厂	地名加盖	备注
第3版	民国三十年（1941）	5元	正面轮船 反面面值	褐 褐	商务印书馆		
第4版	民国三十年（1941）	10元	正面火车 反面面值	棕 棕	大东书局		
第5版	民国三十一年（1942）	50元	正面火车 反面面值	紫 紫	大东书局		
	民国三十一年（1942）	100元	正面火车、轮船 反面面值	棕 棕	大东书局		

交通银行本票

版次	印制年份	面额	图案	颜色	印制厂	地名加盖	备注
	1945年	500元	文字 反面火车头	棕 棕			
		1000元	文字 反面火车头	绿 绿			
		2000元	文字 反面火车头	粉红 粉红			
		5000元	文字 反面火车头	蓝 蓝			

（原载《中国钱币》1995年第1期）

中国近代几种商业银行纸币的券别

在和于彤先生合作撰写《中国近代商业银行纸币史》的过程中，笔者通过查阅中国近代商业银行的资料，发现了一些问题，特别是近年出版的一些有关纸币的著作、目录、文章，在关于商业银行纸币方面，还有一些失误，今特撰小文，以就正于泉友。

一　中国通商银行纸币

中国通商银行纸币计有银两券二版及银元券十版。

第一版银两券是在光绪二十四年正月由英国 Barclay and Tryltd London 公司承印的，计分 1 两、5 两、10 两、50 两、100 两 5 种，总数 50 万两，地名为上海，图案和颜色均为正面红双龙黄底紫花纹，反面亦同。

第二版银两券为 1920 年 1 月由美国钞票公司印制，总数为 300 万两，地名上海。图案正面为财神，反面双狮，分 1 两、3 两、10 两 3 种，刷色各不相同。

第一版银元券为光绪二十四年由英国 Barclay and Tryltd London 公司印刷，分 1 元、5 元、10 元、50 元、100 元 5 种，图案正反面均为双龙及花纹，其中 1 元、5 元、10 元、100 元均有上海地名券和广东地名券，两种地名券刷色各不相同，只有 50 元仅有上海地名券，故这一版纸币实际上有 9 种，印制总数 235 万元。

第二版银元券仍由英国这一公司于光绪三十年正月印制，总数 435 万元，分 5 元、10 元、50 元 3 种。图案为双龙财神，各种面额刷色不同，为上海地名券。

第三版纸币于 1917 年由商务印书馆印制，总数 300 万元，分 5 元、

10元两种，图案为双龙财神，刷色不同，其中10元券未发销毁。

第四版纸币是1920年1月由美国钞票公司印制的，共1050万元，分1元、5元、10元、50元、100元5种，正面图案为财神，反面图案为双狮，各券刷色不同，为上海地名券。

第五版纸币仍由美国钞票公司印制，有1920年及1928年印制两说，图案同于上版币，仅刷色不同，计印1000万元，为上海地名券。

第六版纸币为英国华德路公司印制，有1926年及1930年印制两说，计分5元、10元两种，共印1000万元，正面图案为财神和上海外滩，背面为双狮，刷色不同，为上海地名券。

第七版纸币为1928年6月（一说为1932年印制），亦由英国华德路公司制成，分5元、10元两种，除刷色外余均同上版券，为汉口、上海、厦门地名券，计印2000万元。

第八版纸币为1929年（一说1931年）由大东书局印制，为两种1元券，正面图案为双狮、财神，反面为财神，刷色不同，计印200万元。

第九版仍为大东书局印制，有1928年及1933年印制两说，图案同上版，仅刷色不同，为汉口、上海、厦门地名券，计印300万元。

第十版纸币为1934年由英国华德路印钞公司印制，计5元券1300万元，10元券700万元，未及发行，因国民政府宣布法币改革，该行将之移交发行管理准备委员会。

二 浙江兴业银行纸币

浙江兴业银行使用过的纸币计分4版，均为银元券。第一版纸币于光绪三十三年十二月由上海商务印书馆印制，计印2279285元，正面图案为双龙戏珠、火车、行屋。3种面额为1元、5元、10元，各有上海、杭州、汉口地名券，刷色不同，地名为英文，另外杭州地名券1元券还有一种直式券，图案与横式券相同，因而这一版实际上有10种纸币。

第二版券于宣统元年五月由法国泻克司厂印制，分1元、5元、10元、50元、100元5种，各券刷色不同，图案同于第一版，仅将上版券角部大写数字如"壹"由篆体改成正体字，计印2831500元，为杭州、汉口、上海地名券。

第三版为1922年1月由上海商务印书馆印制，分1元、5元、10元3种，计印11457200元，1元券图案为王阳明，5元券为孔子，10元券为姜太公，为上海、湖北、天津地名券。

第四版纸币为1922年10月由美国钞票公司印制，分1元、5元、10元3种，计印22032000元，1元券为孔子像，5元券为王阳明像，10元券为姜太公像，为上海、南京、湖北、天津地名券。

浙江兴业银行纸币图案中没有黄宗羲和勾践。

三 中国实业银行纸币

中国实业银行纸币计分4版，第一版于1922年由财政部印刷局印制，分1元、5元、10元、50元、100元5种，共印了200万元，图案为男耕女织，分天津、北京、上海、山东、汉口地名券。

第二版纸币为1924年美国钞票公司印制，分1元、5元、10元、50元、100元5种，图案正面为神马驮书，背面为长城，1元、5元、10元券为天津、北京、青岛、山东、上海、汉口、威海卫地名券，50元券及100元券为天津、北京、上海地名券。

第三版纸币为1931年由美国钞票公司印制，分1元、5元、10元3种，图案为神马驮书，背面为该行总行行屋。1元券为天津、青岛、上海、汉口、山东、厦门地名券，5元券为天津、青岛、上海、山东、厦门、福州地名券，10元券为天津、青岛、上海、福州、厦门地名券。

第四版券是1935年由英国华德路公司印制的无地名券，图案为神马驮书，未及发行即被发行准备管理委员会接收，后由交通银行加盖为该行券。

四 中南银行纸币

中南银行纸币由金城、大陆、盐业及中南4行联合发行，该行纸币计分5版。

第一版于1921年由美国钞票公司印制，分1元、5元、10元、50元、100元5种，图案为指南针（该行纸币图案介绍上如此），为天津、上海、汉口、厦门地名券。其中5元、10元票曾于1924年再版一次。

第二版纸币为1元及10元券，为1927年由英国华德路公司印制，图案为人像，为天津、上海、汉口、厦门地名券。

第三版为1927年美国钞票公司印制的两种5元券，图案为指南针，刷色不同，为天津、上海、汉口、厦门地名券。

第四版纸币为1931年英国华德路公司印制，仅1元1种，图案为指南针，为上海地名券。

第五版纸币为1932年英国德纳罗印钞公司印制，仅5元1种，图案为指南针，为上海、汉口地名券。

五　大中银行纸币

大中银行纸币分为6版，均由财政部印刷局印制。第一版纸币于1921年印制，分1元、5元、10元3种，图案为涂山、宇水，为重庆、北京、天津、上海、汉口及无地名券，后又于1922年加印了一次全绿的1元、5元、10元北京地名券。

第二版为1929年印制的天津地名券，图案与第一版相同，分1元、5元、10元。

第三版为1931年印制的，图案同于第一版，为天津地名券。

第四版是1933年印制的，图案正面为大钟，背面为银币，1角、2角券为天津地名券，1元、5元券为上海、山东、河南地名券，而各地名券刷色不同，故这版券实际上有8种纸币。

第五版纸币于1935年印制，图案为长城。辅币券正面为长城，背面石桥，辅币券分1角、2角、5角，为天津、青岛、汉口及无地名券。1元、5元、10元则为天津、青岛、汉口及无地名券。

法币改革后，1936年该行又非法印制了一批1元、5元、10元券加以发行，为该行的第六版券。

六　农商银行纸币

农商银行纸币计分3版，第一版纸币于1922年由德国印制，计分1

元、5元、10元、50元、100元5种，计2000万元。该行1935年填报财政部第一版纸币并未发行，但该行于1922年就有发行数字，或系另有一版纸币，待考。

第二版纸币为1926年美国钞票公司印制，图案为颐和园，分1元、5元、10元3种，为上海、汉口、长沙地名券。

第三版纸币为1935年印制，共计18688488元，因法币改革，未发行就被发行准备管理委员会接收。

七 中国垦业银行纸币

中国垦业银行纸币计有一版，分别于1926年、1931年两年间3次印刷，第一次印刷有1元、5元、10元券，第二次亦同，第三次仅印1元和5元券。3次所印各面值纸币刷色不同，第一次印刷券为上海、天津地名券，第二、三次均为上海地名券，并加印上海地名底纹，后两次计印1000万元。[①]

（原载《中国钱币》1996年第1期）

---

① 本文纸币样式及数据均来自中国第二历史档案馆档案。

清代东钱研究

清代东钱是一种十分奇特的钱制，以 160 文为一串或一吊，也就是相当于 1000 文，在东北地区和北京以东的永平府为中心的地区流通。本文认为东钱是由于东北地区货币缺乏导致的，并且东钱是有私小钱实体货币的，而且由于纸币替代私小钱流通，从而强化了东钱这一虚钱本位，这从近代东北地区所铸造制钱轻小，以及由于制钱的短少而较早在国内开铸银、铜元的证明。所有这一切，均隐含了国家在经济治理方面与市场、社会、个体之间的博弈。

一 东北东钱钱制产生的货币环境

清代以来东北地区很长时期一些地方使用着十分奇特的钱制，称为东钱。

"清代东钱乃关东单行之钱也。以铜制钱二枚为一十（俗称一成），三枚为二十，四枚为三十，六枚为四十，八枚为五十，十枚为六十，十二枚为七十，十三枚为八十，十五枚为九十，十六枚为一百，一百六十枚为一吊，七吊二百文为今现洋之一圆，不行于他处，独行于京东永平府属及关东各地，故曰东钱。"[①]

东钱这种十分奇特的钱制的形成，我们认为与东北地区铸造钱少有着十分重要的关联。

清初努尔哈赤统一女真后，万历四十四年（1616）在赫图阿拉（今

---

① 黄世芳、陈德懿：《铁岭县志》卷 6《财政·国家税》，民国二十二年铅印本。

辽宁省新宾满族自治县境内）建立金国，史称后金，建元天命（1616—1626）。《清史稿·食货志》载："太祖初铸天命通宝钱，别以满、汉文为二品，满文一品钱质较汉文一品为大。"

目前学术界对天命钱的铸时、铸地尚无定论。但辽阳东京城附近经常发现大量满、汉文天命钱，出土了很多未经流通的铸造钱币残次品，加之此地曾出土过汉文天命通宝石范，因而有理由认为天命钱是明天启元年（1621）努尔哈赤攻占辽阳，兴建东京城为新都后于当地所铸。[①] 努尔哈赤铸币并没有大量流通，以后以"银子充足，不必铸造"[②] 为由而停止铸币。

第一，满文币的质量实际上是存在问题的。1987年春夏之际，辽宁省海城市海城河南岸的响堂村，村民修房基取土时，挖出一陶罐，内装铜钱1.5公斤，已腐蚀一部分。经整理是清一色的满文"天命汗钱"，有近300枚，有的已破碎成片。其中有厚0.3厘米的1枚，0.299厘米的1枚，0.2厘米的1枚，其余厚为0.14—0.18厘米。直径最大为3.05厘米，最小直径为2.66厘米。最重15.6克，最轻7.3克。钱文有的较细，有的较粗，背幕方穿有错范者。大都面郭窄而背郭宽。[③] 可见早期后金铸币从技术到制度并不完备，很难想象重15克左右的钱币与7克者等值流通，如不等值流通，必将引发钱制在流通时发生改变，其他地区出土的天命钱也证明了这一点。

第二，皇太极只铸造了当十钱，而且当十钱的出现一般是与铸币不足且通货膨胀相关的。后金的币制一定是通过白银与明代钱币十分密切地联系着。"努尔哈赤攻占辽东以后，设管理贸易的额真。商品的价格和税收，援依明例。"[④]

第三，天命钱本身存在流通困境。史料记载："太祖初铸天命通宝钱，别以满、汉文为二品，满文一品钱质较汉文一品为大。"[⑤] 天命满文

---

① 刘未：《谈满文天命汗钱》，《中国钱币》2002年第4期。
② 《满文老档·太祖》第6卷。
③ 齐维志：《辽南重镇海州城出土后金货币》，《内蒙古金融研究》2003年第1期。
④ 《满文老档·太祖》第23卷。
⑤ 《清史稿·食货志》。

钱与汉文钱就不一般大，因而也就不一样重。但是又绝不是一个满文钱等于两个汉文钱的钱制，它们应当是等值的。这样在流通中就会出现劣币驱逐良币的问题，满文钱会流通不出去而被人们收藏。而后金政权肯定不乐意看到市场上流通的都是汉文钱币。

第四，顺治年间清政府大开地方铸局时，盛京局开铸的时间极短，顺治四年（1647）题准盛京开局鼓铸。顺治五年（1648）停局。① 铸造量必定是十分少的，因而整个东北地区的制钱必然短缺。目前并没有发现盛京钱局有特殊标记的铸币，极有可能是仿明朝的光背钱。

第五，东北由于与朝鲜的地域较近，且后金与朝鲜的特殊关系，其还承担了对朝鲜的钱币供应。1650年，开城留守金育作为陈慰使来到了中国，他一次买了十五万文的中国铜币，在朝鲜西北地区流通。② 到17世纪70年代末时，铜币已在朝鲜全国流通。朝鲜政府设立了大量的铸钱机构，其铸造的一些常平通宝钱还流通到了中国。

而所有这一切，都使东北成为一个货币供应短缺的地区。

二 东钱钱制的形成

关于清代东钱的研究，日本学者山本进有《清代东钱考》一文，将东钱定义为短陌的一种。③ 佐佐木正哉在《营口的商人》一文中对清代东钱有专章论述，认为东钱是以银为本位而发行的钱票。④ 国内学者黄鉴晖在《中国钱庄史》中认为东钱是一种虚拟本位币。

现在学术界多认为东钱是短陌，但这是一种十分特殊的短陌，其中定有政治及其他因素存在。

历史上的短陌多是由于钱币在流通领域缺乏而先在民间流行再由政府确定的钱制，实际上是由于流通领域通货的短少，在原来铜钱这种实体货

---

① 席裕福、沈师徐辑：《会典事例》，《皇朝政典类纂·钱币七·直省钱局》，文海出版社1982年影印本。
② [朝]朝鲜民主主义共和国科学院历史研究所：《朝鲜通史》上卷第三分册，吉林人民出版社1975年版，第822页。
③ [日]山本进：《清代东钱考》，《史学杂志》2005年第3期。
④ [日]佐佐木正哉：《营口的商人》，《研究近代中国》第1辑，1958年第4期。

币的基础上创造出的一种新的虚钱制。

但是东钱却是以 160 为一千，这里面除去东北钱少的原因外，必然夹杂满族对明王朝的征服，天命钱里的满汉文钱流通的矛盾，以及入关后后金对明代制钱的态度、清初私小钱等一系列的问题。

黄冕堂在《中国历代物价问题考述》中提到东钱：清代各朝都由官府铸造铜钱，名曰制钱或大钱，制钱每枚大小和轻重不一，但以每枚中一钱二分者居多。康熙时期曾一度铸造一种小钱，每枚重量仅八分，名曰"京钱"，主要流行于京津和山东一带。一般规定："京钱"二枚换制钱一枚。另有所谓"东钱"者，指东北地区流行的小钱，大体以六七文以至十文抵算制钱一文。黄冕堂将东钱定性为一种实体的小钱。① 而程鹏的《清代东钱考》则认为黄的观点不成立。②

中国历史上，由于铸钱量达不到经济发展要求而很早就出现了钱制短陌现象，一直到明代短陌仍然发挥作用。早在弘治三年由于不得不使用历代古钱，明王朝就推出了历代旧钱以二当一的政策。明代的私钱和古旧钱在流通中以当时所铸新钱一半的价值流通。"明朝制钱有京省之异，京钱曰'黄钱'，每文约重一钱六分，七十文值银一钱；外省钱曰'皮钱'，每文约重一钱，百文值银一钱。"③ 其钱制由于铸造钱币的重量不同而产生问题。

明代《碧里杂存》记述正德年间，京师交易用"板儿"，为低恶之钱，但"以二折一，但取如其数而不视其善否，人皆以为良便也"。《野获编》也有记载："今京师有以二折一之例，但呼'小钱'，其好钱乃谓之'老官板儿'。""按，京师习俗，以官板钱一当两，凡贸易议钱，一百实则用五十。《续通考》记嘉靖三年诏，每银一钱直好钱七十文，低钱一百四十文。是前明已有两当一之令矣。"④ 这与后来京城所用的京钱 500

---

① "丙戌。谕户部、朕项谒陵时见用小钱者甚众、所换之数亦多旧钱及两局之钱、使用者少。此实非益民之事也。……先年科尔坤、佛伦、管钱法时题请将钱式改小。朕每谓钱改小易、改大难。钱价若贱则诸物腾贵。后因题请再三方始准行。今果如朕言。"《清实录·康熙朝实录》康熙三十六年丁丑十一月。
② 程鹏：《清代东钱考》，硕士学位论文，山西大学，2011 年。
③ 《续文献通考》卷 11。
④ 顾炎武：《日知录集释》，上海古籍出版社 2006 年版，第 529 页。

为千的钱制有一定的关系。此外，康熙年间曾铸造过小钱，以二当制钱一。这与后来京钱的形成有一定的关系。

顾炎武的名著《日知录》曰："今京师钱以三十为陌，亦宜禁止。"①顾氏所指应是清初，只是因为文禁之故，后人于此多引述高士奇《天禄识余》"钱陌"条下的小字注记："今京师以三十三文为一百，近更减至三十文为一百，席上赘人，通行不以为怪。"说的是人们人情往来时，以三十当一百的事。

对于东钱，笔记小说记载较多，但最早的记述在道咸时期。

道光年间沈涛所著《瑟榭丛谈》则言："京师用钱以五百为一千，名曰京钱；宣郡以三百三十三为一千，名曰宣钱；通州以东至山海关以一百六十六为一千，名曰东钱，不知起于何时。相传前明兵饷不足，以故减短之数因地而异。"②

《听雨丛谈》卷七《京钱》："高江村学士考钱陌之制，梁时破岭以东，八十为陌，名曰东钱，江郢以上，七十为陌，曰西钱。其时京师以九十为陌，曰长钱。大同元年，诏用足陌，下弗能从。末年遂以三十五为陌，又言，国朝京师以三十三文为百，更有以三十文为百，席上赘人，通行不怪云，今都中无以三十文为百之说，率以制钱五十文谓京钱一百，以四十九文谓九八钱一百，讲说钱数，自一文至十一文，皆按制钱言，由十一文再加一文，则按京钱言，曰二十四文，相沿通行，殊不为异，又京城东北抵于山海关之外，皆以制钱十六文为百，以一百六十五文为一千文，名曰东钱，尤为异矣。"《听雨丛谈》是清代风俗掌故笔记，一共十二卷，清福格著。福格（生卒年不详），本姓冯，字申之，清内务府汉军镶黄旗人，乾隆时大学士英廉之曾孙。咸丰五年（1855）春，以惠州通判留僧格林沁军中司理营务兼总行营发审案牍，后任山东莒州知州，卒于同治六年（1867）以后。

从上述记载中可以看出，以一六五、一六六文为一千，而后又以一六○文为一千，其原因应为流通中民间的调整（实例也可见本节尾山西的

---

① 顾炎武：《日知录集释》，上海古籍出版社2006年版，第528页。
② 沈涛：《瑟榭丛谈》卷上。

例子)。清中期的时候,东钱已是东北地区的通行钱制,而此时的人们也搞清楚了为什么会出现这一钱制。

我们可以从京钱的形成中看出点问题。康熙年间曾铸造过小钱,以二当制钱一。由于制钱减重,便有人趁机私铸牟利,致使私钱泛滥,钱币减重日甚。康熙四十一年(1702),廷议决定,为打击私铸,仍按顺治十四年定制,每文钱重恢复为一钱四分,谓之"重钱",每千钱折银一两。又据给事中汤右曾奏请,另铸每文钱重为七分(2.6克)的小制钱,谓之"轻钱",每千钱折银七钱,轻重两式制钱同时流通。在实际流通中,2枚轻钱当1枚重钱。这样,康熙通宝的重(大)钱便成了折二钱。朝廷铸行轻钱之目的,旨在使私铸小钱不能与重钱、大钱等值流通,由此防备销毁大钱和打击私铸。① 这与后来京钱的形成有一定的关系。"本朝亦曾铸康熙小制钱,今所名为京墩者也。其重自八分至一钱而止,本以二文作一文之用。今天津为京钱二百,实只制钱一百,犹其遗意也。今则此钱散行各省。"②

不仅如此,实际上各地均铸造有康熙轻小钱,只是有些钱局铸行轻钱的时间较为短暂,传世品较少。余留梁先生就有全套康熙省局轻钱实物。③

彭凯翔认为通行于辽东、山东一带的东钱,从二枚就开始按东钱起算,称为一成,递至十六枚为十成即东钱一百,一吊则为制钱一百六十或一百六十四文。尽管东钱到后来已与小钱脱钩,但它起初对应于小旧等实钱是很可能的,二枚一成或许正反映了当初比价为小钱十文(即一成)折制钱两枚。北京周边普遍流行低值虚货币京钱为半折,宣钱大致为三折一,东钱又约为宣钱之半。④

一直到民国年间,地方市场对于货币制度的影响力还是很大的,也可以看出钱制,特别是九八钱、九六钱等与残小钱的关系。

我们以一块民国年间山西省的石碑为例:

---

① 张国民:《康熙轻钱初探》,《江苏钱币》2008年第1期。
② 《续文献通考》卷21《钱币考三》。
③ 张国民:《康熙轻钱初探》,《江苏钱币》2008年第1期。
④ 彭凯翔:《"京钱"考》,《江苏钱币》2013年第2期。

议定小西门果木菜市使钱记

韩辅国

夫古有钱法之昭垂，今讲金融之流贯。所以，平定交易，便商民是，必定划一之程，而后可行之无弊业。吾清源市面，通行钱法曰"九四钱"，每百制钱九十四文，所辖境内，遐迩一律，无不称便。乃小西门果木菜市，近年以来，所行使者竟有不足九十，以至八一二不等，名曰"烂钱"。村民售物，往往以负贩之辈因此争执，始而口角，率至两不相下，让成事端。其与地方安宁秩序大有关碍。甚有山僻乡民，负其品物，远赴交城，不来清源，无非以钱法太烂，故去之。他是尤关系地方权力，不可不急为挽救者也。于是，西八村共同议定，自今以后一律行使九四，不得稍而歧异致不均平。八村轮流值季，派人在集严密稽查，倘有迁就收受者，一经查出共同议罚，不厌其苛。凡以期革积弊靖争端，交易平而商民便，也有稗地方，岂浅鲜哉。

中华民国六年季春月上浣谷旦

从碑文中可以看出，钱制在地方上因钱币本身的问题是可以通过协商而发生改变的。

三　早期的东钱的实体货币

现在学术界一般认为东钱早期是没有实体的钱币流通的。

但是从钱币学的角度，东钱的形成可能确实与一些私小钱的流通有一定的关系。

清代早期，顺治与康熙前期是清代钱制的形成时期，一直到乾隆年间清代钱制基本确定，就是在这一时期，清代也没有解决私小钱的流通问题，而且私小钱的流通反而成为支持清代钱制的基础。

私小钱早在顺治年间就大量出现，"各省开炉太多，铸造不精，以致奸民乘机盗铸，钱愈多而愈贱，私钱公行，官钱雍滞，官民两受其病"。

康熙二十二年（1683）因"钱重销毁弊多仍改重一钱，嗣因私铸竞起，于四十一年仍复一钱四分之制"。雍正年间"湖广河南等省私铸之尤甚"。雍正三年（1725）上谕："京局每岁鼓铸，则制钱应日加增，而各省未得流布，必有销毁官钱以为私铸者。闻河南湖广等省私铸之风尤盛。"乾隆初年，"江西钱文最杂，所用俱系小广钱又掺和私铸之砂钱，其价竟与大钱相等"。乾隆二十六年（1761）时曾下令湖南收回小钱，该地小钱有二枚顶一枚，三枚顶一枚制钱行使的。嘉庆二十五年（1820），御史王家相奏："近日江省宝苏局所铸官钱，铜少铅多，而官铜偷铸小样钱，每钱一千不及四斤，民间号为局私，苏松至浙江、江西，流通侵广。"[①]

清代的很多地方铸局铸造小钱，人称"局私"，清前期江西、湖南多有此钱。乾隆五十九年（1794）"各省局员将官钱私行减小，额外多铸小钱……各省日积日多，而云贵四川为尤甚"。乾隆六十年（1795）京师私钱未净。嘉庆元年（1796），各省小钱充斥。而有一些小钱是清政府中央所准许的，原因是地方少铜。如乾隆十一年（1746）湖北宝武局因铜少改铸重只八分的小钱，仍照大钱之价配铜。[②] 乾隆年间多有资料说明当时奉天制钱不足，停止销毁奉天小钱。[③] 具体到东北，康熙帝在三十六年（1697）冬赴盛京谒陵时，"见用小钱者甚众，所换之数亦多旧钱，及两局之钱，使用者少"，"又问小钱从何而来，皆云由山东来者"[④]。

从钱币实物上，我们也可以发现钱币实物与清代文献记载有着很大的出入。首先是清代制钱的重量，并非仅仅是文献记载的几种，而且大钱普

[①] 以上资料可见《皇朝文献通考》卷13、卷15。
[②] 张廷玉等：《皇朝文献通考》卷19。
[③] 嘉庆朝朱批奏折，档号04-01-03-0139-016，微缩号04-01-03-005-0263，题名《盛京将军琳宁、盛京户部侍郎禄康奏为奉省钱价过贱筹划办理兵丁饷银请复旧制事》，具文时间嘉庆四年三月二十四日。乾隆朝朱批奏折，档号04-01-35-1344-011，微缩号04-01-35-063-1169，题名《盛京将军琳宁奏报遵旨筹办调剂钱法暂停搭放兵饷钱文事》，具文时间乾隆五十九年七月十八日。乾隆朝朱批奏折，档号04-01-35-1282-027，微缩号04-01-35-061-2880，题名《盛京工部侍郎雅德奏请暂缓收买奉天小钱事》，具文时间乾隆三十七年正月二十二日。
[④] 《清圣祖实录》卷186。

遍由于受克雷欣法①则市面少见，但市面流通者如康熙小钱，文献极少记载，但是各省却普遍均有开铸。就是乾隆钱，此时已较诸康熙钱大量减重，但是各地还是有大量的减重钱。

笔者多年来注意收集清代私钱与钱币实物资料，较早时曾发现一枚顺治一厘钱私小钱，重1克左右，从而引发笔者思考，私小钱有必要铸造上顺治钱背面上的局名和一厘等文字吗？只能说明私钱就是那个时代铸造的，而非后代所铸，特别是发现了近万枚的乾隆年号私小钱后，更加强了这种认识。

我们比较一下清代钱币的重量：

康熙通宝大钱，4.5683克；

康熙小钱，2.3735克；

乾隆通宝宫钱重量：6.2649克；

乾隆通宝（宝泉、宝源局）正用钱三枚重量分别为，4.2416克、4.1024克、4.3025克；

乾隆省局钱币重量：4.2420克；

乾隆省局小钱重量两枚：3.3904克、4.0328克。

我们从清代的私小钱中采集了18枚并称重（见下表）。

18 枚小钱重量　　　　　　　　　　（单位/克）

0.6537	0.8275	1.0554	1.0888	1.1670	0.6584
1.0039	0.8535	1.5295	0.7859	0.9515	1.0638
0.9247	1.0726	1.2380	1.0895	1.2339	0.8160

将18枚小钱每次取出2枚而获得的16枚小钱的均重　　（单位/克）

16.5178	16.1165	15.8560	15.7443	16.1743	16.1424
16.4881	16.5555	16.2719	15.9995	16.0116	16.0028
15.6894	15.6723	15.6765	15.9506	16.5303	

① 即劣币驱逐良币法则。

而且从目前私小钱重 1 克与流通量较多的乾隆钱重 4 克来看，私小钱与乾隆正规制钱存在着 1∶4 的关系，而东钱的 16 正是 4 的倍数。此外，1 克的小钱与上述钱币均存在一定的倍数关系。

上图最上部分为官铸的康熙通宝大钱和小钱，中下部为乾隆通宝宫钱（最大者）与通行制钱，左边为十八枚乾隆通宝私小钱。

四　东钱的流通时期和范围

据史料记载，直隶地区东钱行使最早的记录为昌黎县康熙五十年的田租征收。"见在静安西茫河滩地二顷二十七亩，康熙五十年入官，每年租东钱四十千。"① 顺义县在雍乾之后才行使东钱。"清初通用者，曰京制钱，以五百文为一吊，别有九八钱之数，即四百九十文折九成八作一百，故名。雍乾后，使用东制钱，以九百七十五文作六吊，每吊实合一百六十二文半，通常以十六文作一百，以三十二文或三十三文作二百，总以六十五文作四百（俗称一臀）。"②

东钱行使的范围和范畴在嘉庆年间后开始多见，以《清实录》为例：

嘉庆十一年在客民出关时有官员收取"验禁挂号。每张索纸笔费东

---

① 何崧泰、马恂、何尔泰：《昌黎县志》卷 4《学田》，同治五年刻本。
② 礼阔泉、杨德馨：《顺义县志》卷 11《金融》，民国二十一年铅印本。

钱二百。核制钱三十三文"。嘉庆十二年地方直隶乐亭官员以皇帝出巡天津为由，"该县胥役尚挨户敛出东钱七千四百余吊之多"①。

道光元年六月土默特阿咱拉因嘎海及其子温朝彦在百日内剃头。捆打讹诈东钱一万二千串。② 道光五年四月蒙古地方有人"勒索东钱一千二百余串"等。③ 道光七年十月奉天府治中吴昆勒索粮店一行东钱数万。④ 道光十六年十一月"布特哈无饷牲丁。生计疲累。请借银十万两。交奉天生息。……各城当商，已领过生息三款。每年应交息银息钱。统计东钱不下二十四五万千之多"。⑤ 道光十七年"直隶承德府建昌县民人侯起富诈要东钱九百吊"⑥。道光十七年十月土默特属内一些地区"积年开种荒地。实收压租银二万九千八百十八两。每年租息。共收东钱三万四百四十三千文"。⑦ 道光二十二年八月珲春军内因事"令众兵包补东钱二十千"⑧。道光三十年十一月盖平县、复州、金州厅、岫岩厅等地时有海盗出没，江浙商船停泊多被杀伤劫掠。又该处盗案滋多，番役捕役，豢盗分肥。"暗使官亲勾通胥吏。委曲代为行贿。用东钱万串之多。"⑨

咸丰元年奉天所属复州、盖平县等处盗案滋多。"复州捕役等既据贼犯供称、得受东钱至二千余千之多。"⑩ 咸丰元年浙江福建等省商船，在金州、复州、锦州属界洋面被劫勒索。"众铺户惧扳受累。措备东钱一千四百串。"⑪ 咸丰元年直隶永平府属之迁安县"收取窝盗月规，每月东钱数百串"。⑫ 咸丰五年十一月直隶遵化、蓟州各州县"欠解永济库租银三

---

① 《仁宗睿皇帝实录》（三）卷183，嘉庆十二年七月。
② 《宣宗成皇帝实录》（一）卷19，道光元年六月上。
③ 《宣宗成皇帝实录》（二）卷81，道光五年四月。
④ 《宣宗成皇帝实录》（二）卷128，道光七年十月下。
⑤ 《宣宗成皇帝实录》（五）卷291，道光十六年十一月。
⑥ 《宣宗成皇帝实录》（五）卷300，道光十七年八月。
⑦ 《宣宗成皇帝实录》（五）卷320，道光十七年十月。
⑧ 《宣宗成皇帝实录》（六）卷379，道光二十二年八月。
⑨ 《文宗显皇帝实录》（一）卷21，道光三十年十一月上。
⑩ 《文宗显皇帝实录》（一）卷41，咸丰元年闰八月上。
⑪ 同上。
⑫ 《文宗显皇帝实录》（一）卷50，咸丰元年十二月下。

万七千八百余两，筹备库租银八千三百余两，东钱三千五百余吊"，① 咸丰六年十二月直隶乐亭县旗租每两折东钱十七千有奇。民租每两折东钱十八千有奇。② 咸丰六年十二月庚子谕军机大臣等庆祺等奏会筹商户日捐厘捐试办情形请饬吉林筹办一折。"盛京兵饷，待用孔亟，库款支绌。该将军等、现拟厘捐铺税二条权行试办，酌立章程。令店商于买货之家，照所买价值。每东钱百千抽捐东钱一千。每粮十石捐东钱一千。不及者以次递减。"③

同治二年蒙古贝勒旗鹞鹰河等处每年每丁暂交东钱八吊。④ 同治二年职官捏造文凭。撞骗黑地。宝坻等处。骗得地租东钱一千四百串。⑤ 同治三年临榆县厘捐。自设立以来可收东钱五六万串有奇。⑥ 同治四年二月临榆厘捐一项。据长善遵旨稽查。每年约可收东钱十六七万串。⑦ 同治五年十二月在土默特旗有人串用东钱二百吊。⑧

同治七年奉天宁远州地方。于此次恭送圣容、实录、圣训、玉牒过境时。该处知州有科派商民东钱十余万串之事。⑨ 同治十一年。十月蒙古井子三河套有人私收黑租东钱三万五千九百七十余千。⑩

光绪四年四月前署锦州协领商借东钱。⑪ 光绪九年十二月"顺天宁河县之北塘。抽收粮税吏胥人等种种需索较例税不啻倍蓰每粮一石。辄费使用东钱二千"。⑫ 光绪二十年十月长春商捐中钱三十万吊。请将初限交到钱文动用。⑬ 光绪二十五年四月盛京户部侍郎良弓冒支东钱二十万吊之多。⑭ 光

---

① 《文宗显皇帝实录》（三）卷183，咸丰五年十一月中。
② 《文宗显皇帝实录》（四）卷216，咸丰六年十二月下。
③ 《文宗显皇帝实录》（四）卷215，咸丰六年十二月中。
④ 《穆宗毅皇帝实录》（二）卷71，同治二年六月下。
⑤ 《穆宗毅皇帝实录》（二）卷85，同治二年十一月中。
⑥ 《穆宗毅皇帝实录》（三）卷之121，同治三年十一月中。
⑦ 《穆宗毅皇帝实录》（四）卷129，同治四年二月上。
⑧ 《穆宗毅皇帝实录》（五）卷191，同治五年十二月上。
⑨ 《穆宗毅皇帝实录》（六）卷247，同治七年十一月下。
⑩ 《穆宗毅皇帝实录》（七）卷343，同治十一年十月下。
⑪ 《德宗景皇帝实录》（二）卷72，光绪四年四月下。
⑫ 《德宗景皇帝实录》（三）卷175，光绪九年十二月上。
⑬ 《德宗毅皇帝实录》（五）卷之352，光绪二十年十月。
⑭ 《德宗景皇帝实录》（六）卷442，光绪二十五年四月上。

绪二十八年八月"据称奉天署辽阳州知州马俊显收受各帖铺东钱十二万串"。①

清代东钱流通有一定的区域性，日本学者山本进在其《清代东钱考》中认为清代东钱的流通区域分为奉天、吉林、黑龙江、直隶东北部（承德府、永平府、遵化府）、直隶西北部（宣化府）、京师周边（顺天府）。②

程鹏的研究表明，奉天省行使东钱钱法最早为清初锦州府盖平县，其消失最早不会早于民国四年。此外，奉天省行使东钱有确切年份记载的州县为盖平、辽阳、复州、金州厅、铁岭、承德、抚顺、兴城、锦西、宁远、义县、广宁、绥中、辑安、海龙府、昌图府、奉化、怀德、新民府、凤凰直隶厅（岫岩厅、安东），有行使东钱记载无确切年份的州县有海城、开原、辽中、锦县、盘山厅、柳河、宽甸、营口直隶厅、法库直隶厅，无直接史料记载行使东钱的州县有本溪、临江、通化、怀仁、东平、西丰、西安、辽源、康平、镇安、彰武、靖安、开通、安广、醒泉、镇东、安图、抚松、驻河直隶厅、辉南直隶厅。

吉林地区只伊通河以西流通东钱；蒙古地区主要集中于卓索图盟；而在直隶地区的分布恰似一条直线，将山海关和京师连接在一起。③

总体而言，从北京东北方向的直隶永平府，到奉天、蒙古东部、吉林一部分地区清中晚期是通行东钱的。

五　关于吉林的中钱

光绪十七年《吉林通志》记载："吉林省钱法均五十为陌，曰中钱。惟伊通州西以十六文为陌，市钱三吊合中钱一吊，与奉天通行，曰谓东钱也。"④ 宣统年间，"江省出产以粮石为大宗，向有粮捐一项，每石征中钱六十文"。⑤ 而到吉林永衡官帖局发行纸币时，"该票为本版印刷，小银元

---

① 《德宗景皇帝实录》（七）卷504，光绪二十八年八月。
② 山本进：《清代东钱考》，《史学杂志》2005年第3期。
③ 程鹏：《清代东钱考》，硕士论文，山西大学，2011年。
④ 长顺修、李桂林等：《吉林通志》卷40《钱法》，光绪十七年刻本。
⑤ 《宣统朝政纪》，第41页。

官帖1元，公定为吉林（中钱）2吊200文，所谓吉钱（中钱）为一种计算单位，通行于黑龙江、吉林两省，最低单位为文，10文为1成，百文为10成，称为1陌，1000文为1吊，中钱1文实为现钱半枚，故1成为50文，1吊为500文。当时银1两公定为吉钱3吊300文，后官帖对小银元的比价改为2吊500文"。①

吉林独立于东北通行京钱，是否和船厂成为京师（通行京钱）官员的流放地有关。值得更进一步地考察。

六　东钱票与东钱钱制

东北地区顺治后期到光绪年间中前期从来没有设立铸局，而且私法小钱流通，不仅使东北创造了东钱这种极端的钱法，更为重要的是，东北一直是清代纸币最为发达的地区，这从反面证明了东北实体货币短缺。清入关初曾发行过纸币，但随着军事行动大致停止，在顺治十八年（1661）停止了纸币发行，并汲取前代教训，在以后的近二百年中坚持不发行纸币的政策。嘉庆十九年（1814）侍讲学士蔡之定因奏请行楮钞而获罪。但是东北地区却可以突破这一限令。

奉天制钱缺乏是凭帖发行的主要原因。《兴城县志》一记载："本邑自清初以来市面通行向以制钱为本位。用法以十六枚为一百，以一百六十枚为一吊，亦曰一千。以后制钱不敷，周转始由当地富商（如公议店当铺之属）印刷纸币通融市面，名曰凭帖。"②《锦县志略》记载：奉省向无鼓铸，制钱缺乏，由当业刷印纸券，开写钱数，号为凭帖，市面通融胥赖乎。③

中国的纸币很早发达的根本原因并不是由于经济的发展迅速，而是货币经济发展后，由货币供应不足而引发的，宋代交子就是由于铁钱难行而引致纸币出现的，清代自从发行顺治钞后，汲取前代灭亡原因，不再发行纸币。只有东北，从乾隆年间地方上就开始使用纸币，原因有二，一是有

---

① 仲廉：《吉林官帖之研究》（二），《银行周报》第16卷第4号，1932年9月。
② 恩麟、王恩士、杨荫芳：《兴城县志》卷7《实业》，民国十六年铅印本。
③ 王文藻、陆善格、朱显廷：《锦县志略》卷12《实业·钱法》，民国十年铅印本。

政治上的优势，满族地区，可以突破禁令；二就是货币供应量不足以支持当地经济运行时，地方不得不创造出货币的新形式，而缺乏制钱的东北，替代制钱的纸币是首选。当官方的鼓铸不足以满足通货需要时，钱票之类的代币券就应运而生了。

黑龙江早在清代乾隆年间就有钱票的发行。黑龙江的私票分为两种，一种为商家私自发行的纸币被称为商帖，因其仅能在其影响范围内流通，故又称为街帖、屯帖。另一种叫市帖，为地方行政部门发行。呼兰乾隆至光绪中叶都是商帖的天下。哈尔滨道光二十五年（1845）八月万隆泉钱出钱票已达到了2800余吊。后多出虚票，也就是不兑现的纸币，最后不得不关门。齐齐哈尔道光十一年（1831）永泰号钱铺发行私票。

沈阳嘉庆二十三年（1818），该地协力号钱铺发行的钱帖曾被人伪造。盖平发行钱票的历史比较长，道光十四年（1834），该地钱票"凭帖数百万堆积如山"，后在官府的协调下二成兑现。道光十六年（1836），盖平县的天兴、天德、东来、永记、恒记5家钱铺广出钱票，但只能兑付其他人家的钱票，人们看不到现银的流通，从而使该地物价飞涨，经地方官员查明，该地自道光八年（1828）已经开始流通这种不兑换现钱的钱票，并经官府多次查禁而没有什么成效。该地发行的钱票不兑现现银、现钱，而只是这一家的钱票兑付别人家的钱票（抹兑），引起了清朝地方官员的注意，并将这种情况上报给道光皇帝，从而在全国引发一场对钱票兴废的大讨论。

吉林咸丰六年（1856）就曾成立了吉林通济官钱局发行纸币。吉林钱票在清代很早就有发行，同治四年（1865）时，吉林将军阜保规定，税收二成用钱，八成用不兑现的钱帖子。同治八年（1869），全省的一切税收均收用不兑现的钱票。清代吉林私帖一般二成兑现，1894年后出现抹兑，只能兑给其他钱票，而不见现钱流通。光绪九年（1883）时，吉林将军铭安下令废除这种交易方式。但钱票并没有被禁止发行，只是规定10吊钱要付2吊现钱，一直到光绪二十四年（1898），吉林永衡官银钱局大量发行钱票，民间钱票才略少。①

可以肯定地说，东北通行东钱的地区发行的纸币都是以东钱的名义发

---

① 以上均可见戴建兵《中国钱票》，中华书局2001年版。

行的，都是东钱的代表。

东钱纸币的发行，极大地强化了东钱钱制在东北地区的地位，从而使其可以脱离实体货币，而仅仅以纸币的形式在市场上流通，从而成为一种观念上的货币，也就是虚本位。

到了清晚期时，发行者一方面通过以制钱为准备金而发行，另一方面发行者相互保证以满足流通需要，并对发行者的信用进一步担保，从而使东钱纸币逐渐脱离实体货币。锦县商帖的发行者当商对锦帖的发行实行商帖连环担保，所以锦帖信用素著，东至沈阳，西至山海关，通行无阻。①《锦西县志》对锦帖发行商的管理记载更为详细。"城西各镇商号凡发行商帖者均须设城柜于锦县，以为兑换之所，否则即遭拒绝，不能行使，此通例也。"② 一方面商家之间连环互保，共同承担风险；另一方面将发行商帖的商家集中于锦县，也就意味着锦帖可以没有地域限制地流通，但要想兑换制钱只能到锦县县城兑换之所，在锦县其他地方无法兑换。如果发行商帖的商家不在锦县设置兑换所，其发行的凭帖即不在商家连环互保之内，发行的凭帖不能流通。

七 晚清钱荒与宝吉、宝奉新铸铜钱

到了晚清时，东北仍然是一个钱币短缺的地区，原因有二，一是本地区不铸造钱币，二是朝鲜还不时来购买钱币。

同治五年（1866）朝鲜大臣金炳学建议仿中国咸丰当百大钱，上有当百字样。③ 这引起通货膨胀，朝鲜政府请求中国帮助，大院君低价大量购入清朝钱币在朝鲜国内流通。④

吉林成为晚清时中国最早铸造新的货币种类——银元和铜元的省份，也可以证明当时东北地区货币的短缺。

光绪年间，东北开始设立钱局铸造铜钱。

---

① 王文藻、陆善格、朱显廷：《锦县志略》卷11《实业·钱法》，民国十年铅印本。
② 刘焕文、张鉴唐、郭达：《锦西县志·商业·币制》，民国十八年铅印本。
③ [朝]李清源：《朝鲜近代史》，生活·读书·新知三联书店1955年版，第85页。
④ [朝]朝鲜民主主义共和国科学院历史研究所：《朝鲜通史》下卷，吉林人民出版社1975年版，第12页。

光绪八年（1882），吉林将军希元采取先斩后奏的办法，在机器局用机器制造厂平银元，解决市面交易缺少制钱，这在中国银元史上是开创性的，而当时吉林经济并不发达。光绪十三年（1887），希元又下令就省城旧有废置不用的官铁炉设局，名叫"宝吉钱局"，吉林在省城迎恩门里旧官铁匠房安4座炉试铸制钱，十六年因火灾而裁2炉，十九年又减1炉，仅剩1炉，鼓铸制钱。十五年（1889）吉林将军长顺，又增炉座及工料，并从上海采购机器，大量制造制钱，所铸钱背满文"宝吉"。背满文"宝吉"货币，因满文发音而常被认为是直隶蓟镇局所铸，实际上光绪年间蓟镇并未开炉铸钱。

奉天的宝奉局开立于光绪二十五年（1899），[①] 土法制造制钱。此外奉天机器局用机器制造制钱，钱背为满文"宝奉"及汉文"官板四分"字样，每文重5分，月可造1600串余，旋因铜元兴起而停。

光绪二十五年九月十三日，盛京将军增祺具奏："为奉天省现钱甚缺，商民不能周转，及筹变通，试铸钱文，以资流通而舒困累。……铸钱文拟以五分为率，铜铅各半，使销毁者无利可图，然后严其盗铸、贩运之禁。稗与银元、钱帖相辅周转。奴才前于五月间即行操办，并由天津招至匠工，上月已经开炉试铸，共炉两盘，每日可出东钱一千六百余吊，现已铸出三万余吊，查看钱式，虽不及机器所造之精，亦无脆薄模糊等弊，试在市面行使，商民尚称便利。惟事关更改钱法，未敢擅专，合无仰恳天恩，俯念根本重地民用维艰，准予变通鼓铸，以苏民困。光绪二十四年令各省铸钱，以八分为率。但关外情形与内地不同，工匠招自天津，需优工食，物料购自外洋，运费尤增，现今铜价每百斤值银三十一二两，铅价每百斤值银十一二两，若照八分定铸，每千钱即已需银一两一钱有奇，加以工耗、运脚，赔亏甚巨。"[②]

此钱为翻砂法铸造，黄铜质，径1.95厘米，穿宽0.5厘米、厚0.1厘米，重1.6克。而奏文中就直称其为"东钱"，与其他各地钱局所铸造的制钱相比，宝奉局钱币是最轻小的一种，也许与东钱制的暗影有关。

---

① 中国人民银行总行参事室编：《中国近代货币史资料》，中华书局1964年版，第579页。
② 光绪朝朱批奏折，档号04-01-35-1375-049，微缩号04-01-35-064-1294，题名《盛京将军增祺奏报奉天变通试铸钱文事》，具文时间光绪二十五年九月十三日。

八 东钱钱制的消亡

东钱钱制是与制钱的消失密切相关的,进入民国,20 世纪 20 年代后,制钱日少,而新货币特别是银行券大量发行,最终导致东钱钱制消亡。

进入民国后,"宝银与银币渐多,制钱渐少,至铜币出而制钱始绝"①。"昌黎附近丰润、玉田等县以铜圆一枚仅当制钱八文者,故昌黎市面市钱日见短少。"② 丰润、玉田等县当十铜元一枚兑换制钱八文(官定比例为当十铜元兑换制钱十文),可见制钱升值,逐渐减少的趋势。铜元发行,制钱逐渐减少,东钱钱法也发生变化,由以前东钱十六枚兑换制钱一百文变为铜元十六枚兑换东钱一百文。"每铜元一枚为东钱六成二厘五,铜元二枚为东钱一百二成五,铜元十六枚为东钱一吊。"③ "卢龙境内习惯使用九六东钱,从前以制钱一百六十文为吊,今则以铜圆币十六枚为吊。"④

民国之后,各地逐渐取消东钱钱法。开原县"钱法从前惟用铜钱十六枚为一百,一百六十四枚为一千,俗称一吊。自改行银币,各商号之凭帖改为铜元票后,奉文禁止"⑤。蓟县东钱钱法一直存在至民国二十七年(1938)。

宝坻县禁止行用东钱,因东钱已经成为虚钱,市面并无东钱,行用时要折合成银元,于是从 1930 年时禁止使用东钱。⑥

从下面纸币实物中我们还能看到东钱的一些影子:

如北京地区的[延庆阜增典民国癸丑年(1913)肆吊文券]直式。正面蓝色。上为"延庆东街""阜增典",中下为"凭帖取延市钱肆吊文整""字第号""中华民国癸丑年月日阜增典票"。四周为喻义吉祥如意平

---

① 关定保、于云峰:《安东县志》卷 5《财政·货币》,民国二十年铅印本。
② 陶宗奇、张鹏翱:《昌黎县志》卷 5《金融》,民国二十三年铅印本。
③ 同上。
④ 董天华、胡应麟:《卢龙县志》卷 9《金融》,民国二十年铅印本。
⑤ 章启槐、赵家千:《开原县志》卷 3《钱法》,民国七年铅印本。
⑥ 《河北宝坻县禁用东钱》,《银行周报》1929 年第 13 卷,第 47 期。

安富贵图案。四角各有"肆"。下边框外有"廊房三条裕源印刷公司印"。背面：绿色。整版古代人物图。中为"肆吊"，有"留神细看"。右左边框为"失票不管""概不挂号"。［门头沟商务临时流通券民国二十七年肆枚券］直式。正面红色。上为"门头沟商务临时流通券"，中有"肆枚"，下有"门头沟通用""民国廿七年""临时救济积零付整"。四角各有"肆枚"。背面红色。上有"4"字，下为城门图。四角各有"4"。［门头沟治安维持会商务股民国二十七年券］直式。肆枚券。正面红色。上为"门头沟治安维持会商务股"，中有"肆枚"，下有"门头沟通用""民国廿七年""临时救济积零付整"。四角各有"肆枚"。背面：红色。上有"4"字，下为城门图。四角各有"4"。陆枚券。正面：绿色。上为"门头沟治安维持会商务股"，中有"陆枚"，下有"门头沟通用""民国廿七年""临时救济积零付整"。四角各有"陆枚"。背面：红色。上有"6"字，下为城门图。四角各有"6"。

  天津地区的有［蓟县城内西街裕兴布店民国七年券］贰吊券。正面深绿色。票框为圆环纹饰，票芯为网格底纹。上方为两只狮子图案和"蓟县""城内西街"，下面弧形框内为"裕兴布店"，中间竖排文字为"凭帖取东钱贰吊整"，右侧为字第号、"钱随市面"，左侧为"中华民国七年四月二十日""裕兴布店"。四角为"贰"字。背面红色。上方弧形框内为"留神细看"，下为厂房图案，中间圆框内为"贰"字，两侧分别为"失票不管""概不挂号"，下方为火车图。四角花团内分别为"裕""兴""布""店"。陆吊券。正面：蓝色。上方弧形框内为"蓟县城内西街"，下为"裕兴布店"，中间竖排文字为"凭帖取东钱陆吊整"，右侧为字第号、"钱随市面"，左侧为"中华民国七年四月初五日""裕兴布店"。票面图案为八仙过海、两条龙、麒麟、祥云。四角为"陆"字。背面灰黑色。菱形纹饰票框。上、下圆框内分别为"6"和"陆"字，中间为"失票不管""概不挂号"。四角花团内分别为"裕""兴""布""店"。天津宫北东华石印局石印。［蓟县下仓镇德盛隆民国十二年肆吊券］直式。正面黑色。花纹票框，四角压花印"肆"。票芯蓝色波状底纹，上印"蓟县下仓镇""德盛隆"。下直书分三栏：右"字第号""认票不认人，概不挂失票"告；中"凭帖取幻钱肆吊整"；左"民国十二年四月初三日""德盛隆票"。背面：绿色。花纹票框，四角压花印

· 193 ·

"肆"。上部"德盛隆";中间饼图框内印"肆",两侧印"失票不管,概不挂号";底部印阁楼建筑图案。[蓟县商会民国十八年陆吊文券]直式。正面:蓝色。天格为"蓟县城内商会"。地格为"凭帖取钱(每吊合铜元拾三枚)陆吊整",右"字第号",左"民国十八年八月日信义厚票"。右下角有"如铜元不便以银圆随市作价"。上下四角为"蓟县商会"。边框为双龙海水图。[蓟县邦均镇商业协助会肆吊券]直式。正面:深紫色。上方为"蓟县""邦均镇",下为"商业协助会",中间为"凭帖取（一四八）市面钱肆吊整",两侧分别为"字第号""钱随市面""民国年月日票"。票面图案为八仙过海图。四角为"肆"字。背面:红色。圆形波纹线底纹。上、下为花纹图案,圆框内为"4",中间花符内为"肆"字,两侧分别为"撕毁涂抹""概不付钱"。四角为"留""神""细""看"。天津北马路华东石印局石印。①

一件有意思的事是,1916年湖南省湘河东财神殿龚坊仓栈发行两种纸币,面额分别为叁拾二文和十六文,不知道这是一种什么钱制、与东钱有什么关系。②

最极端的例子是抗日战争爆发后,北平出现了河北银钱局,发行了四枚、陆枚的纸币,只能北京附近流通。此后再不见相关东钱及其遗蜕。

本文想要表达国家在这方面的治理主要包含以下几个方面:

第一,货币制度是人类制度史上伟大的发明,在人类发展的历史上,不论是国家、社会、市场甚至个人均对其在运行中有过具体有意志的表达,而历史也十分明确地显示了一条路径,那就是国家在货币制度的发展中起到了极为重要的作用,在清代历史上,东钱、七折钱、京钱都表达了国家对于货币的意志,只不过这些意志对货币独一无二的自身规律进行了干涉,从而使货币制度更加混乱和复杂。

第二,政府干涉对于经济制度是有作用的,而干涉的结果是货币制度将反作用于社会和政府,清代的钱庄发展、政府税收部门的腐败都是由此而来的结果。

---

① 实物可参见戴建兵主编《中国钱币大辞典民国编县乡纸币卷》1—3册,中华书局2015年版。
② 同上。

第三，社会交易离不开货币制度，清政府对于货币制度的干涉人为地形成了不同的经济圈，从而强化了中国经济的封建性。

第四，市场对于制度的人为割裂的反应创造出一些新制度如伤口修复般地结痂，从而使制度更加复杂，这就是中国钱庄林立，从而加重交易成本，并对经济发展形成实质性伤害的根源。钱庄的发达使其可以脱离实体经济而获利。

第五，个人与市场、社会会形成合力平衡国家力量。这就是清代中国货币的实际运行，即市场上，在大的区域货币制度体系下，又有了省陌制度，即九四钱到九八制度。

第六，从货币制度的一个层面上，就可看出，国家、社会、市场、个体四种力量的交合，因而国家治理绝不是一个简单的问题，也非简单的学理表述逻辑就能够解决。

第七，清代钱制问题的解决是由于铜元的出现而实然消失了，当然铜元又出现了新的问题，但是国家在其中发挥作用这个史实，是不容漠视的。

（原载《社会转型与国家治理》，中国社会科学出版社2015年版）

清代私铸小议

一　清代私铸鸟瞰

有清一代私铸的情况十分严重，清政府严刑峻法也没能解决这一问题。

早在顺治年间："各省开炉太多，铸造不精，以致奸民乘机盗铸，钱愈多而愈贱，私钱公行，官钱壅滞，官民两受其病。"① 康熙二十三年因"钱重销毁弊多仍改重一钱，嗣因私铸竞起，于四十一年仍复一钱四分之制"②。雍正年间"湖广河南等省私铸之尤甚"③。雍正三年（1725）上谕："京局每岁鼓铸，则制钱应日加增，而各省未得流布，必有销毁官钱以为私铸者。闻河南湖广等省私铸之风尤盛。"④ 乾隆初年，"江西钱文最杂，所用俱系小广钱又掺和私铸之砂钱，其价竟与大钱相等"⑤。乾隆二十六年时曾下令湖南收回小钱，该地小钱有二枚顶一枚，三枚顶一枚制钱行使的。⑥ 嘉庆二十五年（1820），御史王家相奏："近日江省宝苏局所铸官钱，铜少铅多，而官铜偷铸小样钱，每钱一千不及四斤，民间号为局私，自苏松至浙江、江西，流通侵广。"⑦ 咸丰年间，"咸丰五年秋，道过清江，闻车声辚辚然来，视之，钱也。问：'何为?'曰：'铸钱。'曰：

---

① 张廷玉等：《皇朝文献通考》卷 13。
② 张廷玉等：《皇朝文献通考》卷 15。
③ 同上。
④ 同上。
⑤ 张廷玉等：《皇朝文献通考》卷 16。
⑥ 同上。
⑦ 席裕福等：《皇朝政典类纂·钱币七》。

· 196 ·

'何为以钱铸钱？'曰：'帑金不足，官府费用无所出。今毁制钱为当十大钱，计除工资，十可赢四五，则何为而不铸？'是年冬，再过清江，闻车声辚辚然来，视之，大钱也。问：'何为？'曰：'铸钱。'曰：'何为又以大钱铸钱？'曰：'大钱不行。报捐者买之，当十只值一二。今毁大钱为制钱，而又小之，和以铅砂，计除工资，一可化三四，则何为而不铸？'"①

随着近代中国新闻事业的发展，我们可以看到更为快速而形象的报道。以光绪年间的天津《直报》的报道为例，私铸可说是家常便饭，而且已经深入人们生活的方方面面。

"街市行用私钱日多一日，虽钱庄当铺在所难免，良由禁令不严，遂至毫无忌惮，前已屡经登报，兹复风闻南乡一带颇有私炉铸钱，运往城市销售，私钱一吊买制钱五六百不等，奸徒收买牟利掺和使用，每吊获利四五百文，若当铺钱庄每日出钱成千累万，以十中掺一计之，每千吊可掺百吊，万吊可掺千吊，其利何厚，而卖力佣工之穷民，每日得钱二三百文，以此钱买米粮，铺家任意挑剔，多所滞碍，小民万分吃亏，不特无计可施，抑且无处可诉。"②

"前报缉拿获私炉一座，匪犯八名，系在赵李庄，兹又闻王家场地方获犯二十名，私钱若干串，并起出铁碾钱模风箱等器具，一并带回总局，由局宪会同府宪沈太尊将该犯等发具分班关押，听候禀明督宪再行讯办，按开炉私铸皆罪应斩绞，倘彻底根究，恐贩运之人与售买之家均不能置身法外也噫！"③

"本埠向有私炉，经上宪严行查拿，稍为敛迹，兹闻故智复萌，城厢内外所在多有，此次所铸之钱视鹅眼脐大，专供各当商使用，私钱一吊，可售制钱八九百，故私铸愈多，获利愈厚，谅咸有司终当设法整顿之也。"④

"本埠私钱充斥，屡绾府严禁，而若辈阳奉阴违，玩惕如故，闻估衣街某钱铺开设有年，素称殷实，是昨在门前扛卸钱捆，车上另有两布袋，

---

① 黄均宰：《金壶七墨·大钱》。
② 《钱法待整》，《直报》1118号，光绪二十四年六月三日，1898年7月21日。
③ 《私铸志详》，《直报》500号，光绪二十二年七月二十八日，1898年9月5日。
④ 《私炉复立》，《直报》1089号，光绪二十四年五月三日，1898年6月21日。

为伙友自行携入而沙沙有声，察度情形，定非制钱可比，果系犯法牟利，倘一旦发觉，当不止被罚已也噫！"①

"访事人云，昨有某甲从河东某处买得私钱十余千，肩任而行，不料行至西方庵，为洋兵所见，以其所负之钱无一官炉，疑其为私铸，奸民遂将甲揪至官里去矣，至如何了结，俟访再布。"②

"探闻日前厦门接奉闽督许筠帅颁来文告示一道，饬即悬挂，文曰：照得福省制钱极少，市面不敷周转……惟近闻有等不肖之徒，私行设炉伪铸，串同钱店掺和使用，鱼目混珠，以伪乱真，致碍官铸大干例禁，闻之深感痛恨，查例载私铸制钱为首者斩立决，为从者也绞监候，差何得贿容隐知风不报者，发极远处充军，禁律何等森严，岂容尔等藐法妄为，除伤差保严密查拿外，为此出示晓谕各色人等知悉，自示之后，如有蹈履前辄其速改过自新，倘执迷不悟，一经觉察或被控告，定当照例重办治罪，决不姑宽，其各凛遵照切切勿违。"③

"北塘有高某者以私铸小钱为生，有伙友五人。县署闻知派人明察暗访，于今早在大街直口访明住址，捕班数人将高某获住，其伙友俱逃逸无踪，经严委廉讯明直认不讳，仍派捕班将逸犯拿获，勿得漏网，夫私铸小钱，罪有应得，噫高某者殆咎由自取欤。"④

"前府院邹太守设立清泉局，一时榆荚鹅眼津市殆尽，现沈太守仍仿旧章，至今未有敢乱行掺和者，前闻紫竹林一带钱商与针市等街向不相同，每千掺杂钱一百余文，铺商得利甚多，居民被害不少，不知该管者将如何整顿。"⑤

"咸丰（年间）……北直省之私铸者不胜其扰，甚有举家枭首市曹者，一时皆恶，交易往往以铜制钱出，以铅钱私钱杂以小票收入，物价腾涨，民病之……"⑥

"津县有禁私钱示谕，约谓：据钱商陆雨棠禀称，窃商在河北大街开设

---

① 《私钱难禁》，《直报》1094号，光绪二十四年五月八日，1898年6月26日。
② 《私钱被获》，《直报》570号，光绪二十六年十二月十三日，1901年12月2日。
③ 《严禁私铸》，《直报》578号，光绪二十六年十二月二十一日，1901年2月9日。
④ 《私钱犯案》，《直报》105号，光绪二十一年五月五日，1895年5月28日。
⑤ 《当禁私钱》，《直报》255号，光绪二十一年十月三日，1895年11月19日。
⑥ 《论私钱极宜严禁》，《直报》259号，光绪十一年十月七日，1895年11月24日。

文太成钱铺,出使一吊之票,以便街市通行,而商用现钱皆使整票,由大钱店取之,内因私钱太甚多,遇有兑换现钱者皆不免口嘴之患,恐有街市之碍,请出示严禁等情,为此仰示津郡各铺及军民人等悉知,自示之后,一律兑换净钱,不准任意掺和私钱,致于查拿或被人指控定行究办特示。"①

二 清代钱法

有清一代对于私铸立法不可谓不严,查禁不可谓不繁,但鲜有成效。

顺治十四年制定了十分严格的钱法,以防私铸。"凡奸民私铸,为首及匠人拟斩监候,为从及知情买使者拟绞监候。总甲十家长知情不举首者,照为首例。不知者杖一百,徒三年,告捕者给赏银五十两,其卖钱之经记铺户,有与犯掺和私钱者杖一百,流徙尚阳堡。"十八年时又一次加重。"为首及匠人斩决,家产入官。为从及知情买使者绞决。总甲十家长知情照为首例,不知者枷一月仍拟杖徒,与贩掺和者枷一月仍拟杖徒。"康熙七年时仅将掺和十文以下者的刑法放松,但对伪造者的邻居"不论知情与否,俱枷一月,杖一百,徒一年"。以后三十六年、三十八年、四十四年、四十七年均重申并加重刑罚,其中四十七年时,对船只夹带私钱,例同斩决。② 乾隆年间制定了严禁私铸铅钱的法律,为首及匠人拟绞监候,为从及知情买使减一等。③

雍正十一年、十三年,乾隆五年、二十三年、二十四年又进行了一些修改。④ 而到了清末私铸私销已为斩绞之刑。

清初对汉人和满人刑罚是不一样的,汉人杖责,而满人鞭刑。到了康熙二十三年,又特别规定了旗人私铸和私销禁例。⑤

顺治年间还对官员查禁私钱进行了规定:"凡民间私铸,该管地方官知情者,照为首例,不知情及听其与贩掺和者,以失觉查论,在内五城坊官,在外州县卫所官失察,每起降职一级。"并对各级官吏的职责及罚则

---

① 《兑换净钱》,《直报》1201号,光绪二十四年八月二十六日,1898年10月11日。
② 张廷玉等:《皇朝文献通考》卷13。
③ 张廷玉等:《皇朝文献通考》卷16。
④ 张廷玉等:《皇朝文献通考》卷14。
⑤ 同上。

进行了严格的规定。①

康熙三年申定各官失查私铸处分之例，有的失查一起，降职三级。四年定各官失查掺和旧钱废钱处分之例，有降职二级者。② 康熙十年定禁止私销铜钱改铸铜器之例，与私铸同罪。乾隆十五年时，改为私铸为首斩候，而私销则立斩。③ 康熙年间还定了剪边钱的条例，十千以上为首者拟绞监候，从杖一百流三千里。④

顺治年间时，"见在铸局过多，民易盗铸为奸，应行裁减，于各布政司驻劄之省城，止留一局鼓铸"⑤。后以曾停省局，而专开京城鼓铸，以防盗铸。顺治十七年时，因为私钱太多，明时旧钱尚多，而下令立法，对这些不合格的钱币进行收买。⑥ 康熙二十九年又行收买私钱之令，在京城限六个月，在外限文到后六个月，对送交私钱之人免于刑事处分，每斤给银一钱。三十八年时又让百姓可自行将私钱熔铜交官。每斤给银六分五厘。但实际上边远地区仍旧使用古钱。

康熙二十三年定两局炉设夹铸私钱之禁。⑦ 康熙二十六年和三十六年，两次将轻小的湖北昌字钱和湖南南字钱停止流通。

三 难以解开的怪圈

清代私铸主要有下列几个原因。一是币制本身的原因。清代实行的是不完全的银钱本位制度。银两用于大额贸易而且可以由私人自由铸造，而铜钱只能由官府铸造。银两和铜钱两者没有主币和辅币的关系，只按市场价格自由浮动。这种币制对于清政府而言控制起来极度困难。首先是在银和钱两者的价格上难以控制，中国本不是一个产银国家，白银的来源主要是通过对外贸易大量出口而从欧洲商人那里赚得白银，因而外贸的出超或

---

① 张廷玉等：《皇朝文献通考》卷13。
② 张廷玉等：《皇朝文献通考》卷14。
③ 同上。
④ 张廷玉等：《皇朝文献通考》卷15。
⑤ 张廷玉等：《皇朝文献通考》卷13。
⑥ 同上。
⑦ 张廷玉等：《皇朝文献通考》卷14。

入超都将对白银的数量产生重大影响，白银数量的多少将对银铜平行本位产生自然的浮动。其次清政府对铸造制钱的铜的来源无法保证。有清一代，铸钱原料——铜是清政府极感头痛的问题，清政府将全国铜源想开发用尽，但是铜的来源仍是不稳定的因素，先是明代旧遗铜用完，接着是洋铜进口日少，而滇铜又受政治因素的影响，如农民起义使之无法得到，故而平行本位本身出现波动在有清一代是常事，而银钱价格的变化，对于私铸者而言总是有投机的机会。

清政府币制本身还有一个重大的缺陷，即随着外国银元的大量流入，清政府的银铜平行本位更加复杂和不易控制。清中叶以后，单纯银钱本位实际上是银两、外国银元、制钱、铜四者浮动交替变化的币制，每两者之间出现浮动，都将给私铸带来利益。

除了币制，私铸还有币材上的原因。中国传统币制是以贱金属作为币材，而金属容易得到，且铸钱对铸造技术要求不高，从而使私铸成为可能。而且清代以来，政府为了防止私铸（当然也有降低铸钱成本而获得铸息的需要），一直在不停地变换铸钱的金属成色，从铜钱到加锌的黄铜钱，再到加锌铅的青钱，再到加锌铅锡的钱币，从而使金属的成分更贱，而金属质地的变化也为私铸打开了口子。

清政府更难以解决的问题在于钱和铜两者的关系。铜是铸钱的材料，更是民间用品的原材料，民间生活的多数用具在清代已为铜器，因而钱价与铜价成为影响清政府币制的重要因素，钱贱铜贵则引起私销，反之则私铸。

从政府管理体制上而言，清政府也难以解决私铸问题，由银钱平行本位而派生的铜少，使得有清一代的很多地方铸局铸造小钱，人称"局私"，清前期江西、湖南多有此钱。乾隆五十九年"各省局员将官钱私行减小，额外多铸小钱……各省日积日多，而云贵四川为尤甚"。[①] 乾隆六十年：京师私钱未净。嘉庆元年，各省小钱充斥。[②] 而且一些这种小钱是清政府中央所准许的，原因在于地方少铜。如乾隆十一年时湖北宝武局因铜少改铸重只八分的小钱，且仍照大钱之价配铜。[③] 而且清政府在制钱的

---

① 张廷玉等：《皇朝文献通考》卷19。
② 同上。
③ 张廷玉等：《皇朝文献通考》卷16。

铸造上是由中央政府的宝泉和宝源两局与各省的省局共同铸造，因而中央与地方、地方与地方铸钱的重量、金属含量均不相同，也导致私铸。早在顺治年间："各省开炉太多，铸造不精，以致奸民乘机盗铸，钱愈多而愈贱，私钱公行，官钱壅滞，官民两受其病，欲使钱法无弊，莫若鼓铸一，其各省铸炉一概停止，独令京师鼓铸。"① 但是这一政策没有几天就废止了，因为各省停铸后，立即银贵钱少，平行本位不得维持。

此外，由于银钱关系的变化和铜源问题，曾使得清政府不断地改变其制钱的重量，从一钱四分到一钱二分，到一钱，到八分、六分，本身也给私铸者熔毁旧钱，私铸新小钱提供了条件。当然清政府不断更改钱币重量本身就是私铸与私销引起的恶性循环，钱重则私销，钱轻则私铸。

历史问题也是一个原因。中国古代历朝政府从来没有解决古钱流通的问题，前几个朝代的钱币在本朝流通已经成为货币流量的必需，清政府也不例外，但是古钱与清制钱在金属质地、重量、形制上均有差异，这也是私铸泛滥的一个原因。

对于私铸者而言，问题的关键是因为私铸有利可图，而且是有大利可图。我们可以看一下私铸与官铸钱币的重量比较。让我们看一看清代诗人是如何描写私铸原因的吧：

村野老翁稀入城，入城正遇官行刑。累累束缚类狐兔，血肉狼藉尸纵横。此人何罪官不怜？鼓炉私铸壅官钱。翁言我昔方少年，官钱美妙络一千。轮肉周厚体肥白，民欲盗铸利何焉？铜山近日产铜少，官炉铸钱铸不好。鹅眼刀环小复轻，局工监铸家家饱。官私无辨铸益多，利重生轻奈杀何。可怜刑贱不刑贵，赤子何知投网罗。若移此刃刃官铸，伫看千里清黄河。

此诗名《铸钱引》，作者是清代的沙张白。

（原载《中国钱币》1998 年第 3 期）

---

① 张廷玉等：《皇朝文献通考》卷13。

乾隆朝铸币与 GDP 的估算

——清代 GDP 研究的一种路径探索

清代经济的运行与货币有着十分密切的关系。政府发行货币，提供了货币经济下清代经济发展最原始的动力，中央铸局和地方铸局的货币投入于兵饷、政府人员薪水、工程款等，从而成为 GDP 来源的重要部分。乾隆朝是清代铸钱量的最高峰，中央钱局铸钱成本和数量构架了清代国家经济的重要组成部分，清朝称为"铜政"。这一国家经济运行机制对 GDP 的贡献应当注意。此外，基于中国传统经济模式及相应的经济学传统所提供的清代经济数据核算也是一种新的清代 GDP 研究的思路。

最近一个时期以来，西方学者通过对明清时期中国 GDP 的研究，得出了一些与以前看法并不一致的结论。现在人们一般用支出核算法对 GDP 进行总计，即消费、投资、政府购买、净出口。1987 年，肯尼迪引用贝洛克的结论大大提升了 1750 年中国经济在世界的地位。弗兰克也认为 19 世纪的中国经济是世界的中心。而近期麦迪逊对中国长时期 GDP 进行了研究，更是得出了 1700—1820 年中国经济的年增长率为 0.85%，而西欧只是中国的 2/3，且此时中国的 GDP 为世界的 32.4%，而整个欧洲不过为 26.6%，从而论证了中国经济在鸦片战争以前世界上的领先地位。2010 年，李伯重先生出版了《中国的早期近代经济——1820 年代华亭—娄县地区 GDP 研究》，① 使用国民账户体系法进行分析。本文想通过对清代货币的研究，特别是通过对乾隆朝铸币量的分析，对清朝 GDP 的核算

---

① 李伯重：《中国的早期近代经济——1820 年代华亭—娄县地区 GDP 研究》，中华书局 2010 年版。

提供一个新的思路。

清朝自 1644 年建立全国政权后，基本上实行的是一种银钱"相权而行"的货币制度，这是一种国家控制铜币生产及流通，而银由外贸提供的跛行本位制度。国家财政收支、大宗交易多使用银两，民间商贸及零星交易活动多使用制钱，与此同时，两者的使用范围尚有部分的重合。制钱担任了广泛的货币职能，到乾隆年间，铸钱业已经成为关系朝廷生存命脉的重要政治、经济活动。铸币机构几乎遍布全国，中央户工二部鼓铸钱文分别用于发放兵饷和京城周边地区的公共工程。各省局鼓铸钱文则用于当地兵饷、官员薪俸和公共开支等项。而在货币流通过程中，制钱也因计算简单，在清代前期，成为民用所必需。

清代经济的运行与货币有着十分密切的关系。自然经济的基础之一是货币经济，两者是一种依存而非对立的关系。中国自明代以来，国家经济特别是货币经济呈现出一种国家调控下自然经济的状态。国家发行货币，货币流通于市场，一个个的集墟构架了以当地耕织结合为核心的自然经济。政府发行货币，提供了货币经济下清代经济发展最原始的动力，中央铸局和地方铸局的货币投入于政府人员薪水、工程款等，从而成为 GDP 来源的重要部分。但相关清代 GDP 与清代货币的研究尚少。

对于当时铸币的发行量，要想掌握全面可靠的统计数据，暂时还无可能，就本文来说，有些年份因资料缺失，在不影响真实的前提下，或采时间靠后的档案史料，或依前人的成果，或据推算，不足之处，还望斧正。

一　乾隆年间铜政与 GDP

清代货币与 GDP 的关系，有几个方面应当注意，一是政府在铸造时的先期投入，重要的部分有：对于铸币币材开采、收购的投入、币材运输的投入、铸币生产的投入，所有这些构架了清代国家经济的重要组成部分，清朝称为"铜政"，可见其重要性。其次就是政府铸币的发行对 GDP 的影响。

清代币材成分时常变化。清前期京师户工二部鼓铸钱文，在顺治元年"以红铜七成，白铅（锌）三成，配搭鼓铸"，雍正五年改为"铜铅各半配搭鼓铸"，乾隆五年"按铜铅一百斤，内用红铜五十斤，白铅（锌）四十一斤八两,黑铅(铅)六斤八两,点铜锡二斤,配搭改铸青钱"①。终乾隆一朝,都是采用铜、白铅、黑铅、锡搭配鼓铸。其币材采买在经历关差采办、民间收购、日中贸易(主要是铜)等阶段后,逐步形成了以云南(铜)、贵州(锌——时称白铅)、湖南(铅——时称黑铅)、广东(锡——时称点锡)为中心的币材供应中心。每年所需币材数量达一千余万斤(乾隆朝户工二部鼓铸钱文所需铜铅锡数量见表1)。下面按照币材的不同种类予以分别核算(币材均按额定办运数量计算)。

1. 铜

清代云南开采铜矿,应自康熙二十一年,云贵总督蔡毓荣上《筹滇理财疏》②,奏请广鼓铸、开矿藏、卖庄田、垦荒地为始。康熙四十四年,东川府在汤丹设经理一员,驻厂每年征收铜税,此为官方主持云南铜政之始。③ 随着云南铜矿产量的迅速提升,从乾隆四年开始,京师宝泉、宝源二局鼓铸所需铜料完全仰给于云南一省。币材收购也从早期的"听民开采、官收其税"过渡为"放本收铜"。乾隆四年,云南总督庆复奏称:"工本银两宜预拨协济也。查汤丹等厂每年约办铜七八百万斤,所需工本厂费等项银五六十万两,又每年办运京铜四百万,④ 约需脚价官役盘费银十四万两,又每年应解司库余息银二十余万两,应请每年预拨银一百万两,解贮司库。除按年支销外,如有余剩,照升任督臣尹继善题定之例,即归余息项下充公。如再有余剩,截作下年工本脚价,每年于铜务并运铜案内据实报销……"⑤ 学界也多认为从此时开始,每年拨滇省铜本均为100万两。但是据笔者查阅档案史料,滇省铜本乾隆四年至乾隆七年,每年为100万两,乾隆八年时,户部以滇省历年工本皆有余剩,余省银两抵作乾隆八年工本费用,定议从乾隆九年为始,应照实际应用之数给发,每

---

① 崑冈等修,刘启端等纂:《钦定大清会典事例》卷214《户部·钱法》,《续修四库全书》,上海古籍出版社2002年版,第494—496页。
② 师范纂:《滇系》卷83《筹滇十疏》,1914年补刊本。
③ 东川铜矿务局:《东川铜矿志》,云南民族出版社1990年版,第27页。
④ 实际滇省乾隆四年办运正耗余铜4440000斤,乾隆六年广西局停铸京钱后,每年加运正耗余铜1891440斤,共6331440斤。
⑤ 中国第一历史档案馆藏:《云南总督庆复题请拨给乾隆四年铜本等项银两事》,乾隆四年三月初二日,《户科题本》,档案号02-01-04-13162-002,缩微号02-01-04-07-0714。

年发放铜本银85万两,① 乾隆五十年,云贵总督富纲奏明,滇铜年额递增,运费较多,请自乾隆五十一年为始拨发铜本银100万两。②

另外,户部规定每年办运京铜应解户工二部饭食银64455.2两,又应需车脚吊载银4970.18两,于请拨铜本时将应需银数扣明咨部,行知拨解省份解赴通州交坐粮厅收贮。候各运铜斤起程时仍由滇省备具文批交给运官,从坐粮厅衙门领出,按运分解应用。拨解省份于应解滇省银内将三正运自汉口以下水脚如数扣除,以10434两解贮湖北武昌司库,以为自汉至仪之费,以16206两解交江南仪征县库,以为自仪抵通之费。后为节省经费起见,将此项银两每年在于直隶、湖北、江南藩库就近照数动拨应用。③ 余银由江西、湖南、广东、河南等邻近省份拨解滇省。

工本银按额办京铜6331440斤,每百斤价银9.2两计算,脚价官役盘费等银按上文庆复所奏"每年办运京铜四百万(实际应为4440000斤),约需脚价官役盘费银十四万两",并考虑到后期运输成本加大的因素,我们推算每百斤约需4两上下。总计乾隆四年至六十年解滇的铜本约计4800万余两,④ 年均84万余两。

2. 锌

黔省所办京局锌料所需工本亦由该抚预行题请,由临近江西、广东等省拨解。其每年办解京局正额锌料4391914斤,⑤ 由莲花、福集二厂收买,合算每百斤需工本银1.45两,共需工本银63683两。发运永宁合算

---

① 中国第一历史档案馆藏:《东阁大学士兼户部尚书事务徐本题为遵旨核议滇省乾隆甲子年需用办铜工本银两补拨数目请旨事》,乾隆八年三月初五日,《户科题本》,档案号02-01-04-13577-008,缩微号02-01-04-07-114-0209。

② 中国第一历史档案馆藏:《大学士管理户部事务和珅题为遵旨议准云南省题拨乾隆五十八年办运京铜所需铜本运脚银两事》,乾隆五十六年十月二十六日,《户科题本》,档案号02-01-04-7634-011,缩微号02-01-04-07X83-0887。

③ 中国第一历史档案馆藏:《大学士管理户部事务于敏中题为遵旨核议滇省乾隆四十一年办运京铜所需铜本运脚银两例行预拨事》,乾隆四十年闰十月二十五日,《户科题本》,档案号02-01-04-16665-012,缩微号02-01-04-07-687-1348。

④ 户部规定:每年题拨铜本时,查明实存铜息若干,除留备公银五十万两外,如有余剩,俱拨抵该年铜本之用,不敷银两仍于各省拨解。但是据目前所掌握资料看,滇省办获铜斤余息并拨卖铜斤获息只有偶尔年份超过五十万之数,所以铜息贴补铜本一项应可忽略不计。

⑤ 《清代各部院则例——钦定户部鼓铸则例》,蝠池书院出版有限公司2004年版,第45页。

每百斤需脚价银 1.538 两，共需脚价银 67548 两。又由永宁水次转运，每百斤水脚银 3 两，共水脚银 131757 两，由张家湾陆路至京，每百斤需车价银 0.128 两，共需车价银 5622 两，另需沿途剥费银 5000 两。① 总计乾隆朝共拨解工本银约 1600 万余两，年均 27 万余两。

3. 铅

京局鼓铸钱文配搭铅料始于乾隆五年，初由黔省办解，乾隆十四年因出产稀少，改归湖南办理。二十九年，湖南省郴州铅厂封闭，额办铅料令贵州湖南两省各半办运。四十年，贵州分办铅料全归湖南办解。四十八年，京局铅料自四十九年为始，仍令湖南贵州两省各半分办。② 按额办京局铅料 700571 斤计算，乾隆朝贵州共办运铅料 1435 余万斤，湖南共办运铅料 2485 余万斤。

其中贵州办解铅料按照柞子厂每百斤工本银 1.5 两计算。该厂发运永宁每百斤脚价银 1.6996 两，永宁水次转运每百斤水脚银 3 两，由张家湾陆路至京，每百斤需车价银 0.128 两，共脚价银 4.8276 两。总计乾隆朝拨解贵州铅料本银 91 万余两，③ 年均 1.5 万余两。此项银两由各省协解。

湖南郴桂二州收买铅④每百斤约银 3.4 两，自郴桂二州运至长沙省城每百斤运脚银约 0.177 两，自长沙省城运至汉口每百斤给水脚银 0.1 两，自楚运局交收每百斤所需水脚车费起剥薪水等银 1 两，脚价银共 1.277 两。总计乾隆朝湖南办运京局铅料共银 116 万余两，⑤ 年均 2 万余两。此项银两在于本省地丁银内动支。

---

① 中国第一历史档案馆藏：《贵州巡抚陈准题报收明广东省解黔铅斤工本银数日期事》，乾隆五十七年四月十七日，《户科题本》，档案号 02-01-04X7683-007，缩微号 02-01-04-07-94-0755。另自乾隆四十三年改由通州水运至大通桥车运交局，所需运费照铜运每百斤给银七分三厘五毫。因节省费用相对较少，本文暂且将其忽略。

② 同上。

③ 崑冈等修，刘启端等纂：《钦定大清会典事例》卷 216《户部·钱法》，第 520—522 页。

④ 湖南解送京局黑铅来源由收买的铅和税铅组成，但是税铅数量较少且各年份变动较大，所以本文暂且将其忽略。

⑤ 中国第一历史档案馆藏：《大学士兼管户部事务傅恒题为遵旨查核湖南省乾隆十七年两运黑铅用过价脚杂费等项银数事》，乾隆十九年十月二十七日，《户科题本》，档案号 02-01-04-14815-002，缩微号 02-01-04-07-332-0033。

·207·

4. 锡

广东办解京局锡料始于乾隆六年,① 每年额解点锡 211713 斤。② 每百斤价银 13.5 两,每百斤给水脚银 1.87 两,③ 总计乾隆朝办解广东锡料共银 180 余万两,年均 3 万余两。该银在于各属解贮司库田房税羡银内动支给发。

二 乾隆年间铸币量的估算

连续的货币发行量可以反映一定时期的市场规模和经济发展水平。统计与估算乾隆朝的铸币发行量无疑对深入研究 18 世纪的货币流通问题大有助益。本节在借鉴前人研究成果的基础上,④ 利用中国第一历史档案馆藏《户科题本》,对乾隆朝铸币的发行情况作一探讨。尤其对宝泉局铸钱量进行了比较精确的估算,或可与前人研究相互印证(见表 1、表 2。其中"价脚"项目为各项币材所需费用之和,依据见上文。铜每百斤价脚约为 13.2 两,白铅每百斤价脚约为 6.1 两,黑铅价脚取湖南和贵州价脚的平均数,每百斤约为 5.5 两,锡每百斤价脚约为 15.4 两⑤)。

根据表 1、表 2 的数据,乾隆朝户工二部共鼓铸钱文 8170.5 卯 77173153 余串,共用价脚银 6500 万余两。各省局的数据因为资料较为庞

---

① 《钦定大清会典事例》卷 216《户部·钱法》,第 520 页。
② 同上。
③ 中国第一历史档案馆藏:《大学士管理户部事务和珅题为遵旨查核广东奏销乾隆五十四年份办理京局点锡所需水脚银两事》,乾隆五十六年十二月十五日,《户科题本》,档案号 02 - 01 - 04 - 17634 - 013,缩微号 02 - 01 - 04 - 883 - 0930。
④ 前人对于乾隆朝铸钱的统计已有相当数量的成果,比如彭泽益(《清代宝泉宝源局与铸钱工业》,中国社会科学出版社 1983 年版)根据清代钱法档案资料得出,乾隆十年,宝泉局额铸钱 69 万串,宝源局额铸钱 345000 余串,岁铸钱共 1305000 余串,宝泉局在乾隆二十二年至五十八年平均每年开铸 75 卯,岁铸钱 933773.216 串,宝源局在乾隆四十三年至五十八年间平均每年开铸 72 卯,岁铸钱 447744.732 串;布ericht纳(《我的清代货币研究历程与成就》,《中国钱币》2005 年第 1 期)也对乾隆朝的铸钱量做出了统计;郑永昌〔《清代乾隆年间铜钱之区域流通——货币政策与时空环境之变化分析》,载陈捷先主编《清史论集》(下),人民出版社 2006 年版〕则依据台北故宫博物院和北京第一历史档案馆所藏钱法货币资料统计了乾隆年间中央与地方各省铸钱局的制钱发行量,本文对其统计数字有所借鉴。
⑤ 为计算方便,数据暂未考虑价格变动因素。

大，本文暂引用林满红的观点，[①] 整个乾隆时期（1736—1795），北京铸局的铸造量占铸币总量的48%，各省铸局合计占52%。

表1　　　　　　　乾隆朝户部宝泉局铸钱成本数量统计

年份	铜（斤）	白铅（斤）	黑铅（斤）	高锡（斤）	价脚（两）	卯数	铸钱数（串）	资料来源
元年	2300000	1880000	无	无	418280	41	510000	—
二年	2300000	1880000	无	无	418280	41	510000	—
三年	2300000	1880000	无	无	418280	41	510000	—
四年	2329712	1887428	无	无	422655.09	41	511680	《题为遵旨查核宝泉局乾隆四年份用过铜铅铸过钱文数目事》，档号：02-01-04-13257-017
五年	2300000	1880000	270000	无	433130	41	510000	—
六年	2218191	1655614	274114	84342	421858.6	41	513514.560	《题报乾隆六年份宝泉局实存库铜铅锡各斤数事》，档号：02-01-04-13452-007
七年	3371914	2369057	407828	125485	631360.36	61	761280	《题报宝泉局乾隆七年份出入铜铅锡并铸解钱文数目事》，档号：02-01-04-13578-014
八年	3590357	2527071	434571	133714	672571.82	65	811200	《题报宝泉局乾隆八年份出入铜铅锡并铸解钱文数目事》，档号：02-01-04-13713-004
九年	3947142	2734971	474685	146057	736456.43	71	886080	《题为会议宝泉局监督永贵等呈乾隆九年出入铜铅锡并铸解钱文各数目事》，档号：02-01-04-13868-016
十年	4886357	3395700	588342	181028	912373.95	88	1098240	《题为查明宝泉局乾隆十年份出入铜铅锡及铸解钱文数目事》，档号：02-01-04-13992-002

[①] 林满红：《银钱——19世纪的世界与中国》，江苏人民出版社2011年版，第27页。

续表

年份	铜（斤）	白铅（斤）	黑铅（斤）	高锡（斤）	价脚（两）	卯数	铸钱数（串）	资料来源
十一年	3607457	2509971	434571	133714	673785.92	65	811200	《题为奏销宝泉局乾隆十一年份出入铜铅锡并铸解文钱数目事》，档号：02-01-04-14121-008
十二年	3300000	2300000	400000	120000	616380	61	760000	—
十三年	3300000	2300000	400000	120000	616380	61	760000	—
十四年	3386699	2354271	407828	125485	632410.03	61	761280	《题为察核宝泉局乾隆十四年出入铜铅锡斤并铸解钱文数目事》，档号：02-01-04-14447-009
十五年	3381867	2359103	407828	125485	632066.96	61	761280	《题为查核宝泉局乾隆十五年份旧管新收铜铅锡并支领炉头工料等项目银两事》，档号：02-02-04-14531-002
十六年	4160185	2898385	510428	154285	777284.34	75	936000	《题为察核宝泉局乾隆十六年出入铜铅锡斤并铸解钱文数目事》，档号：02-01-04-14609-004
十七年	3951667	2747039	470399	144738	737351.02	71	886080	《题为遵旨查核宝泉局乾隆十七年份鼓铸钱文用过铜铅高锡及支给炉匠工料等项银两事》，档号：02-02-04-14695-016
十八年	3948896	2743588	472007	145232	736939.25	71	886080	《题为遵旨查核宝泉局上年鼓铸钱文用过铜铅锡及支给工料等项目数》，档号：02-02-04-14811-021
十九年	4171436	2897504	498749	153461	778441.49	75	936000	《题报宝泉局乾隆十九年份出入铜锡铅斤并铸解钱文目事》，档号：02-01-04-14903-002
二十年	3947627	2744857	472007	145232	736849.15	71	886080	《题为查核宝泉局乾隆二十年份出入铜铅锡斤铸解钱文数目事》，档号：02-01-04-14975-006

续表

年份	铜（斤）	白铅（斤）	黑铅（斤）	高锡（斤）	价脚（两）	卯数	铸钱数（串）	资料来源
二十一年	4169605	2899335	498749	153461	778311.48	75	936000	《题为遵旨查核宝泉局乾隆二十一年鼓铸钱文用过铜铅高锡支给工料各数目事》，档号：02-01-04-15062-005
二十二年	3947537	2744945	472007	145232	736842.64	71	886080	《题为查核乾隆二十二年份宝泉局出入铜铅锡斤并铸解钱文数目事》，档号：02-01-04-15135-013
二十三年	3947539	2744945	472007	145232	736842.91	71	886080	《题请核销宝泉局乾隆二十三年份出入铜铅锡斤并铸解钱文数目事》，档号：02-01-04-15202-009
二十四年	4169478	2899463	498749	153461	778302.53	75	936000	《题为遵查宝泉局乾隆二十四年份鼓铸钱文用过铜铅高锡及支给炉匠工料等项银两事》，档号：02-01-04-15286-006
二十五年	4030621	2803034	482035	148318	752379.94	72.5	904800	《题报乾隆二十五年宝泉局旧管新收铜铅锡数目事》，档号：02-01-04-15369-004
二十六年	4312377	2938034	505435	155518	800202.54	76	959079	《题为查核宝泉局奏销乾隆二十六年份出入铜铅锡斤并铸解钱文数目事》，档号：02-01-04-15454-011
二十七年	4455781	3090306	531642	163582	831103.7	80	998946	《题为查核宝泉局上年份收支存铜铅锡斤数目事》
二十八年	4232203	2935726	505435	155518	789478.78	76	950000	《题为遵旨查核宝泉局乾隆二十八年铸钱用过铜铅等项工料银数事》，档号：02-01-04-15658-005

续表

年份	铜（斤）	白铅（斤）	黑铅（斤）	高锡（斤）	价脚（两）	卯数	铸钱数（串）	资料来源
二十九年	4352500	2815055	505435	155518	797997.05	76	949026	《题为遵旨核议宝泉局乾隆二十九年鼓铸钱文用过铜铅高锡及支给炉匠工料银两事》，档号：02-01-04-15727-016
三十年	4516823	3034058	532178	163747	835785	80	998946	《题为按年奏报宝泉局乾隆三十年份旧管铜铅锡数目事》，档号：02-01-04-15814-003
三十一年	4200000	2900000	500000	150000	781900	76	950000	—
三十二年	4200000	2900000	500000	150000	781900	76	950000	—
三十三年	4200000	2900000	500000	150000	781900	76	950000	—
三十四年	4265919	2939558	505435	155518	794163.04	76	952793.931	《题报宝泉局乾隆三十四年份出入铜铅锡斤并铸解钱文数目事》，档号：02-01-04-16162-011
三十五年	4200000	2900000	500000	150000	781900	76	950000	—
三十六年	4265591	2938144	505435	155518	794033.49	76	952582.584	《题为查核宝泉局乾隆三十六年份收解铜铅锡斤数目事》，档号：02-01-04-16340-010
三十七年	4262929	2937655	505811	155634	793690.82	76	952593.580	《题为遵旨查核宝泉局乾隆三十七年份鼓铸钱文用过铜铅高锡及支给炉匠工料等项数目事》，档号：02-01-04-16458-012
三十八年	4421221	3059445	526028	161854	824084.37	79	989784.679	《题为奏销乾隆三十八年份宝泉局出入铜铅锡斤并铸解钱文用过工银等数目事》，档号：02-01-04-16553-005
三十九年	4158958	2922699	498750	153461	778331.34	75	936709.800	《题报宝泉局乾隆三十九年份出入铜铅锡斤并铸解钱文数目事》，档号：02-01-04-16662-003

续表

年份	铜（斤）	白铅（斤）	黑铅（斤）	高锡（斤）	价脚（两）	卯数	铸钱数（串）	资料来源
四十年	4152092	2925667	499285	153626	777660.91	75	936655.200	《题请核销宝泉局乾隆四十年出入铜铅斤铸解钱文各数目事》，档号：02-01-04-16780-011
四十一年	4178598	2899708	499213	153604	779568.46	75	936709.800	《题为查核上年份宝泉局鼓铸钱文出入铜铅锡斤给过匠役工银实存钱文各数目事》，档号：02-01-04-16862-010
四十二年	4164908	2912848	499285	153626	778570.66	75	936655.200	《题为遵查宝泉局乾隆四十二年份鼓铸钱文用过铜铅锡斤及支给工料等项数目事》，档号：02-01-04-16923-007
四十三年	4390137	2905091	527100	162184	819953.08	79	986575.200	《题报宝泉局乾隆四十三年份出入铜锡铅等并鼓钱文各数目事》，档号：02-01-04-17056-007
四十四年	4173116	2905091	499285	153626	779180.94	75	936709.800	《题请核销宝泉局乾隆四十四年份出入铜铅锡斤并铸解钱文数目事》，档号：02-01-04-17148-010
四十五年	4173567	2898795	499285	153626	778856.42	75	936000	《题为遵查京省宝泉局上年鼓铸钱文用过铜铅锡及支给炉匠工料等项钱数目相符毋庸议事》，档号：02-01-04-17223-007
四十六年	4401604	3052613	526028	161852	821078.18	79	986575.200	《题为奏报宝泉局乾隆四十六年旧管铜铅锡并铸解钱文数目事》，档号：02-01-04-17294-016
四十七年	4180830	2897381	499285	153626	779728.88	75	936709.800	《题为查核宝泉局乾隆四十七年出入铜铅锡斤并铸解钱文数目事》，档号：02-01-04-17364-011

续表

年份	铜（斤）	白铅（斤）	黑铅（斤）	高锡（斤）	价脚（两）	卯数	铸钱数（串）	资料来源
四十八年	4180496	2897265	499285	153626	779677.72	75	936655.200	《题为查核宝泉局奏销乾隆四十八年份旧管新收拨存铜铅锡各数目事》，档号：02-01-04-17417-005
四十九年	4402552	3051662	526028	161854	821145.83	79	986575.200	《题为奏销乾隆四十九年份宝泉局旧管新收铜铅锡斤事》，档号：02-01-04-17437-006
五十年	4180830	2897381	499285	153626	779728.88	75	936709.800	《题报京城宝泉局乾隆五十年份铜铅锡斤管收动存各数》，档号：02-01-04-17466-002
五十一年	4100000	2800000	490000	150000	762050	75	930000	—
五十二年	4182244	2895967	499285	153626	779829.27	75	936709.800	《题为宝泉局奏销上年份出入铜铅锡斤并铸解钱文数目事》，档号：02-01-04-17492-016
五十三年	4181795	2895967	499285	153626	779770.01	75	936655.200	《题为遵议宝泉局乾隆五十三年出入铜铅锡斤并铸解钱文数目事》，档号：02-01-04-17573-015
五十四年	4396065	3058153	526028	161854	820684.97	79	986575.200	《题为查核宝泉局乾隆五十四年份出入铜铅锡斤并铸解钱文数目事》，档号：02-01-04-17597-021
五十五年	4100000	2900000	490000	150000	768150	75	930000	—
五十六年	4173566	2904195	499285	153626	779185.69	75	936655.200	《题为遵旨查核宝泉局乾隆五十六年份鼓铸钱文用过铜铅锡斤及给过炉匠工料等项事》，档号：02-01-04-176585-009
五十七年	4398409	3056302	525650	161738	820842.81	79	986575.200	《题报宝泉局乾隆五十七年份出入铜铅锡斤并铸解钱文数目事》，档号：02-01-04-17769-010

续表

年份	铜（斤）	白铅（斤）	黑铅（斤）	高锡（斤）	价脚（两）	卯数	铸钱数（串）	资料来源
五十八年	4174118	2904093	499285	153626	779252.33	75	936709.800	《题报宝泉局乾隆五十八年份出入铜铅锡斤并铸解钱文数目事》，档号：02-01-04-17841-012
五十九年	3794234	2507470	345514	106312	689169.88	65.5	818095.200	《题为奏报乾隆五十九年份宝泉局出入铜铅锡斤并铸解钱文数目事》，档号：02-01-04-17922-006
六十年	2307505	1256081	无	无	381211.6	34.5	431215.200	《题报宝泉局乾隆六十年鼓铸管收除在铜斤各数目事》，档号：02-01-04-18000-007
合计	233395256	162820783	26407184	8019116	43427580.54	4186.5	52277137.33	

说明：1. 表中数据来自中国第一历史档案馆藏《户科题本》，因篇幅所限，缩微号在资料来源项中予以省略。

2. 一表示当年资料缺失，其数据根据相邻年份及《文献通考》《大清会典事例》等资料推算。

依次推算，乾隆朝各省铸局共铸钱83604249余串，统计乾隆朝中央地方铸局共铸钱160777402余串，年均为2679623余串。

关于清代GDP总量的研究已经引起国内外学者的关注。[1] 但是在已有成果中都没有提及清代铸钱工业与清代GDP总量的关系，这固然是因为其所占比重很小，其变化不会对总量产生较大偏差。但是清代的铸钱工业从矿产开采到运员委派，从订做船只到招募水手脚夫，涉及政府支出、采矿、运输、货币发行等多个宏观经济领域。以矿业为例，云贵等地虽然僻

---

[1] 代表性成果主要有：[英]麦迪森《世界经济千年史》，伍晓鹰等译，北京大学出版社2003年版；麦迪森《中国经济的长期表现：公元960—2030年》，伍晓鹰等译，上海人民出版社2008年版；麦迪森《世界经济千年统计》，伍晓鹰等译，北京大学出版社2009年版；刘瑞中《十八世纪中国人均国民收入估计及其与英国的比较》，《中国经济史研究》1987年第3期；李伯重《中国的早期近代经济——1820年代华亭—娄县地区GDP研究》，中华书局2010年版；刘逖《前近代中国总量经济研究（1600—1840）——兼论安格斯·麦迪森对明清GDP的估算》，上海人民出版社2010年版；严中平《清代云南铜政考》，中华书局1948年版。

处一隅，但是在清朝康、雍、乾三朝（1662—1795）时期，为全国重要的产铜地。清称铜矿业为"铜政"。其资本数额，除了各省拨解的厂本脚费等银外，还有"三江两湖川广富商大贾，厚积资本，来滇开采"[①]。吸纳的劳动力数量也极为庞大，"从前大厂动辄十数万人，小厂亦不下数万，非独本省民穷，凡川湖两粤力作功苦之人，皆来此以求生活"[②]。当地商业亦得到长足的发展。而铸钱成本和数量无疑是衡量铸钱工业成效的最重要的参考指标，也是影响清代经济发展规模的重要因素。

表2　　　　乾隆年间宝源局鼓铸钱文成本数量统计

年份	价脚（两）	卯数	铸钱量（串）
乾隆元年至六年	1266242	246	1537254
七至八年	651966	122	762378
九年	368228	71	443679
十年	456187	88	549912
十一至十五年	1585512	305	1905945
十六至二十年	1883433	355	2218395
二十一至二十六年	2291441	486	3037014
二十七至三十七年	4381926	781	4880469
三十八至五十八年	8293666	1470	9186030
五十九至六十年	535191	60	374940
合计	21713792	3984	24896016

资料来源：载郑永昌《清代乾隆年间铜钱之区域流通——货币政策与时空环境之变化分析》，载陈捷先主编《清史论集下》，人民出版社2006年版，第722页。其中费用项目的计算根据是币材运京后按户二工一分配，结合表1数据，工部宝源局鼓铸所需币材价脚应为户部宝泉局的一半。

三　乾隆朝铸钱与GDP的关系

本节限于资料，只简单分析乾隆朝中央钱局铸钱成本和数量占GDP总量的比重，试图为清代GDP总量的研究提供相关素材。

[①]　严中平：《清代云南铜政考》，中华书局1948年版，第65、68页。
[②]　同上。

乾隆朝铸币与 GDP 的估算

我们可以提供一个清代货币数量引导清代 GDP 思路。货币银行学里有一个马克思的经济学公式，即：

货币需求与流通速度的积等于总产品与总价格的积（M = PQ/V）

总产品与总价格的积不是 GDP，但是也是与之相关的反映一个时代经济发展的重要数据。

具体到清代货币，从其跛行本位中我们可以知道，政府当时控制的只有铜铸币制钱，银钱比价随行就市，因而铜钱是清代货币体系中最重要的可控指标。

马克思的这个公式，是当时人们进行的依据。有政策选择和操作意义的应用性研究。"1∶8"公式的诞生就是明显的例证。"1∶8"具体含义是：在中国计划经济时代，每 8 元零售商品供应需要 1 元人民币实现其流通。其公式是：社会商品零售总额/流通中货币量（现金）

如果按这个公式计算的执行，则货币发行量适度，商品流通正常。这是 20 世纪 60 年代初银行工作者对多年商品流通与货币流通之间的关系实证分析的结论。中国人民银行用"1∶8"衡量货币流通正常与否，货币发行是多还是少，这是一个简单、实用的标准。直到 80 年代初期之前，这个著名的公式成了马克思货币必要量原理在中国的具体化。很多现象都可以用它来解释：如第一个五年计划期间货币流通比较正常，在此期间这个比值均稍高于 8；60 年代初市场极度紧张，这个比值一度降到 5 以下，1963 年以后经济迅速恢复，这个比值又回复到 8，从而成为"1∶8"公式的最有力的证明；十年动乱期间市场供应一直紧张，这个比值又明显低于 8；1978 年以后经济迅速好转，这个比值很快逼近 8。

"1∶8"这个比值本身能够成为标准尺度是有条件的。那就是计划经济体制，一些体现和反映经济体制及其运行机制的性质和要求的重要规章法令，都必须相当稳定。在这种情况下，生产、分配等各种重要比例关系的格局及整个经济货币化的水平稳定，计划价格体制保证价格水平稳定，现金管理制度保证现金使用范围稳定，如此等等才决定社会商品零售总额与流通中现金存量应该并且可以有一个稳定的对应比例。而改革开放之前 20 年间，中国恰恰具备这样的条件。

清代的经济不是计划经济体制，但是早期其经济结构及体系特别是运行机制的稳定性是毋庸置疑的。

清代货币经济，特别是以制钱为交易的经济已发展到了这种程度。在北京，民间交易自一两以至数十两俱用钱文，① 甚至远在甘肃，非特小民交易全赖钱文，即输纳正赋亦多以制钱代纳，若民间行使则皆系大小兼用，流布相沿，积有年所。② 贵州穷乡僻壤的少数民族也使用制钱。③ 康熙帝也说："钱法流行，莫如我朝。南至云南、贵州，北至蒙古，皆用制钱，从古所未有也。"④

制钱流通与清代产出必有关系，但是流通速度应当认真考虑，一是清代一些地区的制钱不让流出，如北京。而一些地区则要大量流出，如云南。另外还要考虑制钱的囤积，从而得出其大致的流通速度。

我们从表3中也能看出，清代的铸钱量与现在学者估算的水平有一定的相关性。

表3　　　　乾隆朝中央钱局铸钱数量占 GDP 总量的比重

时间	宝泉、宝源局的铸钱数量（银百万两）	GDP 总量（银百万两）	占 GDP 比重
乾隆五年（1740）	0.8	1432	0.6‰
乾隆十五年（1750）	1.1	1664	0.7‰
乾隆二十五年（1760）	1.4	2314	0.6‰
乾隆三十五年（1770）	1.4	2539	0.6‰
乾隆四十五年（1780）	1.4	2438	0.6‰
乾隆五十五年（1790）	1.4	2691	0.5‰

说明：1. 铸钱量根据上文表1、表2得出，按照1∶1000折算银价。2. GDP 数据来源于刘逖《前近代中国总量经济研究（1600—1840）——兼论安格斯·麦迪森对明清 GDP 的估算》，上海人民出版社2010年版，第180页。

---

① 《顺天府府尹陈守创奏陈银钱交易事宜事》，乾隆元年九月初八日，朱批奏折，档号04-01-35-1227-004，缩微号04-01-35-060-0161。
② 《署甘肃巡抚张廷栋奏陈暂停甘省鼓铸管见折》，雍正六年十一月十六日奏《雍正朝汉文朱批奏折汇编》13，江苏古籍出版社1989年版，第951页。
③ 《贵州总督张广泗奏陈调剂鼓铸钱文事宜事》，乾隆九年四月初三日，朱批奏折，档号04-01-35-1234-016，缩微号04-01-35-060-1336。
④ 《康熙五十三年七月己未》，《清圣祖实录》（三）卷259，中华书局1985年版，第560页上。

四 结语

进入 18 世纪以后,传统社会经济很快走出了所谓的"康熙萧条",进入历史上的又一繁荣高峰。以京师宝泉、宝源二局为例,乾隆朝共投入币材工本脚价等银 6500 余万两,鼓铸制钱 77173153 余串,按白银 1 两兑换制钱 1000 文核算,总共收获铸息银 1200 余万两。较之康雍年间动辄"每年共计亏折银二十九万八千七百三十七两零"[①] 的窘迫局面,已然大相径庭。这固然和乾隆朝滇省铜矿产量大增,币材供应充足有关,同时按照一定时期的货币总量与 GDP 的相关系数最高[②]的理论,乾隆朝中央钱局铸钱数量占 GDP 总量的比重基本保持在 0.6‰,都充分印证着经济复苏的事实。18 世纪的铸币数量不断增长,到乾隆十六年(1751)已达到顶峰,并一直维持到乾隆末年,这一数值不论从铸钱数量还是持续时间上看,都大大高于后世的水平。

总之,乾隆朝铜政这一国家经济运行机制对 GDP 的贡献应当注意。此外,基于中国传统经济模式及相应的经济学传统所提供的清代经济数据核算也是一种新的清代 GDP 研究的思路。

(原载《清史研究》2013 年第 1 期)

---

① 中国第一历史档案馆藏:《贵州巡抚开泰题为宝源宝泉两局鼓铸钱文办运黑铅请拨工本银两事》,乾隆十七年六月六日,《户科题本》,档案号 02 - 01 - 04 - 14609 - 008。
② 刘巍:《近代中国经济发展中的货币需求(1927—1936)》,博士学位论文,南开大学,1998 年,第 18 页。

上海钱庄庄票略说

一

随着商品经济的发展,在大量的商品交易中,金属货币、纸币现钞的使用是少数的,更为便利的是一些票据。这也是社会经济发展的必然。

中国钱庄很早就发明了一种方便商品交易的商业票据。近代上海钱庄发行的庄票(Native Order)就是在中国近代社会经济中起到突出作用的一种票据,"庄票者,钱庄因放款或商家之请求,而发出之无记名式,付款与持票人之票据也"[①]。上海钱庄发行庄票的历史很早,道光年间上海县有关于庄票的告示碑,现存上海内园(豫园)。从中我们可以看出,那一时期,庄票就已经在上海通行无阻。但是这时的庄票与后来的庄票还有一些不同,特别是没有汇划功能。1853年,由于太平天国运动兴起,上海地区银元的供应量大为减少,在这种情况下,"导致普遍采用钱庄庄票"[②]。张国辉先生的研究也证明了这一点。[③] 钱庄发行的庄票代替现金在市场上流通。

《南京条约》签订后,庄票在对外贸易中的地位日益强大。

鸦片战争前,中外商人进行交易时,一般都互相信任,外商将商品先交付给华商,然后等华商出售完商品后,再向华商索取货款。而鸦片战争后,由于五口通商,外商大量涌入中国,中外商人之间的信用已经不再存在,内地商人和洋商之间的交易都需要买办做中间人。而中间人因为大多

[①] 杨荫溥:《上海金融组织概要》,商务印书馆1930年版,第46页。
[②] 《北华捷报》1853年5月7日。
[③] 张国辉:《晚清钱庄和票号研究》,中华书局1989年版,第60页。

只通外语，没有多少资金，所以外商对于这些没有经济保障的中间人也不敢信任。这样，钱庄就作为中间人的信用保证，出现在鸦片战争以后的中外贸易之中。

钱庄作为中间人的信用保证，其方式是钱庄发行庄票，将之提供给信任的中间人。庄票有即期付的本票，也有期票，一般五天至二十天不等，以后最长不过十天。① 即期庄票见票即付，远期庄票未到期时可流通，与现金无异，还可向钱庄贴现。② 中间人向洋商办货时，用庄票支付，洋行等庄票到期后，再向钱庄取款，而购货者的钱在没汇到钱庄时，钱庄先为之垫付。这样，中间人对钱庄负责，钱庄对洋商负责，从而使中外贸易得以进行。

外商之所以对当时上海的钱庄十分信任，其一，因为外商对于中国的商情并不十分了解，需要对华贸易的中间金融机构；其二，因为钱庄是有资金保证的商号，和没有什么资金的中间人不同，对于洋商而言，如果钱庄的庄票比付，洋商还可以向中间人追讨，洋商的利益总是有保障的，故而钱庄的庄票开始在中外贸易中起重要的作用。③

二

庄票的样式十分简单，在一张长六寸左右，宽四寸左右，印有浅绿或黄色花纹（也有不印的）的纸上，正中写上面额，既可是银两，也可以是银元。如是银两则要按当时的洋厘行市计算，但较行市为高，从而成为钱庄收入的来源之一。右行是庄票号数，左行是应解日期。票面上的图章也十分简单，箝口印④盖在庄票正中和留底骑缝处，年份花章盖在庄票的左上角，庄章盖在面额上。有的庄票上盖有汇划图章，是说这张庄票只能由同业当日汇划，过当日下午二时后则今日不能汇划，因而还有"两点

---

① 1928 年上海外商银行规定：糖、米、油、杂粮及杂货帮出货使用庄票，最远为十天；五金、煤及木帮，最远期为七天；洋货帮最远期为五天。参见潘子豪《中国钱庄概要》，上海书店出版社 1931 年版，第 113 页。
② 潘子豪：《中国钱庄概要》，上海书店出版社 1931 年版，第 93 页。
③ 马寅初：《汇丰银行》，《商业月报》第 5 卷第 7 号，1925 年 7 月。
④ 箝口印即骑缝章。

钟后，明日照解"及"汇划双力"① 的图章。这样，一张庄票的所有要素就完备了。但也有庄章都不盖的。②

"庄票，不论任何人执有庄票，视为现款。"③ 与"现款无异"，"直等现金"④，但是还是和钞票有一定的差别。其相同处是发行者均为金融机构，一为钱庄，一为银行，持票人均为债权人，都是代替现金流通。但是差异也很多。一是兑现时期不同，钞票可随时兑现，但庄票到期才能兑现。二是钞票只能由政府授予发行权的银行发行，而各地钱庄不受限制均可发行庄票。三是发行条件不一样，银行发行要有准备金，而钱庄发行庄票无法定准备金。四是银行发行钞票有自主权，而钱庄只能按客户的要求发行庄票。五是钞票是法定通货，债权人不能不接受，而庄票却无此地位。六是钞票为固定面额，而庄票面额不定。⑤ 七是期限不同，银行钞票自发行日起，可永远流通，而庄票由钱庄付款后即为废纸。八是付款时条件不同，庄票付款时钱庄可要求觅保等附加条件。⑥ 九是持票人的权利不同，钞票遗失后无比付的可能，而庄票可有严格限制条件下的比付。⑦

庄票方便了中外贸易。最早时外货到上海后，洋行没有收到钱是不出货的，而上海的进口商人在没有将洋货输入至内地时也拿不到现款，钱庄庄票作为中介就解决了这一问题。随着中国半殖民地化的加深，中外贸易金融中介最后形成了这样的格局：在对外贸易中，中国商人将庄票交给外国商人后取得洋货，外国商人将庄票送到在中国的外资银行去收自己的账；而出售中国商品的商人在收到外国商人所出的支票后，也将这些支票送到外国银行去兑现。这样，在华外资银行就建立了中国钱庄庄票和外国

---

① 指手续费。双力指钱庄与非同业交往而言，每千两扣付一钱四分，后为小洋两角，后改为按大洋计值；同业交往为单力，付七钱，后改付小洋一角，后又改为大洋，但与不常往来者收费更高。

② 如南市元大亨钱庄。见中国人民银行上海市分行编《上海钱庄史料》，上海人民出版社1978年版，第543页。

③ 魏友棐：《庄票信用问题之研究》，《钱业月报》第13卷第11号。

④ 施伯珩：《钱庄学》，上海商业珠算学社1931年版，第93页。

⑤ 庄票向规定最少十两，但也有六七两的，多者达四五十万元、两。

⑥ "凡接受庄票者，如遇向面生中外人等持票，必须询明店号住处并觅妥人担保之。"见魏友棐《庄票信用问题之研究》，《钱业月报》第13卷第11号。

⑦ 潘子豪：《中国钱庄概要》，上海书店出版社1931年版，第117—121页。

商人支票间进行轧账的票据交易所,使现金搬运得以避免,中外商人只清算双方在交易中的差额,从而大大便利了中外进出口贸易。

三

庄票地位的巩固还在于钱庄业有一汇划总会,庄票可以在其内汇划,从而节省现金流动,同时便于对内贸易。

当时的票据清算权掌握在钱庄手里,集中在钱庄的汇划总会。其清算方法如下:钱庄同业间的清算,必须经过"送银票""轧公单"两道手续。第一道送银票,即持有应收票据的钱庄,于每日下午二时后三时前,由司栈或学徒持票据分别到应付钱庄照票,换取公单。这种公单等于应付钱庄给予应收钱庄的收据,备集中轧账之用。公单上的银数以500两为最低额,500两以下称尾银数,由两庄自行清算,定期结清。第二道轧公单,即每晚七时,各汇划钱庄将收入的公单登账计算完毕,集中交汇划总会,由总会相互轧抵,结出差额,然后开出划条给各汇划钱庄。金额轧多(多单)的钱庄凭划条向应付钱庄收款,轧缺(缺单)的钱庄凭划条照解。资金不足的钱庄,事先根据庄票到期数匡算缺额,在钱业市场上拆进头寸,以备解付。

银行没有自己的票据清算机构,要依赖汇划钱庄代办。即银行先向汇划钱庄开立往来户,把每天客户存入的各种票据,解入钱庄,经过整理,应付单位属于钱庄的,手续与上述方法相同;属于银行的,还要到应付银行换取有钱庄抬头的划条,再到钱庄照票,换取公单,其他手续也相同。

这种清算方法,给银行带来许多不便,资金命运掌握在钱庄手里,万一市场银根突紧,或遇金融风潮,钱庄拆不到头寸,银行便有被累倒的危险。[①]

到了1933年废两改元以后,钱庄的特殊权益基本丧失,唯一还可存在的仅有庄票。"这也是票据交易所中钱庄还可利用的信用工具。钱庄的庄票有五天、七天、十天期的三种,商人因为可以得几天的利息,

---

[①] 中国人民政治协商会议上海市委员会文史资料工作委员会编:《旧上海的金融界》,上海人民出版社1988年版,第314—315页。

因而乐用。"[1]

由于庄票在中外贸易中取得了中介的地位，使得上海的庄票日益发展，钱庄业对之也进行了多方面的规范。咸丰九年（1859），上海钱庄业重整业规时对庄票曾进行了规定，同治二年（1863）又规定，不入钱业同业公会者不得发行庄票。[2]

庄票对于外国商人而言，有一个最大的好处，就是能够使外国商品迅速在中国销售。外商商品出售得越快，其所得利润也就越大，"接受期票支付货款，远比用卖了货的现款再来买货要销出更多的货物"[3]。更为重要的是庄票对中国商品的出口也提供了便利条件，"钱庄庄票有助于方便内地摊茶的收购"[4]。

随着庄票在中外贸易中地位的巩固，其发行的数量也越来越多，但是由于传统的钱庄营业向守秘密，因而庄票发行量现在没有具体的统计数字，清末庄票的发行额，有人估计达到了30亿两。估计1919年上海钱庄庄票的发行达到了17亿两左右，如果上海钱庄的庄票在全国占有二分之一的份额，那么这一年全国的庄票的发行额将达到34亿两。[5] 20世纪30年代，庄票的发行总额达到20亿两以上。[6] 此外，关于庄票在流通领域中的使用情况，陈存仁在《银元时代生活史》一书中有大量的描述，如，修改药品的仿单，药店给他100元的庄票；董康给章太炎庄票，章妻以此支付房租；杜月笙要用1000两银子的庄票买章太炎的字；吕留良的书卖了500元的庄票一纸；以庄票做买卖房地产的定银；用庄票买银锭，等等。从前富商出门，口袋里必然要开100两或几百两的庄票数张，而且人们乐于接受庄票而不要银行支票。[7]

---

[1] 马寅初：《废两改元问题》，《大公报》1932年7月17日。
[2] 中国人民银行上海市分行编：《上海钱庄史料》，上海人民出版社1960年版，第20—21页。
[3] 张国辉：《晚清钱庄和票号研究》，第62页。
[4] [美] 郝延平：《中国近代商业革命》，陈潮、陈任译，上海人民出版社1991年版，第99页。
[5] 上海钱庄发出的庄票，年约80万枚，平均每家出一万号，大约每年发出票面金额，最少1500万两，最多3500万两，其总额约十六七万万两。见中国人民银行上海市分行编《上海钱庄史料》，第551—552页。
[6] 陈光甫：《战事停止后银行界之新使命》，《银行周报》第14卷第15号，1930年4月。
[7] 陈存仁：《银元时代生活史》，上海人民出版社2000年版，第25、62、64、161、208、403、393页。当然，陈的回忆中所说的庄票，也可能是指钱庄发行的支票，但钱庄支票也可换成庄票。

四

庄票得以大量发行，在于其信用。这种信用对于外国人而言有四种保障，即发行钱庄、钱业公会、洋货商、中间人。一张不能兑现的庄票，洋行最终总能得到货款。究其原因，首先，无论其资本组织形式是独资还是合资，钱庄都要负无限责任，因而外国银行和洋行对于庄票十分信任，并给予支持；其次，钱业公会规定，如钱庄倒闭，债务由公会清理，庄票有优先偿还权。①

钱庄为了保证庄票的信用，对于庄票遗失比付的要求十分严格。1923年《上海钱业营业规则》第十三条乙项规定："庄票关系信用甚巨，不论何人，凡执有庄票者，视为现款。倘往来户向庄家出立庄票，或已付庄，或已买货，或已贴现，查明确实有帐可稽，有货可指，及自受愚骗，票入人手，或监守自盗，并另有别种关系，不论何时，不得向庄家挂失止付。如实被水火盗窃或确系遗失，由失票人出具证书，向庄家请求挂失止付，并登中外著名报纸各一份，声明作废；一面向地方官厅存案，得暂时止付。即由庄家将款项送交本公会暂为保存，过一百日后，毫无纠葛，失票人可觅殷实保证人或殷实庄号，出立保证书，再行付款，但保证者须庄家所信任。倘另有纠葛，被庄家查出，虽请求挂失止付，不生效力。如未挂失之先，票已照付，庄家不负责任。如已挂失，并照本项规定之手续，一一办妥，庄家已款业已付出者，对于任何方面亦不负摊毫责任，其挂失之庄票，不论存没，均作无效。"② 尽管如此，庄票还是有一定的风险的。因为发行的钱庄虽然有的也设置一些发行准备金，但"因庄家以商人之求出所供其临时周转者，亦在所多有"③。"其有准备金者，多以商人之存款充之，即对有存款之商家，所发出庄票也。但因商人之请求放款，以对信用而发出之庄票，则常无准备之设置。"④ 因而外商银行对庄票的接受，实际意味着外商银行对庄票的授信，庄票成为联结钱庄和外商银行的重要

---

① 潘子豪：《中国钱庄概要》，上海书店出版社1931年版，第112页。
② 中国人民银行上海市分行编：《上海钱庄史料》，上海人民出版社1960年版，第698—699页。
③ 施伯珩：《钱庄学》，上海商业珠算学社1931年版，第93页。
④ 杨荫溥：《上海金融组织概要》，商务印书馆1930年版，第46页。

纽带。

由于庄票在中外贸易中的地位以信用作保证，因而深受西商之信任。外商银行和洋行对于庄票在历史上只有两次矛盾。一次是在宣统年间的橡皮股票风潮中，外商银行曾一度拒收钱庄庄票，但后在华商的反对下作罢。第二次是民国十六年（1927）秋天，当时新成立的国民政府宣布现金出口，各外商银行又一次议决，自8月1日起对商家出货一律不收远期庄票，但经进口商人反对，不得不收回前议，但仅收用七十余家汇划庄的庄票，同时对远期庄票按行业对期限进行规定，总之不能超过十天。[①]

至20世纪30年代中期时，由于白银风潮，中国钱庄陷入大面积危机，因而洋行对于庄票开始收缩信用，只收用十一二家最著名的钱庄所出的庄票。庄票的势力在废两改元后开始削弱，此时的钱庄也只开出银元庄票，而非原来的银两庄票，这样就受到了本国银行支票的冲击。30年代以前银行本票在出洋货时不能及庄票的十分之一，"惟自最近钱业恐慌以来，因洋行限制接受庄票关系，银行本票，流通渐广。尤以信用久著之中央、中国、交通、浙江兴业等极少数本票，事实上已取得与从前庄票同一之地位，随时可以为出货之用"[②]。上海本国银行界的本票比钱庄发行的庄票印制得更为精致，一般为两联式，上印有"凭票即付"的字样，表明其负无条件支付的责任。随着新式银行推广银行券，庄票地位日益下降，特别是进入30年代后，这种现象更为突出。1925年上海钱庄票据（庄票）占全市票据流通额的85%，1931年下降为50%，1936年下降到20%。[③] 钱庄也出支票，但远不如庄票信用之坚，但可用之换成庄票。[④] 此后庄票湮灭无闻。

由于钱庄票据收销制度十分严格，庄票销毁相当彻底，所以流传至今的庄票实物比较罕见，成为钱币票券收藏中的珍品。

(原载《档案与史学》2002年第2期)

---

① 子明：《再论外国银行拒收庄票事》，《银行周报》第11卷第31号，1927年8月。
② 杨荫溥主编：《经济常识》，上海经济书局1935年版，第47页。
③ ［日］宫下忠雄：《中国银行制度史》，严松堂书店1943年版，第70页。
④ 施伯珩：《钱庄学》，上海商业珠算学社1931年版，第101页。

二

近代上海黄金市场研究(1921—1935)

早在1873年,上海就出现了黄金交易,黄金市场也随之日益发展;1921年上海金业交易所成立,标志着中国有了正规的黄金市场。其主要交易项目为标金。早期标金市场在近代中国经济中占据着十分重要的地位。由于中外货币本位制度不同,金银比价经常发生变动,上海金市不仅成为中外商人避免交易风险的工具,同时也是世界范围内黄金流通及可利用金银比价进行投机的重要黄金市场。

一 近代上海黄金市场的形成与演变

上海的金业发端于清光绪初年。当时,所设金号有大丰永、同丰永、天昌祥、恒孚、大丰恒等数家,从事叶金、沙金、赤金的买卖,开始时没有什么组织机构。[1]

上海的黄金买卖约始于1873年,因欧洲国家实行金本位制的需要,使上海成为中国黄金的最大集散市场,黄金交易日益兴旺。1905年(光绪三十一年),金业因谋同业利益起见,经当时的农商部批准设立、组织了金业公所,当时加入的金号有30余家。此后上海金货的市价,就由公所议定,同时开做标金期货。[2] 1907年(光绪三十三年),印度发生金矿工人罢工风潮,金价狂涨,银价暴落。上海金号因做定期买卖(当时称空盘交易),受其影响而倒闭者极多。当时上海道曾因金业买卖空盘,有碍市面,遂请两江督宪转农工商部立案,勒碑永禁。

---

[1] 杨荫溥:《经济新闻读法》,上海黎明书局1933年版,第128页。
[2] 施伯珩:《上海金融市场论》,上海商业珠算学社1934年版,第96—97页。

1917年，农商部颁布工商同业公会规则，金业公所即依据部章，重定规程，改组为金业公会。当时入会金号共有38家。① 金业同业公会成立后不久又附设金业商会，作为买卖金货的市场，以公会为会议、监督之处。最初设于麦加利银行，后又迁入道胜银行，旋又赁屋于九江路。此时买卖手续已有详细的规定，内部的规制也较完备。交易时间为每天上午9时至12时，下午2时至4时。星期日移至金业公会交易。

1920年，上海各交易所相继成立。当时交易金货的市场，先后发起组织者极多，如金洋物券交易所、万国物券金市交易所、沪商标金交易所等。交易所风潮以后，仅存上海证券物品交易所及金业交易所两处。证券物品交易所仅以标金为买卖物品中一种，其交易远不如金业交易所。1921年11月13日原金业公会改组为上海金业交易所，并于当日开幕。② 从此，中国有了正规的黄金市场。上海金业交易所为股份有限公司组织，资本150万元，分为10万股，每股15元。由股东大会选出董事9人，组成董事会。由理事会选出理事长1人，常务理事4人主持工作。另由股东大会选出监察4人。规定经纪人的数额以138人为限。1934年，资本增为180万元，经纪人增至168人。自1929年10月3日交易所法公布以后，关于交易所设立的区域，有"买卖有价证券或买卖同种物品之交易所，每一区域以设立一所为限"的规定，故金业交易所与证券物品交易所的金业部，需要合并。经多方筹划，至1934年9月15日，将证券物品交易所金业部合并于金业交易所，上海金业交易所成为上海唯一的黄金市场。

黄金交易所交易的黄金20世纪20—30年代主要有下列几种：1. 国产矿金，又叫沙金，多来自东北、云南。2. 各国的金块和金币，大部分来源于日本。3. 硬赤条，又叫赤金或足赤，一条10两。4. 标金，每条10两，纯度978‰，这是交易所中最为重要的交易品种。交易所买卖的标准金条称为"标金"（Standard Gold），故黄金市场亦称"标金市场"。上海标金成色为978‰，称为"九七八标金"，重量为上海槽平10两（1两约36.66g）。每条标金上镌有熔制金条的金号名称，并标有年份和"标金"二字。标金买卖以金条7条为一单位，称为手。这是为了便于同伦

---

① 朱彤芳：《旧中国交易所介绍》，中国商业出版社1989年版，第115、124页。
② 杨荫溥：《上海金融组织概要》，商务印书馆1930年版，第348页。

敦的黄金交易接轨，一手约相当于伦敦黄金交易单位（40 盎司）的 1/5。① 此外，国内还有天津标金成色 980‰，重量较上海标金轻 1.35%。北平标金成色 985‰，每一条上海标金等于北平标金 1.183 条。② 尽管上海金业交易所规定的交易物品为国内矿金、各国金块及金币、标金、赤金 4 种，但日后实际上市的只有标金一种。标金买卖分现期和定期两种，定期有本月、第二月和两个半月 3 种，实际上只有两个半月 1 种，到期交割。其间买者可以转卖，卖者也可以买回，在交割期内可以不断买进卖出，以差额结算。由于交易以期货为主，就使标金成为一种最重要的投机商品。1930 年 1 月 10 日金贵银贱风潮时，国民政府政治会议曾决议取缔标金市场的投机，但并无效果。20 世纪 30 年代中期以前，上海每年标金的成交量自 3000 万条至 5000 万条，交易额居世界黄金市场伦敦、纽约以后的第 3 位。③ 上海金业交易所买卖总额 1924 年为 2870 万条，1925 年为 4689 万条，1926 年为 6232 万条。④ 时价每条 480 日元，⑤ 可见交易量巨大。上海金市对于上海的汇市、银市乃至于全国经济有着重要影响。

早期上海金市以日元结价，1931 年 10 月 16 日起以美元为标准。1934 年 10 月起改为海关金单位。⑥

对于上海金业交易，外国势力对其有着十分强大的影响力。在第一次世界大战前，英国的影响力最大，金价均以伦敦电汇价格为准。第一次世界大战后由于世界金本位处于动摇之中，伦敦的黄金市场中心地位下降，而日本得地利之便，且运输、汇兑方便，上海金价改以日汇结价为计算依据，其对于上海金市交易影响力大增。

二 上海标金市场在近代中国金融市场中的地位

上海金市与中国的银价和中国经济有着十分密切的联系。

---

① 叶世昌：《旧上海的金市》，《钱币博览》2001 年第 2 期。
② 施伯珩：《上海金融市场论》，上海商业珠算学社 1934 年版，第 96—97 页。
③ 投资周刊社编：《黄金交易须知》，投资周刊社 1947 年版，第 19 页。
④ 杨荫溥：《中国金融论》，上海黎明书局 1932 年版，第 258 页。
⑤ 洪葭管、张继风：《近代上海金融市场》，人民出版社 1989 年版，第 360 页。
⑥ 任建树：《现代上海大事记》，辞书出版社 1996 年版，第 484 页。

第一，金市是中外商人避免银价波动，所采用的避险交易工具。

近代中国主要以白银为货币，而外国则多为金本位。银价高，则金价低；金价高，则银价低；因而在中国的进出口商人往往将外汇与黄金期货套做，即在买入或卖出外汇期货时，再买入相等数量的黄金期货；由于黄金与金本位国家货币间的汇率变化不大，从而避免汇率风险。因而，上海报端常有标金出入沪上的消息，如《申报》1921年4月13日消息云："又昨日花旗公司运来大条七十七条，装去标金630条。"

1932年马寅初说："在中国未曾改革币制以前，采用银本位的时候，标金是免不了的。有许多人以为市场的恐慌，全从买卖金银方面酿成的，所以只要金业交易所闭歇以后，就可以解决中国目前的困难。其实中国在未改为金本位币制以前，金银的买卖，实有调剂的作用，并非全是投机。因为中国是用银国，例如向外国定购十万两的货物，说不定由于金银比价的涨落，等到货物到来，只值八万两，这种无理由的损失，不是很冤枉吗？所以商人为了保护自己，免除这种不应该有的损失起见，一方面向外国去订货，同时就在金业所买进金子。到了货物到达的时候，物价虽然亏了二万两，金价却涨了二万两，得失相偿，就可不受意外的损失。所以买卖标金，也是中国商人保护自己的方法，中国行银本位，就须有金业交易所，一定要待改行金本位以后才无所用其标金买卖了。"①

标金与国际贸易有关，"中国用银，外国用金，但吾国之输入品，均以金价计算，则银价涨落之风险，多由华商负之，华商为自卫计，不得不用'海琴'（HEDGING）之方法以免意外之损失"。②

第二，上海黄金市场是世界范围内黄金流通的重要市场。

当时标金从上海输出，已纳入世界黄金流通之中。除去世界黄金贸易的正常进出口外，只要上海标金价格下跌，而外汇价格没变；或外汇价格上涨，同时标金价格不动；标金价格下降，外汇价格上涨；标金价格下跌程度超过外汇下跌程度过大之时；标金、外汇价格同时上涨之时；上海黄金出口均为有利可图。

在1930年5月国民政府禁金出口以前，上海的黄金市场与国际黄金

---

① 马寅初：《马寅初全集》第6卷，浙江人民出版社1999年版，第185页。
② 同上书，第191—192页。

市场关系密切。中国以银为货币，金价的涨落通过银价来表现，这与对外贸易关系至深。上海金价的变动足以影响世界银市，甚至有时能左右伦敦银市。标金价格又以汇市为标准，金价涨落直接影响国际汇兑。因此，上海的黄金市场不仅受到国内各界人士的瞩目，欧美、日本的金融界也颇予关注。

自1928年中央银行成立后，国民政府通过央行的种种措施加强了对金市的影响。1930年2月1日起，征收关税改以海关金单位为计算标准，以伦敦的标金行市作为计算的基础。而上海的标金行市则受国内外金银及汇兑市场供求情况的影响，和海关金单位的计算标准不同。国民政府为了控制金银比价，必须使海关金单位和标金的行市有联系。1934年2月20日，上海金业交易所宣布定期标金每条由原价等于旧美金240元改为新美金346元（新美金已贬值）。改变以后，实际上是将定期标金成色减为833.76‰，但这种标金并未铸造。标金成色减低后，每条约相当于500海关金单位，从而使金市与标金有了联系。

1934年9月8日，财政部取缔标金外汇投机，下令上海银行公会交易所监理员并致信中央银行，金业交易所不得再用外汇结账，一律用现金交割。10日银行公会国外汇兑委员会、金业交易所理事会召开紧急会议，推荐代表请财政部展期至12日，财政部未准。后又与财政部商妥以关金为结价标准，关金则依伦敦金块价格换算。财政部规定：11日起，中央银行每日早晨将标金标准价格及关金价格正式挂牌，一改汇兑市场前以汇丰挂牌为标准的惯例，清除了没有标金标准挂牌，任凭交易所开盘涨落的状况。

1934年9月11日，国民政府规定金业交易所以外币结账的办法实行至10月15日为止，10月16日起改用海关金单位结账。17日，金业交易所改用中央银行挂牌的关金标准。1935年7月25日，上海金业交易所在《营业细则》中正式规定标金结价以中央银行的标准行市为基准。这一规定大大增强了国民政府对黄金的控制权。那些亦官亦商的特权人物更能利用内部信息甚至谣言在黄金市场兴风作浪，翻手为云，覆手为雨，以收其"近水楼台先得月"之效。1935年11月实行法币政策的前一个月，标金、汇兑、公债市价都处于剧烈的波动中，原因即在于此。

第三，中国金市是世界上唯一的可利用金银比价进行投机的市场。

上海金市多为期货交易，由于期货交易只交少量保证金就可进行大额交易，因而成为上海最重要的投机市场。

"上海标金市场左右世界银市及外汇的作用，有牵动世界金融的力量。""1924年，上海金业交易所的标金买卖，总额达28703792条；1925年达46890564条；1926年达62323048条"。据估计，1926年交易额达到150亿日元（弱）。"①

在抗日战争前，"上海金业交易所是国内惟一的黄金市场，银行头寸的吞吐，投机家的操纵，都通过金业交易所黄金市场反映出来"②。1929—1930年世界银价惨跌，金价暴涨，中国黄金大量外流。国民政府于1930年5月15日实行禁金出口的政策，加强了对黄金市场的控制，使中国的金价与国际金价脱离了关系，运金出口成为政府的专利。但是，禁金出口的政策也刺激了黄金的偷运出口。公开出口的黄金出超额，1931—1934年4年合计为30270万元，而这4年偷运黄金的出口额则达44000万元。两者合计共出口黄金74000余万元，约相当于735万盎司黄金。③ 中国的民间存金大量流往海外。

由于上海在近代中国已是全国的金融中心，因而一些通商大埠成为上海金融市场的次级市场，天津的黄金就是如此。光绪年间天津仅有一些金店从事黄金买卖，到1928年由于天津停开日本金票市场，从而使天津各银号金店开始买卖上海标金，如广大烟钱店实则为天津的黄金买卖市场。又有日本人开设的荣兴公司，后将广大烟钱店收并；到1932年时与平井洋行合并，改称平井洋行，成为天津最大的黄金市场。"九·一八"事变后东北沦陷，东北入关人员使天津金市活跃，英人开立永盛洋行进入天津金市。这两家公司成为20世纪30年代天津黄金的主要流通区域，每月交易在2万—9万两之间。1932年由于市场混乱而由天津钱商公会成立天津商业公司，又称天津商业经济所，统一管理天津金市，不久倒闭。④ 上海标金一直是天津金市重要的交易对象。但是，天津金市不进行期货交易，

---

① 朱彤芳：《旧中国交易所介绍》，中国商业出版社1989年版，第115、124页。
② 《上海黄金市场》，上海档案馆，档案号Q323-1-318。
③ 叶世昌：《旧上海的金市》，《钱币博览》2001年第2期。
④ 天津市地方志编纂委员会编著：《天津通志：金融志》，天津社会科学院出版社1995年版，第633—637页。

交易量又小，因而对中国经济及银价影响不大。

金银比价在中国是一直上升的。上海金市实际上是由于列强实行金本位，中国以银为币，而金银比价日变，人们为了削弱汇兑风险而依附于白银市场的一个次级金融市场，但每当金银比价剧烈变动时，特别是金价急速上升时，其市场作用短期内会强烈影响白银价值，从而影响市场的白银供求，并扩大到整个宏观经济。

（原载《黄金》2003年第3期）

抗日战争时期国民党政府的黄金政策研究

抗日战争时期国民党政府的黄金政策基本上分两个阶段,前期主要是黄金国有政策,后期为抛售黄金政策。国民党政府黄金政策的目的是充实法币发行准备和收回法币,稳定币值,平抑物价。但是,从其实施的情况来看,初期的效果不明显,后期抛售黄金更是造成了恶劣的影响。其关键是国民党政府在出售黄金和吸收法币的同时又大量发行法币,最终导致国民党政府的黄金政策对抑制通货膨胀的失效。

抗日战争时期国民党政府的黄金政策是其整个金融政策的重要组成部分。这一时期,国民党政府的黄金法规频繁出台,在一定范围内起到一些作用。国民党政府的黄金政策不外乎是为了充实法币准备和扼制通货膨胀。

一 集中收兑黄金增加黄金产量

(一)关于黄金收兑。早在抗日战争初期,财政部顾问就建议由国家银行继续收购民间黄金、白银,并"劝令存金家自愿换取救国公债为最有效"[①],七七事变后,为稳定法币信用,充实法币发行准备,财政部于1937年9月公布《金类兑换法币办法》:"凡以生金、金器、金饰、金币或新产的金沙、金块等金类兑换法币,或换算成法币存者,由四行二局及其分支局处或代理机关办理。金类按其所含纯金成分和兑换法币额,给予一定手续费;换算为法币存款者另加利息。"随后,财政部还颁布《收兑

---

① 中国第二历史档案馆:《抗战期间杨格提出的关于中国财政金融的建议》,《民国档案》1985年第2期。

金类办法实施细则》，对交出大量存金地区给予特别奖励。这些规定，其实质就是黄金国有政策。1938年3月，国民党政府实行了外汇管制后，由于大量外汇被日伪所套取，因而吸收民间金银充实法币的发行准备日显重要。1938年10月，财政部又公布《监督银楼业办法》："银楼业对收售金类，以具有饰物、器具之形状者为限。金条、金块、沙金、矿金一概不准收售（委托代收者除外）。"但是，到1939年9月《取缔收售金类办法训令》又规定："严禁一切个人及团体收售金类，包括矿金、沙金、金条、金叶、金块等生金及一切金器、金饰和金币。"这样，对各地银楼业禁止收售金类的范围由原来的生金扩大到包括金器、金饰及金币。[①] 到了1938年10月21日，财政部公布了《限制私运黄金出口及运往沦陷区办法》，禁止黄金出口或运往沦陷区资敌。1939年8月29日，国民党政府公布了《取缔收售金类办法》，取缔黄金交易，实施黄金国有，征购银楼业黄金。1939年9月四联总处成立后，为加强金类收兑工作，在总处下设收兑金银处，负责全国收兑金银的监督管理。1939年9月15日公布了《加紧中央收金办法》，只许中央政府收购黄金，任何地方、个人不得插手；16日又发布了《国民党政府关于转发取缔收售金类办法稿》，以强调此事。

（二）增加黄金产量。国民党政府计划开采西南各省金矿，并由财政、经济两部会商办法，增进黄金产量，一面协助私矿开采，一面扩大公营金矿，并成立采金局，直接办理开采事宜。国民党政府还把全国分为10个大区，指定四行设立机构623处之多以收购黄金，并组建了众多的采金实体。各产金区域及集散市场，由收兑金银处派专门人员前往，酌定相当价格，予以收兑，以免散失。

二 抛售黄金与黄金储蓄并用扼制通货膨胀

太平洋战争爆发后，客观形势改变，1942年国民党政府从美国获得5亿美元的贷款，用以加强法币准备、稳定币值。

---

① 中国第二历史档案馆：《中国人民银行江苏省分行·中华民国金融法规选编》，档案出版社1991年版，第422—440页。

由于美国希望中国在战争中拖住日本，一开始想以提供中国军队的军饷为饵，借以控制中国的军队。蒋介石为此给主管财务的宋子文电示弊端，认为军队如发美国军饷，会使中国军队和国家政府及社会经济形成对立或脱离关系，并指出中国的经济和军事问题不能分离，从而拒绝了美国人的要求。在中国拒绝了美国的贷款后，1942年1月9日，罗斯福总统在给财政部部长摩根索的一封信中指出："关于对华贷款，我认为目前中国不可能拿出什么担保。但是，我急于帮助蒋介石和他的币制，我希望您能够在这个问题上找到办法，或许我们可以买下一定数量的中国通货，即使这意味着以后会带来部分损失。"① 1942年1月10日，赫尔国务卿致信摩根索称："我觉得，当作一个战时政策，并以防止对中国货币失去信心及中国货币之贬低购买力而致损及中国军事努力起见，美国现对中国给予3亿美元以内的财政援助，是十分适当的。"②

1942年2月2日，美国宣布向中国提供5亿美元贷款，英国也宣布提供5000万英镑的贷款。美国宣布向中国提供贷款后，罗斯福致电正在印度访问的蒋介石，表示对中国坚持抗战的敬意。蒋介石回电称："此次贷款除供军事需用外，将用于加强敝国之经济组织，以供收回法币，控制发行，稳定物价，维持战时生活水准与增加生产之用。"③ 对于美国贷款的运用，中国极为重视，准备用之维持法币。国民党政府军事委员会参事室关于动用5亿美元借款的意见为：20%用于购买黄金，20%用于购买美英政府公债，30%存于美国，30%用于随时结汇。前3项均可视为发行法币的准备金。国民党政府后来又计划如此使用这批美元贷款：发行美金公债及储蓄券，计2亿美元；从美国购运黄金回国出售，计2亿美元；其中银行垫支5500万美元；从美国购运纺织品来华，计2500万元。④ 这样，就把国内货币更直接地建立在外援的基础之上了。

对于英国提供的5000万英镑，孔祥熙在1942年4—6月间给顾维钧

---

① 吴景平：《宋子文与抗战时期中美五亿美元借款交涉》，《档案史料与研究》1990年第4期。

② 同上。

③ 董显光：《蒋总统传》，载吴相湘《第二中日战争史》（下），台北综合月刊出版社1974年版，第800页。

④ 同上书，第801页。

的密电中,也明确表示:由于战略物资缺乏,"只好增发法币",为支撑中国出兵印度、缅甸,"法币发行势将再增",故要将英国贷款的五分之三购买英国债券,以充实法币的发行准备。① 但是,英国在抗战期间仅提供了510万英镑,后来国民党政府在使用英镑区用之购买了物资。

由此可见,太平洋战争后,国民党政府的黄金政策已发生重大变化。

1943年6月国民党政府废止了先前颁布的《取缔金类收售办法》,解除了关于不准黄金在内地携带、买卖及质押等禁令,从美借款中提取2亿美元,向美国购买黄金近570万两,加上国民党政府以前的收购,政府手中有不少于600万两的黄金,由政府指定的银行在市场公开抛售。② 同时,授权中国农民银行及中国国货银行按照中央银行黄金牌价,代理政府出售黄金现货,又在出售黄金时,搭售二成储蓄券,以加强储蓄的推销。另外,由四联总处与财政部拟订黄金存款与法币折合黄金存款两种办法,以便于政府掌握黄金,并迎合人们对黄金根深蒂固的信念,以达到吸收游资、调剂通货的目的。

1943年9月,中央银行办理《黄金存款办法》规定:黄金存款,以黄金存入,到期本息,由收存局以黄金付还。存入及付息,均按成色折合足金计算。由四行二局及其各分支行局代办,以央行指定地点为限。1944年8月,央行开办"法币折合黄金存款",以法币按照央行黄金牌价折合存入,到期取黄金;利息以法币支付。国民党政府售出黄金及吸收法币情况见表1。

表1　　　　　　　　国民党政府售出黄金及吸收法币一览

种　类	售出黄金/两	吸收法币/千元
售出期货(1943—1945年5月)	1145903	21040025
黄金储备(1944—1945年6月)	2207332	62611175

与此同时,仍严防黄金流入沦陷区。为防止黄金外流,国民党政府于

---

① 中国第二历史档案馆:《国民政府运用1942年美英贷款的一组史料》,《民国档案》1985年第1期。

② 杨菁:《试论抗战时期的通货膨胀》,《抗日战争研究》1999年第4期。

1943年5月下达《防止私运及携带金银类出口暂行办法令》:"金银一律不准私运出口,有正当理由的,可向财政部请领准运护照,持照报运。""旅客带金质文化或纪念品或古币、稀币等,应先向海关估价,由旅客缴纳保证金放行,在一年以内,仍带原物进口,准将保证金发还,逾期没收充公。"

抗战后期,不法官僚和奸商相互勾结,投机黄金、美钞,时人称为黄祸。国民党政府尽管制定了《捐献黄金办法》,学者也痛陈"有钱者出洋,无钱者出钱"的反常现象,但毫无成效。国民党政府最终将国内存金及已运回国内的黄金全数售完。由于国民党政府一手售出黄金,收回法币,一手又将法币抛回流通领域,通货膨胀没能制止,反而被不法官僚和奸商及日伪套取了大量黄金,最后使国统区金价、物价一起上涨,无法控制。

1945年10月,待到以上两项存款到期时,行政院长却突然公布《黄金购户存户献金办法》:凡预购黄金的客户和"法币折合黄金存款"的存户,一律扣减四成作为捐献,只以六成付给。这就是当时轰动一时的"黄金捐献"事件。此事在当时影响很大,如位于重庆的四川美丰银行就存有大量法币折合黄金存款,该行因此而受重大损失,遭受同样命运的银行也一定不在少数。[①]

以上就是整个抗日战争时期国民党政府黄金政策的主要内容。其实施情况究竟怎样呢？试分述如下：

（1）初期的集中收兑是政府积累黄金的主要渠道。1937年8月,国民党政府在拟订战时财政计划时,提出至少可集得15亿元黄金,其中国内银行及私人存金约10亿元,国人存金饰品约5亿元。此外,国内每年产金约1000万元,战时尚要设法增加金产量。国民党政府要把国人手中的黄金集中起来,作为非常预算收入。[②] 但是,实际的收兑情况是：1939年,四行共收兑生金约32万两（中央银行收兑29万余两为最多）；1941年,全年四联总处各行局共收兑黄金不足8万两。其原因是金产量锐减,采金人因物价飞涨,不足糊口而纷纷改业；另一方面黄金黑市价暴涨,有

---

① 康心如：《回顾四川美丰银行》，《文史资料存稿汇编·经济》(上)，中国文史出版社2002年版，第568页。

② 中国第二历史档案馆编：《中华民国史档案资料》第5辑第2编，《财政经济》(1)，江苏古籍出版社1991年版，第6页。

时超过政府牌价二三倍之多,因而走私猖獗;加上各地代兑机关"收量日微,所得手续费不敷开支,纷纷请求解约",使得收兑工作日趋艰难。

(2) 1943年后期的出售黄金和开办黄金储蓄又收得了什么效果呢? 1943年下半年,中央银行以库存黄金委托中国农民银行和中国国货银行在重庆按牌价每两1.75万元出售现货,开始时以400两一块金砖为起售单位,后改为以10两金条起售。由于美国黄金迟迟运不进来,又改为出售黄金期货。1944年6月停售(包括黄金期货存款),共售出160万两左右,其中70%在重庆售出,其余分别在成都、昆明、西安等地售出。

关于"法币折合黄金存款"详见表2。从表2数额中可以看出,存款数额逐月上涨;另外,每万元法币与一两黄金的比价由最初的1.748猛涨至1945年6月的4.198;可见法币的购买力正迅速萎缩,反之黄金的价格正日益飙升。

表2　　　　　　　　战时政府举办法币折合黄金存款数额[①]

储备时期	付金时期	黄金数量/市两	价值/万元	法币(万元)/黄金(1两)
1944.8	1945.2	370	647	1.748
9	3	9336	16338	1.750
10	4	19210	33617	1.749
11	5	105079	196966	1.847
12	6	64156	128311	1.999
1945.1	7	233562	467124	2000
2	8	259176	518352	2000
3	9	488246	980813	2009
4	10	255627	894218	3498
5	11	305649	1069257	3498
6	12	466921	1960472	4198
总计		2207332	6266115	

说明：1. 东南各省1945年3—5月共售黄金2597市两,折合法币7900万元未列入;2. 法币折合黄金款系1945年6月25日停止,26日以后无数字。

[①] 中国第二历史档案馆编:《中华民国史档案资料》第5辑第2编,《财政经济》(4),江苏古籍出版社1991年版,第604页。

若将黄金存款与其他各项储蓄存款比,可以看出黄金存款在所有存款中的比例在不断上升。战争之初,政府推行了各种储蓄方案(如 1938 年的节约建国储蓄以及储蓄券方案等),但吸收的存款额很小(详见表 3)。到 1944 年,政府竟然强行向各县、乡摊派公共福利储蓄。1944 年的摊派数额为 229 亿元,但实收额尚不及四分之一,而且认购者大半是地方政府本身。

表 3　　　　　　　　　　国家银行储备额[①]

年份	普通储蓄和政府储蓄计划额/百万元法币	出售美金储券和黄金存款折计/百万元法币	黄金存款券占各种储蓄总额比例/%
1940	528	5	533
1941	1098	6	1104
1942	2530	446	2976
1943	5477	1910	7387
1944	11414	4042	15456

由表 3 可以看出,1944 年来自出售黄金储蓄存款券的所得,其数额已占各种储蓄总额的 26.1%。就一般民众心理,眼看法币不断贬值,黄金和外汇就成了保值的首选,即使买不到现货,法币折合黄金储蓄和黄金期货也变得越来越炙手可热。相比之下,人们对法币存款储蓄早已失去了兴趣。就国民党政府而言,为阻止通货膨胀也是方法使尽,只有靠出售黄金这一根救命的稻草了。为贷款和购进黄金,宋子文在华盛顿与美国长期谈判,他在呈蒋介石的电文中称:"出售黄金为我国目前抵制通货膨胀之最有效方法。"[②] 但是,从表 2、表 3 也可看出,黄金储蓄并没有收到稳定币值之效,法币价值相对于黄金价值日益降低,其根源在于政府左手以黄金收回的法币,又由央行以种种理由以右手发行出去。

1943 年 11 月,中国农民银行奉命负责出售黄金。但不久,政府便对

[①] 张公权:《中国通货膨胀史(1937—1949 年)》,文史资料出版社 1986 年版,第 162 页。
[②] 秦孝仪主编:《中华民国重要史料初编——对日抗战时期》第 3 编,《战时外交》(1),台北中国国民党中央委员会党史委员会编印 1981 年版,第 395 页。

规定黄金售价陷入两难：一方面，政府每当黄金市价上涨，黄金售价便需要加以调整；另一方面，黄金售价调高，必然引起批评，认为政府是在带头涨价。这样，黄金售价调高工作往往落后于现实，致使黄金官价与市价差距很大。为避免投机者从中渔利，政府规定，凡购买黄金者，须按其金额的10%搭购乡村公共福利储蓄，其搭购额不久又提高为20%。即便如此，也挡不住人们抢购黄金的热潮。在从美国购进价值1700万元的黄金以及中央银行原有存金售完后，政府于1944年11月停止出售黄金，原来从美国购买的黄金迟迟运不进来。黄金出现断货，这也是后来国民党政府"黄金捐献"的原因之一。

国民党政府出售黄金的目的原本是吸收游资、回笼法币、平抑物价，其结果却事与愿违。一些国民党政府要员利欲熏心，率先从事黄金投机，致使黄金价格暴涨，投机之风盛行，法币价值不断跌落，也刺激物价疯涨。[1]

因舞弊而起的黄金储蓄券案引起轩然大波。财政部根据宋子文的决定，通知央行于1945年3月30日将黄金储蓄券的牌价由每市两2万元提高到3.5万元。可在前一天，有内部传出消息，不少人大肆抢购。中央银行业务局局长勾结大业印刷公司一次购入3万两，一些国民党政府要员更是以各种方式大买特买。此事在国民党政府内部引发了一场大争吵；各派系集团的报刊纷纷发难，企图造成倒宋风潮。蒋介石为平息纷争，曾向美方表示要"惩处犯罪人员，必依法公正执行"，将中央信托局下属参与抢购的几名职员分别判刑。不明真相的小人物当了替罪羊，而豪门巨富却大捞了一把。[2]

据统计，截至1945年6月，法币折合黄金存款达626亿元，连同黄金存款（包括外币定期储蓄）约276亿元，共回笼法币903亿元，相当于同时期法币发行量的22.6%。从数字看，该两项存款收回的法币数量是较为可观的，对于缓和通货膨胀理应起到一定作用。但是，法币回收的数额怎么也赶不上政府发行新钞的数额，因而也不可能阻挡物价的不断

---

[1] 凌耀伦、熊甫、裴倜：《中国近代经济史》，重庆出版社1982年版，第445页。
[2] 徐季泽：《孔氏家族与中央信托局》，《文史资料存稿汇编·经济》（上），中国文史出版社2002年版，第419页。

飞涨。

　　综上所述，国民党政府黄金政策失败的原因可归结为以下几点：第一，抗战初期的黄金收兑困难。战争开始时，为维护法币信用，集中黄金以做准备。但是，其收价由政府随市定出，却又往往低于黑市价格，致使黄金走私严重；加上国统区的缩小，增进金产量无从谈起，收兑工作也渐趋停滞；这样，靠有限的黄金储备已不能支持不断增长的法币发行了。第二，抗战后期的出售黄金办法失效与美国运华的黄金数量不无关系。国民党政府开始时只出售国库所存的黄金，后来主要靠从美国贷款之一部分购回黄金出售。黄金运输是个难题；美国政府只同意分批运输。后来，由于对国民党政府的黄金政策产生疑问，美方对黄金运华"加以束缚"，致使中美运送黄金的谈判一再中断。国内的黄金接济不上，已售之黄金不能交货，政府威信丧失自不待言。第三，抛售黄金政策本身也引发投机。当时，法币汇价下跌，黄金价格上涨，黄金投机买卖盛行，投机与物价相互形成了恶性循环，通货膨胀加剧。而抛出的大量黄金由国库流入豪门巨商腰包或被日伪套购去，这"丝毫无补于中国经济实际之改善"，使得利用黄金政策收缩通货的效果大打折扣。总之，国民党政府的黄金政策未能阻止不断恶化的通货膨胀，只能让法币信用最终丧失殆尽。

（原载《黄金》2004年第3期）

论中外合办银行的纸币发行

中外合办银行自清末开始出现到北洋政府时期得到迅速发展，具有代表性的有华俄道胜银行、北洋保商银行、中华懋业银行、美丰银行、中法实业银行、中华汇业银行和华威银行等。各行在经营的各个时期在华发行了大量纸币，由于没有充足的准备金，从而致使这些银行纷纷倒闭后仍有许多纸币不能兑现。合办银行的兑现券不同于纯外商银行的纸币，其经营基础不牢、信誉不佳，且大都在很短的时间内就停兑，其发行的原因既有自身经营利润的追求，更有其背后政府的政治图谋。

近代中国自清末以来出现过一批中外合办银行，除北洋保商银行出现较早外，其余均活跃在北洋政府时代。学术界对于中外合办银行的研究目前尚不深入，代表性著作仍为献可先生1958年由上海人民出版社出版的《近百年来帝国主义在华银行发行纸币概况》一书，但该书对于中外合办银行的纸币发行语焉不详。近年来，随着中国钱币学的发展，陆续有一批相关中外合办银行发行纸币的情况被披露出来。笔者近年来关注中外合办银行在中国的发展历史，结合北京、上海、天津等地所藏中外合办银行档案，对华俄道胜银行、北洋保商银行、中华懋业银行、美丰银行、中法实业银行、中华汇业银行和华威银行在华发行纸币进行了考察。

一 各中外合办银行在华纸币发行情况

（一）华俄道胜银行在华发行货币的种类

华俄道胜银行在中国境内发行的纸币，种类繁多，既有卢布纸币，也有以元、两为单位的纸币。其纸币种类有金卢布纸币、银两纸币、银元纸币、金币券、鹰洋纸币和无钱纸币等。

1. 金卢布纸币。该纸币以卢布为单位，是金本位纸币。根据不同政权时期，分为罗曼诺夫票、克伦斯基票、鄂木斯克票、霍尔瓦特票，这些都是俄国国家银行发行的以金卢布为本位的信用券。罗曼诺夫票，又称老帖或旧帖，系罗曼诺夫王朝（1613—1917）时发行而得名。面值有1卢布、3卢布、5卢布、10卢布、25卢布、50卢布、100卢布、500卢布8种。25卢布以上4种面额的纸币上分别印有亚历山大三世、尼古拉一世、叶卡捷琳娜二世、彼得大帝的头像，背面印有双头鹰国徽。华俄道胜银行在中国东北极力推行罗曼诺夫票。这种纸币在中国东北、新疆地区长期流通，对中国经济产生了深刻影响。

各种卢布纸币在中国流通，从不公布准备金数额和发行额，总数无法统计。据欧洲战争初期统计，卢布在东北的流通量约在1亿卢布以上，其中哈尔滨有4000万卢布，中东铁路沿线有6000万卢布，其总额约占全俄卢布流通量的1/6及以上。日本在1917年9月的调查报告中称，卢布的发行额达4亿元，滨江一埠约为2亿元，其他如黑河、满洲里等处也不下2亿元。马寅初认为，"中国受羌帖的损失"，"至少总在2万万元以上"，其中"受罗曼诺夫帝俄政府所发行的羌帖损失为最大"[①]。

2. 金币券。1913年后，华俄道胜银行在没有征得中国政府许可的情况下，其在伊犁、塔城、喀什的3家分行在新疆发行金币券。面额有1分、2分、1钱、5钱、1两5种，上面有俄、汉、满、维4种文字。发行总额有800—900万两。后来因不能兑现而发生挤兑风潮，又因俄国国内局势和欧洲战争的影响，金币券迅速贬值。

3. 银两票和银元票。沙俄把东北、新疆纳入其金融市场后，为问鼎中原，渗入内地金融市场，华俄道胜银行根据中国内地习用银两的特点，发行了银两票和银元票。银两票以中国银两为单位，分1两、5两、10两、50两、100两、500两6种。银元票以中国通用银元为货币单位，有1元、5元、10元、50元、100元5种。两种票发行的确切时间、数额均无详细记载。仅有一些年份的折合成卢布的发行额数据（见表1），以供参考。两种票主要流通于北京、天津、上海、汉口、牛庄等地。

---

① 马寅初：《马寅初讲演集》（二），商务印书馆1926年版，第204页。

表 1　　　　　　　华俄道胜银行历年在华发行纸币数额①

年份	在华纸币发行额（卢布）	年份	在华纸币发行额（卢布）
1900	895969	1911	2853248
1905	1349296	1912	1438127
1906	1727865	1913	2183304
1907	897477	1914	2183304
1908	869507	1917	271500
1909	1295833	1922	4616938
1910	1235703		

日本驻上海总领事有吉明在大正四年（1915）11 月 28 日的情报中，说华俄道胜银行在华发行的纸币数量 1911 年为 123 万卢布，1912 年为 143 万卢布，1913 年为 277 万卢布，两年之间，增发了一倍。②

（二）北洋保商银行纸币发行

北洋保商银行是晚清时为偿还外商债务而由中外合办的一家银行。

1911 年，北洋保商银行呈请度支部核准其发行银两票、银元票两种银行兑换券。1912 年 4 月，北洋保商银行华经理叶登榜、洋经理瑞亨在给北洋政府财政部的呈文中称："敝行……现因辱承大部委托代理财部兑换券（发行）事务，并准在北京筹设分行，发行银两、银元两种纸币，以资周转。"③

从 1912 年起，北洋保商银行的纸币发行额渐趋增加。发行的银两票先后计分 1 两、2 两、5 两、10 两、50 两、100 两、500 两 7 种，银元票为 1 元、5 元、10 元、50 元、100 元 5 种。④ 自 1920 年 7 月改组后，只发行银元券，直至 1936 年法币改革为止。

---

① 献可：《近百年来帝国主义在华银行发行纸币概况》，上海人民出版社 1958 年版，第 178—179 页。
② 杨培新：《华俄道胜银行》，香港经济与法律出版社 1987 年版，第 79 页。
③ 中国第二历史档案馆，北洋政府财政部档案，初 1027—重 153。
④ 中国人民银行金融研究所：《资本主义国家在旧中国发行和流通的货币》，文物出版社 1992 年版，第 22 页。

北洋保商银行在30年的发展历程中发行了4版兑换券,历经6次印刷。其印刷单位依次为德国钞票公司、美国钞票公司(ABNC)、国民政府财政部印制局,分别各印刷两次。历次印券大概情况如下:

北洋保商银行从1911年开始发行纸币,为时不久,即因辛亥革命爆发而告停顿,银两票、银元票两种纸币发行量不过10余万元。北洋政府成立后,接办北洋保商银行,几经筹拨该行华股银两,使北洋保商银行的资力不断增厚。此后北洋保商银行的纸币发行逐渐增加,由原来的10余万元增至1913年的30余万元,1914年又增加到40余万元。1916年到1919年,北洋保商银行纸币发行处于停顿收缩状态,基本上只收不发。1920年7月改组增资,实力大增,又继续发行纸币,直至1936年被取消发行权为止[1]。现将该行历年发行纸币数额列表如下(见表2)。

表2　　　　　　　　北洋保商银行历年纸币发行统计[2]

时间	纸币发行额(元)	时间	纸币发行额(元)
1911年	100000.00	1923年12月	857000.00
1912年	200000.00	1924年12月	461400.00
1913年	300000.00	1927年9月	455000.00
1914年	400000.00	1932年12月	1437600.00
1915年5月	400000.00	1933年12月	1484400.00[3]
1920年12月	1101800.00[4]	1934年12月	2013600.00
1921年12月	546000.00	1935年12月	6580000.00
1922年12月	384700.00	1936年12月	6580000.00

---

[1] 于彤、戴建兵:《中国近代商业银行纸币史》,河北教育出版社1996年版,第350—351页。

[2] 表中数据分别来源于《中国近代商业银行纸币史》,第350—351页;《银行月刊》,1921年1卷7号、2卷2号、3卷3号、4卷6号、5卷5号;《天津通志》,第160页;《全国银行年鉴1936》,S28页。

[3] 关于1933年北洋保商银行纸币发行额,统计数字也各不相同,这里所引资料为献可《近百年来帝国主义在华银行发行纸币概况》,上海人民出版社1958年版,第57页;《全国银行年鉴1936》,S28页。

[4] 关于1920年年底北洋保商银行纸币发行额,学术界有不同的统计数据,本表所用数据出自《银行月刊》1921年第1卷第7号;天津市档案馆藏天津市各行业同业公会档案,档案号129—3—7—5432,《各银行去稿来函》。

(三) 中华懋业银行兑换券的发行

中华懋业银行"由发起人朱佩珍（朱葆三）等呈请财政部币制局于民国八年（1919）4月12日批准立案，有发行钞票之权"①。在1920年2月开业时即计划发行钞票200万元，票面分100元、50元、10元、5元、1元5种。② 但实际发行的只有1元、5元和10元票。据该行有关资料记载，该行50元和100元面额兑换券的设计样式不符合要求，因而没有正式发行。现在所见的50元和100元票只有样本，上面并无发行地点。按规定这些发行的兑换券既可在本地随时兑现，也可在该行指定银号兑换。在已发行的1元、5元和10元3种票券的票面上，均有美国自由女神像和中华民国五色旗的图案，或为左右并列，或为前后共存，当为象征"中美合办"之意。③ 根据花型的不同可分成3种，即长方花型（自由女神在左，五色旗在右）、圆式花型（五色旗在左，自由女神在右）和站人花型（自由女神在正面，五色旗在背面）。④ 1921年8月1日，该行计划发行兑换券420万元，第一批发行64万元。

中华懋业银行自1919年4月呈请财政部币制局批准发钞并获得批准后，每年都发行兑换券。截至1921年年底为500000元，1924年底为2046866元。⑤ 因为发行准备金不足，手续烦琐，利益又不大，此后中华懋业银行所发行的兑换券便"日见减缩"。加上有美国人入股的中外合办银行信誉较好，吸引国人存款甚多，因而银行方面不太注意发钞。后来中法实业银行、华俄道胜银行两行相继倒闭，洋商银行的发行信用大受影响，这就是20世纪20年代后期外商银行之所以发钞业务"皆已收缩"，

---

① 上海市档案馆藏：档案号Q321-1-96，《中华俄业银行综合类档案》，第38页。
② 中国人民银行北京市分行金融研究所及北京金融志编委会：《北京金融史料（银行篇二）》，1994年编，第259页。
③ 马传德等：《上海滩货币》，上海世纪出版集团、上海教育出版社2000年版，第63页。
④ 中国人民银行金融研究所：《资本主义国家在旧中国发行和流通的货币》，文物出版社1992年版，第26页。
⑤ 中国人民银行总行参事室编：《中华民国货币史资料》第1辑，上海人民出版社1986年版，第1159页。

而"我国市面流通之纸币则大部分属于中交两行"的原因。① 该行历年发行兑换券的数额列表如下（见表3）。

表3　　　　　中华懋业银行历年在华实际发行兑换券数额统计②

单位：银元（或美元）

年份	金额	年份	金额
1921年（民国十年）	268373	1926年（民国十五年）	1628210
1922年（民国十一年）	207057	1927年（民国十六年）	1157059
1923年（民国十二年）	254040	1928年（民国十七年）	50000（北京分行）
1924年（民国十三年）	2046866	1928年（民国十七年）	160000（上海分行）
1925年（民国十四年）	2034376	1929年（民国十八年）	2000000

这些钞票分别在北京、上海、天津、汉口等地发行，其中在上海流通的金额较多。从时间上来看，该行的货币发行额以民国十三年（1924）为最多。③

（四）美丰银行发行的兑换券

从1918年到1934年，上海美丰银行一直都在中国发行纸币，以中国银元为本位。

上海美丰银行发行的纸币面值分为1元、5元、10元、50元、100元5种。所发纸币全部在中国流通，其历年发行额见表4。

该行1924年发行数量最大，1926年和1925年发行额较大，超过了200万元，这和外商银行在1925年后出现明显下降的总体趋势是一致的。

---

① 吴希之：《中外银行比较观》，《银行周报》第12卷第22号，1928年6月。

② 中华懋业银行1920年流通的兑换券数额不详；1921年和1922年的数额单位系美元，而1923年以后的数额系银元。转引自中国人民银行北京市分行金融研究所及北京金融志编委会《北京金融史料（银行篇二）》，第406页；Frederic E. Lee, Currency, Banking and Finance in China, Garland Publishing, Inc., NewYork & London, 1982, p. 87. 献可的《近百年来帝国主义在华银行发行纸币概况》（上海人民出版社1958年版，第184—185页）中1921年该行发行的数额为368373美元。

③ 中国人民银行金融研究所：《资本主义国家在旧中国发行和流通的货币》，文物出版社1992年版，第26页。

"国人屡受其害，方始觉悟，知外国银行之不可恃"①。因为 1925 年后，外籍银行频频倒闭，中国华资银行业却在这个时期发展壮大起来，中国纸币信用增强，外资银行发行额有了紧缩趋势。1933 年以后，该行陆续将已发钞票收回，在市面流通的不及 10 万元，1935 年该行倒闭后，大部分所发纸币已被收回。

表 4　　　　　　　美丰银行历年兑换券发行额②

年份	发行额（元）	年份	发行额（元）
1920 年（民国九年）	300000	1928 年（民国十七年）	1010470
1921 年（民国十年）	318230	1929 年（民国十八年）	939340
1922 年（民国十一年）	984000	1930 年（民国十九年）	784745
1923 年（民国十二年）	1180840	1931 年（民国二十年）	254460
1924 年（民国十三年）	2052266	1932 年（民国二十一年）	237290
1925 年（民国十四年）	2052266	1933 年（民国二十二年）	42805
1926 年（民国十五年）	1002668	1934 年（民国二十三年）	32805
1927 年（民国十六年）	890050		

目前发现的该行纸币实物有 1919 年版 5 元的两种，10 元和 100 元的各一种，以及 1924 年版的 1 元、5 元和 10 元各一种。这三种纸币中心处都有轮船图案，由美国钞票公司印制。它的分行天津美丰银行也曾发行纸币，只在天津流通。目前发现的纸币实物只有 1924 年 9 月 16 日发行的 5 元券，正面在多重色背景下有黑色图案，背面图案为橘红色，中心处有轮船图案。

发行钞票是中国近代银行筹措资金的重要手段，美丰银行通过发行钞票，既扩大了营运资金，赚取了利润，又在中国树立了信用，巩固了地位。

---

① 庄叔英：《今后之外国银行应严加取缔》，《银行周报》第 11 卷第 19 号，1927 年 5 月。
② 表中 1920 年的发行数字采自张家骧《中华币制史》。1924 年的发行数字采自上海申报年鉴社发行的《申报年鉴（民国二十二年）》，M159 页。1921—1923 年、1925—1934 年的发行数字采自《中华民国货币史资料》第 1 辑，上海人民出版社 1986 年版，第 1119—1121 页。其中 1922 年、1924 年、1925 年数据与中国人民银行总行参事室编《美国花旗银行在华史料》第 640 页相同。

（五）中法实业银行纸币的发行

我国允许中外合办银行发行兑换券是自前清光绪二十二年华俄道胜银行开始的，民国以后，凡是中外合办银行都经政府核准具有了发行兑换券的特权，这是我国的特例。

中法实业银行成立后也援例取得了纸币发行特权，依据《中法实业银行章程》第三条规定："发行兑换券于中国或某省，至中国政府颁行纸币则例之时为止。"① 该行在天津、北京、上海等地的分行先后发行了银元兑换券，计有1元、5元、10元、50元、100元、500元6种；其版式共4种，即1914年版、1915年版、1916年版、1920年版；各分行在发行上各有规定，并加印地名以资区别，上面分别加盖北京、上海、天津、奉天、汉口、广州、汕头、济南等地名。这些纸币都由英格兰布莱伯利威尔逊（Bradbury Wilinson & Co）印钞厂印制。

中法实业银行的钞票印制精良，图案色彩俱佳，在市民中间颇受欢迎，因而发行量相当大，通行于我国通商大埠。在1916年中国银行、交通银行两行停兑以后，该行乘机在北京、天津两地增发大量纸币，进一步加强了自己的势力。

中法实业银行法方代表利用当时北洋政府财政困难及币制混乱的局面，攫取了中法实业银行的经营管理实权和在中国发行纸币的特权。中方所付的1/3的股份是由法方出借抵冲的，就连历年偿付这笔借款的利息也是从中法实业银行借来的，因此中法实业银行名义上虽为合办，但实际上该行的管理大权完全落入法方手里。

（六）中华汇业银行发行的纸币

中华汇业银行成立时最受非议的就是它拥有纸币发行权。侵犯中国主权的外国纸币在中国的发行并非始自中华汇业银行，然而中华汇业银行发行有其特殊之处。在设计者心中，它要发行金本位纸币，所以遭到当时国人的激烈反对，最后财政部批驳了金币发行，但是没有取消它的纸币发行权。

---

① 周葆銮：《中华银行史》，商务印书馆1919年版，第24页。

1915年4月,中国政府颁布《取缔纸币条例》,其中有对外籍银行发行纸币加强管理的内容,但币制局对中华汇业银行的监督从1920年才开始。1920年3月31日,币制局向中华汇业银行总管理处发出公函要求中华汇业银行将开办以来每半年的资本、公积金、发行纸币数量及现金准备等各项查明列表送到币制局。1921年12月5日,币制局根据《银行纸币条例》向中华汇业银行派监理官,随时检查各项账目。第一届监理官是币制局钞券处处长钱应清,后来各任监理官为童超英、金其堡、淮良玉。①

中华汇业银行在1918年即成立的当年就开始发行钞票,从本年到1928年停业整理期间发行的钞票都是银元票。按当时的币制规则发行1元、5元、10元、50元、100元5种银行券。1928年又得到财政部的允许发行1角、2角的银元辅币券。

表5　　　　　　　中华汇业银行历年发行纸币金额②　　　　单位:日元

年份	发行额	年份	发行额
1918	847847	1923	352639
1919	656444	1924	578776
1920	835000	1925	326138
1921	919444	1926	16422.72
1922	645880	1927	7223

从表5可知,1918年发行额在历年中排位第二,备受非议的银行成立之初,发行额并不低,原因尚不清楚。由于和政府的特殊关系,1919年4月,中华汇业银行得到政府的照顾,交通部通饬银行路电邮政各局一律通用中华汇业银行发行的钞票。③但是本年5月爆发的五四运动对中华

---

① 南京第二历史档案馆藏:《中华汇业银行档案》档案号1064—10,《币制局指派中华汇业银行监理官并饬造送营业报表》。

② 中华汇业银行历年营业报告,1918年、1920—1924年的发行额分别见《银行月刊》1921年7月、1922年5月、1923年6月、1924年5月和1925年4月。1919年、1925年和1926年的发行额分别见《银行周报》1920年6月22日、1926年5月18日、1927年6月7日。1927年的见《工商半月刊》1929年第1卷第1号。

③ 南京第二历史档案馆藏:《中华汇业银行档案》档案号1064—16,《汇业总管理处与津行联系业务函》。

汇业银行的钞票流通造成了一定的影响，南京总商会决议坚决抵制日货，所有由正金银行、中华汇业银行等日籍银行发行的钞票也在抵制之列，这些银行的钞票被各大商家拒用，① 所以本年的发行额降到 656444 日元。1920 年发钞额回升到接近 1918 的水平。1921 年达到最高峰 919444 日元，这和 1921 年中法实业银行倒闭，中华汇业银行代兑中法钞券有关。② 以后每年的发行额基本上逐年减少，1925 年的发行额更是大幅度减少。1925 年的发钞额是 1924 年的 56%，1926 年的发钞额是 1925 年的 5%，1927 年的发钞额是 1926 年的 44%。从发钞情况来看，中华汇业银行在走下坡路。

（七）华威银行及其钞票的发行

1922 年 1 月 7 日开业的华威银行，系中国和挪威资本家合办，中国方面发起人为江大肆、宋发祥（Fartsan T. Sung）等人，挪威方面为哈罗德·斯格博和曼德等人，总行在北京，上海、香港等处设有分行。③ 1924 年财政部对华威银行资本情况的调查结果是：额定资本 1000 万元，实收资本 250 万元。

华威银行采用分行区域独立发行的办法。1922 年北京分行最早发行，额定发行额仅为 25 万元，而且中国方面监督得十分严格，币制局批复是"暂行先发一万元"。次年（1923）批准发行数为 15 万元。然而不久该行发行大增。1924 年财政部调查该行总分行发行纸币数目：前经请准发行额 100 万元，北京分行已呈准启封 50 万元，前月流通市面额 38 万元。但在根基不甚稳固之下，银行增发纸币过快，致使 1924 年该行纸币发生了严重挤兑。此后，发行量迅速减少。到 1924 年 9 月 18 日止，该行流通市面纸币仅 3.5 万元。④ 流通额一下子降到不足原来的 1/10，信用大受损失。

---

① 中国人民银行总行参事室编：《中华民国货币史资料》第 1 辑，上海人民出版社 1986 年版，第 1281、1282 页。
② 北京市档案馆藏：《中国银行档案》J31—1—币 10（2），《北京中国银行关于代兑中法银行钞券的函等》。
③ 《华威银行已成立》，《银行月刊》第 1 卷第 9 号。
④ 中国第二历史档案馆藏：《华威银行档案》，全宗号 1027，案卷号重 155，目录号 20。

1925年时，为了扩大该行纸币的流通，华威银行曾进行兑换所的建设。为了便利持票兑现者，该行重新委托各银号为之代兑。① 由于银行多方努力，发行钞票作了十足准备，信誉得以恢复。1925年，华威呈请添发25万元纸币得到财政部批准。② 1926年，又上呈财政部请准发行大洋辅币券，计两种：一角、二角，每十角兑大洋一元，在京津地区通用。③

1927年4月，华威银行的纸币在北京又发生挤兑，致使银行资金周转不灵，于1927年底停止兑付。1928年，天津分行也因挤兑而发出停兑告示。④ 1928年底，相关的机构派代表在清查该行发行情况时，竟然找不到银行发行兑换券总数目，答复的理由是"该行系分行，故不详知"⑤。挪威学者认为现已发现25—30种不同的兑换券。在票面上常见的签字是曼德（Joha Wilhelm Norman Munthe）和宋发祥（Fartsan T. Sung）。大量兑换券的存在表明该行在没有收回的情况下就破产倒闭了。大部分的兑换券上是宋发祥的签字，说明大部分的纸币是在1924年7月1日他当经理之后发行的。票面编号则表明其发行总量可能为2500000元。华威银行纸币除现有的发现外，挪威方面的银行档案记载，尽管该行的银元票（以元和角为面值单位）是以一艘北欧海盗船为主要画面，但铜元票却以中国的长城为主要图案。挪威银行档案材料中有一系列该行计划发行的带有北极图案的兑换券，如北极熊。⑥

二 有关中外合办银行相关纸币发行的评论

（一）中外合办银行纸币发行的共性分析

1. 发行量逐步扩大而准备金渐趋缩小。这就是为什么银行虽承诺十足兑现但实际上经常发生挤兑风潮的原因所在。所有中外合办银行都

---

① 《华威银行扩充兑换所》，《银行月刊》第4卷第12号。
② 《民国十四年货币金融大事记》，《银行周报》第10卷第3号，1926年1月。
③ 《华威银行发行辅币券》，《银行月刊》第6卷第2号。
④ 《华威银行之停兑》，《银行月刊》第8卷第12号。
⑤ 《天津财政局调查华威银行》，《银行月刊》第8卷第12号。
⑥ http://www.Janerlks.no/Banknotes/sin.stand.htm。

◇ 中国近代货币史研究

经中国政府批准有发行钞票的特权。纸币属于信用货币，要维持其发行信用，必须有足够的发行准备金。从上面各行的历年发行量来看，各合办银行初期在章程中大都明确规定了发行准备为十足准备，或较高的准备金比例，但后期越来越不能执行，发行准备金往往严重不足，甚至没有。

1913 年华俄道胜银行在新疆发行金币券时，声称已制造新式金币，金币券可随时兑换黄金。一时间，金币券完全控制了天山南北的商业贸易。但后来因发行甚巨，多次发生挤兑风潮，最后不得不承认金币券发行以来从未兑过黄金。加上国内外局势的变化，金币券迅速贬值。1926 年华俄道胜银行倒闭时，尚有合计 106870 两的银两票和银元票未收回。道胜银行清理处规定从 1926 年 12 月 1 日起两个月内收兑，过期作废。但到收兑截止期，仍有未兑付的银两票 11858 两，银元票 39666 元。[①]

中华懋业银行分别在 1921 年 5 月和 1928 年 9 月 10 日公布兑换券发行规则。从两次规则中可以看出有关兑换券发行权的变化，1921 年的旧规则强调发行权由总行控制，"兑换券之准备金之收付，每日登账后并须逐日抄报于总管理处"；1925 年的新规则增设了分行的发行机构，直接处理发行事宜，也就是说分行有独立发行权。[②] 再从准备金的相关规定来看，旧规则为"各分行号发行兑换券应有十足之准备金"，也就是规定纸币发行准备为 100%，但 1928 年的新规则为"现金准备不得在六成以上，其余额得交保证准备"，即六成现金准备，这与同时期的中华汇业银行等的准备金比例相同。姑且不论这六成现金是否真的做到，只看四成保证准备中，相当一部分由投资政府的公债券构成。按当时政府规定，购买公债可充当发行准备，因而银行既可以大量作公债投机，以赚取高利，又可把公债券作为一部分发行准备来发行兑换券。这看似一举两得，但以这样的准备金为基础进行货币发行，风险必然存在，也是日后各行相继发生挤兑风潮的原因之一。

华威银行天津分行于 1928 年停兑后，竟无法提供该行发行总数目，

---

① 《督办中国境内道胜银行清理处上报财政部报告书》，第 35—36 页，转引自黑龙江金融历史编写组《华俄道胜银行在华三十年》，黑龙江人民出版社 1992 年版，第 182 页。

② 上海市档案馆藏：档案号 Q321-1-126，《中华懋业银行发行兑换券规则》（修正），第 109 卷，第 20 页。

仅提供了库存券与流通券两种数据,库存券共有683000元,铜元券为4195元,但流通券155600元,一点准备金也没有,停业后欠存户淳厚堂2万元,以钞票6万元为抵押,这样发行数又多了6万元。①

再看中法实业银行的发钞情况,表面看为中法合办,实则中国政府无丝毫权力可言,就连其纸币发行监督权也未曾真正获得。试想各行在中国政府监督不力的情况下,靠银行自律来保证准备金比例达到法定要求,岂不是空话。难怪当时国人发出质疑:"今中法实业银行钞票遍行各地,政府何以特许与此利益……准备金是否充足,按何种章程定准备金成数,政府能否监视其准备之程度,发票之额数?"②

2. 纸币发行的高峰期相似。北洋政府时期,中外合办银行发展到高峰,这有其特定的时空背景。虽然大多数合办银行存在的时间不完全相同,但大致发展轨迹却惊人地相似。特别是在各行发行兑换券数额的变化上,也能反映中外合办银行的整体发展走势。多数合办银行在20世纪20年代中期以后开始走下坡路,有的从此倒闭,有的步入低潮。

中华懋业银行发行兑换券在1924年和1925年前后达到最大数额。与中华懋业银行同时兴亡的华威银行,其发行钞票也是在1925年前后迎来了鼎盛时期,但随即便昙花一现地没落下去。中华汇业银行也走了一条与前两者大体一致的路线,其1924年的纸币发行额达到一个相对高度,但1925年的发钞额减少了一半,1926年更加萎缩,其转折点十分明显。美丰银行在1924年和1925年的纸币发行额最大,超过了200万元。中法实业银行、华俄道胜银行则在20世纪20年代相继倒闭,而两家银行在倒闭之前,发行数额相当巨大,也就是说同样经历了从"繁华"到衰落的过程。

再从更大范围上看,这一发行高峰期的存在绝非是合办银行所独有的,而是和外籍银行在1925年发行数量最大,1926年后出现明显下降的总体趋势是一致的(见表6)。

---

① 《天津财政局调查华威银行》,《银行周报》第13卷第5号,1929年1月。
② 《众议院公报》,众议院第2期常会公报,第38条第二附录,1916年8—10月;交通银行总行和中国第二历史档案馆合编:《交通银行史料》第1卷上册,中国金融出版社1995年版,第605页。

表6　　　　　　　　　　中外银行业在华发行纸币对照　　　　　　　　单位：元

年份	中国银行业历年发行纸币额①	外籍银行历年在华发行纸币额②
1912	52675375	43948359
1921	95948965	212384806
1925	205006026	323251228
1933	494113124	299341937

资料来源：献可《近百年来帝国主义在华银行发行纸币概况》，上海人民出版社1958年版，第58—61页。

从表6可以看出，外籍银行整体发钞额在1925年前后也达到最高，因为1925年后，外籍银行频频倒闭，"国人屡受其害，方始觉悟，知外国银行之不可恃"③。中国华资银行业却在这个时期发展壮大起来，中国纸币信用增强，所以1926年后，外资银行发行额都有了紧缩的趋势。对此，曾一度是中华懋业银行上海分行经理的耿爱德（E. Kann）分析：（1）由于中国的信用制度从20世纪30年代起有了长足的发展，尤其是南京国民政府成立后，政治趋于稳定，中国发行的银元纸币普遍受到欢迎。（2）中国本国银行在内地设立的分支行增加，它们所发行的纸币，依照持票人的请求，可以立即在各地分支行兑现，外籍银行分支行不多，当然做不到这一点。（3）中国本国银行在发行纸币时，都和其他非发行银行及钱庄等缔结领用兑换券契约，由后者代前者发行纸币并推广流通。但外籍银行向来利用银两作交易工具，外籍银行的中国买办承揽交易向来是为赚银两佣金，并未替外籍银行推广纸币流通。④ 耿爱德只注重对客

---

① 1912年中国银行业发行纸币数额见萧清《中国近代货币金融史简编》，山西人民出版社1987年版，第67、154页。1921—1933年中国纸币发行额包括中国银行、中央银行、交通银行、中国实业银行、中国通商银行、中国农工银行、中国懋业银行、浙江实业银行、四明银行及四行联合准备库10家银行发行的数额，这10家银行发行的数额占全国纸币发行总额的80%。

② 外籍银行发行数额中，1912年包括麦加利、汇丰、花旗、正金、德华、华比和道胜7家银行的发行额。1921年包括汇丰、麦加利、花旗、正金、台湾、朝鲜、东方汇理、华比、中法实业、中华懋业、中华实业和北洋保商12家银行的发行额。1925年包括汇丰、麦加利、花旗、友华、美丰、正金、台湾、朝鲜、东方汇理、华比、中华汇业、中华懋业和华俄道胜13家银行的发行额。1933年包括花旗、美丰、正金、台湾、朝鲜及东方汇理6家银行的发行额。

③ 庄叔英：《今后之外国银行应严加取缔》，《银行周报》第11卷第19号，1927年5月。

④ 献可：《近百年来帝国主义在华银行发行纸币概况》，上海人民出版社1958年版，第40页。

观条件的分析，而忽略了当时人们主观心理上的因素，即随着中国纸币信用的增强，外籍银行的信誉也在不断下降，如中法实业银行停兑、华俄道胜银行清理、中华汇业银行及中华懋业银行的相继倒闭都使得外籍银行的纸币信用大打折扣。

3. 纸币流通的区域特点。各合办银行的外方都仰仗本国在政治、经济上从中国取得的种种特权，纷纷在中国各通商大埠开设分行，争夺中国经济命脉的控制权。同时，各行还在其传统的势力范围内大肆发行纸币，垄断金融贸易，最大限度地攫取利润。

华俄道胜银行在19世纪末发行金卢布纸币，并随着中东铁路将其推广到几乎整个东北。到1907年，在东北地区，人们"乘俄车则只收羌帖……持中国银钱不能行用，反须加价以买羌帖"。① 当华俄道胜银行在新疆设立分行后，其纸币在新疆的流通量进一步扩大。

1917年二月革命前，罗曼诺夫票是在中国东北流通的唯一一种沙俄纸币，在中国流通长达30余年，不仅在中国东北、新疆等地流通，还深入内地的北京、上海、天津、汉口等通商大埠。

北洋保商银行的纸币流通区域主要集中于北京、天津两地。据1915年中国银行的调查，北洋保商银行的纸币在京师流通数额不下一二十万元，这不过是约数，实际数额远远超过此数。② 河北省（包括北京、天津）通用北洋保商银行纸币的地方包括北京、天津、石家庄、雄县、任邱等37个县市。③ 察哈尔省通用北洋保商银行纸币的有万全县、康保县、张北县、琢鹿县、延庆县、商都县、宣化县、怀来县、怀安县9个县。④ 1933年8月，北洋保商银行纸币发行量大增，在北平市面流通颇多。⑤ 1934年9月，北平金融市场，硬币罕贵，中国银行、交通银行等行均力求减缩，只有北洋保商银行与中国农工银行、中国实业银行等行发行较

---

① 黑龙江档案馆藏：《黑龙江交涉局道员王昌炽条陈》，全宗号27，目录号1，卷号244。转引自杨培新《华俄道胜银行》，经济与法律出版社1987年版，第69页。
② 于彤、戴建兵：《中国近代商业银行纸币史》，河北教育出版社1996年版，第351页。
③ 中央银行经济研究处编印：《中央银行月报》，第5卷第4号，1936年。
④ 中央银行经济研究处编印：《中央银行月报》，第6卷第3号，1937年。
⑤ 中央银行经济研究处编印：《中央银行月报》，第2卷第9号，1933年。

多。在平绥路一带，北洋保商银行"发行甚畅"[①]。至1935年2月，北洋保商银行在平绥路沿线发行钞票约有10万元。[②]

（二）对发行兑换券的几点思考

1. 中外合办银行热衷于发行钞票的目的

中国近代银行的运营资金主要有两大来源，一是吸收存款，二是发行钞票。发行钞票是当时银行筹措资金的重要手段，何况作为中外合办的各家银行，可引华俄道胜银行、中法实业银行之成案，相继取得发钞特权，这是当时许多国内民营银行所不具备的优势。本文从银行本身和外国政府两个角度来分析发钞意图。

第一，从发行钞票对银行本身来看，发钞能给银行带来巨大的利益。银行的发钞好处在于：银行通过发行钞票，只需保有少量现金存款，就可以借以纸代现的钞票扩大银行的资金总额。发钞比吸收存款更为有利，银行吸收存款须向存户支付利息，而发钞则可以省去利息支出，因此，许多商业银行将发钞作为主要业务。[③]

各合办银行借纸币发行，利用国内外市场金银价格的波动操纵市场，从中渔利。以中法实业银行为例，该行曾在山东济南私自发行纸币，加剧了山东金融市场的混乱。第一次世界大战爆发后，欧洲各交战国连年军费浩繁，所需金币不敷通用，因此大量增铸银辅币借资流通，生银大为缺乏，世界银价上涨，而在我国各合办银行大收现银运往各国，大量白银被运出境使各埠金融大受影响，山东济南也因此现银日少，银根枯竭，各银行钱号东挪西借，支付异常。加之自民国以来，山东省银钱商号日渐增多，且每一银钱商号均可无限制地发行钞票，结果市面纸币充斥，山东财政也江河日下，一发而不可收。为设法挽回补救此金融紧迫的局面，山东各界采取了限制现洋出境和限制钞票发行的措施，尤其禁止外来银行滥发钞票将银洋囊括而去。然值此财政恐慌、群策群力自救不暇之时，中法实业银行却趁机在鲁发行其纸币达数百万元之多，现洋被其大量吸收，本已

[①] 中央银行经济研究处编印：《中央银行月报》，第3卷第10号，1934年。
[②] 中央银行经济研究处编印：《中央银行月报》，第4卷第3号，1935年。
[③] 李明伟：《论中国近代商业银行的运行机制》，《甘肃社会科学》1996年第5期。

紧张的银根更加艰窘，严重加剧了鲁地的金融恐慌。因此，此次发行遭到了各方强烈反对，被政府所禁绝。① 由此可知，中外合办银行正是利用其特殊的地位，无视中国经济秩序和法律制度，为一己之私，大肆发行纸币，攫取超额利润。

1917年1月，中法实业银行曾要求在云南省城昆明开设分行，外交部和地方政府以"云南省城非通商口岸，按之条约，系属内地，自无允许外国银行设置之例"加以拒绝。1918年2月，中法实业银行再次派法人华兰来滇筹设分行，并派法国驻滇交涉员协同华兰与省政府交涉，几经面请之后，乃由云南地方军政、财政、银行、外交各主管长官协商，以"该行为钦渝铁路之金融机关，且有华股在内"为由，口头同意分行设立。1918年3月12日，中法实业银行分行在云南昆明云津街21号正式开业，法人华兰任该行行长，从此法国金融势力进一步侵入云南。② 中法实业银行在云南成立后，搜运白银出境，造成滇省银根紧缺。中国当时基本采用银本位制，白银的多寡直接影响着中国各银行纸币的信誉和经济发展的稳定性。1917年，云南地方政府为稳定滇省货币与经济，曾颁布过禁银出口的禁令，然而当时云南省是法国的势力范围，由法国垄断资本家所控制的中法实业银行对这些禁令毫不顾忌，自其分行成立后，便将滇省所铸银币"运赴安南，改铸低色中毫，流通于殖民地"。据统计，自民国八年（1919）至九年（1920）的两年间，中法实业银行从云南省至少搜运了49万元银元出境。③ 白银的外流致使滇省银根奇窘，纸币币值低落，物价飞涨，严重影响了滇省金融的稳定。

第二，从各国利益的角度来看，发钞更有掠夺中国资源、控制中国金融市场的战略作用。这暴露了合办银行为配合外国政府对中国进行经济侵略的一面。以华俄道胜银行为例，该银行在东北、新疆发行纸币，是出于以下目的：（1）把这两个地区纳入俄国统一市场，便利了其国内在这些地区的投资，不必担心两种货币比价变化而引发的风险和损失，有利于沙俄的资本输出和在中国倾销商品、收购原料。（2）华俄道胜银行发行纸

---

① 《中法银行在鲁发行钞票之研究》，《银行周报》，1920年12月。
② 云南省志编纂委员会编：《续云南通志长编》中册，1986年油印本，第705页。
③ 《金融知识百科全书》（下），中国发展出版社1990年版，第2159—2160页。

币便利了沙俄在东北承修中东铁路，并以铁路为基地，向整个东三省实行经济渗透。随着对松花江航运权和东北铁路权的控制，沙俄向中国输出商品，同时在东北大肆开煤矿、建林场，夺取那里丰富的煤炭、木材。还从中国大量购进大米、豆类等农产品，并转口高价出售到欧洲市场。为弥补在东北的贸易收支差额，华俄道胜银行便大量发行纸币。东北农产品的收购、中国的出口外汇收入和经营及关内外的汇兑都掌握在华俄道胜银行手中。1899年，沙俄向中国输出的商品价值为752.5万卢布，输入的中国农副产品的价值为4351万卢布。1900年输入的中国农副产品的价值为4594万卢布。[①] 1913年东北对沙俄的出口额为172.4万海关两，1916年增至354万海关两，1917年再增至404.3万海关两。[②]（3）银行发钞还可为本国在战争时期掠夺战略物资，手段是大搞通货膨胀。1904—1905年日俄战争时期，华俄道胜银行在东北滥发纸币。沙俄在中国东北驻扎的100万军队共耗用粮食6600多万普特（俄国重量单位，1普特等于16.38公斤），其中的5600万普特，即占总数的85%，是在黑龙江和吉林两省征用的。[③] 在1915年后的6年中，沙俄通过通货膨胀从中国取得巨额财富，却给中国人民带来深重的灾难，成千上万的中国人倾家荡产。

2. 外籍银行发钞对中国经济社会的影响

首先，从政治上来讲，发钞破坏了中国的货币发行主权和司法权。加上中国历届政府对货币发行主权认识不足，对外籍银行在华发行货币没有采取有效措施加以制止。即使中国官方对发钞采取了一定的监督制约，但对于中外合办银行这种内有高官，外有以特权护身的洋人体制而言，也是根本不起作用的。另外，外籍银行肆意滥发纸币也让中国的法律形同废纸。各合办银行在得到中国政府批准之时，都指出"发行兑换券于中国或某省，至中国政府颁行纸币则例之时为止"，这在中法实业银行章程第三条第四项可以找到。1916年，北洋政府颁行取缔发行纸币条例，但4年后中法实业银行纸币仍在山东肆意横行。

---

① 任浩然：《华俄道胜银行在华活动的真面目》，载寿充一、寿乐英《外商银行在中国》，文史出版社1996年版，第51—52页。

② 孔经纬：《东北经济史》，四川人民出版社1986年版，第214页。

③ ［日］川上俊彦：《北满的工业》，转引自吴文衔、张秀兰《霍尔瓦特与中东铁路》，吉林文史出版社1993年版，第87页。

其次，在经济上，发钞扰乱了中国的金融市场，阻碍了中国货币统一的进程。在各国的势力范围内，外籍银行纸币处于垄断地位，甚至将中国地方官帖排挤掉。如沙俄羌帖在中国东北、新疆、内蒙古边境地区流通日广，逐渐成为各种纸币中数额最大、种类最多、流通最广的纸币。沙俄数以亿计的羌帖通行于中东铁路所经之地，完全占领了东北的金融市场，市间反不见东北地方政府发行的官帖。中东铁路的工资发放、各种收支、市民交易都用羌帖。1898年，盛京将军依克唐阿在奏折中说："光绪初年在黑龙江副都统任内，亲见瑷珲商贾行用皆系俄帖，且华商购办货物，必须以银易帖，始可易货，以致边界数百里，俄帖充溢，不下数百万。迨后调任珲春，见华俄互市，仍以俄帖为重"。[1] 近代中国的币制是十分复杂的，北洋军阀时期在政治上没有形成一个权力中心，经济上也不可能有一个中央银行来发行统一的货币，当时流通于市面的货币是相当混乱的。外籍银行所发行的纸币无疑对中国币制的统一是有害无益的。

最后，中国的百姓是直接的受害者。在当时，"政局不靖，内乱迭起"，国人崇拜外籍银行"声势之煊赫"，"巨富之存款，皆储入外国银行"，"故外国银行之钞票亦较本国钞票，尤为乐从。盖国人对于外国银行之迷信使然也"。何况外钞盛行的最大原因"实在乎本国钞票之信用太坏"[2]。但随着外籍银行的接连倒闭，"国人屡受其害，方始觉悟，知外国银行之不可恃"。1919年，卢布大幅贬值时，银行拒收卢布，商店停售货物，哈尔滨直鲁两省工人的境况是："今岁俄国卢布跌落……势不得不郁郁居此。然冬令无所事事，寄身客栈，消费亦不得了。昨日若辈，相对泪下，频呼奈何！"[3] 于是在20世纪20年代后期，国人中要求"取缔外国银行"的呼声和抵制外币的事件不断发生。[4]

（原载《中国钱币论文集》第5辑，中国金融出版社2010年版）

---

[1] 中国人民银行总行参事室金融史料组编：《中国近代货币史资料》第1辑，中华书局1964年版，第1033页。

[2] 金侣琴：《取缔外钞问题》，《银行周报》第11卷第13号，1927年4月。

[3] 《哈尔滨远东日报》，1919年11月15日，转引自杨培新《华俄道胜银行》，香港经济与法律出版社1987年版，第83页。

[4] 庄淑英：《今后之外国银行应严加取缔》，《银行周报》第11卷第19号，1927年5月。

美丰银行及其纸币发行

1914年人类历史上第一次空前规模的世界大战爆发,英、法、德等资本主义国家忙于战争,无暇东顾,对华出口锐减。远离欧洲大陆的美国没有在这场战争中受损,反而发了战争财。在中国,美国对华贸易额逐年增加。一些美国商人抓住这个契机,在中国办起了银行。而经过第一次世界大战短暂的黄金时期发展起来的中国民族资产阶级也需要利用大量资金。对金融资本需求的增加使得新式银行的作用日益突出。中国特有的文化背景及政治形势使外国商人认识到同中国政府及商人合作,创立中外合办银行,能够使他们很快融入中国社会,促使业务开展,并在中国纷繁复杂的市场竞争中获取优势。中国商人也意识到同洋人合作,不仅可以利用其丰厚的资本,而且可以减少军阀政府的干预,享有外商在金融领域里的特殊权利。更重要的是,采用中外合办的方式可以顺理成章地学习和运用西方先进的经营管理经验,以增强银行实力。因此,中外双方都有合办要求,中外合办银行遂如雨后春笋般纷纷设立。美丰银行就是在这一特定历史背景下出现的。

一 美丰银行概况

美丰银行是美国商人在中国设立的,包括上海美丰银行、四川美丰银行和福建美丰银行,各自独立经营。

1. 上海美丰银行

鸦片战争以后,上海成为通商口岸,成为全国最大的货物进出口集散地,金融周转业务增多,金融机构也纷纷设立于此。资金的集中、金融机构的集中,使上海成为近代中国乃至远东的金融中心和枢纽,被誉为

"东方的纽约"。如此繁华的城市不仅给资金雄厚的财团提供了扩张资本的条件，而且给了普通商人发财致富的机会，成为"冒险家的乐园"，吸引了众多淘金者，美丰银行的创始人雷文（F. J. Raven）就是其中之一。他于1904年从芝加哥来到上海，被公共租界工部局招募为外国工头。第一次世界大战爆发后，他看到美国在华势力增强，就办起了普益信托公司，以大规模经营上海地产为主要目标。当时大部分国家已实行金本位制，银成为普通商品，而中国则实行银本位制，且本土不产银，需要从国外进口白银，大部分银贸易则要通过上海进行。因此，上海资金充盈，投资地产获利颇丰。而且上海贸易的发达也使公司的金融业务非常兴旺。他在1917年向美国康涅狄格州（Connecticut State）注册了美丰银行（The American-Oriental Banking Corporation），1918年在上海设立总行，① 1923年在天津法租界设立分行。

上海美丰银行的额定资本为7310000元，② 分优先股和普通股两种。1918年实收资本122260元，1930年增为1732448.27元，1935年又增为3895503元。③ 该行经营普通商业银行一切业务，从历年盈余来看，有日见发达的趋势。该行董事长为雷文，董事为克利费尔（J. Kleffel）、勃立顿（T. C. Brton）、华格（W. P. Walker）、逊陶（H. Sander）、梅华（V. Megor）。总经理由克利费尔兼任，经理为盖尔（D. P. Gill），襄理为雷文，买办为黄逸才。雷文创办美丰银行后，又创办了普益地产公司和美东银公司，与普益信托公司一起形成了强大的美丰资本集团。这四个机构虽然在法律上和财政上都是独立的，但为了相互的利益，有着密切的合作。

1929—1933年，爆发了世界经济危机，日本为摆脱危机而侵略中国。1932年，"一·二八"淞沪抗战开始，上海市面萧条、银根吃紧、地产交易呆滞。美国受到的打击也特别严重，为摆脱危机，美国政府于1933年

---

① 上海美丰银行的成立年份，1934年《银行年鉴》作1917年（民国六年），《上海金融组织概要》作1918年（民国七年），本文依照《上海金融组织概要》。
② 《中行月刊》第10卷第6期，1935年5月，第78页。献可《近百年来帝国主义在华银行发行纸币概况》中认为是300万元，其中中方资本占125万元。
③ 《美丰银行印刷品》，转引自中国人民银行总行参事室编《中华民国货币史资料》第1辑，上海人民出版社1986年版，第1121页。

12月颁布了《银购入法》,1934年5月,又颁布了《白银法案》,在国外高价收购白银。这对中国经济、金融的破坏极大。中国是当时世界上最大的银本位制国家,每年需进口大量的银。美国哄抬银价,中国不但不能继续进口银,国内存银反而大量外流。通货紧缩使人们无力投资地产,地产业因而一蹶不振。因普益地产公司经营之地产,均向美丰银行抵押。美东银公司及普益信托公司经营外汇投机也向美丰银行抵借,以致其流动资金缺乏、周转不灵,被迫于1935年5月24日经临时董事会议决定宣告停业。上海总行停业后,天津分行也于同日宣告停业。美驻华人员立即指定贺甫(Hough)为托管清理人,清理改组。

2. 四川美丰银行

四川美丰银行是雷文与重庆商人合资创办的。1921年美国人麦利到北京,访晤康心如,谈到雷文拟在直隶省设美丰银行,没有成功。适值重庆商人邓芝如、陈达璋也到北京,为在重庆设立银行之事而奔波。于是康心如就从中联络,由中美双方共同出资建立四川美丰银行,并签订了合同。

1922年2月,四川美丰银行(The American - Oriental Bank of Szechuen)在美国康涅狄格州注册,额定资本为250000元,其中美方占52%,中方占48%。① 在四川重庆新街口设行,经营普通商业银行业务。4月10日四川美丰银行正式开幕。第一任董事为雷文、赫尔德(Herebert S. Ballard)、白东茂(T. C. Britton)及胡汝航、周云浦。总经理为雷文,经理为赫尔德,协理为邓芝如与康心如。

银行开业后,东西方管理人员由于文化观念和切身利益的不同,纷争不断。一年以后不仅没有盈利,反而亏损3000多元。1923年雷文来到重庆,决定采取中西结合的经营方式,并调整了中美管理人员,美丰随即扭亏为盈。此后,尽管美丰内部人员多有摩擦,但一直保持着盈利的势头。1926年仅纯利就达58210元。②

1927年,因宁汉风波发生,各国政府训令其侨民限期离境,美股全

---

① 中国银行经济研究室:1937年《全国银行年鉴》,第70页。
② 《四川美丰银行历年损益统计表》,见张肖梅编著《四川经济参考资料》,中国国民经济研究所1933年发行。

部让渡华方承受。另选汪云松、曾禹钦、胡汝航、周见三、周云浦五人为董事,周克明、杨梦侯二人为监察,并聘康心如为经理,四川美丰遂成为纯粹华商银行。1931 年呈准财政部注册,并改英文名为 The MeiFeng Bank of Szechuen。1932 年经股东会议议决增加股本总额为 100 万元,收足半数。① 11 月,添设代理部,后改称信托部,并另设保管部及仓库。1934 年又增设储蓄部。1936 年先后两次召开股东会议,增加资本为 120 万元,全数收足。1943 年激增为 2000 万元。② 此后,美丰曾相继投资于重庆华丰地产公司等企业。抗日战争爆发后,又开设德丰、华丰等数家公司及投资于数十家企业,形成了"美丰银行"资本系统。四川美丰银行所设分行遍布全国各大城市,成都、昆明、贵阳、汉口、上海、南京、广州、西安等都有它的分行。四川各县如宜宾、遂宁、沪县、万县等也都设立了它的支行及办事处,形成了以四川为主体、向中国西部和南部广大地区辐射的庞大的金融网。1949 年清理停业。

3. 福建美丰银行

福建美丰银行是在上海美丰银行业务扩展后在福建设立的。1921 年 6 月筹备,1922 年 9 月正式成立,设总行于福州。1924 年初在厦门设分行。资本总额为美金 100 万元,折合中币 200 万元(当时美金一元折合中币二元)。③ 该行同四川美丰一样,美方承受 52%,由雷文的普益信托公司出资,中方承受 48%。所不同的是,该行完全由美国人管理,中国人没有管理权,1930 年停业。

二 美丰银行的纸币发行

上海美丰银行、四川美丰银行和福建美丰银行都曾在中国发行过纸币,并且都采用中国银元为货币单位。上海美丰银行发行的纸币面值分为 1 元、5 元、10 元、50 元、100 元 5 种。所发纸币全部在中国流通,其历年发行额如表 1。

---

① 中国银行经济研究室:1937 年《全国银行年鉴》,第 70 页。
② 《四川美丰银行二十年来概况》,《四川经济季刊》第 1 卷第 3 期,第 193 页。
③ 献可:《近百年来帝国主义在华银行发行纸币概况》,上海人民出版社 1958 年版,第 101 页。

表 1　　　　　　上海美丰银行纸币发行数额（1920—1934）

时期	发行纸币数额	时期	发行纸币数额
1920 年	300000 元	1928 年	1010470 元
1921 年	318230 元	1929 年	939340 元
1922 年	984000 元	1930 年	784745 元
1923 年	1180840 元	1931 年	254460 元
1924 年	2052266 元	1932 年	237290 元
1925 年	2052266 元	1933 年	42805 元
1926 年	1002668 元	1934 年	32805 元
1927 年	890050 元		

资料来源：1. 1920 年的发行数字，采自张家骧《中华币制史》，民国大学出版社 1925 年版，第 27 页。

2. 1924 年的发行数字，采自《经济学季刊》1931 年 9 月，2 卷 3 期。转引自献可《近百年来帝国主义在华银行发行纸币概况》，上海人民出版社 1958 年版，第 104 页。

3. 1921—1923 年、1925—1934 年的发行数字，采自《美丰银行印刷品》，中国人民银行总行参事室编《中华民国货币史资料》（第 1 辑），上海人民出版社 1986 年版，第 1121 页。

可见，该行 1924 年和 1925 年发行额最大，超过了 200 万元，1933 年以后，陆续将已发钞票收回，在市面流通的不及 10 万元，该行倒闭后，大部分所发纸币已被收回。

该行纸币实物有 1919 年版 5 元的两种，10 元和 100 元的各一种。以及 1924 年版的 1 元、5 元和 10 元各一种。这三种纸币中心处都有轮船图案，由美国钞票公司（ABNC）印制。它的分行天津美丰银行也曾发行纸币，只在天津流通。目前发现的纸币实物只有 1924 年 9 月 16 日发行的 5 元券，中心处有轮船图案，正面在多重色背景下有黑色图案，背面图案为橘红色。

四川美丰银行在中美合资美丰时代就发行银元票，但并未呈经中国政府核准，1927 年美商退股后，该行一切债权债务均由四川美丰银行的华商股东承受，而当时正处在国民革命军北伐、政局未定的时期，该行仍继续发行纸币，但是 1927 年至 1931 年纸币发行数额不详。1932 年到 1936 年，该行发行纸币的情形如表 2 所列。

表2　　　　　　四川美丰银行纸币发行数额（1932—1936）

时期	发行纸币数额	指数	时期	发行纸币数额	指数
1932年12月	630792元	100	1935年12月	5042元	8
1933年12月	1045691元	166	1936年12月	839元	1.3
1934年12月	537491元	85			

上表中所列1935年、1936年两年发行数字，据该行1936年度营业报告资产负债表中所列收兑余额。

资料来源：《远东经济评论》，1957年12月。

该行发行的纸币面额有1元、5元、10元，只在四川境内流通。纸币信用比较坚固，南京国民政府实行法币改革前，四川通行的银元票仅有中国、四川地方、四川美丰、重庆市民及川康殖业银行券。中国银行钞行用于28县，而四川美丰银行券行使于49县。[①] 其在眉山、乐山、内江、宜宾、涪陵、达县、合川等县，都非常盛行。其10元券在重庆、成都为多，在外县和边远山村以1元券为盛。该行所发纸币大部分被收回，纸币实物有1922年9月16日印发的1元、5元和10元三种，美国钞票公司印，中心有轮船图案。

福建美丰银行在福州和厦门也曾发行过纸币，其纸币实物有1922年9月16日发行的1元、5元和10元票，美国钞票公司印制，1元钞正面在多重色背景下有绿色图案，5元钞正面图案为棕色，10元钞正面在多重色背景下有棕色图案。另外还有1922年版直形的5元和10元券。

三　美丰银行及其纸币评价

上海美丰银行是第一次世界大战期间，由美国商人创办的外资银行，虽然美国曾建立过一些具有政治性、侵略性的银行，但美丰银行却不是这样。其目的只是盈利，而没有担当对华资本输出的任务。它所办理的业务只是存款、放款、汇兑等商业银行经营的业务，而没有办理过借款、筑路、存放中国税款等涉及政府财政的业务。资本主要用于地产和外汇投机，牟取暴利。

---

① 《四川省通用货币概况》，《中央银行月报》第5卷第5号，1936年5月。

四川美丰银行和福建美丰银行虽为中外合办银行，其目的也只是盈利，所做业务均为商业银行业务。四川美丰银行的总行所在地重庆，是通商大埠，商务繁盛，但金融业却欠缺发达。四川美丰是当时重庆为数不多的几个实力雄厚、信誉卓著的银行之一。尤其是抗日战争时期，沦陷区大批工业迁入重庆，美丰以大量资金投入数十家企业，有效地帮助了它们恢复和发展生产，对稳定重庆经济，改变战前西南地区工业基础薄弱的局面起了重大作用。

发行纸币是国家主权的一种象征，且是银行最有利益的业务。美丰银行的成立或分设，未向中国政府注册，其在各通商口岸发行钞票，既没有条约明文规定，中国政府也未加特许，纸币发行数额自然也不会经中国政府核准，是对中国主权的侵犯。

上海美丰银行系外商银行，它未向中国政府注册，其擅发纸币，无疑是对中国主权的侵犯，且它是依照美国康涅狄格州的法令注册的，按照该州的法令，对于发行纸币的准备，没有具体的规定，只说是"应当有充分的准备"（adequate reserve），[1] 这必然会纵容它在没有充分准备的情况下滥发纸币，影响中国的经济和金融。外商银行在中国发行纸币虽无明文规定，但在京、津、汉、沪等地发行却由来已久。因此，尽管北洋政府和南京国民政府都曾制定过纸币条例，但都不曾适用于外国银行。当时曾有人一针见血地指出："我国政府对于外钞，向持放任主义。以为外国银行为我权力所不及，故历来所颁行之纸币条例、修正纸币条例等，并未通告使团转达各（外国）银行查照，似谓此项法律，不适用于外国银行。"[2] 虽然美丰银行发行纸币侵犯了中国主权，影响了中国币制统一的进程，但其所发数额不大，没有人为地造成纸币贬值，倒闭后所发的纸币大部分已被收回，所以它的危害性相对于其他外国银行来说还是比较小的。

中外合办银行与外国在华银行不同，它们是经中国政府注册登记并经中国政府核准享有纸币发行权的。四川美丰银行虽然在1927年以前是中外合办银行，但并未向中国政府注册，不应享有纸币发行权。但该行

---

[1] Frederic, E. Lee, *Currency, Banking and Finance in China*, Washington Government printing Office, 1926, p.102, 转引自献可《近百年来帝国主义在华银行发行纸币概况》，上海人民出版社1958年版，第62页。

[2] 《银行周报》第10卷第13号，1926年3月，转引自于彤、戴建兵《中国近代商业银行纸币史》，河北教育出版社1996年版，第157页。

1922 年利用中美合资招牌在重庆发行纸币四万四千余元。财政部呈请外交部察核，"向美公使交涉，饬知该行停止发行"①，然而却得到答复："如向美使交涉停止营业，恐该使藉口各口岸先例，未必就我范围，不如仍由当地官商协力阻止，较为妥善。"②重庆商民愤怒之余，曾一致拒绝使用该行纸币，该行被迫于同年 9 月收回，不再发行。四川美丰擅发纸币是有损中国主权之举，但美商退股后，其所发纸币却信用牢固，对稳定四川的金融秩序，活跃四川经济起到了相当的作用。福建美丰银行也发行纸币，而且并未找到核准发行的证据，但该行倒闭后所发纸币大部分也被收回，所以它的危害性也是很小的。

综上所述，上海美丰银行、四川美丰银行和福建美丰银行同一些外商独资银行和由中外政府出面建立的合办银行不同，美丰银行不具政治性。在当时国力甚微、国权较弱的情况下，在中国对外经济交往过程中，"特权"银行的出现不可避免，虽然像美丰这样的纯商业性质的银行存在着扰乱中国金融秩序的因素，但客观地说，它们对中国近代金融经济的发展无疑起到了促进作用。

（原载《中国钱币》2003 年第 3 期）

---

① 《财政部等为美丰银行在重庆擅发纸币商议阻止办法有关咨电稿（1923 年 6 月）》，《北洋政府财政部档案》465 号，中国第二历史档案馆编《中国第二历史档案资料汇编》第 3 辑《金融》，江苏古籍出版社 1991 年版，第 1096 页。
② 同上书，第 1097 页。

关于民国年间的一些花店票

近来安徽《安徽钱币》、上海《钱币博览》，以及《中国商报》等专业钱币杂志报刊均发表了关于民国年间的花店发行私钱票的文章。

实际上，现在发现的民国时期花店发行的钱票还真不少，多集中于河北、山东和湖北。

据笔者所知，河北的有［藁城三益花店壹角票］藁城三益花店发行。正面蓝色，袁世凯银元图，背绿色，中间轮船，四角文字为"留神细看"。票幅132mm×82mm。［藁邑同德花店贰吊票］民国时期藁城县同德花店发行。直式。正面灰色，红色底纹，四周花框和双龙戏珠与海涛图案，框内天格中"同德花店""藁邑兴安村"，地格内中间有"凭帖取九八大钱贰吊整"，左为"字第号"，"认票不认人，失票不挂号"，右为"中华民国年月日票"。背面为红色，中间有花瓶，上有"同德花店"四字，四周有"谨防假票"四字。以上均为河北藁城地区花店发行的钱票。此外还有河北献县源庆花店壹吊钱票及赵县天庆花店票。

山东地区发行的花票有［广饶莲花店永顺成民国二十三年壹角票］永顺成出兑。民国二十三年印。横版，印制简单。正面蓝色，花饰纹框，四角压花印"壹角"字样。票芯：上端横书"永顺成"字样，左右印出票编号；中间右边一朵印花内印"壹角"字样；左边印路边驿站图案，其下花饰框内印"广饶莲花店"；右端直印"零角不兑钱"；左端直印"拾角兑壹元"。下端两枚方形印章。背面黄色，四角压花印"10"字样；左右两端各一圆圈内印"壹"字样；票框下端印出票日期。票芯：上端拱形框内印"认票不认人灯下不付钱"字样；中间三朵印花相连，两端小印花内印"1"字样。右端两枚椭圆形印章；左下角一枚方形印章。票幅：108mm×61mm。［矩野丰泰号九八大钱壹千文］竖式，石印，印制

关于民国年间的一些花店票

比较精美。票幅为 85mm×214mm。票面正面为蓝色，背面为红色。面额壹千文。正面有蓝色花纹票框。四角压花印有面额"壹"字样。票芯为黄色底纹。天格分两层：上层印有蓝色横书"丰泰号"名称；下层压条框蓝色横书地名"矩野六所赢西门里"的字样。地格分三栏，从右到左依次是：右栏直书冠字编号"字第号"；中栏直书"凭票发九八大钱壹千文"字样；左栏直书出票日期"民国年月日"字样。票芯右下印有直书"认票不认人概不挂失票"的告白。票芯左下角盖"丰泰花店票"字样的具名地址落款章。私票上方印有长方形蓝色《兰亭集序》的节文及红色正方形印章。地格右栏从上到下分别印有一红色正方形印章，一红色迎首印章，一红色正方形印章。中栏印有一压竖红色印章。左栏上印有椭圆形红色印章。私票右侧边沿从上到下分别印有红色圆形、菱形、椭圆形骑缝印章。背面有长方形红色花边图饰票框。票芯为红色底纹。票芯印有红色直书"丰泰号"的字样。多处印有墨书。［矩野泰和成九八大钱壹吊文］竖式，石印，印制比较精美。票幅为 89mm×188mm。票面正面为蓝色，背面为绿色。面额壹吊文。正面有蓝色花纹票框，四角压花印有面额"壹"的字样。票芯为黄色底纹。天格分两层：上层印有红色横书"泰和成"名称；下层压条框红色横书地名"矩野城东南薛扶集隅首北路东"的字样。地格分三栏，从右到左依次是：右栏直书冠字编号"字第号"；中栏直书"凭票取九八大钱壹吊文"字样；左栏直书出票日期"民国年月日"字样。票芯右下印有直书"概不挂号失票不管"的告白。票芯左下角盖红色"泰和成花店票"字样的具名地址落款章。票框外边沿印有横书"矩野西门里□□石印局印"字样。票芯中央印有红色暗记"作废"的字样。背面有长方形绿色花边图饰票框。四角压花印有面额"壹"字样。票芯为绿色底纹。票芯上方印有一幅正在行驶的火车的图案。图案下方压圆印有面额"壹"的字样。字样四角压圆分别印有"国""宝""源""流"的字样。票芯下方印有一幅房屋建筑的图案。票芯中央印有红色暗记"作废"的字样。［矩野义盛祥九八大钱壹千文］竖式，石印，印制较精美。票幅为 77mm×174mm。票面正面为浅蓝色，背面为绿色。面额壹千文。正面有浅蓝色花纹票框。四角压花印有红色面额"壹"的字样。票芯为粉色底纹。天格分两层：上层印有红色横书地名"矩野西南十里马楼"的字样；下层压条框横书"义盛祥"的名称。地格分三栏，

· 273 ·

从右到左依次是：右栏直书冠字编号"字第号"；中栏直书"凭票取九八大钱壹千文"字样；左栏直书出票日期"民国年月日"。票芯右侧印有红色直书"认票不认人概不挂失票"的告白。票芯左下角盖红色"义盛祥花店票"字样的具名地址落款章。票芯下方印有红色横书"走现洋"的告白。票框外边沿印有横书"矩野瑞文斋石印局印"字样。背面有绿色长方形花边图饰票框，四角压花分别印有"留""神""细""看"告白。票芯为绿色底纹。票芯上方天栏印有横书"谨防假冒"的告白。字样下方印有一幅房屋建筑图案。图案外印有椭圆形花纹边框。图案左右两侧压条框对称印有直书"概不挂失""失票不管"的告白。票芯下方印有一幅房屋建筑的图案。图案外印有长方形边框。〔矩野义兴花店民国二十八年陆分〕横式，印制较精美，民国二十八年印制。票幅为 104mm×51mm。票面正面为蓝色，背面为棕色。面额陆分。正面有蓝色花纹票框。四角压花印有"陆"字样。票芯无底纹。票芯正上方印有横书"义兴花店"名称。名称下方印有一幅古楼建筑图案。图案下方印有蓝色横书"民国二十八年"的字样。图案左右两侧对称压花印有面额直书"陆分"的字样。票芯左右两侧对称印有直书地名"□四十五里萧楼北□南北街路西"的字样。背面有棕色花纹票框。四角压花印有数字面额"6"的字样。票芯无底纹。票芯正中央印有一幅正在行驶的轮船的图案。图案外印有花纹边框。图案下方印有棕色横书"每拾角兑国币壹圆"告白。图案左右两侧对称印有棕色直书"灯下不兑"和"零角不兑"告白。另见有荣城同德花店票。

湖北花店票见有湖北鄂城义大花行民国十七年双元贰串文。正面为"计存花款双元贰串文"。背面有文："代兑处：大东门苏源大，小南门李大生，小南门尹寿记，大北门李森记，大北门万大房，大北门万荣记，大北门义兴隆，大北门魏仪顺。""本行为供四乡花客之需求，特用此条代表铜元，以期灵便而利携带。诸君执此，务请注意真伪，图章印迹不符，当面批销作废。"另有湖北宜都胡义茂花行也发行过钱票。

现在一些钱币专业杂志发表的文章，认为花店为出售鲜花的店铺。

实际上这些花店均为经营棉花生意的商业机构。

我们可以看一本小说对"花"的记载。"这里的人管棉花叫花。笨花人带来的是笨花,后来又从外国传来了洋花,人们管洋花也叫花。笨花三瓣,绒短,不适于纺织,只适于当絮花,絮在被褥里经蹬踹。洋花四大瓣,绒长,产量也高,适于纺线织布,雪白的线子染色时也抓色。可大多数笨花人种洋花时还是不忘种笨花。放弃笨花,就像忘了祖宗。还有一种笨花叫紫花,也是三大瓣,绒更短。紫花不是紫,是土黄,紫花纺出的线、织出的布耐磨,颜色也能融入本地的水土,蹭点泥土也看不出来。紫花织出的布叫紫花布,做出的汗褟叫紫花汗褟,做出的棉袄叫紫花大袄。紫花布只有男人穿,女人不穿。冬天,笨花人穿着紫花大袄蹲在墙根晒太阳,从远处看就看不见人;走近看,先看见几只眼睛在黄土墙根闪烁。笨花人种花在这一方是出名的。他们拾掇着花,享受着种花的艰辛和乐趣。春天枣树发了新芽,他们站在当街喊:种花呀!夏天,枣树上的青枣有扣子大了,他们站在当街喊:掐花尖打花杈呀!处暑节气一过,遍地白花花,他们站在当街喊:摘花呀!霜降节气一过,花叶打了蔫,他们站在当街喊:拾花呀!有拾花的没有?上南岗吧!随着花主的喊声,被招呼出来的人跟在花主后头到花地里去掐花尖、打花杈,去摘花拾花。"① 著名作家铁凝以河北产棉区为主题所写的历史小说对"花"和花的历史进行了文学化的记叙。

明朝中后期华北地区棉花种植大规模发展。当时纺织技术优势仍在江南地区,华北地区棉花南运,以供江南地区纺织所需。而华北地区所需的棉布则主要来自江南。清代随着河北、山东等地棉纺织业的兴起,这两地的棉花基本上要供应其本地区的纺织业所需。只有少部分"北花"南运,这时的"北花"主要指河南棉。②

1919年华商纱厂联合会在我国首次实地统计棉产,山东河北两省的棉花种植面积是961万亩,加上河南省共有1103万亩。而华商纱厂联合会的统计,当时人普遍认为数字偏低。华北棉业的大发展都是在民国以后,随着国内棉纺织业的迅猛发展,对原棉的需求量大增,质量要求也大为提高,植棉的扩张遂与棉质的改良齐头并进,交通运输条件的改善也为植棉业的发展提供了条件。19世纪末,华北地区开始引种美棉,20世纪

---

① 铁凝:《笨花》,人民文学出版社2006年版,第70—71页。
② 张海英:《明清江南与华北地区的经济交流》,《历史教学问题》2003年第2期。

前期全面推广,发展相当快,而美棉与原来华北种植的亚洲棉相比,纤维较长,产量也更高。①

棉花产业的兴盛使得河北等地从事棉花产业的工业和商业机构迅速发展起来,但是由于资本缺乏,早期均发行钱票以为经营。如清末棉花产地正定府的正定、获鹿、元氏、无极等县,多有出钱票之家。棉花交易时,多用钱票,不用现钱。

著名学者李景汉先生民国年间在河北定县调查时,也记录了当时该地的棉花集市。棉花市的地点在翠城村自治公所前的东西大街,近村农民多在早九点或十点来市。上市卖棉花者多来自土良、小流、曹村、土厚、王习营、东王习、西王习、辛兴、北齐、南齐、史村等村。上集买棉花的人,多为附近农村的小棉贩。将棉买妥之后,用车运回,轧去其籽,打包运到县城去卖,也有运到清风店、安国县、保定、天津等处。民国年间汉口也形成了较大的棉花市场。

总体而言。抗战前在华北,以棉花为代表的经济作物种植比率呈上升趋势,粮食作物比率呈下降趋势吉,抗战爆发后发生了相反的变化趋势。

棉花产业曾是中国民族农业和工业重要的领域,在中国近代产生了巨大的影响。1927年上海建市后,一些社会人士认为上海应有自己的市花。1929年1月24日,上海市社会局以莲花、月季等数种花卉作为市花的候选对象,报请市长裁定。是年二三月间,上海市政府决定先由市民投票以观民意。4月8日公布投票结果,在1.7万张有效选票中,未入市花候选名单的棉花竟以4567票居于首位,此事后来就不了了之。

近日,山西省晋中市榆次区"三普"工作队在文物普查过程中新发现了民国时期一处金融商贸建筑——晋通花店。民国二十年(1931),阎锡山对各县集资,在太原等地开办晋裕号,各县设分号。民国二十一年(1932)阎锡山批准投资30万元在榆次富户街设立分号,名为晋通花店。该店以经营棉花为主要业务,规模在榆次棉花行业位居首位,为当时著名的棉花经营场所。晋通花店建筑保存完整,主体为砖木结构,仿欧式风格水泥外墙装饰。坐北朝南,二进院落布局,中轴线由南往北依次为正门、

---

① 宾长初:《近代中国镇、集的发展和变迁》,《中国社会科学院研究生院学报》2002年第5期。

过厅、正厅,两侧东西楼。主体门厅正立面为山尖式外观,主体二层楼阁,单坡顶。建筑高大规整,中西结合。①

(原载《近代以来中国金融变迁的回顾与反思》,上海远东出版社2012年版)

---

① 李星:《山西省晋中市榆次区发现民国时期金融商贸建筑——晋通花店》,2008年9月25日(http://pucha.sach.gov.cn/html/120/4399_1.html)。

试论近代西北货币的发展

——以甘青宁为中心

甘肃、青海、宁夏西北三省历史悠久，自古以来就是华夏诸民族生息、繁衍、交融之地。历史上各民族共同努力，曾创造出光辉灿烂的文明，也曾有过繁荣发达的商品货币经济，推动了社会历史的发展。但是，自有清以来，特别是近代以后，由于历史、地理等诸原因，三省发展缓慢，经济落后，财政入不敷出，向来为"受协"省份。为了弥补财政不足，西北三省的货币在整个近代社会大变革的背景下，也开始发生变化，并缓慢向前发展，本文就试图对近代西北三省——甘青宁的货币发展变化，作一个简单的论述，以此来反映近代西北货币的发展。

一 银铜并行制度下的硬通货流通

（一）宝巩局的沿革及其制钱的发行

清代制钱的铸造权属于政府，民间不得私铸或私毁。清代制钱的铸造机关，在中央有户部的宝泉局和工部的宝源局，在地方则有各省地方钱局。清代地方的铸造机关的名称在清前期非常复杂，直到康熙年间经户部议定，各省只准设一局，各省局的名称一律改为以宝字为首，次用各本省一字，至此清代地方的铸造机关的名称才渐趋一致。清代甘肃有巩昌府和兰州府先后设局，均称宝巩局。顺治四年题准甘肃开局鼓铸。[①] 康熙六年复开各省鼓铸局，巩昌巩字，满汉各一字。[②] 康熙九年停甘肃鼓铸。[③] 雍

[①] 《会典事例》，《皇朝政典类纂·钱币七·直省钱局》，文海出版社1982年影印本。
[②] 同上。
[③] 《通考》，《皇朝政典类纂·钱币七·直省钱局》，文海出版社1982年影印本。

正四年巡抚石文焯折奏暂开鼓铸，以清钱法，于五年四月内设宝巩局于兰州，按察司经铸，河桥同知监铸，动用藩库银二万两，收买各属户厘工字小钱并古旧废钱铜斤入局鼓铸，开炉12座，七年三月内奉文停止。① 从乾隆一直到道光年间甘肃钱文主要靠外省供运，这可以从管理户部事务潘世恩的奏折中略见一斑："况查山东、奉天、河南、安徽、甘肃等省，向无鼓铸，尤恃各省开铸，以便流通。"②

近代以来，由于受鸦片战争和接踵而来的太平天国运动这一内忧外患的困扰，清政府的财政状况急剧下降，加之当时银贵钱贱，而铜价却日见高涨，面对这一严峻的局面，清政府决定实行通货膨胀的战时财政政策，铸造大钱。咸丰四年，宝巩局重新开铸，设局于小仓，有炉8座，后又在省城东城根，开办新厂，至三月已铸出黄铜钱当十、当五十、当百及紫铜当五百、当千，旋又铸铁小平，当五及当十。咸丰五年准宝巩局钱重8分。七年后专铸当五、当十钱，并添铸重8分的制钱，且添炉8座。同治年间增铸铁钱，并铸当十及小平铜钱，种类繁多，三年撤局。光绪十四年该局又上奏恢复鼓铸，旋因累赔而停。

表1　　　　　　　　　　咸丰朝宝巩局所铸大钱

名称	时间	面文	重量	原料	附注
当五	咸丰四年	重宝	—	铜	
当十	咸丰四年	重宝	—	铜	
当五十	咸丰四年	重宝	—	铜	甘肃省制钱减重为8分
当百	咸丰四年	元宝	—	铜	
当五百	咸丰四年	元宝	—	铜	
当千	咸丰四年	元宝	—	铜	

资料来源：沈云龙《中国近代货币史资料》（1822—1911），《近代中国史料丛刊续编》（第9辑），文海出版社1974年版，第256—259页。

---

① 沈云龙：《中国边疆丛书·甘肃通志》（三），文海出版社1966年版，第1893页。
② 沈云龙：《中国近代货币史资料》（1822—1911），《近代中国史料丛刊续编》第9辑，文海出版社1974年版，第75页。

(二）银两制度下的货币流通

1. 甘肃的银两流通

民初，甘肃省会兰州有银炉，铸造50两的大宝。10两以下的中小锭及碎锞子，称足纹银，为二九宝。① 足纹银的现有实物有："民国年造·甘肃省·天保炉·管保来回·五十两·足色方宝"和"民国年造·甘肃省·天保炉·管保炉·五十两零·天保炉·十足色·匠人王佐"。当时兰州有一种叫销银子的生意，就是跑街从别的行业将十足的纹银或九八成色的银子，拿来加色，每百两可加色二两或三两不等，加色时一定要有顾主当面看清，出门后不管，这是技术性很高的工作。将纹银收集起来后，先在甘肃官办的公估局内熔销，再铸成甘肃锭。这样，每百两纹银就能出四五两的成色。甘肃锞固定在九五色内掺铜，如果与公估局的关系好，也可以在九四色过关，过关后要在银两上由公估局盖上"公估"两字，大约销一百两银子可赚一两五到三两左右。当时还可以代为客户用银子提现洋，实际上就是货币兑换，一元银元重量是七钱二分，但用现银换就需要七钱八分，最高可达八钱，多出的就是钱庄的利润。②

在泾州，据民国初年日本同文会调查，该地只有一种银两通行，为西安府铸造的京曹宝，为二八宝，重量以十两、五两、四两、三两最多。该地的平为泾州布平。

甘肃平凉府使用的银两，据民国初年日本同文会的调查，基本上全部是外来的。主要通行的西安铸造的足纹银两和兰州府造的甘肃锞子，其中西安铸造的足纹是二八宝，而甘肃锞为二九宝。当地银行两的种类为五十两、十两、九两、八两、四两、三两及碎锞子。二两以下的称为碎银。其中使用最多的是五十两和十两的两种。在当地流通的西安府和甘肃府银两的比价是甘肃银两九十九两可换西安银两一百两。③

而在固原，据民国初年日本同文会调查，其流通的银两大部分是外来银两。主要有省城兰州铸造的小宝银和西安府铸造的盐锞。兰州铸造的小

---

① 日本同文会：《支那省别全志》第6卷，1918年版，第823—826页。
② 郑立斋：《我在兰州天福公的经历》，《甘肃文史资料》第14辑，甘肃人民出版社1982年版。
③ 日本同文会：《支那省别全志》第6卷，1918年版，第830页。

宝银也叫甘肃锞子，为二九宝。西安铸造的是二八宝。银两分为五十两、十两、五两、四两、三两及碎银，其中尤以甘肃铸造的五十两小宝银为多。

另外，《支那省别全志》有关于甘肃省各城市银两情况的记载，都与泾州、平凉相同，没有银炉，用外来银锭。并且，学者一般都认为使用银锭以兰州的足纹银、山西潞安府的足宝银或者陕西西安的足纹银为主。[①]

只有银两和制钱的甘肃省直到民国十一年（1922）才开始流行银元。此前，该地已有清末的北洋、香港、墨西哥、光绪等银元流通，但都以银两单位为基础，以前发行的纸币也是银两票或制钱票。自民国十一年袁世凯银元（俗称袁大头）流入甘肃以后，甘肃省便发行了当地最早的银元票，即规定票洋1元等于兰平银7钱1分，称"七一票洋"，并且民国十七年，还在兰州开设了造币厂，开始铸造银元和铜元（没有铸造小银币）。由上可知，银两单位在甘肃省的使用与其他很多内地各省相比，影响较大。并且，即使在甘肃省实行了废两改元以后，银两也仍然在使用，甚至在1935年国民政府实施法币改革以后，和银元并行使用的银锭货币也没有绝迹。其中，在藏民居住区域里纸币完全没有被接受。币制改革后甘肃省银锭使用的一些情况如表2。

表2　　　　　　　币制改革（1935）后甘肃省流通银锭

县名	临洮	灵台	宁县	正宁	玉门	高台	临泽	夏河	宁定	永靖	临夏	环县	合水	敦煌
银锭名	甘肃锞子、川锭	甘肃锭、永兴庆宝			纹银	甘肃锞子、太谷大宝、新疆大宝、泾阳锞子	马蹄银、鸡腰银		大宝、甘肃锞子、票锭、川锭、卞梁锭		甘肃锞子、永兴银			散锞子、林盛宝、俄国洋板（从新疆流入）
银元一元的比价		七钱一分			库平纹银钱	库平银八钱五分					库平银八钱五分		库平银九钱	

资料来源：李菊时《甘肃之金融》，《信托季刊》，民国1397年12月，第26页。

---

① 日本同文会：《支那省别全志》第6卷，1918年版，第828—890页。

2. 青海的银两流通

青海建省前隶属于甘肃，称西宁府，民国后改称西宁道，在经济、金融的关系上依靠甘肃。青海流通的银两种类主要有银锭（大宝重五十两，小宝重五两）、粿子（重五两）、铢子（重一两）及小块碎银。① 由于银两的形制、重量、成色不一，使用时还要验色、称重、折算，十分烦琐，并且携带也很不安全，所以西宁在光绪十年后开始使用通用银两制度下的"拨兑银"，它是一种票据清算办法，具有现代银行清算的性质。"拨兑银"的使用，减少了现银交易的次数和数量，在一定程度上避免了现银运送的风险。直到民国以后，大量现洋流入后，这种制度虽受影响，但还可以继续维持，一直延续到1933年的废两改元，并且在废两改元后，青海边远的少数民族地区仍流通银两。

3. 宁夏的银两流通

民国初年，宁夏隶属于甘肃，称宁夏道，据民国初年日本同文会调查，当时宁夏没有银炉，当地使用的银两多为外地铸造，使用最多的有两种，一种是山西潞安铸造的盐粿，也叫足宝银，另一种是兰州府铸造的足纹银，多为五十两，此外还有十两、五两、四两，以下均为碎银。兰州铸造的足纹银是二九宝，潞安府铸造的足宝银成色较低，兰州足纹银99.5两等于潞安府足宝银100两，由此看来，后者可能为二八五宝。

二 造币厂及其银元、铜元等的流通

（一）天水造币厂及铜元的铸造流通

清代甘肃只流通制钱和银两，铜元最早出现于民国五年（1916），当时张广建奉命督甘，任甘肃督军，曾携带大批铜元运到甘肃行使，开始时仅能在兰州通用，100枚当10铜元可换银元1枚，后流通渐广。

民国九年（1920）2月，甘肃总督张广建任命孔繁锦为陇南镇守使。孔鉴于市场货币奇缺，交易阻滞，而此时各省铸造铜元获利甚丰，于是在津、沪、汉等地购进机器，在天水设造币厂铸造铜元。先铸沙版当10铜元，后因无利可图，转而仿照四川、河南铜元形式，大铸当50、当100、

---

① 青海地方志编纂委员会：《青海省志·金融志》，黄山书社1997年版，第28页。

当200等大铜元,统称为大版,多达几十种版别,强迫陇南人民行使。民国十三年(1924),沙版被废除后,又用土法鼓铸了质量较好的"孔造"5文、10文、40文、80文、100文的铜币。民国十五年(1926),孔繁锦又用机器铸造50文和100文的甘肃铜币,这是甘肃机制币之始。

在此期间,新任甘督陆洪涛曾在兰州成立铜元局,也用土法铸造沙版铜元,初铸当10,因无利改铸当20,获利极丰,从而引起大批私铸,引起金融紊乱。后来陆氏下令将沙版铜元以银1两兑20串收回,又从天津购买了几架小印花机,将收回的铜元改铸为当10铜元。[1] 另外,陇东镇守使张兆钾也在平凉设立银号,私铸铜元,并发行钱票,均无法兑现,先后停闭。[2]

(二) 甘肃造币厂及铜元、银元和法币辅币的铸造流通

民国十四年(1925)8月,冯玉祥的国民军入甘,孔繁锦出逃后,国民军将天水造币厂的全部机器运到兰州,于民国十七年(1928)12月成立了甘肃造币厂。在兰州开铸当50、当100的甘肃铜币,准备在兰州推广,后因商会反对而停铸。民国二十一年(1932),甘肃造币厂又将所存制钱20余万斤,改铸为大版铜元。同时西宁商号步云祥也运来大批制钱,交造币厂改铸铜元,共铸成当100铜元66500串,[3] 所铸铜元运往临夏、静宁、会宁等地流通,以致物价飞涨,后省政府下令停铸。兰州所铸当10和当100铜元与天水相比,铸模相同,只是重量略轻。

甘肃造币厂成立后还铸造了银币,所铸银币分为3种:一为仿天津造币所铸袁像银元,仅嘉禾图案及重量有所不同,这种银币铸额较大;一为袁像币正面加铸了"甘肃"两字,铸造了几万枚;一为孙中山像币,正面有甘肃两字及两满文,铸额极少,均由国民军带往外省使用。1928年的甘肃造币厂建立,河湟事变后,河州镇守使赵席聘挖掘出马廷骧、马廷

---

[1] 机器来源一说为津沪,见朱镜宙《调查甘肃辅币经过》,《复兴月刊》第3卷第10期,1935年6月。另一说为湖北汉阳县周恒顺机器厂,并于1924年开铸,见张思温《甘肃造币厂始末》,《甘肃金融》1989年钱币专刊。

[2] 甘肃省地方志编委会编:《甘肃省志·金融志》,甘肃文化出版社1996年版,第52页。

[3] 朱镜宙:《调查甘肃辅币经过》,《复兴月刊》第3卷第10期,1935年6月。

贤所窖藏的白银二百多万两，从临夏往兰州运时用了九十匹骡子驮了几个月。① 这为造币厂日后的繁盛奠定了基础。民国十七年（1928）12月至民国十八年（1929）12月间，甘肃造币厂铸造总额为国币3421477元。② 民国十八年（1929）至民国十九年（1930）为该厂极盛时期，日产银元近万枚。甘肃造币厂成铸银元成色较低，初为83.5%—80%，后仅为70%。民国二十年（1931），甘海保安司令马麒曾请甘肃造币厂为青海藏区铸造正面为宣统像的四川卢比银元，该厂仅以50%的成色下料，铸出后的银币发红，后又作伪推出，在甘、青、藏一代流通，藏民深受其害，该厂故有"造弊厂"之称。

民国二十四年（1935），法币政策推行后，甘肃造币厂停铸。民国二十七年（1938）11月1日，原甘肃造币厂改组为中央造币厂兰州分厂，开铸法币辅币，10月开始正式按期铸造，日铸10余万枚，后因机器设备老化，铜料不足而于民国二十八年（1939）11月停铸。在此期间共铸1分铜币23820770枚。③ 铜币成色为纯铜占96.3%，锌2.5%，锡0.7%，杂质0.5%，重量为6.513公分。④ 该厂停铸后，机器设备曾调配给其他工厂使用。民国三十八年（1949），金元券失败后，甘肃发行了银元券。甘肃省政府决定甘肃造币厂在兰州更新开铸民国三年袁世凯头像模型的银元，所用白银向民间收购，每两白银收购价八角（按银币计算），每日铸造800至2000元。⑤ 1949年前马步芳将该厂机器拆迁至西宁，1949年后又由解放军兰州军管会企业处接收运回，并入兰州机器厂。

三　金融机构的出现及纸币的发行流通

（一）甘肃省的金融机构及纸币

甘肃地方金融机构发行纸币应始于清咸丰年间，时值太平天国运动正如火如荼地进行，沉重地打击了腐朽的清政府，清政府国库空虚，为此号

---

① 金小唐：《甘肃造币厂纪实》，《甘肃文史资料》第8辑，甘肃人民出版社1980年版。
② 财政部钱币司编：《财政部钱币司章程汇编·甘肃通货现状》，1930年版，第74页。
③ 张惠信：《中国货币史话目录》，1982年版，第395页。
④ 甘肃省地方志编委会：《甘肃省志·金融志》，甘肃文化出版社1996年版，第53页。
⑤ 同上书，第54页。

召各省设立官银钱号,推行钞票,以补国库。咸丰三年,陕甘总督易棠奏:"……拟各属粮价钱二十四万余串,连司库存钱两万六千余串,先于省城设立官钱铺……"咸丰三年十二月二十二日朱批:"户部知道,钦此。"① 咸丰五年十二月又奏:"省城设立官钱局,宁夏府设分局,秦州添设分局。招商承办官钱票。推行官钱票前后共三十余万串。"② 同治年间,又因"库款支绌"而设立官钱局发行甘肃司钞,分 5000 文、3000 文、2000 文、1000 文、500 文 5 种,总数为 890 万贯。至左宗棠任陕甘总督后,下令以 6 文制钱兑钱钞 1 文收回,这是清代甘肃地方金融机构发行纸币之始。但一般认为甘肃现代金融的出现,应以光绪三十二年(1906)十二月成立的甘肃官银钱局为始,自此至 1949 年前的四十多年中,甘肃的金融机构几经改组和重建,有了一定的发展,兹简要叙述如下:

甘肃官银钱局 光绪三十二年(1906)十二月,甘肃以"银根短绌,银价日增"③ 为由,开设甘肃官银钱局,资本为银 5 万两,后渐增至 12 万两。

甘肃官银钱局开办之初就在上海商务印书馆订印 1 两、2 两兰平银票各 10 万张,合银 30 万两,1 串和 500 文钱票亦各 10 万张,共计合钱 15 万串,陆续填发,宣统元年(1909)发行银两票 151658 两,钱票 29398 两;宣统二年(1910)发行银两票 161419 两,钱票 43371 串 500 文,折银 39073 两。④ 后甘肃官银钱局按年收回纸币二成,到民国二年(1913)收回销毁纸票 2 万张。因市面现银缺乏,全靠纸币流通,而且甘肃商民对该局纸币极为信赖,而以现银换票,一百两须加现银二两。⑤ 后又增印 50 余万两,价格也未低落。民国三年(1914)6 月该局改为甘肃官银总号。

甘肃官银总号 民国二年(1913),张广建督甘,改原甘肃官银钱局为甘肃官银总号,又称甘肃官银号。号址兰州。

---

① 沈云龙:《中国近代货币史资料(1822—1911)》,《近代中国史料丛刊续编》第 9 辑,文海出版社,第 433 页。
② 同上书,第 466 页。
③ 《甘肃全省财政说明书》,第 49—51 页,转引自《中国社会科学院经济研究所集刊》第 11 辑,中国社会科学出版社 1988 年版,第 223 页。
④ 中国人民银行总行参事室编:《中国近代货币史资料》第 1 辑,中华书局 1964 年版,第 1013—1022 页。
⑤ 潘益民:《兰州之工商业与金融》,商务印书馆 1935 年版,第 160 页。

该号额定发行总额为 373000 余两,① 建号以来,将官银钱局的旧龙票收回,改发银票,分 1 两、2 两、5 两、10 两 4 种。发行很快突破限额达 40 万余两,勉强行使于市,尚能十足兑现。民国六年(1917)时,甘肃官银总号发行额为银两票 364589 两,银元票 21520 元,制钱票 269 串,② 信用日降。民国九年(1920),甘肃财政当局大量向官银号透支,"总额达三百万两之巨"③。这致使官银号基础空虚,无法兑现,票价狂落,于民国十一年(1922)歇业清查。

甘肃银行 民国十一年(1922)12 月,甘肃银行由甘肃官银号改组而成,资本额定 100 万两,实收银 142000 两。④ 开始营业后就发行了银元票 70 余万两,分 1 元、5 元、10 元 3 种,1 元合银 7 钱 1 分。到民国十四年(1925),增至 90 万两。1925 年下半年,国民军入甘,由于政局动荡,该行营业停顿。1928 年,冯玉祥下令将甘肃银行由西北银行管辖,并将甘肃银行纸币以西北银行纸币兑回。1929 年该行结束,改组为甘肃农工银行。

甘肃平市官钱局 甘肃平市官钱局是在民国九年到民国十二年间设立的。⑤ 1927 年夏,甘肃平市官钱局曾委托西北银行在宁夏发行 20 枚、50 枚、100 枚 3 种铜元票 4 万串。到 1929 年 4 月,由甘肃农工银行接收该局,时甘肃平市官钱局共计发行 10 枚、20 枚、50 枚、100 枚 4 种铜元票 476864 串 500 文。⑥

甘肃农工银行 民国十八年(1929),甘肃省银行和甘肃平市官钱局合并改组为甘肃农工银行,专发铜元券,分 10 枚、20 枚、50 枚、100 枚 4 种。西宁办事处,发行铜元券 2 万串,肃州办事处发行铜元券 4500 串,凉州办事处发行铜元券 1 万串。所发票面上均加盖地名,以示区别。⑦ 同时将原甘肃省银行发行的银元券基本收回,民国十八年(1929),因军费

---

① 周葆銮:《中华银行史》,文海出版社 1973 年版,第 42 页。
② 张家骧:《中华币制史》第 2 编,民国大学 1925 年版,第 232 页。
③ 张令琦:《解放前四十年甘肃金融货币简述》,《甘肃文史资料选辑》第 8 辑,甘肃人民出版社 1980 年版,第 134 页。
④ 李菊时:《甘肃之金融》,《信托季刊》第 2 卷第 4 期,1937 年 12 月。
⑤ 于廷明:《甘肃平市官钱局及发行纸币考》,《中国钱币》1990 年第 2 期。
⑥ 《财政部钱币司章汇编》,财政部钱币司 1930 年编印,第 188 页。
⑦ 《财政部钱币司章程汇编》,财政部钱币司 1930 年编印,第 73 页。

孔急，甘肃农工银行已收回纸币，又提出发出 50 万元，[①] 以 20 万元补助军费。民国十九年（1930），西北军东下参加中原大战，西北银行倒闭，甘肃农工银行受牵连而停兑。民国二十一年（1932）春，陕军孙蔚如入甘，陕西省银行在甘肃设立分行，将甘肃农工银行结束，所发银元券按 1 角 5 分兑 1 元收回，铜元券移交甘肃省平市官钱局接收。

西北银行 西北银行是冯玉祥的国民军系统银行，随该军东征西讨，银行也四处迁移。民国十六年（1927）9 月在甘肃设立分行，同年 12 月又设立兰州分行，因系分行，资本无定额。同时又在秦州（天水）、平凉、肃州（酒泉）、甘州（张掖）、凉州（武威）、西宁、宁夏设立办事处。兰州分行设立了许多分支机构。

西北银行在甘肃的业务活动，以 1927—1928 年两年间最佳，纸币发行额曾高达 350 万元，十足兑现。但自 1930 年国民军东下参加中原大战后，西北银行旋即在甘肃倒闭，1930 年 3 月停兑，第二年宣告结束，改组为富陇银行。

富陇银行 西北银行、甘肃农工银行均因冯玉祥的国民军东下讨蒋失败而停业。1931 年，甘肃省又将原西北银行在甘机构改组为富陇银行，资金 150 万元，采用董事会制。该行成立后，就将原西北银行纸币加盖富陇银行戳记而发行。发行总额为 360 余万元，仍不兑现。1932 年陕军入甘，孙蔚如下令停止富陇银行业务，1932 年 3 月底该行结束，其发行纸币，由财政部发行一种期券，每元作价 1 角 5 分，换回销毁。

甘肃省平市官钱局 民国二十年（1931），甘肃省平市官钱局由甘肃农工银行改组而成，负责整理该行的铜元票，为此印制 10 枚、20 枚、40 枚、50 枚、100 枚 5 种铜元票，并规定以旧银元票 40 吊换新票 4 吊，新票 4 吊贴铜元 6 枚换现银 1 元，将旧农工银行铜元票收回，一律焚毁，因此该局信用大增。至 1934 年时，该局发行 10 枚、20 枚、50 枚、100 枚铜元票 686300 串。[②]

1934 年，甘肃省政府曾决定以甘肃平市官钱局为基础，加以扩充而设立甘肃农民银行，以调剂金融，发展农业为宗旨，资本额定为 50 万元，

[①] 李菊时：《甘肃之金融》，《信托季刊》第 2 卷第 4 期，1937 年 12 月。
[②] 《兰州货币调查》，《中行月刊》第 9 卷第 3 期，1934 年 9 月。

由财政部批准，先拨资金 33 万元，订印纸币 270 万元，准备发行。但由于中国农民银行不久即在兰州设立分行，该行即停业筹备，已印未发纸币被令全数焚毁。

抗日战争爆发后，甘肃省平市官钱局进一步扩充资本，并向中央、中国农民银行领用 1 元及辅币券达 500 万元。1939 年，甘肃省平市官钱局又向财政部呈准印制辅币券 500 万元，1939 年前发行数为 3597420 元，所余的 1402580 元，是在 1939 年 6 月 1 日改组为甘肃省银行以后发行的。

总计甘肃省平市官钱局发行 912080 串，在甘肃省银行停止收兑前，未收回者为 528378 吊 55 枚[①]［当时市价四串（吊）合银元一元］。后甘肃省银行于 1940 年 12 月前将仍流通的铜元券收兑。

甘肃省银行　甘肃省银行以原甘肃省平市官钱局为基础，于 1939 年 6 月 1 日宣布改组而成。为甘肃省政府和财政部合办。"其资本先后由地方筹拨 500 万元，财政部为了对其加强控制，又增股 300 万元，共计资本 800 万元。"[②]

甘肃省银行的发行额初为 3825622 元，内含 5 角辅券 3597120 元，余为铜元券折合数。1941 年，将纸币收回，开始领用国家银行纸币 500 万元，后又发行 500 万元原平市官钱局 5 角券。后又两次领券 1000 万元，[③] 1944 年又呈准发行 5 角券 10 万元。[④] 至 1944 年又收回旧发纸币焚毁，并将领券退还，结束发行业务。

1948—1949 年，甘肃省银行又发行多种本票，分辅币本票、金圆本票、银元本票。其银元辅币本票分 1 分、5 分、2 角、5 角、1 元 5 种，由总行及分支机构发行。至 1949 年 6 月底，已发行的和未发行的合计 100 万元。但因社会对该本票信用怀疑，于 1948 年 8 月全部兑回，连同未发部分全部销毁。金圆及银元本票为甘肃省银行分支机构发行。

---

① 《甘肃省银行概况》，甘肃省政府 1942 年编印，转引自于廷明《甘肃平市官钱局及发行纸币考》，《中国钱币》1990 年第 2 期。
② 姜宏业：《中国地方银行史》，湖南出版社 1991 年版，第 385 页。
③ 张令琦：《解放前四十年甘肃金融货币简述》，《甘肃文史资料选辑》第 8 辑，甘肃人民出版社 1980 年版，第 141—142 页。
④ 《财政年鉴》第 3 编，第 10 篇《金融》第 2 章"货币"，财政部财政年鉴纂处 1948 年版，第 3 页。

(二) 青海省的金融机构及纸币

青海建省前隶属于甘肃，清末称西宁府，民初称西宁道，其金融业也附属于甘肃，甘肃官银钱局、甘肃官银号、甘肃省银行等，都在西宁设立过分支机构，印发纸币。1928年10月，民国政府划甘肃省旧西宁道所辖各县及原清时西宁办事大臣辖地（民初改为西宁办事长官辖区）合置青海省。青海建省以后，始有自己的金融机构。

青海省金库 1931年，时马麟为青海省主席，为解决财政困难而成立了青海省金库，发行金库维持券面额分1角、1元、5元、10元4种。同时又以铜元为辅币，上加盖英文"TS"表明为青海专用。后又成立青海平市官银钱局，由该局出面发行维持券，因官银钱局隶属于财政厅，又称财政厅维持券，分1元、5元、10元。1元可兑铜元5吊，1吊合48枚铜元。计发行60万元。1935年，因省钞财政维持券泛滥贬值，成为废纸，青海省金库和青海平市官钱局也寿终正寝，宣布撤销。

青海省银行 青海省银行成立于1945年11月，实收资本2000万元，官商各半。[①] 官股由中央银行国库局拨发，马步芳以军政经费作资金也认购了一批股份。马步芳为把持青海地方金融，责成该行管理省金库，与中央银行对抗。

1949年4月，金圆券出笼后不久即开始贬值，该行以人民拒用金圆券、市面筹股不足、缺乏找零为由而发行银元本票，分1分、2分、1角、2角、5角5种，数额为26510元，不久发现伪票，6月12日青海下令收回，到8月17日，计收回24650元。[②] 西宁解放后，该行的财产、职员被政府接收，宣告结束。

青海实业银行 1947年1月4日，由湟中公司出资法币1亿元（合银元37037元），成立了青海实业银行，为了少缴准备金和税收，欺骗中央政府，对外宣称资本3000万元，成为马步芳控制青海金融的私人机构。

1949年4月，因金圆券贬值，马步芳以此为借口，由兰州七里河中华书局印制厂用五色套版印刷了一批纸币，计40100元，面额分1分、2

---

① 沈雷春：《中国金融年鉴》，中国金融年鉴社1947年印行，第A28页。
② 沈国真：《解放前青海货币演变概况》，《青海金融研究》1987年6月。

分、5分、1角、2角、5角。这批纸币投入市场后,迅速挤垮了金圆券。但后来由于青海省银行纸币发现伪券,引起挤兑,该行纸币也受牵连,人们纷纷要求兑现,到青海解放时尚有9009.5元未收回。① 另有数字记载至1949年8月底,未兑回之数为300元左右。②

(三) 宁夏省的金融机构及纸币

宁夏自清末至民国十四年(1925)前,一直使用现钱,没用行用过纸币。1925年,中国银行张家口分行在宁夏设立办事处,发行1元、5元、10元纸币,为近代宁夏发行纸币之始。但1926年冬该分行又将纸币收回,未收回者仅万余元。1926年春,西北银行在宁夏设立办事处,发行1角、2角、5角和1元、5元、10元纸币达100余万元,西北银行失败后,纸币仍在宁夏流通了一段时间。直到建省以后,宁夏才有了自己的金融机构。

宁夏省银行 马鸿滨主持宁夏时,于1931年1月1日开办宁夏省银行,资本额定为200万元,1934年时实收1510017.09元。开办不久就发行了不兑现的纸币60万元。

1933年3月,马鸿逵主宁,整理金融,发行新钞30万元,以5折收回旧钞596116.63元,③ 加以焚毁,后来因孙殿英率军进攻宁夏,为抵抗孙军、筹措军费而又另发新钞240万元。

1935年,该行发行除陆续收回者外,在外流通数为280万元。1937年曾设想将旧纸币全部收回,但未实现,至1938年其发行额又增为645万元。④ 该行历年发行额为:1933年为850000元,1934年为962535元,1935年为245万元。⑤

宁夏银行 1938年春,宁夏省政府将宁夏省银行改组为宁夏银行,官商合办,资本150万元,1938年6月1日正式开业。

宁夏银行开业后,用前宁夏省银行存烟土价款金额项下,提出部分资

---

① 沈国真:《解放前青海货币演变概况》,《青海金融研究》1987年6月。
② 魏瑜:《青海实业银行的成立及发行银元辅币始末》,《青海金融研究》1987年6月。
③ 《最近宁夏商业金融概况》,《中行月刊》第11卷第3期,1935年9月。
④ 郭荣生:《中国省银行史略》,台湾"中央"银行研究处1967年印行,第162—163页。
⑤ 《中国纸币发行及其流通状况之解剖》,《中行月刊》第11卷第2期,1935年8月。

金将宁夏省钞一律收回。旧纸币收回后,又因宁夏无法购办新纸币,故又将旧纸币选出干净整洁的 150 万元,在票面上加盖符号,以便日后发行。后因宁夏辅币急需,如换发新钞,在当时抗战的情况下殊非易事,于是又从宁夏省银行发行之破烂纸币中,仔细挑出完整券 40 万元,计分 2 角券 199900 元,1 角券 137600 元,铜元券 40 枚 29500 元,20 枚 24400 元,10 枚 8600 元。[①] 外加法币 20 万元,充作 40 万元辅币券发行准备金,后又从旧票中挑出完整券 124.09 万元,交宁夏银行保管,剩余 3050452.8 元,全部装入麻袋,沉入黄河。在此之前,还焚毁了旧币 20 万元。1942 年 5 月,宁夏银行增资为 400 万元,商股 300 万元,官股 100 万元。同年 6 月,发行额在 100 万—200 万元。

该行后又恢复宁夏省银行原名,并于 1949 年 5 月 16 日依《宁夏省银行银元券发行条例》发行银元券,计划发行 10 万元,内分 5 元券 2 万元,1 角券 5 万元,3 角券 3 万元,1949 年 9 月 23 日宁夏解放,该券仅流通三四个月。

四 结语

通过对近代西北三省——甘肃、青海、宁夏货币发展过程的叙述,我们可以得出如下两个结论。

1. 以甘青宁为代表的近代西北,货币发展落后,货币种类杂乱,流通于市面,给市场交换带来极大不便,阻碍了西北经济的发展,使其远远落后于其他地区。西北的甘肃,历史悠久,相对于西北的其他地区,经济发展比较快,但就是经济发展比较快的甘肃,在民国十一年(1922)以前,只使用制钱和银两,即使在 1933 年的废两改元之后,银两还在甘肃流通,甚至在法币改革之后,银两的使用也没有绝迹。而青海、宁夏两省,都是在民国以后,才从甘肃分离出来,设置行省,其货币发展的落后,更不待言。另外,甘青宁市面上流通的货币种类,也是纷繁杂芜,极其混乱,在制钱、银两还没有退出流通领域的同时,各种银元、铜元又充斥于市场,再加上危害更大的各个金融机构发行的纸币,流通中货币种类

---

① 郭荣生:《中国省银行史略》,台湾"中央"银行研究处 1967 年印行,第 162 页。

的混乱，可见一斑，这对于经济的发展，显然是很不利的。

2. 以甘青宁为代表的近代西北，货币发展也有自己的特点，其中最突出的特点莫过于其政治性。西北各种货币的发行，历来皆受政治影响，其发行的动因全在供应财政的需要，绝少经济目的。咸丰等朝宝巩局铸造的大钱，官银钱号发行的纸币，都是为了弥补清政府捉襟见肘的财政支出；天水造币厂、甘肃造币厂铸造的银元、铜元，为了壮大军阀实力，增加军费开支；青海省金库、青海省银行、青海实业银行，更成为马麟、马步芳父子自家的金融机构，其发行纸币除解决青海财政困难之外，更重要的是为了壮大自己的实力，增加与中央对抗的砝码；宁夏省银行、宁夏银行，同样也是马鸿宾、马鸿逵支付军政开支的工具。从中我们不难看出，由于西北货币的发行是为了供应财政的需要，一旦军政费用浩繁，财政支绌，便全靠大量发行纸币来维持，其结果便是发行过巨，无力兑现，信用扫地，这带给人民的只有灾难，而经济也因此发展缓慢，甚至停滞不前。

总而言之，近代西北货币的发展，反映了我国货币发展的一般规律，但由于发展缓慢落后，加之币种纷繁杂芜，对促进经济发展的作用有限，而阻碍作用却非常明显。更由于近代西北货币的发行带有浓厚的政治性，给近代西北经济的发展造成了极大的破坏。所以我们在看到近代西北货币发行，对经济发展促进作用的同时，更应该看到货币发行对近代西北经济发展的巨大破坏作用。

（与王锋合作，未刊稿）

石家庄近代金融研究

石家庄用了短短的一百年从一个蕞尔村庄发展到现代化的大都市,其作为经济、城市发展重要组成的金融业的发展起着重要作用。近代石家庄随着商业贸易的不断扩大,金融规模也日益增大,资金聚散日盛,初步形成了较为完善的金融制度和金融体系。

石家庄村出现于明朝嘉靖十四年(1535)。① 清朝时期,隶属正定府获鹿县。据清光绪四年(1878)修订的《获鹿县志》记载:"石家庄,县东三十五里,有街道六,庙宇六,井泉四。"当时"一百五十户,六百多口"村民务农,面积约0.5平方千米。② 直到20世纪初,京汉铁路和正太铁路相继修建并交会于此,使石家庄成为交通要地并逐渐走上城市化道路。

"石门因交通发达,故商业繁盛。"③ 自光绪二十九年(1903)开始,石家庄周围(尤以村东、村南为先)便开始陆续有旅馆、酒店、绸布店等固定的商业、服务业摊点开办。④ 到1911年,石家庄村南形成了以旅馆、客栈为主的服务业街区;村东则是沿京汉路分布的商业区。到1925年前后,以京汉车站、正太总机厂为中心,形成了工业、商业、饮食服务业、运输业发展的城镇聚落。⑤ 到20世纪20年代末,石门的商业按当时

---

① 《重修毗卢寺碑文》,转引自马虹、陈民欣、刘一身编著《石家庄工人运动史1902—1949》,工人出版社1985年版。
② 石家庄市地方志办公室编:《石家庄古今观览》,中国对外翻译出版公司2001年版,第30页。
③ 张鹤魂编:《石门新指南》,石门新报社1942年版,第11页。
④ 梁勇、杨俊科:《石家庄史志论稿》,河北教育出版社1988年版,第150页。
⑤ 徐纯性主编:《河北城市发展史》,河北教育出版社1991年版,第51页。

的分类已达到了包括运输、棉花、杂货、饭业、钟表等门类在内的60余种行业。①"在事变前,全市共有商号两千三百余家"②,工商业十分发达。

发达的工商业需要货币流通、信用、汇兑、储蓄等一系列金融活动为其服务,同时这也促使以银行、银号为主的石家庄近代完整金融体系的形成。其实"石家庄辖区的货币流通和信用活动,可上溯至两千多年前,战国时期已有铜币制造,清末已见典当记载"③。近代以来,石家庄金融业呈现出货币币种繁多、并行流通,新旧金融机构互补并存,金融业务百花齐放的局面。

清光绪二十三年(1897)以前,石家庄地区还未出现近代新式金融机构——银行,只有当铺和银号等旧式金融业。银号,又称"钱庄"或"钱业",以经营存款、放款和银钱兑换为主。典当,亦称"当铺""押店",以收取衣物等动产作抵押,贷放现款,定期收回本息。典当在石家庄地区最早的记载是在明朝天启二年(1622)辛集旧城有当铺3家,清乾隆二十六年(1761)灵寿有当铺6家,清同治元年(1862)辛集有钱业4家,光绪二十五年(1899)有27家。④清末赵县有当铺1家,正定清代光绪时"有当铺六座",获鹿县在乾隆时期有当铺16家,到光绪时剩下3家,栾城县有当铺3家,到同治年间仅留1家。石家庄大桥路北的估衣街即是清末民初典当旧衣物的地方。⑤

发达的商业贸易促进了金融业的发展,同样,金融业的发展又促进了商业贸易向更深程度、更广领域的延伸。这种相互促进、共同繁荣的局面,构成了近代石家庄地区熙来攘往、车水马龙的繁忙画面。

一 近代石家庄金融市场上流通的币种

近代军阀割据、政局混乱,各割据势力都发行自己的纸币;多家银行拥有货币发行权;私票流行等原因,导致在全国范围内金融市场流通的货

---

① 周红妮:《石家庄市四十七年史1903—1949》,河北教育出版社2007年版,第31页。
② 石家庄金融志编纂委员会编:《石家庄金融志》,中国社会出版社1994年版,第1页。
③ 梁勇、杨俊科:《石家庄史志论稿》,河北教育出版社1988年版,第131页。
④ 石家庄金融志编纂委员会编:《石家庄金融志》,中国社会出版社1994年版,第2页。
⑤ 梁勇、杨俊科:《石家庄史志论稿》,河北教育出版社1988年版,第147页。

币种类繁多、秩序混乱，石家庄也不例外。近代以来，石家庄最早流通的是"山西小西宝"[①]。清末民初到民国二十四年（1935）之前的一段时间，是石家庄币种最复杂、最混乱的时期，铜元、银元、纸币三种货币并行流通，不仅三者自身包括很多种类，而且它们之间的比价也不固定，造成了货币市场的复杂多变。具体说来，石家庄流通的铜元有当十（每枚当制钱十文）和当二十两种，其版别有国旗、湖南、光绪、中华及五色旗5种。以当二十者流通最多，当十者仅用于找零。银元有两大类：一是外国银元，即墨西哥的"鹰洋"和英国的"站人"银元；二是中国银元，计有新币（1933年铸造）、总理像币、袁像币、开国纪念币和北洋、造币厂、大清、宣统等10余种。

同时，种类繁多的辅币也流通于石家庄的市场，其中以袁像单双角（一角、二角）及光绪单双角（一角、二角）为多。纸币主要是由各家银行、钱庄发行的钞票和兑换券，主要有银元票、银角票和铜元票。石家庄使用的银元票有中央、中国、交通、中南、农工、实业、边业、盐业、兴业、保商及河北省等银行所发行的银元兑换券11种，以中央、中国、交通、河北省银行四行发行的兑换券为最多。银角票（辅币券）除有中央、中国、交通、河北省、农工、边业、农民、大中等银行发行的角票外，还有山西省银行、市商会、正定、宁晋商会所发行的角票。这一时期流通在石家庄市场上的铜元票极为复杂，以河北省银行和河北省银钱局发行的铜元票流通最多。

1935年，国民政府实行法币改革，规定中国、中央、中国农民、交通四银行发行的纸币定为法币。自此，石家庄市面上流通的货币开始趋于统一，主要流通中央、中国、交通等银行的法币。此外，还有尚未收尽的其他银行的钞票，比如河北省银行钞、山西省银行钞、晋北盐业银号发行的钞票。辅币券流通较杂，版别种类繁多。日伪统治时期，整个华北地区只流通伪中国联合准备银行发行的储备券（联银券），群众称为伪币或鬼子票，国民党的法币禁止在石家庄流通。[②] 抗战胜利后，法币很快在石家庄市场上代替了伪币。

---

① 戴建兵：《近代河北币制的变迁》，《河北经贸大学学报》1997年第4期。
② 周红妮：《石家庄市四十七年史1903—1949》，河北教育出版社2007年版，第327页。

以上列举的货币种类只是流通在石家庄货币市场的一小部分,据考证在石家庄市流通的货币在近代时期达到了上百种,混乱复杂的程度可想而知。

二 近代石家庄金融机构的主要形式及状况

近代时期石家庄存在的金融机构主要有:当铺、银号和银行。石家庄凭借其铁路交通站点的区域优势,聚集了越来越多的人流和物流,极大地促进了工商业的发展。大大小小的商号都需要资金的支持,旧式钱业资本额小,贷款手续简单,适应中小商号的需求,银行相对来说资金雄厚,可以满足大的工业企业的资金需求。所以说,工商业发展的不平衡给新旧金融业提供了共存互补的空间。而当铺则属于高利贷机构,借贷对象一般是贫民。

(一) 典当业

典当,亦称"当铺""押店",被称作贫民的借贷机关。"专做借钱生理,凡来借钱之人无非小本经营以及各项工人,遇有一时不便,当下借付或数百文或数千文,以应急需。"[1] 以收取衣物等动产作抵押,贷放现款,定期收回本息。1926 年,石家庄有德成等五家当铺,资本二三千元左右不等,放贷期限为"六个月回赎,月利六分"[2]。1929 年,有益泰、德成两家,到 1931 年又有信华、义合、天成 3 家创设,均为小本经营,平均每家资本不过一两万元,大都是向本地或外县银号往来透用。1936 年后改为一年为期,月息 2 分。1933 年后,收押呆滞,当铺周转不灵;益泰、德成两家当铺先后歇业。到 1936 年仅有信华、天成、合顺隆(由义合改组而成)3 家。1937 年抗日战争爆发,10 月日军入侵,石家庄的当铺倒闭。抗战胜利后,私当曾有筹设,但因通货膨胀,货币贬值,好景不长,典当自此一蹶不振。[3]

---

[1] 《休门村徐少林等禀请在石家庄组织中华代当字号卷》,1913 年,河北省档案馆藏,档案号 656-1-129。

[2] 《石家庄之经济状况》,《中外经济周刊》第 181 号,1926 年 9 月 25 日,第 26 页。

[3] 石家庄金融志编纂委员会编:《石家庄金融志》,中国社会出版社 1994 年版,第 35 页。

典当业为贫苦民众之救急机关,事业发达与否,足证本地民众资力之丰啬,石家庄地面不大,而有典当业4家,若以地方人口比较,亦可见本地民众之穷困矣[①](如表1)。

表1　　　　民国二十二年(1933)石家庄典当业一览

名称	资本(单位:元)	开办年月	历年营业情形	经理	股东姓名
义合当	20000	1925年	上年盈余5000元	张馨圃	永增裕银号
天成	10000	1926年	上年盈余2000元	龚永惠	集股
晋丰当	20000	1930年	上年盈余2000元	陈建亭	宁晋公济银号
晋华当	20000	1930年	上年盈余2000元	吴荫堂	宁晋公济银号

资料来源:《各地方金融机关(济南、石家庄)》,《中央银行月报》第2卷第20号,1933年。

(二) 旧式钱业

"石家庄金融机关惟银行与银号二者而已,银号无巨额之资本,其素称殷实者亦不过三五万元,多系合伙组织。"[②] 银号,又称"钱庄"或"钱业",一种旧式的信用机构,主要经营银钱兑换、存款、放款汇兑业务。据说,石家庄最早的银号创设于1914年,有王善昌、汇通、昌盛恒、清源4家,因为当时石家庄的商业不是很发达,而且处于货币比较混乱的时期,所以此时的银号以银钱的兑换为主要业务。随着工商业的发展,石家庄"在金融上的地位,俨然为天津与山西之枢纽。譬如,进口货款均系此处函往天津,出口货款则由天津汇往石家庄,再转往山西或附近各县"[③]。业务量的增加促使银号数量激增,业务也转向了汇兑、存款、放款。1921—1930年,石家庄钱业达到了全盛时期,最多时达到40余家,其中比较有名的有新懋隆、宗和号、和记、永和谦、永增裕、法丰隆、裕庆彰、亨记、宏庆源等9家。"此等银号,在北京、保定及山西均有分号或联号,互相联络其业务,亦以买卖期票为主。"[④] 总之,银号"在本市家数甚多,与本市

---

① 《各地方金融机关(济南、石家庄)》,《中央银行月报》第2卷第20号,1933年。
② 《石家庄金融机构及其营业》,《交通银行月刊》第1卷第10期,1923年10月,第3页。
③ 《石家庄之经济状况》,《中外经济周刊》第181号,1926年9月25日,第25页。
④ 同上书,第26页。

之金融有极大之关系,每年汇兑存放款等虽无确切之调查,但历年来营业状况较其他各业颇佳也"。① 石家庄钱业全盛时期的到来除了工商业发展这个直接的推动力之外,石家庄政局、社会的平稳也起到了重要的作用。1930 年,中原大战爆发,"平汉路所有各项车皮,多供作军用,石门货商,生意萧条,莫不感受运输之困难"②。为了筹集军费,阎锡山滥发不兑现的纸币,农村市场凋敝,石家庄商业和金融业都惨遭厄运。银号纷纷倒闭,其间虽也有开业者,但是不抵战前。到"七七事变"之前的 1934 年,石家庄仅有钱业 24 家(如表2)。1935 年,"石门各行商业,萧条异常,惟钱业较好",计新开有德懋祥、义庆隆两家银号。③ 这主要是因为本市各行商资力薄弱,多向银钱业用款以资周转,银钱业乃能获利。④ 1937 年,日本全面侵华,10 月份,石家庄沦陷,大部分银号因逃难而歇业,钱业遭受了惨重损失。但是日伪接管石家庄之后,为了市面繁荣,不准银号、商号歇业,一部分银号又开始恢复营业。到 1942 年,石家庄共有银号 28 家(如表3)。1945 年,日本投降,国民政府接管石家庄以后,银号有的复业,有的新开,直到石家庄解放,石家庄银号的发展又进入一个高潮时期,曾有明暗银号 45 家,⑤ 根据中国共产党的一份秘密报——《蒋管石门调查》中记述,到新中国成立前,石家庄有银号 21 家。

表2　　　　民国二十三年(1934)石家庄钱业一览表序号

钱业名称	开设时间	资本额(单位:元)	地址	经理
德丰隆	1925 年	10000	南大街	王毅之
元盛德	1917 年	17500	南大街	苏子安
亨丰	1917 年	20000	南大街	高珊婷
聚义	1921 年	10000	大桥街平安巷	李仲元
全记	1922 年	10000	明盛胡同	张玥亭
新懋隆	1922 年	16000	南大街	冯云签

① 石门日报社编:《石门指南》,1934 年版,第 5 页。
② 《各地新闻(石门)》,《大公报》,1922 年 6 月 4 日,第 5 版。
③ 《石门通信》,《大公报》,1935 年 2 月 28 日,第 10 版。
④ 《各地方金融机关(济南、石家庄)》,《中央银行月报》第 2 卷第 20 号,1933 年。
⑤ 石家庄金融志编纂委员会编:《石家庄金融志》,中国社会出版社 1994 年版,第 37 页。

续表

钱业名称	开设时间	资本额（单位：元）	地址	经理
增裕	1924 年	30000	南大街	杨子春
阜元	1927 年	16000	南大街	王鉴堂
裕生	1927 年	24000	南大街	魏荫晴
大德通	1928 年	10000	南大街	赵鸣歧
德亨	1928 年	10000	五条胡同	张莲塘
豫丰	1928 年	10000	南大街	葛润德
木立源	1929 年	10000	南大街	王廷俊
协成玉	1929 年	14000	同乐街	杨勉斋
久成	1930 年	10000	南大街	匡安邦
清和源	1930 年	6000	南大街	郑恒山
恒记	1931 年	12000	南大街	李谭卿
同和裕	1932 年	不详	明盛胡同	王杰英
宏茂	1932 年	8000	仁和里	杨辅庭
信正隆	1932 年	20000	南大街	李子衡
德全昌	1932 年	10000	南大街	王范伍
永和谦	1933 年	14000	南大街	杨友兰
益恒昌	1933 年	10000	南大街	王式儒
积庆恒	1933 年	20000	南大街	董子恭

资料来源：石门日报社编《石门指南》，1934 年版，第 136—137 页；《各地方金融机关（济南、石家庄）》，《中央银行月报》第 2 卷第 20 号，1933 年。但是两表中有一些出入，例如，德丰隆的开设时间在前者里是民国二十四年（1925），而在后者中则为清光绪三十二年（1906）；亨丰的开设时间在前者里是民国六年（1917），而在后者则为民国七年（1918）。

表3　　　　　　　　　民国三十一年（1942）石家庄钱业一览

钱业名称	经理	地址	钱业名称	经理	地址
盛远银号	刘雅轩	至善街	积丰银号	樊士贞	五条胡同
裕通银号	王玉书	共荣街	建源账庄	成良	同安里
三义银号	温信从	至善街	谦义恒账庄	赵鸣岐	南湾街
宁亨银号	常云阶	中华胡同	同甡账庄	耿辛民	小市街
余亨银号	王麟阁	中华胡同	合义隆账庄	姜汇川	中华胡同

续表

钱业名称	经理	地址	钱业名称	经理	地址
大德和银号	李子关	西拐棒胡同	华城账庄	黄荣湘	南大街
友昌银号	赵学绶	同福胡同	恒顺账庄	李馨山	公义里
宏大银号	张哲民	西拐棒胡同	益恒账庄	李诚之	公义里
蚨祥银号	张思甫	同乐东胡同	义生账庄	马金韶	同仁胡同
中诚银号	田荣	裕盛胡同	信义恒账庄	赵丛山	石门市场外
大生银号	高雨田	兴隆胡同	冀生账庄	李学文	共荣街
华昌银号	杨馨齐	西小街	隆昌银号	荀墨琴	南大街
孚大银号	张镜清	中华横胡同	大昌银号	梁荫甫	中华胡同
正丰银号	崔植庭	亲善街	庆源祥账庄	张铸祥	二条胡同

资料来源：张鹤魂编《石门新指南》，石门新报社 1942 年版，第 227 页。

这 21 家银号分别是元盛德、久成、同庆隆、益恒昌、永和谦、德亨、恒记、陆合永、德全昌、新懋隆、信正隆、德懋祥、阜元、积庆恒、永增裕、亿德贸易公司、锦泉茂、祥元、亨丰、钰泰隆、义庆隆。新中国成立后这些钱庄被中国共产党接收并加以改造，成为新中国石家庄金融业的重要组成部分。

"钱商近似铁路四达，交通便利，营业畅旺"[1]，正如这句话概括的那样，银号作为旧式金融机构在近代不但没有消失，反而通过自身的调整在数量和业务上都有所发展，在近代石家庄金融业中占有重要地位。

（三）银行业

"石家庄为山西省南半部及附近各县货物之集散场"，"金融业颇形发达"[2]。作为新式金融机构的银行早在清光绪三十四年（1908）八月，就有交通银行在石家庄设立支行，曾在石家庄发行交行辅币，这是清政府为了便利修筑正太铁路的路工、活泼金融而专门设立的。[3] 之后各银行如雨

---

[1] 《保定道令饬将农业状况、物产种类、工业程度、贸易情形按季造册卷》，1923 年，河北省档案馆藏，档号 656-2-283。

[2] 《石家庄之经济状况》，《中外经济周刊》第 181 号，1926 年 9 月 25 日，第 25 页。

[3] 《各地方金融机关（济南、石家庄）》，《中央银行月报》第 2 卷第 20 号，1933 年。

后春笋般在石家庄设立分支行、办事处或总行。到1949年前，在石家庄设立过总行或分支处的银行机构有21家，其中包括日伪时期的伪银行中国联合准备银行石家庄支行和日系朝鲜银行石家庄办事处。其间有些银行为考虑业务或时见，撤离了石家庄，如，边业银行、上海商业储蓄银行、中国实业银行、中国农工银行等。1945年抗日战争胜利后，伪中国联合准备银行石家庄分行和朝鲜银行石家庄办事处也被国民政府接收。据《蒋管石门调查》，到1947年前，石家庄仅存有中央银行、交通银行、中国银行、中国农民银行、河北省银行、石门市银行及邮政储金汇业局等7家银行机构。

表4　　　　　1908—1947年石家庄开办的主要银行机构　　　　单位：千元

银行名称	开设时间	所在地址	公称资本	负责人	备考
交通银行	1908年	大桥街中间路北	20000	王治增	支行
中国银行	1915年	南大街	25000	赵雨普	支行
中华懋业银行	1924年	不详	不详	不详	支行
浙江兴业银行	1925年	不详	不详	不详	支行
裕华银行	不详	不详	不详	不详	不详
邮政储金汇业局	不详	大桥街	不详	不详	不详
中国丝茶银行	不详	不详	不详	不详	不详
北洋保商银行	1929年	南大街中间路西	不详	许宪亭	办事处
河北省银行	1929年	五条胡同	5000	张宝泰	支行
边业银行	1932年	中拐棒胡同	不详	乔雨滋	不详
中央银行	1933年	同仁胡同	不详	金企超	办事处
中国农工银行	1933年	名盛园胡同	10000	黄竹君	办事处
金城银行	1933年	南大街北口路东	不详	聂庆修	办事处
上海商业储蓄银行	1934年	南大街	不详	胡淑萍	办事处
大陆银行	1934年	不详	不详	丁懋常	办事处
中国实业银行	1934年	大桥街名盛园胡同	不详	朱绍毅	办事处
山西省银行	1936年	西道岔街	不详	不详	不详
中国联合准备银行	1938年	同仁胡同	不详	陈慕周	分行

续表

银行名称	开设时间	所在地址	公称资本	负责人	备考
朝鲜银行	1938年	南大街	不详	不详	支店
石门市银行	1946年	不详	5014	陈锦超	总行
中国农民银行	1947年	民权街	不详	王世安	办事处

资料来源：石门日报社编《石门指南》，1934年版，第135—136页；《石家庄之经济状况》，《中外经济周刊》第181号，1926年9月25日，第25页；石家庄金融志编纂委员会编《石家庄金融志》，中国社会出版社1994年版，第42—47页。

从表4可以看出，石家庄银行机构的设立在1929—1937年达到了全盛时期，仅这一时期设立的银行就占到了整个近代时期设立银行总数的一半以上。其原因，周红妮先生认为有两个："首先是1935年5月4日南京国民政府为控制白银大量外流，将银元改为法币，割断白银与货币的关系，促进了中国工商业的发展，金融业亦呈现出较大的增速。全国银行，由1928年的58家，至1936年总行增至164家，分行1332家。石门是铁路、煤炭、纺织等大型企业的所在地，涉及金融业务重繁，所以全国金融业的发展，必然牵动石家庄的金融业。其次是石门在1929—1936年的八年间，工商业特别是商业，全市已有64个种类，出现全面发展的局面。作为制约、垄断工商业发展的金融业无疑也会加快发展速度。"[1]

（四）保险业与储蓄业

保险业与储蓄业也是金融业的重要组成部分，但在石家庄两者远没有银行、银号那样发达。其中，保险业仅有太古保险公司（英国）、永丰保险公司、华英水火保险公司三家。专门储蓄机构也只有中法储蓄会、金城储蓄银行、万国储蓄会三家，[2] 另外有些银行兼营储蓄业务，例如中国实业银行、金城银行、大陆银行等。

---

[1] 周红妮：《石家庄市四十七年史1903—1949》，河北教育出版社2007年版，第115页。
[2] 同上。

三 石家庄银行机构的业务状况

银行主要的业务是吸纳存款储蓄、代收货款、经营同业汇兑、开展期票业务、进行信用贷款和抵押贷款等,但是各家银行的性质、经济实力、经营方法和服务方向不同,所以,各家的业务也不尽相同。比如,中央银行经营代理金库业务,管理钱业;河北省银行负责经收各县上解省府官款入金库;交通银行以收解正太铁路款为主要业务;中国银行、交通银行、河北省银行、中国实业银行、北洋保商银行等可以发行纸币。吸纳社会各种存款是银行融资的方式之一,银行存款利率分为活期和定期,银行储蓄也分零存和整存两种。起初,一般银行的普通存款并无利息,"惟近日因懋业中国两行互相竞争,故亦有计息者,但其计息无一定之标准"[1]。后来逐渐形成银行存款活期月息为三厘至四厘,定期月息为五厘至九厘。银号活期存款一直无利息,定期存款月息为三厘至四厘。[2]

汇兑,按现代意义上的定义来说,指汇款单位委托银行将款项汇往异地收款单位的一种结算方式。在我国,早期的汇兑业务,并不是银行甚至金融机构的专利,商号、货栈都可以做汇兑。民国以来,汇兑业务主要由银号和银行来经营。就石家庄来说,作为商品集散地,最常见的就是货物的进出口,自然也会带来资金的流入、流出。所以"此间银行之业务,概以代收货款及汇兑为主"[3]。而代收货款实际上是汇兑中逆汇的一种,指的是银号或银行委托异地金融机构代收或代付款项,这种业务对石家庄和外地的通汇来说并不是经常使用的。最常见的为逆汇中的购买外埠期票。期票指商业汇票,是签发汇票后在指定日期无条件支付确定的金额给收款人或者持票人的票据。当时在石家庄办理进出货物的付款时,均使用五日或七日之期票,"俗名五七期票,通常于七日后付款"[4]。期票不仅给商人带来了很大的方便,减少了携带现金的风险,而且"随着银行分支

---

[1]《石家庄金融机构及其营业》,《交通银行月刊》第1卷第10期,第3页。
[2] 陈佩:《石门市事情》,新民会中央总会1940年版,第61页。
[3]《石家庄之经济状况》,《中外经济周刊》第181号,1926年9月25日,第25页。
[4] 同上。

机构的广泛设立，银行也将购买期票作为资金运用工具之一"①，所以"商人多以此期票售与银行，拆取现款。此间银行全恃购买此类期票以博利，其数实较汇兑为多。目下期票行市，每千元约在十四元之谱"②。棉花为石家庄出口货物的大宗，每年棉花上市，市面上银根吃紧时，银行也会大量购买期票缓解压力。如，1926年秋，"棉花上市，现洋需用浩繁，适以交通多阻，现洋来源缺乏，石行（交通银行）为辅助棉花出口商起见，乃竭力设法以接济之，购入煤棉两项汇票，均达巨额"③。石家庄较大的银号在天津、北京、保定、山西等地都有分号或联号，相互联系业务，因买卖期票利润丰厚，所以，这些大银号"亦以购买期票为主"④，只是实力不及银行雄厚。除了汇兑，运送现金也是石家庄与外埠流通资金的一种方式，"火车运现费，由天津至石家庄，每千元约需三元七八角，北京至石家庄需二元"⑤。虽然这种方式运费较低，但由于风险较大，所以不如汇兑使用普遍。

  放款是银行业的主营业务，是实现其银行资本增值的重要途径，所以各银行非常重视对外放款。由于各银行成立宗旨和业务发展方向不尽相同，所以放款的对象和方法也有所区别。第一，放款对象不同。石家庄作为正在兴起的商业城市，工商业在全市经济部门中占有绝对的份额，也是吸收银行贷款的重要经济体。所以，在石各大银行都非常注重对工商企业的放款。例如，中国实业银行"藉揽放款"。此外，农村也是银行放款的重要场所。例如，1934年，中国银行和金城银行"加做农村放款业务，周济农村经济"⑥。中国农民银行也向农村市场投放了大量的资金，"但此项贷款大部分为地主、土豪所持，农民收益很浅"⑦。第二，资金融通方式不同。放款按资金的融通方式大致可分为信用贷款和抵押贷款。信用贷

---

① 龚关：《商业贸易与民国前期天津和腹地间的资金流动》，《中国经济史研究》2007年第2期。
② 《石家庄之经济状况》，《中外经济周刊》第181号，1926年9月25日，第25页。
③ 《交通银行民国十五年营业报告》，《银行周报》第11卷第18号，1927年5月17日。
④ 《石家庄之经济状况》，《中外经济周刊》第181号，1926年9月25日，第26页。
⑤ 同上书，第25页。
⑥ 石家庄市金融志编纂委员会编：《石家庄金融志》，中国社会出版社1994年版，第42—43页。
⑦ 同上书，第46页。

款一般为早期银号所常用,指不需要任何财物做抵押,借贷双方以一定的乡缘、亲缘关系或人身依附关系为彼此信任的基础,不立契约,也不要保人,只凭口头约定。由此看出,信用贷款中债权人担有很大的风险,而且贷款金额增长风险也随之增加,所以民国以来,金融机构很少做信用贷款。据现有资料来看,当时石家庄银行中只有石门市银行在做信用放款,而且是有保证的信用放款。与信用借贷相对的是抵押放贷,又称典质借贷。抵押借贷是以债务人的各种财物,如土地、宅屋、衣物、日用品等为抵押而成立借贷关系的方式。近代以来,抵押多以货物、房舍或地亩等不动产抵押,有的用有价证券抵押,有的尚须有殷实店铺的信誉担保。在石家庄的绝大多数银行都做抵押贷款,例如,金城银行、大陆银行、上海商业储蓄银行和边业银行四家银行"注重抵押放款"[1]。

放款利息是金融机关向借贷人收取的利息。近代时期,石家庄市做借贷业务的金融机关有典当、银号及银行。就1926年来说,石家庄的典当业放贷利息是"月利六分,此间银行放款利息,普通为一分二厘乃至一分五厘"[2]。1933年,石家庄银号业所经营业务项目中,以借贷为最多,"放款利率平均在月息一分五厘左右"[3]。可以看出,银行和银号的借贷利息相当,远低于高利贷的典当业。这是金融业发展繁荣的必然结果,是新式金融机构的优势所在。

作为区域商贸集散中心,石家庄金融机关业务的多寡、市面的银根松紧与大宗商品的生产期及交易期有着极为密切的关系。"石家庄及附近产品以棉花为大宗",所以"每届八月新花上市,津商设庄收买棉花,需款浩繁,为银行银号生意最多时期"[4],此时,银行及银号主要做汇兑业务,买卖期票以博利。"5月新麦登场,金融呈紧;8—10月新棉上市,收购达千余万斤,金融紧急;12月年终结账之期,金融市场甚紧。"可见,市面银根的松紧明显带有季节性。当市面银根紧迫,现货来源缺乏时,恰恰

---

[1] 石家庄市金融志编纂委员会编:《石家庄金融志》,中国社会出版社1994年版,第42页。
[2] 《石家庄之经济状况》,《中外经济周刊》第181号,1926年9月25日,第26页。
[3] 《石门商业近况》,《中行月刊》,1933年6月,第6卷第6期,第37页。
[4] 《石家庄之调查》,《大陆银行月刊》,大陆银行总经理处编印,第2卷第8号,1924年8月,第61页。

又"需款浩繁"时，往往导致"交津汇水见票迟七天者，最高每千元得费十二元"，直到"各银钱庄号由津、保陆续运来现洋百余万元，市面始归平稳"。贸易萧条期，金融市场也随之清淡。"棉花歉收，市价飞涨，各花栈抛出之货，亏折甚钜，迟期花票皆不敢收买，市面遂觉呆滞。"1936年，因时局影响，石家庄商贸不景气，货栈歇业者甚多，"各钱业因之亦大受影响，南大街元盛德银号开办已有十二年，平素信用极佳，现因无法维持，亦已停业。即其余各家亦无生意可做。"①

金融市场对经济状况、社会状况甚至国内外大市场的变化反应十分灵敏。政治经济的任何变动都会首先在金融上反映出来。近代时期，石家庄同其他地区一样，由于国内外时局的影响，经济和社会都处于极不稳定的状态。一旦有风吹草动，必然引起金融市场的波动。比较突出的金融案件有：第一，"金丹案"。1923年冬，石家庄发生金丹（毒品）案，造成通街闭市，"各商俱存收束之心，遂致商业无活动气象"②。第二，"假币事件"。"近日（时间不详）发现有伪造此种角票案，核其伪票，与石家庄商会及市政公所所出者丝毫无异，不仅市民真伪罔辨，即原发行机关亦难分别。到底如何伪造，并与原发机关有无关联姑且缓论，而该票印行既非由于国家银行，又未依法定章程备案。"③假币泛滥必给市民、商家、金融机关带来诸多麻烦，造成市场混乱。其实金融市场每时每刻都在波动，只不过有程度的大小而已。

综上所述，随着商业贸易的扩大，金融业规模也不断扩大。因为与大宗商品的生产期和结算期有密切关系，所以资金流动带有很大的季节性，所以当出现了贸易繁盛期，资金大量向石家庄聚集，贸易清淡期时，资金又向外地辐射。这是石家庄作为贸易集散中心必然带有的特点。在金融地位上，石家庄充当了天津与山西之枢纽的角色，资金在这里聚集和向四周辐射的同时，逐渐完善了石家庄的金融制度和金融体系。在这期间，传统的金融制度和金融机构还发挥着它的作用，同时，新式的金融机构和金融制度逐渐产生并发展壮大，它们之间既有矛盾又有和谐的因素。在汇兑业

---

① 《石家庄之调查》，《大陆银行月刊》，大陆银行总经理处编印，第2卷第8号，1924年8月，第61页。
② 同上。
③ 《天津商会档案汇编1912—1928》第4册，天津人民出版社1992年版，第4604页。

务上，两者都有发展，竞争激烈，银号并不亚于银行。石家庄市面银根颇紧时，双方又有协作，从外地调用资金渡过难关。但总的趋势是新式金融制度和机构代替旧式金融制度和机构，这是经济发展壮大以及金融制度自身不断调整和发展的必然结果。

（原载《河北经贸大学学报》2009年第3期）

近代中国和意大利合办银行略论

北京政府初期，意大利与北京政府联系相当密切，经济、政治、军事往来频繁，特别是航空事业，相当长的时间里，意大利的航空人士到中国较为颇繁，因而在20世纪20年代中外合办银行倡行于世时，中意合办银行就不奇怪了。

实际上，比较复杂的是在与中国建立中外合办银行的过程中，许多国家都是一国一行，而意大利却与中国建立了两家合办银行，一为华义银行（华意银行），一为震义银行（中义银行）。后者业务日后为华义所继承。

一 华义银行的成立

对于华义银行，《天津金融志》记载："中国、意大利商人合资创办的华义银行，成立于1920年5月6日，总行设于天津，行址在法租界中街（今解放北路），北京与上海设分行。创建时，华商出资银元120万元，意商出资意币400万元。中方总裁为许世英，意方总裁为赛尔西；华经理孙丽生，协理房秩五；意经理马猛，协理卞度。该行除经营一般商业业务外，还发行兑换券。1924年华义银行实行改组，中国董事撤回资本，由意大利独家经营，总行也迁往上海，资本金改为美金100万元。1940年华义银行宣告结业。"[①]

1922年后北京政府统计当时的中外合办银行。"华义银行资本金，总

---

① 郭凤岐总编纂：《天津通志·金融志》，天津社会科学院出版社1995年版，第161页。文中所言发行兑换券，实际上该行并未发行。

额国币 4800000 元，金币 16000000 元，各已缴四分之一，批准年月九年五月十九日，总分行上海，总经理许世英。"①

从当时的报纸的记载来看，这家银行早在 1919 年就已开始运作了。② 1919 年秋天时《申报》就报道："北京电：许世英等组织华义银行已成立（二十二日下午三钟）。"③ 同时还报道了这家银行的成立经过。"侨居天津之义国商人马焯礼，④ 自今春以来相力运动组织华义合办银行，与前交通总长许世英等密商数月之久，后来许又直接与义国公使面议进行办法，于今夏双方秘密签订草合同约于一年内组织成立开始营业，该合同名为'华义银行创办草合同'，中国资本家方面许世英为代表，义国资本家方面马焯礼为代表，马氏即于今夏将该草合同携带回国招募股份及筹备开业办法，而许世英又电托驻义公使王庆圻就近代为接洽，缔结正合同事宜，间日前已得王氏报告，谓于十月十九日正式签订正合同矣，本月中旬义国资本家即由义首途来华着手开办，其合同内容大要如左，一、总行设于天津义国租界，俟营业发达时再行设立分行于各省。二、中国方面出资 400 万股，分为 4 万股，义国方面出资 2000 万利拉，亦分 4 万股，募集股份达十分之三时，即行开始营业。三、营业期限以三十年为限，依股东会议之决议处延长之。四、以每年经利十分之一为公积金。五、本行得享受华义两国所赋与其他银行之权利利益。六、经营两国普通银行之业务。七、经董事会之决议得发行纸币，又受政府之要任得代理国库事务。八、中国人方面选举总裁一名，副总裁一名，总董事一名，监事一名。义国人方面选举总裁一名，副总裁一名，董事三名，总监事一名，监事一名。"⑤

1920 年"二月十六日，在本银行筹备处开华义股东总会。午后四时，依法开选举会，许君世英当选总裁，赛尔西君当选副总裁，赖孙纳君当选

---

① 《中华民国史档案资料汇编》第 3 辑《金融》（二），江苏古籍出版社 1991 年版，第 1082—1083 页。
② 安徽省政协所编：《许世英》一书，中国文史出版社 1989 年版。书中许世英年谱称，1918 年，许世英 46 岁，任华义银行总裁。《人间世月刊》出版的《许世英回忆录》可惜相关内容只记载到清末。
③ 《申报》，1919 年 10 月 24 日。
④ 又为马朝利、马单礼。
⑤ 《何中外合办银行之多耶？华义银行组织经过》，《申报》1919 年 11 月 24 日。

总监察人。"①

义领事署对华义银行注册,已发给执照,并由义领事署以华义英三国文字在中外各报分别公布,兹将照录于左:②

> 意大利领事署公布:兹照意大利法律,公告一切人等知悉。本月十八日在天津本领事署注册案内,有一股份公司成立,定名曰华义银行,计法定资本:中华民国银国币四百八十万元及意大利国金国币一千六百万现金,其已经完全认缴股本,计华币一百二十万元,分为一万二千股,每股一百元。又义币四百万现金,分为一万二千股,每股三百三十三又三分元之一。该银行设总行于天津。设分行于上海、北京、哈尔滨、汉口。其目的为经营一切银行业务,总裁为许世英总长,副总裁为赛尔西司长。据该行章程华义双方股东对于用人行事及钤用该行印记当由双方平等联合代表之。此布西历一千九百二十年二月二十八日,义领事署盖印义领事签字。

天津总行设在法界中街新华洋行对面洋楼。

许世英的说辞为:"筹设华义银行之经过。敬启者:我国今日根本要图厥惟开发实业,实业命脉端赖银行。银行者实国家相依为命之机关也。然国内母财不足于此,而欲自设一规模宏大之银行,实际上既有所未能,专仰给于外人财团,主权上又大受损失,权其利害轻重,自以与外人合资办理为适当。今年春旅津义商马朝利君以华义合办银行计划就商于鄙人,时适有国内资本家数辈欲投资于银行事业,因思双方既有此种愿力,自应力赞其成。旋经驻华义使函,约鄙人入都为一度之面商。据云义国久欲在华组织金融机关,嗣因义土之战逐尔展缓。欧战既起更若无暇及此。然华义间所感不便久而弥深。兹幸战局终。于此种经营自属刻不容缓。按义华间往来款项,若外交费、领事费、若天津租界经费、若驻华水陆军费、若罗马教皇直辖各教会经费、加以两国往来贸易及庚子赔款每年经常进出已

---

① 《中义合资组设华义银行业务活动有关文件·华义银行华股东会第三次报告》,中国第二历史档案馆全宗号1027,案卷号重156,目录号(2)。

② 《中义合资组设华义银行业务活有关文件·华义银行华股东会第四次报告》,中国第二历史档案馆全宗号1027,案卷号重156,目录号(2)。

达数千万元而有余。近且从事于设立航业公司,开通华义间之直达航路,前途希望正复无量,若得与华人合力组织银行,诚彼此两国之交互利益云云,并亲拟一电寄达该国政府。比经华资本家推举鄙人为代表,于本年三月二十五日与义银行团代表马朝利君签定华义银行条例草案,定于一年之内开业。马君于夏间携草案回国办理一切,复一面由鄙人函托驻义王公使代表接洽,兹得王公使来电,双方业于十月十九日下午签定,义银行代表将于下月半启程来华,此事诚可操左券,惟我国额定资本虽经分认,尚有未足,台端热心实业素所钦仰用,以此事始末陈之左右,谨将条例草案及摘录往来电文奉呈尊鉴,倘荷投资无任欢迎专此敬颂,筹绥。许世英启。"①

由许氏的说辞,我们可以看出,华义银行在成立之前,就已将一些相关可做的业务纳入自己的营业范围,这对营业后业务的开展极为重要。

对于这家银行的开办,特别是发行纸币以及代理国库,由于中交两行民国五年纸币风潮,以及外国银行对国库代理势必造成对中国财政的挟持,国内有反对的声音。全国各界联合会就曾致电许世英明确表示反对。

"俊人先生(许世英)大鉴,报载君与天津义商马焯礼合组华义银行,关于合同第七条中规定经董事会议决得发行纸币,又受政府之委任得代理国库事务云云,阅之不胜惊骇。君中国人,而曾服官中国者也,国权政治当所谙熟,滥发纸币是否有妨本国币政,代理国库是否国家银行之特权,即私立银行且不得参与,况中外合资者乎,前交通银行攘夺中国银行纸币发行权与代理国库权,以滥发、滥借而演成停止兑现与国库如洗之恶剧,君曾当官于交部者,得警觉乎,今利用官僚武人而不得,又图利用外商以淆乱我币政,岂必陷吾国经济前途于不可救药而后快耶,中国何负于君,君何若如是之倾陷中国,平旦扪心能无愧报,先生休矣,望弃此约以赎前愆,即颂公绥尚希为国尽力。全国各界联合会启27日。"② 这可能就是该行为什么没有发行纸币的原因。

---

① 《中义合资组设华义银行业务活动有关文件》,中国第二历史档案馆全宗号1027,案卷号重156,目录号(2)。

② 《全国各界联合会致许世英》,《申报》1919年11月28日。

不久,《申报·北京通信》更是公开报道了相关中意合办银行的黑幕。

对于华义银行"此酝酿中这一事外人方面消息,义国五大银行集资600万股与中国合办,而其权由义使操之。最初为许世英所知,乃联合两义人一为开砖瓦窑之马单礼,一为理发师蒙冈,使任义国方面之运动,而义使对此两人不表示信用,于是许世英之计划尽为之中败。近则靳派诸人如张志谭等皆着手于此,其中国资本之筹备亦由督军团人物及钱、靳等各要人任人,闻拟向上海方面招商股80万,向各督军招募百余万。至其大宗之华股,则据某消息家所议,义国军械先后共到三批,当局诸人皆明知故昧,军械售价比原价增加三分之二,而所增之数即某国要人之所得,有人统计此种款项共有300余万,而靳、钱诸人之中义银行股本即系此物,又为义械问题之大黑幕,彼等之致力于此,亦欲藉以政治活动,而其主体为靳,则又有政治关系者也。"① 由此可知,银行业务与军阀的军火有关。

1920年5月中旬后,华义银行广告中称:"总行设在天津,分行天津、北京、上海、汉口,现正筹备开业。联号义大利,一,义大利放款银行,二,义大利第二银行,三,罗马银行。伦敦,一,义大利放款银行伦敦分行,二,英格兰省国民银行,三,格林米尔斯居尼银行。法国,一,法兰西商业银行。美国,一,义大利贴现公司,二,均益托拉斯公司。加拿大,一,加拿大商业银行。南美洲,一,义比银行。瑞士,一,联合房款银行。经理活期、定期储蓄存款,无论银两、银元、英币、美币、义币、法郎或他种货币一概收存,办理一切票汇、电汇款项,并收买及代收内外银票出借、抵押、放款,经营一切银行业务。义国汇兑特别便利,储蓄存款年利四厘。天津法租界中街三十八号华义银行谨启。电话三四五六电报简码(羕)字。"②

从该行广告中可以看出,这家银行的海外部分联系较多,因而会有相当多的国际金融业务。

---

① 《北京通信:最近之三银行问题——中义银行问题》,《申报》1919年12月19日。
② 《华义银行广告》,《益世报》1920年5月19日,第4版。

该行的章程为：①

华义银行章程

第一条　兹组织股份有限公司一所，定名曰华义银行。由中华民国及意大利王国人合资办理。

本公司在中华民国及意大利国之主管官署分别注册立案。

第二条　本公司设总行于天津，以义租界为注册所在地，并设分行于上海、北京、汉口、哈尔滨。此外因营业上之需要，得董事会提案议决设立分支行及代理处于中外各商埠。

第三条　本公司自成立之日起，以中华民国三十八年三月三十一日为满期，但以满期前一年召集之股东总会决议后得延长之。

凡未出席于前项会议或赞成延期议案之股东，不得因上述延期之决议而脱离公司关系。

第四条　股东对于一切与公司有关系之事项，以本公司总行为其法律上之住所。

第五条　本公司之业务如左：

（1）承办并经营一切关于金融上实业上及商务上之银行业务。

（2）参与并执行凡属中华民国或意大利所有与外人合资之银行所享受一切权利及所办各项事业。

第六条　以抵押而放款及透支者，须将下列条件于契约内明订之：

借款人如到期不偿，准本行有权卖其抵押品，并得依据法律以本行认为最适当之方法自由处分，无须预告借款人或得其同意。

抵押品及货物之市价，若跌落至百分之十时，借款人应补足所跌落之价，或以金钱偿付，或依本行之选择，而以增加抵押品为担保不补足本行有权依据前项办理。

依前二项办理后如有余存，倘该借款人当时对于本行因其他期票、汇票或他种契约所负欠及已未到期之一切款项，本行有权以此项

---

① 《中义合资组设华义银行业务活动有关文件》，中国第二历史档案馆全宗号1027，案卷号重156，目录号（2）。

余存扣抵之。

第七条　本银行之资本如左：

甲中华民国银国币一百二十万银元，分为一万二千记名股，每股银国币一百元。

上项股份应列为华股，并自一号编至一万二千号。

乙意大利国币四百万现金吕耳，即英现金十六万镑，分为一万二千记名股每股，意大利国现金币三百三十三吕耳三十三仙又三分之一。

上项股份应列为义股，并自一号编至一万二千号。

第八条　董事会得以四分之三之多数议决增收公司之资本，或一次或数次，但以增至中华国币四百八十万银元，及意大利国币一千六百万现金吕耳为止。并须使华股之总额与义股之总额互相平均。

股东对于增加资本之决议，不得借口退出其原有之股份。

第九条　每股股票均须由华股东选出之董事中一人并义股东选出之董事中一人签字。

第十条　本银行股票除华义两国人民外皆不得买卖转让。

第十一条　依法集合之股东总会为全体股东之代表。

第十二条　股东寻常总会应于会计年度终结后六个月内，在公司总行或董事会所定之地点开会。

会议之职务如左：

（1）审查批准或修正决算表。

（2）遇董事有缺额时选举之。

（3）选举监察人并规定其待遇。

（4）议决其他列于议事日程之事件。

第十三条　股东特别总会得经董事会或监察人之议决召集之，如有资本总额十分之一之股东请求时，亦得召集。

第十四条　第三十七条（略）

这个章程规定了中意双方的权利和义务，相对较为平等。特别是对增资以及公司终止进行了有效约定。

二 震义银行的成立和纸币发行

震义银行北洋政府财政部 1920 年 1 月 27 日批准设立,最初设立时总分行均在北京。① 该行资本总额一千万元,收足二百五十万元,并经中国财政部币制局、意大利领事馆批准注册,于 5 月 28 日开幕,办理一切银行业务。该行总董张勋,协董杨寿枬,总裁刘文揆,副总裁李恩庆、柯纽良,襄董姜兆璜,帮理张肇达。京行行长吴乃琛,副行长胡仁镜。行址设东交民巷桂乐第。② 对此《申报》报道说:"29 日北京电。震义银行昨日开幕,该行定资本 1000 万元,已收 225 万元,该行曾在财部币制局、义领事署注册。"③ 1933 年版《申报年鉴》记载该行还有天津、汉口、上海分行。另有政府统计材料也称:震义银行资本总额 10000000 元,实收不详,批准年月九年一月二十七日,总分行北京,总裁刘文揆。④

这家银行实际上是与华义银行同时筹备,一开始叫中义银行。

据《益世报》报道,该行在 1920 年 2 月尚未开业。"中义银行筹备处将总行与京行□□□贴。定于三月中旬开幕。前因中义股□□□限问题小有争执,经筹备员严某双□□□已完全谅解。原定开幕日期兹经确定□□月十五日。日来缴股本金者甚为踊跃,该银行华总理已定吴宗濂,义总理已定留维勒云。"⑤ "中义银行前有与华义争执之说,兹据确讯云,近日休假中,在此间义领署方面业已完全订立手续,并已验款,立案注册。并闻义使亦经声明,对于中义、华义两银行一视同仁,并无轩轾,望今后各从信义上进行,故近日一切筹办进行颇为迅速。华人方面姜桂题代表姜兆璜,张勋代表李某,及吴宗濂、王景麟、孙松桥、严绍浦等均已分别交款。定于三月十五日正式开幕,地点已赁定东交民巷德华银行后院桂乐

---

① 《中华民国史档案资料汇编》第 3 辑《金融》(二),江苏古籍出版社 1991 年版,第 1082—1083 页。
② 《北京震义银行开幕》,《银行月刊》第 1 卷第 6 号,1921 年。
③ 《震义银行开幕》,《申报》1921 年 5 月 31 日。
④ 《中华民国史档案资料汇编》第 3 辑《金融》(二),江苏古籍出版社 1991 年版,第 1082—1083 页。
⑤ 《中义银行开幕期定》,《益世报》1920 年 2 月 3 日。

第,并在东长安街赁定行员宿舍云。"①

1920年4月,中义银行登出自己的广告。"本银行已在义国驻津总领事署注册,奉北京义国代理公使核准立案,募集股金额定一千万元,除义股一半由义国发起人募集外,其华股五百万元分四期招足。第一期先招一百二十五万元,概用中国通用银元,每股一百元,第一期应收二十五元,其愿以四期股款完全一气交足者皆为优先股,应得花红另加四分之一,以示优异。凡入股者股款请交北京商业银行、中国银行、京津沪中法实业银行、各埠中国银行代收。自登报日起开始挂号、认股、收款。特此布闻。招股简章请向以上各银行及本筹备处取阅可也。北京东交民巷桂乐第大楼中义实业银行筹备处启。电话东局一零二三。电报挂号3237。"②

实际上,据《申报》报道,该行1921年5月才开业。"29日北京电。震义银行昨日开幕,该行定资本1000万元,已收225万元,该行曾在财部币制局、义领事署注册。"③ "该行资本总额一千万元,收足二百五十万元。并经中国财政部币制局、义国领事馆批准注册。兹已于五月二十八日开幕办理一切银行业务。该行总董张勋,协董杨寿枬,总裁刘文揆,副总裁李恩庆、柯纽良,襄董姜兆璜,帮理张肇达,京行行长吴乃琛,副行长胡仁镜。行址设东交民巷桂乐第云。"④

张勋(1854—1923),江西奉新人,字绍轩。历任江南提督、江苏巡抚。1917年5月,黎元洪总统府与段祺瑞国务院因对是否参加第一次世界大战发生"府院之争"。6月,黎免去段国务院总理职,并电召驻徐州张勋进京调停。张率5000名辫子兵入京,于7月1日拥戴清室复辟,改民国六年为宣统九年,易五色旗为龙旗。复辟消息传出,北京、天津、上海等地通电反对,孙中山发表《讨逆宣言》。段祺瑞组成讨逆军,在天津附近马厂誓师,7月12日攻入北京,张勋兵败,逃入荷兰使馆,复辟即告结束,历时12天。张勋后病死天津。震义银行则是不甘寂寞的张勋操办。除张勋外,其他一些军政要人也有股份,如黎元洪。"此外黎元洪还投资于金融业,如黄陂商业银行、震义银行(该行与意大利合办)、劝业

---

① 《中义银行已订期开幕》,《益世报》1920年2月28日。
② 《中义实业银行筹备处启事》,《益世报》1920年4月11日。
③ 《震义银行开幕》,《申报》1921年5月31日。
④ 《北京震义银行开幕》,《银行月刊》第1卷第6号,1921年。

银行、上海永亨银行、上海中南银行、交通银行、中国银行、金城银行等都有黎元洪的资本。黎还曾担任过上述一些企业的董事长，如中兴煤矿、中美实业公司、震义银行等。"[1]

震义银行股份有限公司章程（民国十年十月印行）[2]：

第一章　总则

第一条　银行组织为股份有限公司，由中华民国及义大利商人集资合办，名曰震义银行股份有限公司。

……

第三条　本银行资本总额定为中国通用银元一千万元，分为十万股，每股一百元由中义两国人平均招认。

第四条　本银行设总行于中国北京，将来推设分行于义国及中国各通商口岸时，应由董事会议决并须分别呈报各所在地主管官厅备案。

第五条　本银行收足股本总额四分之一时，即呈请中国主管官厅验资开始营业。

第六条　（略）

第七条　本银行股款分四期收足，第一期每百元收洋二十五元，其余缴款期限由董事会定之。

第八条　本银行除中国一方面所收股份应用通用银元外，其义国

---

[1] 此网文的作者为徐世敏。他说："我的母亲黎绍芬是黎元洪的长女，因她自幼在黎元洪身边长大，而又无总统小姐之骄娇二气，并勤奋读书，因此深得我外祖父的钟爱，并常派她出去办些事情。母亲在美国留学期间及去欧洲旅游时，常把她在欧美一些见闻通过书信详细介绍给我外祖父，当时外祖父对西方的一些文明十分感兴趣。母亲在美国哥伦比亚大学获教育硕士学位回国后，我外祖父非常高兴，曾设想在武昌成立一个学院，让母亲担任那里的女生部主任。但因北伐战事未能实现。由于我母亲经常在外祖父身边，故对外祖父事情知道较多，她生前很想将这些事情写出来，以留于后人做参考。但因那时的政治环境不允许，虽然她写了些，但也未能完全如愿。我为了完成母亲这个遗愿，现将母亲和大舅生前讲述的一些真实情况，根据我的记忆和记录，又访问了母亲和大舅其他的生前友好，写了一篇关于《黎元洪生平》的文章，现在所发表的即是其中一部与天津有关的史料。由于我的水平有限，文中难免有谬误之处，尚望热心读者给予指正为盼，我将十分感谢。"

[2] 《震义银行股东常会派员出席有关文件》，中国第二历史档案馆全宗号：1028，案卷号：135。

一方面所收股份应照义国金币现在市价折合中国银元。

第九条　本银行股票分一股、五股、十股、百股四种均用记名式。

……

第二章　银行业务

第十六条　一、办理各种存款放款事项；二、办理汇兑押汇及贴现事项；三、代理保管有价证券及贵重物品事项；四、办理一切借款及与人合资创办新事业事项；五、买卖生金银及有价证券事项；六、办理其他银行业务。

第十七条　本银行除营业用之房地外非有特别情形经董事会许可不得取有不动产。

第十八条　本银行不得收买本行股票并不得以本行股票作为借款之抵押品。

……

震义银行成立后不久就开始向政府放款。"北京电，使团消息，政府向震义银行借义币1200万利拉，利1分5厘，折扣九八，担保品印花税，期限6月，到期不还，由债权者变卖。"① "北京电，前电震义银行借款千二百万利拉，合国币百二十万，到期不交双方理论，至前日始由立于震义背后之懋业等行，出面解围，先后交到60余万，在半数以上。"② 从上面的史料分析，震义银行对于北洋政府放款有强迫性质，而且《申报》还报道说："天津电，张勋所组之震义银行，被控于天津义领署，将传董事俟质并查帐，闻该行所称开幕，纯系虚伪，现已将西报广告停登。"③ "北京电，前电震义银行借款千二百万利拉，合国币百二十万，到期不交双方理论，至前日始由立于震义背后之懋业等行，出面解围，先后交到60余万，在半数以上。"④ 因此，这笔放款是什么性质，确是一件有意思的事情。

---

① 《申报》，1921年7月8日。
② 《申报》，1921年7月31日。
③ 《申报》，1921年7月15日。
④ 《申报》，1921年7月31日。

实际上，该行实收资本不过八十余万元，而且对政府放款，导致资金紧张，一下就使该行没有了什么其他业务。据该行参事周家彦对该行总裁、副总裁的报告中说："为呈报事，窃家彦奉派于本月十日赴震义银行股东常会列席，查该常会议题第一为报告十一年度上下期总决算，第二为报告股东官红利股票，经董监事会议决暂缓填发原由；第三为报告本行股份，部批仍照立案章程，以一百元为一股；以上三项经股东议决，均照董监事会议决通过，第四为改选监察人，投票结果系孙松桥、刘子臣、费显臣三君当选。窃查该行资本总额名为一千万元，而实收股款不过八十万元左右。乃放款于财政部已至百余万之多，虽据决算所列十一年度纯益有九万余元，亦仅系纸上空谈。其行库早已空虚形同停摆，至于将来能否整理，则视财政部借款有无偿清之希望，而已又据该常会议决，实缴股份可以请求换给正式股票，合并陈明谨呈总裁副总裁。"① 这笔贷款成为该行的重负：一直到1923年据该行董事会报告"……刘总裁报告：本行上午上下期总决算毛利共洋十九万八千一百二十七元三角七分，除去各项开支及照章摊提外，净余纯益金洋九万五千一百四十六元，但财政部借款迄未清偿，纯益金殊难确定，故对于各项暂未分配，兹制就各项决算表件及总决算报告概要……刘总裁发言：查本行十年十一年决算，营业虽均有盈余，实以财政部放款利益为大宗，兹政府所设之审查会议以九六公债按八四折作为偿还本行之款。并议不承认以吕耳｛里尔｝作价交涉……"②

日后该行不时与中国政府交涉此项借款问题。"驻京义使翟禄第，以震义银行因事查封，现正在清理账项。期中前特致外部节略一件，声明该行所有中政府历行欠付该行之款，其偿还及整理各种办法，嗣后应请中政府与义使所指定驻津之清理员接洽，以清手续云。"③ 此后关于该行的史料较少，估计营业状况不佳。

1927年7月10日，天津协和贸易公司（设有银行部和外国汇兑部）因买卖美金失败、经营进出口业务亏累而倒闭。该公司民国九年成立，资

---

① 《震义银行股东常会派员出席有关文件会字第二五一号》，中国第二历史档案馆全宗号1028，案卷号135。

② 《民国十二年五月三日董监事会议决事会字第二五一号》，中国第二历史档案馆全宗号1028，案卷号135。

③ 《震义银行整理中国欠款》，《银行月刊》第4卷第7号，1924年。

本初为十五万元，后增至三十万元。天津金融市场受其影响不浅。该公司积欠天津中国、中南、金城、交通、汇丰、中法、花旗等十六家中外银行贷款达五百五十万元。天津中元实业银行、震义银行及中法、德华、远东、华义四银行之华账房均被牵累停业。债权人组织中外债权银行团代表委员会，推举卞白眉等五人为委员，12日开始进行清理。此后震义银行湮没无闻。

震义银行有发行权，而且发行对于银行而言又有发行利益，这家银行又无其他业务，因而发行较早，但信用较差，发行量并不大。

震义银行纸币情况如下：

面额	发行时间
1元	1921.4.1
5元	1921.4.1
10元	1921.4.1

以下5种币中心处有桥梁图案，它们是没有签字或没有名称的未发行票，美国钞票公司印刷。

面额	发行时间	颜色图案
1元	1921.9.15	正面在多重色背景上有绿色图案，背面图案为橘色
5元	1921.9.15	正面为棕色和多重色，背面图案为深绿色
10元	1921.9.15	正面在多重色背景上有蓝色图案，背面图案为红棕色
50元	1921.9.15	正面在多重色背景上有黑色图案
100元	1921.9.15	正面在多重色背景上有紫罗兰色图案

三　华义银行的业务

华义成立后的股份情况为：

华义银行之发起迄止上年十月十九日，在意京经王公使代表签订公约止，其大略情形已详见"华义银行之经过"书中，义资本团代表已于本年一月初旬抵津筹备处，因即成立义资本总额为一千六百万现金元。华资本总额为四百八十万银元。开幕时华股应缴足一百二十万银元，义股应缴足四百万金元。义代表有四人已抵津，而三人尚在途中。抵津代表已将经过法庭之委托书交验，并带有汇拨四百万金元股款凭证。订于三月开幕，华义分别注册立案，规定权利义务，两方一律平等，而以华团为领袖，义资本多属于银行团，其第一期已缴之股款如左。

放款银行	现金元	一百八十万
联合银行	又	一百万
瓦赖西鲁银行	现金元	四十万
赛尔西司长	又	十五万
登尼古尼侍卫	又	三十万
马朝利君	又	三十万
巴沙鲁博士	又	五万

义股东方会已成立闻已选出董事五人监事一人其名录左

奥西司长	意大利国商部司长现为联合银行总理
裴尔群尼力司长	意大利国财政部司长现为放款银行总理
巴沙鲁博士	商科博士
登尼古尼侍卫	旅沪义商
马朝利君	旅津义商①

　　1922年，华意银行（Sino-Italian Bank）曾经以"奥国借款"所有人代表资格，将原来用于订购军火、军舰的奥国借款的各项债款合并起来订为一个协定。这个银行于1925年末停业。代之者为华义银行（Italian Bank for China），截至1930年底止，该行实收资本100万美元，公积金171212美元。

　　华义银行民国十年上期营业情况，据发表的六月三十日以前一届账务

---

① 《中义合资组设华义银行业务活动有关文件·华义银行筹备处华股东第一次报告》，中国第二历史档案馆全宗号1027，案卷号重156，目录号（2）。

报告，其资产负债对照表如下:①

资产项	金镑	银元
现金及本街银行存款		4,398,524,75
票据外币及他家认付票	(378,113,10,2)	1,016,128,05
待收票据		8,810,67
有担保放款		864,852,00
代理处及支行款	(115,882,16)	61,947,87
长期汇票		18,631,87
投资及财产		103,862,72
开办费		38,606,93
杂项放款		193,100,38
保证金		20,350,00
担保品		851,479,04
总费用		311,379,33
利息		188,792,17
总结	(493,996,62)	8,076,465,78

负债项	金镑	银元
资本	(160,000,0,0)	1,200,000,00
定期及活期存款	(274,054,2,9)	4,746,491,43
还期汇票	(54,54012,1)	
未收回支票		27,915,15
应付票据		18,631,87
杂项欠款		371,470,32
保证金		20,350,00
担保品		851,479,04
盈余	(5,401,11,4)	840,127,97
总数	(493,99,6,2)	8,076,465,78

---

① 《华义银行民国十年上期营业报告》，《银行月刊》第1卷第11号，1921年。

一些英文著作对1921年时的华义银行记载如下：

总行：上海。中国分行：北京（最近的报告表明该行的北京分行将关闭）、上海和天津。资本（实收）：银元1200000；意大利金里拉4000000。准备金（银元）：150000。该行于1920年4月在天津开业。同年6月北京分行、8月上海分行和1921年11月汉口分行相继开业。1921年2月总行迁至上海。

1921年的资产负债表，即该行在华的第一个完整的财政年度表，表明该年的净收益为440533.76银元和5190英镑19先令10便士。

1921年12月31日，该行的资产负债表如下：

项目资产	英镑			元
	镑	先令	便士	
地方银行现金资产	……			1447024.75
跟单汇票、外国货币和票据承兑	273037	7	6	514043.68
托收票据	……			188553.68
抵押贷款	……			889064.54
往来行	121207	1	3	……
分行间交易账款	……			51508.79
房地产	……			129348.55
组建费	……			107018.75
各种欠款	……			158334.15
保证账款	……			21360.00
证券	……			954555.56
合计	394244	8	9	4460811.78
负债				
资本	160000	0	0	1200000.00
定期存款和通知存款	229053	8	11	1543839.19
未兑现支票	……			1347811.55
各项欠款	……			165741.72
保证账款	……			21360.00
证券账户	……			954555.56
净利润	519019	10		440633.76
合计	394244	8	9	4460,811.78

1924年华义银行实行改组,中国董事撤回股本,由意大利独家经营,总行也迁往上海,资本改为美金100万元。上海华义银行改组,自本年起归义商办理,设立于九江路16号,葛书征为华经理,袁丹初为副经理。①

从1924年7月中国报纸的广告中得知,该行将名称 Sino – Italian Bank 改为 Italian Bank for Chin,其资本总额由银元和金里拉变成美金。为1000000美金,准备金150000美金。完全由意大利人所有并掌管。② 该行总理原为中国人,协理为意大利人,董事会意方中方各占百分之五十,各级经理是意大利人或中国人。目前,董事会全是意大利人。③

1926年元旦开始,中国政府开始将意国庚款以美金付予华义银行,其全部未清款项应由华义银行按纸法郎计算支付给意国,至1931年底意国政府应得款项已全部付清,而中国政府对华义银行的美金付款数仍在继续支付中。

"(庚子赔款)意大利部分,自1930年7月起,归华义银行保管,其最后处分,按照计划,作为教育事业及慈善事业之用。对意付款,即使将来可以用作购买必需品,但是原来的债务,已经不再存在了。"④

雷麦记载:"意大利所有的中国政府债款,只有'无担保'借款一项。我们估计该项借款常用的资料,系根据财政部1927年的文件。按照此项文件,意大利部分的'无担保'借款为8648633英镑,或约计4200万美元。此项债务为1912、1913及1914各年,'奥国借款'的结果,奥国借款的用途,原为定购军火、鱼雷艇及巡洋舰。嗣因大战发生,上项军器,始终未曾交货。某意大利银行曾以奥国借款债券所有人代表资格,欲于1922年将各项债款合订为一个协定,其票面额为5777190英镑。在这个1922年的协定中,曾有付偿英国所得税的规定,可知有些债券必为英国所持有(注:原约参阅麦克慕来《条约与协定》第2卷第1004—1007

---

① 《上海华义银行改组》,《银行月刊》第4卷第5期,1924年。
② 但是雷麦记载:1922年协定的华意银行(Sino – Italian Bank)于1925年末停业,代之者为华义银行(Italian Bank for China),截至1930年底,该行实收资本100万美元,公积金171212美元。
③ *Currency, Banking, and Finance in China*, p. 90.
④ [美]雷麦:《外人在华投资》,蒋学楷、赵康节译,商务印书馆1959年版,第107—108页。

页;关于1922年协定的资料参阅贝林《中国的外债》,第22页)。巴黎有人告诉我,法国也有一些债权。财政部1927年的文件,曾引证1925年9月30日的协定,谓借款原额为6866046英镑。此项债款,转让好几次,已成国际纠纷,其全部历史,恐永难明了。所以我采取财政部1927年文件中所列的总数。"[1]

国民党政府外交部1936年3月31日援引英国驻天津总领事报告称:"津埠汇丰、麦加利、花旗、中法工商、德华、华比、华义等银行,现存白银共计四百七十二万余元,本拟运往上海,掉换中国法币,并领有财政部护照在案。惟天津海关不准放行,致迄今来能起运。"[2]

1940年华义银行宣告结业。[3] 1940年6月24日意商华义银行委托浙江实业银行代理。1943年9月华义银行停业,浙江实业银行终止代理该行票据交换。[4]

原载《银行家与上海金融变迁和转型》,复旦大学出版社2015年版

---

[1] 详细情形可参阅贾士毅《金融国债》第三编第5章第6节,第139—143页。
[2] 《外交部致财政部秘咨》(1936年3月31日),财政部档案,转引自《历史档案》1982年第2期。
[3] 天津市地方志编修委员会:《天津通志·金融志》,天津社会科学院出版社1995年版,第161页。
[4] 复旦大学中国金融史研究中心:《近代上海金融组织研究》,复旦大学出版社2007年版,第368、373页。

浅析冀察币政特殊化及冀察自铸辅币

20世纪30年代,世界各国围绕着中国的货币进行了一系列的斗争,其焦点是争夺中国的货币权,以此扩大其在世界市场中的份额。而中国的币政与中国的外交、政治扭结在一起,最后中央政府选择了法币改革,其深意是向英美打开中国市场,而利用货币的联盟阻击日本的经济和各方面的侵略。法币政策对日本的对华侵略特别是经济侵略造成了巨大的冲击,日本极为不满,拼力反击,而处于中国与日本角力中间的华北,由法币政策引发了一系列的斗争,其中冀察币政特殊化就是一个焦点。

当时中央政府在华北的政府机构为冀察政务委员会,成立于1935年12月,这是一个曾在中国现代史上有过重要影响的地方行政机构,它是在蒋介石"攘外必先安内"、在日本积极策动"华北自治"以及宋哲元利用日、蒋矛盾在其夹缝中力图自保并扩大其实力和影响这一特殊历史条件下的产物。冀察政务委员会名义上仍隶属南京国民政府要执行中央的政令、法令,但用人行政的权力却掌握在宋哲元手里,并且关税、盐税、统税及铁路等财政收入,也完全由冀察政务委员会截留支配,实际上具有相当大的独立性。同时,日本帝国主义对它也有相当大的影响和控制力。

宋哲元在主持冀察政务委员会期间,宋蒋矛盾、宋日矛盾、日蒋矛盾盘根错节、异常复杂。宋哲元游走于日蒋之间,一方面借助南京政府抵御日本的侵略,另一方面又借重日本向蒋介石索要权力,冀察币政特殊化事件就是在这样一个背景下出现的。

1935年11月,国民党政府宣布实行法币政策,引起了日本各界强烈的反对,据国民党政府驻日本大使馆报告:"中国自改革币制消息传至日本以来,其朝野上下之间,莫不出以猜忌愤嫉之态度,或以为与英国有借款之秘约,或以为对彼为不利之准备,种种臆度,驯至一切悉不以善意对之,极尽其曲解掣肘破坏之能事。"① 甚至还公开声称,不惜以任何形式来阻止币制改革的进行。为保护其在冀察地区的特殊利益,日本采取了各种手段实现其所谓的"冀察币政特殊化",而冀察政务委员会在其影响下也做了一些实现"冀察币政特殊化"的活动。

一 抵制南京政府的法币政策,阻止冀察白银南运

法币改革后,中国的白银应当由原来分散于全国各地,而集中于中央,并以其为法币发行准备。当全国白银顺利向中央集中时,华北白银却迟迟不能南下。

1935年11月8日,日本驻华使馆武官矶谷廉介代表日本军方发表声明,宣称"日商所有现银如有被要求交出之时,当明告理由,加以拒绝,使无他隙可乘,决然出以一贯之方针"②。日本中央军部也表示:"尤其应注重者,为对于与日、满有密切关系之华北,强行将现银送出,使华北经济陷于混乱,重苦民众,遂将迫入社会的政治的混乱之境遇,为日本所不能默视。"③ 矶谷还扬言,"因现银集中于上海,华北经济将陷于死灰之故,至少当使由国民政府统治下之华北银行加以保管,日本政府应本于此项方针加以指导,若华北实力者无其能力之时,日本方面必以实力期其实行,不惜将此点宣布中外。"④

因此,在法币政策实施初期,日本帝国主义就采取种种办法,禁止白银南运,阻碍现银集中。1935年11月9日,日本驻北平武官高桥坦就向宋哲元施加压力,禁止华北现银南运。高桥称:"白银国有与华北现银集中上海,皆危及华北经济;阻碍日本帝国利益,蹂躏日本近年对于华北之主张。如贵方不能作防止之彻底处置,日本方面将以实力期其实现。"⑤

---

① 《中国驻日使馆报告》(1935年12月9日),财政部档案,转引自《历史档案》1982年第2期。
② 同上。
③ 同上。
④ 同上。
⑤ 中国社会科学院近代史研究所中华民国史研究室编:《中华民国史资料丛稿》第21辑《大事记(1935年)》,中华书局1981年版,第169页。

11月15日，关东军司令官南次郎向总参谋长发出"关参1，第762号"电报，宣称国民政府实行币制改革"将使接近日、'满'帝国并有密切关系的华北地区经济枯竭，更近一步威胁'满训国'之经济基础"，同时亦"将危及多年来确立东洋永远和平的基础"，因此他认为目前"实为我军断然推进华北工作，使华北投入日军怀抱之绝无仅有之良机"，关东军还明确表示："只要币制改革行之于与日、'满'两国有密切关系的华北，则关东军为了进行反击，将不惜用刺刀威胁持观望态度的华北将领，使其必须断然实行华北自治。"①

在日方压力下，宋哲元被迫下令禁止华北地区白银南运。甚至外资银行亦不例外。据国民党政府外交部1936年3月31日援引英国驻天津总领事报告称："津埠汇丰、麦加利、花旗、中法工商、德华、华比、华义等银行，现存白银共计四百七十二万余元，本拟运往上海，掉换中国法币，并领有财政部护照在案。惟天津海关不准放行，致迄今来能起运。"② 经南京当局多次交涉皆无效果，最后南京政府只得同意将华北地区外商银行存银就地向中央、中国银行分行兑换，并"破格成全"，"兹为迁就事实上之需要，并避免此项白银终将外流起见，应令中、交两行会同省行共同承兑"③。

此外，宋哲元抵制南京政府的法币政策，阻止冀察白银南运，除了屈服日本人压力外，还有另外一个不可忽视的因素。

宋哲元与南京政府既有矛盾又有统一，冀察政务委员会成立后，宋哲元开始扩张实力，相继设立了外交、经济、法制、交通、建设等委员会，这些委员会名义上是南京政府在《冀察政务委员会暂行组织大纲》中规定的"研究各项问题"的组织，而实际上是具有行政职能的政府机构。宋哲元周旋于日蒋之间，把冀察政务委员会的实权牢牢控制在自己手中。为了扩张实力，同时也为了遏制日本"华北自治"的企图，

---

① ［日］土肥原贤二刊行会编：《中华民国史资料丛稿译稿土肥原秘录》，天津市政协编译组译，中华书局1980年版，第47页。
② 《外交部致财政部秘咨》（1936年3月31日），财政部档案，转引自《历史档案》1982年第2期。
③ 《孔祥熙致萧振瀛密电稿》（1936年5月9日），财政部档案，转引自《历史档案》1982年第2期。

冀察政务委员会一成立，宋哲元便大力扩充29军的实力，其满怀信心地向中央申请大笔扩军费用，岂料南京政府不但不批准拨给军费，反而催促宋哲元将留存北平的白银以及文物、国家档案、财政部印刷厂的设备南运，盛怒之下，宋哲元断然截留了南京政府在华北收入项下的关税、盐税、统税以及铁路、邮电等收入。① 同时，阻止南京政府将留存平、津的白银南运。②

华北白银最终留在了华北，这为日后日本占领华北后组建伪中国联合准备银行打开了方便之门，提供了资金支持。

二 冀察政务委员会指定河北省银行为"发行钞券统一机关"

日本采取种种手段竭力破坏中国的币制改革，然事与愿违，中国的法币改革仍然取得了显著的成果，在这种形势下，日本方面不得不变换策略，积极策划在华北实施所谓"自主币制"。早在12月8日，曾经一手策划"满洲国"币制改革的伪满财政部总务司长、日本人星野直树就在《支那币制改革与我国策的确立》一文中声称："中国此次币制改革虽在政治上引起了国内和国际重大危机，但在技术上却不得不承认它取得了相当的成功。……值此前所未有的变革时期，却能如此安定，实值得令人注意。"基于这种认识，星野向关东军建议：与其无效地对抗国民政府的币制改革，还不如在表面上与之协调，暗地里则进行"华北自主币制"③。

1936年1月，日本陆军省拟定了《华北币制改革指导要领》，并于2月1日下达给天津日本驻军。这个《指导要领》的基本方针是："华北币制在形式上虽需要使之同中国一般币制建立相当的联系，但应迅速排除来自华中、华南方面实质的支配关系，并进而吸收利用其资金。"而依据

---

① 李世军：《宋哲元和蒋介石关系的始末》，《江苏文史资料选辑》第4辑。
② 同上。
③ [日] 野沢丰：《中国币制改革和国际关系》，东京大学出版会1981年版，第251页，转引自郑会欣《步向全面侵华战争前的准备——论九一八事变后日本对中国财政的破坏》，《抗日战争研究》2002年第3期。

《华北处理要纲》的精神,当前应以河北、察哈尔两省为对象,把以中国新币制为基准的"一种日金汇兑本位"作为本位货币。① 而对于河北省银行发行纸币之事,日本华北驻屯军"已予以谅解,惟对于增发纸币目的,仅能照山西省银行所发行之例,务须维持与其他纸币之同等价值,避免滥发"②。可见其所谓的"自主币制"就是在名义上与法币保持联系,实际上却是要将其沦为日元的附庸,纳入日元的体系之内。

日方对冀察当局施加压力,企图首先在平、津抛出独立于法币之外的货币。在所谓"华北特殊化"的局势之下,1936年5月23日冀察政务委员会发出训令,"指定河北省银行为本会统治之发行钞券统一机关,除此以外,无论何人何处及何省、市政府,均不准再有新币发行"③。

然而,实施法币政令后,只有中央、中国、交通及中国农民银行四行有发行法币的权力,而各省省银行已经不具有发行权了,冀察当局推行"自主币制",与南京政府实施的法币政策发生了强烈的冲突。南京政府认为,"河北省银行独能增加发行,则遇有需要时,省银行之发行数目比见扩充。且经过相当时期后,各银行势须以中央、中国、交通等行法币换取省银行钞票,如此则省银行拥有大宗法币可向中央银行索换外汇,而政府安定外汇之政策难免不受影响"④,并且"内而破坏币政统一、外而贻友邦以非议,不啻自堕信誉","实与中央与地方俱为不利"⑤。

因此,南京政府迅速采取了相应的措施。1936年5月30日,财政部长孔祥熙致电天津市市长萧振瀛,要求冀察当局"善为处置,使其无形

---

① [日]野沢丰:《中国币制改革和国际关系》,东京大学出版会1981年版,第251页,转引自郑会欣《步向全面侵华战争前的准备——论九一八事变后日本对中国财政的破坏》,《抗日战争研究》2002年第3期。
② 《参谋本部致财政部通报》(1936年6月9日),财政部档案,转引自《历史档案》1982年第2期。
③ 《中央银行津行经理李达致中央银行业务局密电》(1936年5月25日),财政部档案,转引自《历史档案》1982年第2期。
④ 《外交部张群致财政部长孔祥熙函》(1936年5月27日),财政部档案,转引自《历史档案》1982年第2期。
⑤ 《孔祥熙致萧振瀛密电稿》(1936年5月30日),财政部档案,转引自《历史档案》1982年第2期。

消弭也"①，尽管萧振瀛回电声称"论公论私，决不破坏国家财政统系"②，但冀察当局仍旧私自铸造辅币三十万，双方就此展开了激烈的斗争。

最终的结果是华北法币没有占领发行市场，这种局面对于日本占领华北后对华北金融"整理"极为便利，日方没有遇到像在华中和华南那样法币有力的抵抗，只是用伪中联币将河北省银行等地方货币迅速收兑，而在货币阵地战中迅速取胜。

三 冀察政务委员会私铸镍铜辅币

1936年5月23日，冀察当局以"平津两市因辅币缺乏"为由，未经南京政府批准，私自决定由天津修械所铸造"一分铜币十万元，五分镍币十万元，十分镍币十万元，共拟铸三十万元，交河北省银行发行，并在币面上分别轧盖'平''津'字样"，并表示"此数之外，不得多铸，以示限制，而防充斥"③。

冀察政务委员会让天津修械所铸造的镍铜辅币，与中央造币厂所铸造的民国二十五年版布图辅币基本相同，"形式与新辅币相仿，惟花纹字体较之真币颇有区别"，其中铜辅币铸额较少，制作粗糙，其特点就是在辅币的正面或背面上加铸"平""津"或者"平平""津津"字样，如表1所示。

表1　　　　　　　伪冀察政务委员会铸币④

时间（年）	面值	质地	备注
1936	五分	镍	布币图旁有"平平"字样
1936	五分	镍	布币图旁有"津津"字样

---

① 《孔祥熙致萧振瀛密电稿》（1936年5月30日），财政部档案，转引自《历史档案》1982年第2期。
② 《萧振瀛致孔祥熙密电》（1936年5月31日），财政部档案，转引自《历史档案》1982年第2期。
③ 《行政院陈复财政部关于平津私自发行辅币三十万元经过情形函》（1936年7月28日），《中华民国史档案资料汇编》第5辑第一编"财政经济"（四），江苏古籍出版社1994年版，第293页。
④ 表1据戴建兵《中国历代钱币简明目录》，人民邮电出版社1997年版，第409页资料制成。

续表

时间（年）	面值	质地	备注
1936	十分	镍	布币图旁有"平平"字样
1936	十分	镍	布币图旁有"津津"字样
1936	十分	镍	布币图旁有"平"字样
1936	十分	镍	布币图旁有"津"字样
1936	一枚	铜	嘉禾、未流通
1936	二枚	铜	嘉禾、未流通
1936	五枚	铜	嘉禾、未流通
1936	十枚	铜	嘉禾、未流通
1936	五十枚	铜	嘉禾、未流通
1936	一分	铜	嘉禾、未流通
1936	二十文	铜	嘉禾、未流通
1936	十枚	铜	嘉禾、未流通、"平"字
1936	十枚	铜	嘉禾、未流通、"津"字

根据铸字所在币面位置不同，可分为多种版别，如图 1 所示[①]。

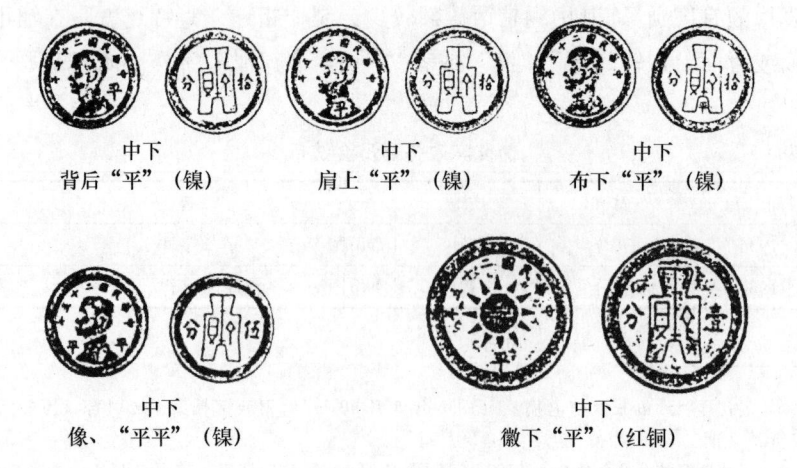

中下
背后"平"（镍）

中下
肩上"平"（镍）

中下
布下"平"（镍）

中下
像、"平平"（镍）

中下
徽下"平"（红铜）

[①] 张驰：《河北货币图志》，河北人民出版社 1997 年版，第 211—212 页。

中下
布下"平"（红铜）　　　　徽中"平"（红铜）

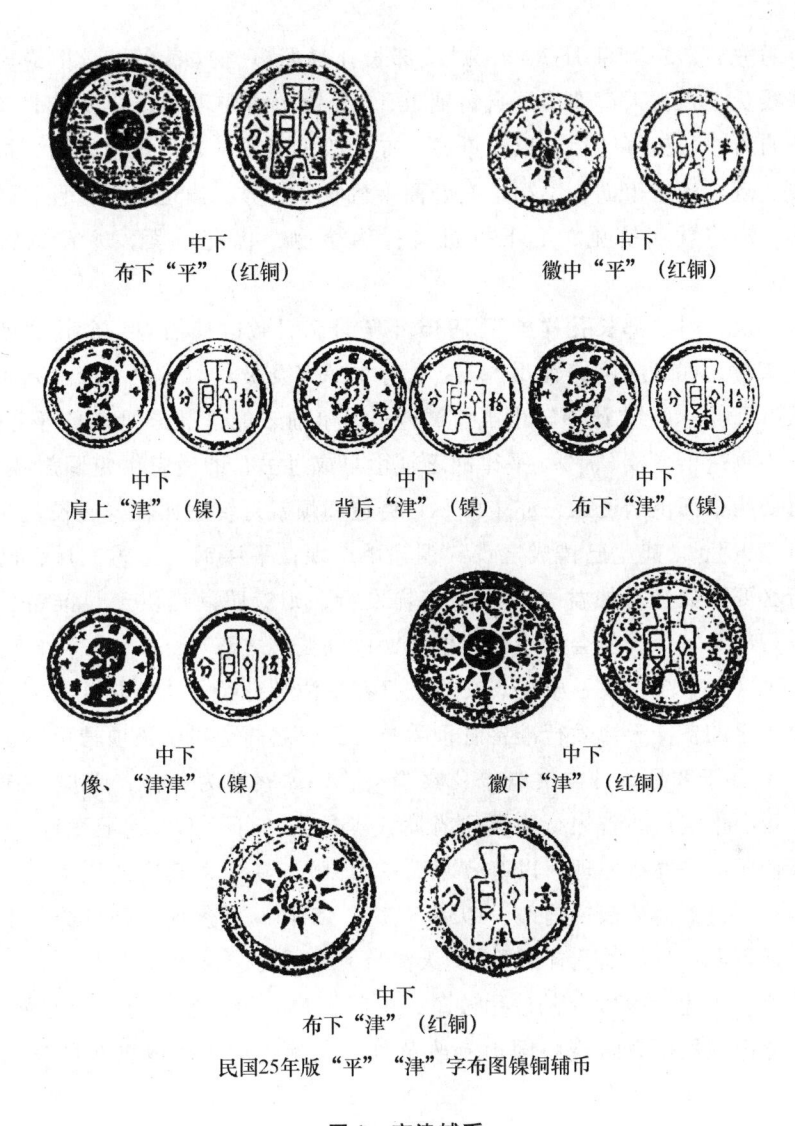

中下　　　　　　中下　　　　　　中下
肩上"津"（镍）　　背后"津"（镍）　　布下"津"（镍）

中下　　　　　　　　　中下
像，"津津"（镍）　　　　徽下"津"（红铜）

中下
布下"津"（红铜）

民国25年版"平""津"字布图镍铜辅币

图1　京津辅币

在宣布实行法币改革后，1936年1月10日，南京政府又颁布了《辅币条例》，规定辅币之铸造专属中央造币厂，冀察当局此次行为与法币政令产生了严重冲突，并威胁到南京政府的权威，为其所不能容忍。因此，当南京政府察觉冀察政务委员会私自铸造镍铜辅币后，立即采取了一系列的措施加以制止。

首先，1936年4月7日，财政部长孔祥熙电告冀察当局，拒绝冀察政务委员会强占天津造币厂自铸辅币，"况铸币需要币材，即使华北尚有存银自可按数折算国币，以充准备，亦无改铸必要。若谓铸就之后，拟再恢复兑现，流通市面，不第虑有奸商乘机收买，势必偷运出洋，且恐硬币无多，亦将重演挤兑。至于投机者操纵金融，扰乱市面，尤在意料之中"①。

其次，财政部长孔祥熙于1936年7月7日致电魏伯聪，令其"就近转达宋哲元即日起停铸辅币"，经电请北平宋委员长（宋哲元）、天津张市长（张自忠）："该项辅币虽曰试铸，而事前未经呈准，即属私行铸造，破坏中央造币专权"，"况平律缺乏辅币早成过去，即使有供应调剂必要，自可商明本部供给流通，亦未便私自铸造即烦就近转达如轩委员长，饬令即日停铸"，"其业已铸成之镍、铜辅币，现在平津铜元已感充斥，已无发行必要。如必需加益'平津'字样发行，则应照额提供十足准备，交由发行准备管理委员会天津分会保管，以供兑换之需"②。

再次，又令中央、中国、交通三行在平津的分行，"在未经依照部电提供十足准备交天津发行准备管理委员会保管之前，对于该项辅币不予收兑"③。并于8月2日再次电告冀察当局，"冀察即为一体，自应一律遵行，贵会指定河北省银行为冀察省库代理机关，自无不可，惟发行一节，仍请依照中央办法办理，以符政令而一币制"。在南京政府的压力下，冀察当局不得不停铸镍铜辅币，1936年7月15日，冀察政务委员会秘书长戈定远致电财政部长孔祥熙称："天津自铸辅币已中止发行。"④

综上所述，1935年的法币改革，引起了日本的强烈反对，除在外交、军事方面施加压力阻挠中国币制改革外，尤其是对于垂涎已久的华北地

---

① 《孔祥熙关于拒绝冀察政委会强占天津造币厂自铸硬币密电稿》，《中华民国史档案资料汇编》第5辑第一编"财政经济"（四），江苏古籍出版社1994年版，第287页。

② 中国人民银行总行参事室编：《中华民国货币史资料》第2辑，上海人民出版社1991年版，第224—225、226页。

③ 《行政院陈复财政部关于平津私自发行辅币三十万元经过情形函》（1936年7月28日），《中华民国史档案资料汇编》第5辑第一编"财政经济"（四），江苏古籍出版社1994年版，第294页。

④ 中国人民银行总行参事室编：《中华民国货币史资料》第2辑，上海人民出版社1991年版，第224—225、226页。

区，日本更是用尽全身解数，精心炮制出了华北"自主币制"。而宋哲元在日蒋、宋蒋、宋日错综复杂的矛盾中左右周旋，一方面屈从于日方的压力，另一方面保持与中央的"统一"，除此之外，还力图壮大自己的实力，在这一相互矛盾、控制的特殊环境中，出现了冀察币政的特殊化，其间充满了尖锐激烈的斗争。

（原载《天津钱币》2007年第2期）

日本对华经济战中被忽视的一面

——日本在华公债政策研究（1931—1945）

在沦陷区发行公债，隐性劫掠中国资财，是日本侵华战争期间（1931—1945）实行对华经济战、以逞其"以战养战"战略企图的一个重要工具。日本在华公债政策随战局的变化而变化，大致经过了有限度发行—扩大发行—无限度滥发三个阶段。发行中，所有公债种类均有发行，表现出公债发行与伪币发行"有机"结合、发行的强制性和发行的欺诈性等特点。日本在华公债政策不仅给中国造成了难以估量的经济损失，而且给日后中国的经济发展埋下了严重隐患。

但迄今为止，学界对日本在华的公债政策关注、研究不够，成果寥寥。[1] 本文拟对抗日战争时期日本在华公债政策[2]做进一步梳理，以期引起学界更多的关注。

一 日本在华推行公债政策的目的

发行公债，是日本军国主义赖以支撑对外侵略战争的重要工具。日本

---

[1] 研究日伪公债的专文、专著，目前仅有戴建兵《一笔尚未清算的战债——抗战时期日本及其傀儡政权在中国发行公债之残留》，《民国档案》1998年第1期；戴建兵：《日本投降前后对中国经济的最后榨取和债务转移》，《抗日战争研究》2001年第1期；戴建兵：《抗日战争时期日本在台湾的公债政策研究》，《史学月刊》2002年第3期；戴建兵、王晓岚：《罪恶的战争之债——抗战时期日伪公债研究》，社会科学文献出版社2005年版。

[2] 关于战时日本在台湾的公债政策，笔者已有专文论述，因此本文所述战时日本在华公债政策并不包括台湾。参见戴建兵《抗日战争时期日本在台湾的公债政策研究》，《史学月刊》2002年第3期。

对于浩大战争经费的筹措，80%依赖公债。第二次侵华战争期间，日本不仅在本国内发行公债，压榨日本人民，而且在中国沦陷区大发公债，最大限度地榨取中国的资源和财富，其目的固然是为了筹措战费，此外更包含着不可告人的祸心。

第一，将庞大的军费转嫁给中国，实现用中国人的钱打中国人的阴谋。

"九·一八"事变后，日本发动侵华战争，其后随着战争不断扩大化、持久化，日本在华侵略军逐年增加，所耗军饷、给养及其他军需物资急剧膨胀，成为日本战时财政的一个巨大包袱。为缓解这一巨大财政压力，日本将发行、推销公债的范围扩大到中国占领区，企图以此隐性劫掠中国人民，实现用中国人的钱打中国人的阴谋。据1939年3月国民政府的调查报告称："敌军在察、绥军饷亦系以敌公债掉换蒙钞发给"，"在伪满蒙及华北一带用此方法可销敌公债三分之一强"①。1941年日本发动太平洋战争后，军费急剧上升，蒙疆日本侵略军强迫伪蒙疆银行购买日本国债1亿元，占当年蒙疆银行贷出总额的36.8%。② 1942年8月，日本正金银行与汪伪中央储备银行订立存款契约，牢牢掌握了自由调拨中储券作为军用通货的实权，中储行完全成为侵华日军"军费及其他必要资金的调剂银行"，日军可任意向中储行借贷、透支和提取现金。③ 1944年，日本在东北的军队军费和华北、华中一样，由日本正金银行向伪满中央银行借用，以节省日军的临时军费预算。到1945年7月止，伪满中央银行共借给正金银行用于支付关东军的军费达23亿元。④ 而国民党接收伪满中央银行时，该行尚有在日债权9539532002.17元。⑤

第二，开发、掠夺中国的国防战略资源，供应日本支撑和扩大侵略

---

① 《魏道明抄送一年来伪蒙军政设施调查报告致财政部函》，1939年3月2日，中国第二历史档案馆编《中华民国史档案资料汇编》第5辑第二编附录"日伪在沦陷区的统治"，江苏古籍出版社1998年版，第4页。
② 王龙耿：《伪蒙疆时期（1937—1945）经济的殖民地化》，《内蒙古社会科学》1988年第2期。
③ 张根福：《汪伪战时体制下的金融体制》，《山东大学学报》2003年第3期。
④ 东北物资调节委员会研究组编：《东北经济小丛书·金融篇》，中国文化服务社1948年版，第144页。
⑤ 吉林省金融研究所编：《伪满中央银行史料》，吉林人民出版社1984年版，第374页。

战争所需。日本国小地窄，资源贫乏，无法满足和支撑持久化的对外侵略战争所必需的资源和物资，因此依靠疯狂掠夺被占领国的战略物资和资源，实现侵华日军军需物资的完全自给，"以战养战"成为日本发动侵华战争的既定国策。日本占领东北伊始，即强调"当前最急需的就是迅速开发这些产业资源"①。随着战争的扩大化、持久化，日本为了应付长期战争，实现侵华日军的"现地取给"，强化了"以战养战"方针，采取多种形式最大限度地"开发"掠取中国的物质资源。1941年1月25日，日本制定"对华长期战争策略要领"，规定日军生活必需品及相应资源，要全部在中国沦陷区取得。1942年12月21日，日本御前会议正式制定了《为完成大东亚战争对华处理根本方针》，规定："当前对华经济施策，以增加获取完成战争所必需的物资为着眼点，以图重点开发取得占领区内紧急物资，并积极获取敌方物资。"②而发行公债成为日本解决其投资基金问题的重要途径。在东北，日伪先后制定了《投资事业公债法》《兴业金融公债法》《满洲储蓄债券法》《产业振兴公债法》等法规，并依此发行五花八门的债券，募集产业开发资金。日本还实行将"带有国防的或公益的性质之重要事业，以公营或令特殊会社经营为原则"③建立所谓国策会社，并给予发行社债的特权，投资开办各种公司、企业，对沦陷区经济进行统制和"开发"。如1937年12月成立的伪满洲重工业株式会社，战争期间共发行了10次公司债，其中仅第二次发行额即达3亿元。④1938年11月，日本又在华北、华中沦陷区分别成立了华北开发株式会社、华中振兴公司两大国策会社，加紧对沦陷区的"开发"和掠夺。与此同时，日本银行也在华大发所谓"事业债"，给予大力配合。1939年至1945年，仅日本兴业银行经营的

---

① 中央档案馆、中国第二历史档案馆、吉林省社会科学院编：《日本帝国主义侵华档案资料选编——东北经济掠夺》，中华书局1991年版，第83页。
② 复旦大学历史系日本史组翻译：《日本帝国主义对外侵略史料选编（1931—1945）》，上海人民出版社1975年版，第420页。
③ 中央档案馆、中国第二历史档案馆、吉林省社会科学院编：《日本帝国主义侵华档案资料选编——东北经济掠夺》，第43页。
④ 同上书，第160页。

"在华日本事业债"即达 23.5 亿元。①

第三,支撑伪政权财政,以达其"以华治华",分而治之的企图。

日本在侵华战争中,对中国采取了"以华治华",分而治之的策略,相继在东北、华北、华中占领区建立了傀儡政权。这些伪政权不但要担负日常行政开支、伪职员薪酬、沦陷区治安费、"扫荡"和"清乡"费等,还要为日本侵略军筹措军费和产业"开发"资金,仅仅依靠税收根本无法解决上述各项财政支出。因此,滥发钞票和公债成为其维持伪政权的救命稻草。主管汪伪财政的周佛海在 1942 年 10 月 1 日的日记中哀叹:"明年上半年国家支出,每月约需六千四百万,而收入只四千余万元,每月不足二千余万,除发行公债,实无他法。"② 汪伪自 1942 年开始发行公债,其金额每每高得惊人。如 1942 年的"民国三十一年安定金融公债",发行总额为 15 亿元;③ 1945 年 3 月公布的"民国三十四年内国公债",总额定为 200 亿元,4 月发行第一期 50 亿元,至 8 月又修订发行总额,其数额竟高达 3000 亿元!并规定第二期发行 2200 亿元!④ 由此可见,滥发公债是汪伪政权赖以维持的重要支柱。显然,侵华战争期间日本在华的公债政策是服务于日本侵华的总体战略——经济上"以战养战",政治上"以华治华",是日本对华经济战的一个重要工具。

二 日本在华公债政策的演变

侵华战争期间,日本在中国的公债政策是以依战局的发展而转移的。具体而言,大致可以分为三个时期,即 1931—1937 年、1937—1942 年和 1942—1945 年。

---

① [日]浅田乔二:《1937—1945 日本在中国沦陷区的经济掠夺》,袁俞伦译,复旦大学出版社 1997 年版,第 350 页。
② 蔡德金编著:《周佛海日记》,中国社会科学出版社 1986 年版,第 749 页。
③ 中国第二历史档案馆编:《中华民国史档案资料汇编》第 5 辑第二编附录"日伪在沦陷区的统治",第 851 页。
④ 同上书,第 859—860 页。

(一) 1931—1937 年

这一时期，中日战争尚处于局部战争阶段，日本帝国主义疯狂扩军备战，企图把中国东北建成日本"以战养战"的战略基地和兵站基地，为发动全面侵华战争和太平洋战争做准备，并为此加紧在这一地区的"开发"建设。该时期日本在华的公债政策亦着眼于此，发行额逐年上升，但总体规模不大。

日本自1905年日俄战争后就已经在中国东北开始发行公债。[①] 1931年"九·一八"事变后，中国东北沦为日本的殖民地。日本视之为"帝国的生命线"，"日满经济不可分，两国经济一体化"，刻意将东北经营成为一个重要的军事供给和日本经济及物资的战略补给基地，加紧进行所谓的"满洲建设"。为此，日伪更加重视公债的筹资作用，将其国内的公债政策原封不动地移植到东北，逐步建立起"国债"、金融债、公司债、地方债的发行法规和体系，并逐渐使伪满政权成为公债发行主体。1932年至1936年伪满历年发行公债数字：1932年为35000000元，1933年为50925900元，1934年为13599350元，1935年为68150000元，1936年为90000000元。[②] 1936年12月伪满还成立了"满洲兴业银行"，专门负责对东北的工矿事业投资，主要业务就是应募并承受"国债"、金融债、公司债，发行满洲兴业债券、满洲储蓄债券。

(二) 1937—1941 年

这一时期，日本发动全面侵华战争，中国华北（包括所谓"蒙疆"地区）、华中、华南地区相继沦陷，但日本并未能实现其"速决战"的战略目的。战争的扩大化、持久化迫使日本不得不做"长期战争"和"长期建设"的打算，进一步强化"以战养战"方针。与此相适应，日本在华公债政策也做出调整，发行额度及规模开始逐年增长，发行地也扩展到华北。由于战争的长期化，东北作为日本战略物资供给基地的地位更加重

[①] 杜恂诚：《日本在旧中国的投资》，上海社会科学出版社1986年版，第89、95页。
[②] 参见"伪满洲国公债发行偿还"表，中央档案馆、中国第二历史档案馆、吉林省社会科学院编《日本帝国主义侵华档案资料选编——东北经济掠夺》，第782页。

要。伪满当局为了筹措更多资金加快战略资源的开发，扩大军工生产，以支持日本的侵略战争，逐年增加公债发行额度。1937—1941 年，伪满历年公债发行额如下：1937 年为 150500000 元，1938 年为 20000000 元，1939 年为 306000000 元，1940 年为 737490000 元，1941 年为 450000000 元。① 其中，仅"满洲兴业银行"这一时期通过发行债券、储蓄券吸收的资本就达 11 亿满元。② 此外，日本在伪满还巧立名目，发行了很多变相的公债，如进行国民储蓄。从 1939 年起，伪满开展所谓"国民储蓄运动"，强制人民储蓄。1939 年储蓄额为 5 亿元，1940 年为 8 亿元，1941 年达 11 亿元。③

华北地域广阔，煤铁等战略资源藏量丰富，加之较为临近日本本土，对战时日本在政治、军事、经济上均具有重要的战略意义。因此，华北沦陷伊始，日本即将该地区作为仅次于东北的准后方来经营开发，视之为"日本帝国经济圈的一部分"，提出"在动员当地资金的同时，结合日满两国的资金、技术共同开发产业，以达到扩充日本生产力和安定民众生活之目的"④。日本在华北采取了不同于伪满的财政和公债政策，组建华北开发株式会社统制"开发"华北经济，以掠夺华北战略资源，满足对日"满"供应，同时使用更为直接的掠夺方法——通货膨胀。公债在伪财政中所占比例很小。1942 年前日本在这一地区的公债政策，一是推销日本国债。七七事变后，日本曾在华北大量推销其国债，仅 1939 年就曾在华北发行过七八次中国事变公债。⑤ 在伪蒙疆地区，"推行'中国事变爱国公债'，发行'福利奖券'（民国二十七年八月起在张垣发行，每月二百万元）……强迫储蓄（凡伪政府公务人员及人民款项，均须储存蒙疆或察

---

① 参见"伪满洲国公债发行偿还"表，中央档案馆、中国第二历史档案馆、吉林省社会科学院编《日本帝国主义侵华档案资料选编——东北经济掠夺》，第 782 页。
② 董长芝、马东玉：《民国财政史》，辽宁师范大学出版社 1997 年版，第 453 页。
③ 史仲文等：《中国全史》第 19 卷《中国民国经济史》，人民出版社 1994 年版，第 180 页；戴建兵：《一笔尚未清算的战债——抗战时期日本及其傀儡政权在中国发行公债之残留》，《民国档案》1998 年第 1 期，第 93 页。
④ 居之芬主编：《日本对华北经济的掠夺和统制——华北沦陷区经济资料选编》，北京出版社 1995 年版，第 16 页。
⑤ 戴建兵：《金钱与战争——抗战时期的货币》，广西师范大学出版社 1995 年版，第 88 页。

南实业银行），及用敌国公债换取蒙疆现钞，再以之收买我各种生产原料，及购买土地，开办工厂等，同为敌目前财政确立之重要政策"①。另据"伪蒙疆成纪七三五年度（1940）第二号特别会计岁入岁出一览表"，列有"政府债特别会计"37416000元，"政府债整理基金特别会计"9596788元，② 其中所谓"政府债"，即当是日本强行推销、伪蒙疆政府承购的日本国债。二是发行华北开发债券。华北开发债券由华北开发株式会社发行，有日元券和伪联银券两种，1939年8月第一次发行日元券3000万元，③ 伪联银券第一次发行则迟至1941年。据日伪档案"华北开发株式会社概况"称："策动开发公司之现地社债，以民国三十年联银负责发行之五百万元（年利七分，即百分之七）为始。"④ 至1945年4月10日，日元券共发行55次，伪联银券共发行5次，合计55次，总金额达22.3亿元。⑤ 华北开发株式会社就是靠发行公司债来供应在华北活动的日本企业的资金需要。

在华中，日本采取了既区别于东北又区别于华北的财政和公债政策。华中地区虽富甲天下，但因这一地区远离日本，且与正面战场犬牙交错，日军在该地区势力远不及东北和华北强，因此，日本对华中没有像对待东北、华北投入较多资金和技术加以"开发"，而是更多地采取"杀鸡取卵"、竭泽而渔的残酷掠夺政策。表现在财政和公债政策上，战争前期和汪伪政权早期主要以形同废纸的军用票为征发工具，并辅以强行掠夺，因而很少发行公债。日本在华中的国策会社"华中振兴公司"虽然自1940年开始发行公司债券，但主要是由日本银行团承受，在日本国内招募。⑥

---

① 《重庆国民政府财政部秘书处录送蒙疆伪组织有关财政金融事项调查报告函》，1939年10月7日，中国第二历史档案馆编《中华民国史档案资料汇编》第5辑第二编附录"日伪在沦陷区的统治"，第697页。

② 中国第二历史档案馆：《侵华日军在察绥晋北地区的经济掠夺（二）》，《民国档案》2000年第4期。

③ [日]浅田乔二：《1937—1945日本在中国沦陷区的经济掠夺》，袁俞佺译，复旦大学出版社1997年版，第321页。

④ 《华北株式开发会社概况（1944年）》，中国第二历史档案馆编《中华民国史档案资料汇编》第5辑第二编附录"日伪在沦陷区的统治"，第1017—1018页。

⑤ [日]浅田乔二：《1937—1945日本在中国沦陷区的经济掠夺》，袁俞佺译，第322页。

⑥ 同上书，第350页。

（三）1942—1945 年

1941 年 12 月日本发动太平洋战争，将战事扩大到东南亚地区。战线进一步拉长所需的大量的人力、物力和财力，使本来就已经极其困窘的日本战时经济濒临枯竭。日本更加残酷地对中国沦陷区进行经济掠夺，以支撑战争的巨大消耗。为了筹措到足够的资金，用以支付日军军费，加大、加快对沦陷区"开发"掠夺的力度，同时支撑摇摇欲坠的傀儡政权，日本在华的公债政策开始全面膨胀，无限度滥发。在东北，伪满的一切经济活动都集中在战时紧急物资的扩大征集和对日支援上，公债发行额度直线上升。从 1942 年到 1945 年 8 月仅 3 年 8 个月，就发行公债 19.53776 亿元，其中包括伪满洲国垮台前几个月突击发行的 3.8 亿元，其数额几乎等于前十年发行额的总和。[①] 至日本投降前，不计一些储蓄票和博彩性质的公债，伪满的公债发行总额达到了 40.55441250 亿元。[②] 此外，1942 年伪满还制定了《国民储蓄会法》，进一步推行强制储蓄。这种储蓄首先在各城市进行，又由城市扩大到农村，强行向城乡人民摊派储蓄数额。1944 年伪满又强行摊派"必胜储蓄票"。储蓄额因此大增，1943 年达 16 亿元，1944 年达 30 亿元，1945 年达 60 亿元。[③]

在华北，这一时期发行的日伪公债主要有日本公债、华北伪政权发行的"华北食粮债券"、伪蒙疆政权发行的"公裕债券"等。其中，发行华北食粮债券始于 1943 年 7 月，是为加紧对华北的粮食掠夺，解决华北日军粮食问题，实现所谓"现地自活"。其中"小麦部分 5 亿元，其他部分另定"，全部由伪中国联合准备银行承受。[④] 1944 年 9 月又发行 3 亿元该债券，亦由伪中国联合准备银行全部承受。[⑤] "公裕债券"是为弥补伪蒙

[①] 参见"伪满洲国公债发行偿还"表，中央档案馆、中国第二历史档案馆、吉林省社会科学院编《日本帝国主义侵华档案资料选编——东北经济掠夺》，第 782 页。

[②] 杨承厚：《伪满中央银行简史》，《中央银行月报》1948 年 7 月。

[③] 戴建兵、王晓岚：《罪恶的战争之债——抗战时期日伪公债研究》，社会科学文献出版社 2005 年版，第 83—84 页。

[④] 傅文龄主编：《日本横滨正金银行在华活动史料》，中国金融出版社 1992 年版，第 694 页。

[⑤] 戴建兵、王晓岚：《罪恶的战争之债——抗战时期日伪公债研究》，社会科学文献出版社 2005 年版，第 116 页。

古自治政府财政亏空,开发掠夺蒙疆地区矿产发行,共计两次。1945 年 1 月 14 日发行的为第一次,同年 2 月 1 日发行的为第二次。每次又分若干组。其中第一次至少发行了三组,券面金额 5 元、10 元、50 元不等。其发行总金额,限于档案文献资料的缺失,现无从查考。① 战争后期,日本还将日本公债作为一种财产投放于伪银行,使其成为最有"保障"的资产进行运作。如,伪满洲中央银行曾向伪中国准备联合银行押透 10.861 亿元,而这些押透业务的抵押品全部是日本政府和伪满发行的国债,其中日本政府的公债占大多数。② 伪银行还常常以日本和伪政权公债为担保,其中对日本和伪政权属下的企业放款。如华北开发株式会社曾向伪中国准备联合银行大量借贷,并向该行支付债券,但实际上不再公开发行,是公开的赤裸裸抢掠。现记录在案有 1943 年 8 月 23 日、1944 年 6 月 30 日、1945 年 3 月 26 日三次借款,总金额高达 5.865 亿元。③ 直至战后,伪中国联合准备银行总行尚存有华北开发株式会社债券 90215000 元,其他各种有价证券 678355350 元,均为敌伪债券。④ 在华中,滥发公债成为汪伪政权解决财政危机的不二法宝,自 1942 年至 1945 年 8 月没有间断,且愈演愈烈。综合其种类,计有汪伪政权公债(9 种)、汪伪政权地方公债(6 种)及变相公债(3 种)3 类,计 18 种之多。公债发行额更是达到了匪夷所思的天文数字。其中,各种中央政权公债总计达 2303 亿元,各种地方政权公债总计达 70.1 亿元,两者合计,发行总额达 2373.1 亿元。⑤ 这还不包括变相公债的发行金额。由于人民对汪伪政权的信任度尽失,造

---

① 参见郭爱《"公裕债券"浅谈》,《内蒙古金融钱币专刊》1991 年第 5 期;吕秀琴《蒙古自治邦政府公裕债券发行考略》,《沧桑》1995 年第 5 期;康兴《"公裕债券"的再发现与再补充》,《内蒙古金融钱币专刊》1997 年第 3、4 期。

② 《中央银行审查平津两分行接收伪中国联合准备银行总行报告书》(节录),1946 年 8 月,中国第二历史档案馆编《中华民国史档案资料汇编》第 5 辑第三编财政经济(二),江苏古籍出版社 1998 年版,第 397—398 页。

③ 居之芬主编:《日本对华北经济的掠夺和统制——华北沦陷区经济资料选编》,北京出版社 1995 年版,第 140—143 页。

④ 《中央银行审查平津两分行接收伪中国联合准备银行总行报告书》(节录),1946 年 8 月,中国第二历史档案馆编《中华民国史档案资料汇编》第 5 辑第三编财政经济(二),江苏古籍出版社 1998 年版,第 403 页。

⑤ 戴建兵、王晓岚:《罪恶的战争之债——抗战时期日伪公债研究》,社会科学文献出版社 2005 年版,第 134—141 页。

成伪公债出售困难，只能由伪中央储备银行承受。此外，"华中振兴公司"1944年7月也发行了伪中储券的公司债券1亿元，由伪华兴商业银行等承募。①

从以上日本在华公债政策的演变，我们可以看到以下几点。第一，在"以战养战"方针的指导下，日伪公债发行的多寡完全依战争的需要而定；第二，日伪公债的发行集中于战争后期，是日本为挽回战争败局而发；第三，适应日本对中国分而治之的策略，并依据不同沦陷区对于日本战略地位的轻重，战争前期日本在华的公债政策一度表现出区域的差异性。然而，无论日本在华的公债政策如何演变，都改变不了其最终战败的结局。

三 日伪公债的种类及特点

战后，作为对日索赔准备工作的一部分，南京国民政府曾对日伪发行的债券进行登记、汇总。根据财政部公债司截至1948年8月底关于敌伪在华发行债券尚欠数目的最终统计，② 日伪在华（包括台湾地区）发行的债券名目多达95种。这些债券名目，概言之，包括日本公债和伪政权公债两大类。其中"日本公债"又可分为两类：一是日本政府当时在日本发行，而后又在中国的沦陷区内进行强制推销的；二是日本的一些机构或民间组织、企业在中国发行的金融债、企业债。"伪政权公债"则系日本指使伪政权发行的公债。具体而言，则举凡国家债券、地方债券、金融债券、企业债券、有奖债券等，所有的公债种类均有发行。而这还并非日伪在华发行的所有债券。档案资料显示，至日本投降前，伪满共发行了公债87种，且不包括一些储蓄票和博彩性质的公债。③ 再加上汪伪发行的各种公债就达100多种。此外，伪蒙疆政权发行的"公裕债券"，汪伪发行的变相公债，还没有列入上述统计。

日伪在华发行的债券虽然五花八门，但在发行过程中却有某些共同点：

---

① ［日］浅田乔二：《1937—1945日本在中国沦陷区的经济掠夺》，袁俞佺译，复旦大学出版社1957年版，第350页。
② 中国第二历史档案馆：《财政部档案》，案卷号三（2）300。
③ 杨承厚：《伪满中央银行简史》，《中央银行月报》1948年7月。

其一，公债发行与伪币发行"有机"结合。滥发钞票是伪政权供给日本军费和"开发"资金，弥补财政亏空的主要办法，而滥发的基础是以公债充为发行准备。具体而言，就是让伪银行先购买承受公债，然后再用这些公债作为准备发行纸币。这是日本在中国推行日本和伪政权公债的最主要手法。伪满洲中央银行自 1937 年宣布日本公债可充作其现金准备，翌年又规定伪满国债也可以充为现金准备，且所占比例逐年提高，到 1944 年 11 月时干脆可以无限制地充为现金准备。再到后来其现金准备基本上都是公债了。①1945 年国民党接收伪满洲中央银行时，该行的发行准备金只有占发行总额 29.3% 的日本公债和贷金及 2.8% 的伪满政府公债。②（按，至 1945 年 8 月，伪满洲中央银行的发行总额达 80.85 亿元，③依上述百分比折算，则日本公债和贷金为 23.689 亿元，伪满公债为 2.2638 亿元）战争后期的汪伪政权更是将两者紧密"结合"的"典范"：先发债券，然后伪中央储备银行承受，再由该行将之充作发行准备，再变成钞票。战后，国民党接收伪中央储备银行时，其资产类全部有价证券共计账面余额为伪币 239414498839.03 元及 100 日元，其中已经抵充发行准备的共有伪币 230011486222.23 元，④所占比例高达 96%。可见，汪伪发行公债，实质上就是变相发行纸币，公债已经等同于纸币。由此，日伪公债的发行就成沦陷区通货膨胀的巨大助推器。以汪伪统治下的上海为例，自 1941—1945 年，物价指数竟上涨了 8860.4 倍。⑤

其二，公债发行的强制性。公债发行根本不是自愿购买，而是以各种强制手法硬性推销。其办法，一是强制储蓄银行等金融机关收买。如 1942 年 6 月，汪伪政权为限制和打击法币，下令限华商银行于两周内将所保存之旧法币提交储备银行，又同时规定该旧法币之半数以公债偿付，1/4 以现款，1/4 作储备银行之划头存款。⑥又如 1943 年 5 月伪满洲中央

---

① 杨承厚：《伪满中央银行简史》，《中央银行月报》1948 年 7 月。
② 周舜辛：《战后东北币制的整理》，《东北经济》第 1 卷第 1 期，1947 年 4 月。
③ 戴建兵：《金钱与战争——抗战时期的货币》，广西师范大学出版社 1995 年版，第 72 页。
④ 中国第二历史档案馆：《中央银行档案》，案卷号三（2）300。
⑤ 戴建兵：《金钱与战争——抗战时期的货币》，广西师范大学出版社 1995 年版，第 291 页。
⑥ 中国银行总、中国第二历史档案馆编：《中国银行行史资料汇编》上编，档案出版社 1991 年版，第 448 页。

银行公布"普通银行资金特定用途制度",规定各私营银行、工企金融合作社等金融机关,须保有相当于存款额30%的公债。① 二是向社会强行摊派。1942年伪满修改了《资金统制法》,规定买卖3000元以上的不动产时,需强制购买相当于贩卖价格50%的公债;社团法人利润超过实交资本10%时,令其接受相当于该项利润30%的公债;政府及其机关发放津贴,或交付一定数量资金时,亦需附带一定数目的公债。② 1943年5月公布的"资金特定用途制度"进一步规定各公司企业都得保有纯益金一定比例的公债,对职工一律按收入额摊派相当比例的公债。三是实行"强制储蓄",强迫沦陷区人民将钱存入伪银行,转而用来购买日伪公债,实际成为一种新的公债形式。如伪满自1939年发起的所谓"国民储蓄运动"。

其三,公债发行的欺诈性。日伪公债的偿还期限为5—10年,有些甚至长达二三十年,且许多采用抽签法分期偿还。如汪伪1942年发行的"安定金融公债",期限长达30年。规定自发行之日起,每6个月付息一次,并自第11年起才每6个月还本一次,抽签法偿还总额的1/60,至1972年5月止全部偿清。③ 由于日伪公债的发行多集中在战争后期,因此绝大多数未待偿还就因战争结束变成了废纸。如伪满发行了40多亿公债,至日本投降前,仅偿还本金1.43563亿元;汪伪发行了2373.1亿元公债,至日本投降前,仅还本16.02亿元。日伪还施展各种伎俩推销其公债。日伪公债多以高利率对购买者进行诱骗。日伪公债的年利率一般为4%—7%,有的甚至高达两位数。如汪伪1944年12月1日发行的"上海临时救济库券",年利率即高达12%。④ 此外就是利用人们的投机心理,用抽签给奖、公债与彩票结合等方式欺骗购买者,以达到加速其公债发行、延期兑付或不付利息的目的。如伪满在战争后期所发储蓄类债券多采用抽签给奖的方式,而且奖金越来越高,受奖面值也越来越大。其中"兴农合

---

① 戴建兵、王晓岚:《罪恶的战争之债——抗战时期日伪公债研究》,第83页。
② 中央档案馆、中国第二历史档案馆、吉林省社会科学院编《日本帝国主义侵华档案资料选编——东北经济掠夺》,第795—796页。
③ 《汪伪国民政府公布1942年安定金融公债条例》,1943年5月31日,中国第二历史档案馆编《中华民国史档案资料汇编》第5辑第二编附录"日伪在沦陷区的统治",第851页。
④ 戴建兵、王晓岚:《罪恶的战争之债——抗战时期日伪公债研究》,第139页。

作社中央储蓄会有奖证书"（1943年开始发行）、"兴农储蓄债券"（1944年开始发行）等还规定抽奖不付息，期至还本。汪伪1943年发行的变相公债"中央储蓄会特别奖券"和"福利奖券"亦属此类。①

日伪公债的上述特点充分暴露了其经济掠夺的罪恶本质。它与日本帝国主义一度在华中、华南大肆强制推行的日本军票一样，都是其筹措侵华战争军费，劫掠中国人民财富及战略物资，"适应长期作战的需要"，实现"以战养战"的重要手段和工具。但二者又有所不同。首先，日本军票"是一种最直接、最便捷、最节省的掠夺手段"，其出笼伊始即是"一种强制流通的征用性、掠夺性的票券"，带有临时性的应急性质，即时的显性掠夺是其最大特点；而日本在华公债政策是构成日本侵华总体战略的重要组成部分，不仅在当时对中国人民的财富进行现实性的劫掠，而且旨在永久地从根本上削弱乃至摧毁中国对日抗战的经济实力，后患无穷，战略的隐性掠夺是其最大特点。其次，日本军票的印制发行随心所欲，"既没有正式的发行机构，又没有发行保证"，通过这种不值分文、毫无发行保障的军票代替公开掠夺及明目张胆的"征用"，本质上与明火执仗的抢劫毫无二致。因此，日本军票出笼伊始便遭到中国人民的厌恶和抵制，加之军票的日渐膨胀势必影响到日本经济，日本侵略当局遂于战争后期停止发行并逐步收回军票，代之以更具欺骗性的中储券。② 日伪公债则不然，虽然其发行也具有明显的强制性特点，但始终有着明确或名义上的发行机构，且往往还有表面上的发行保障。如汪伪政权1942年12月发行的"1942年甲种、乙种粮食库券"就分别以"政府所购储之粮食"和"粮食管理委员会经营业务之财产"为保证；1942年5月发行的"民国三十一年上海特别市市公债"，"指定以全市田赋及保安经费之收入为还本付息基金"，"如遇某月份所收有不敷时，应另由市财政局在其他地方收入项下即行拨补足额"；1944年1月发行的"建设公债"则以"建设事业财产作担保，并以该事业之收益为支付本息基金"；1944年12月发行的"民国三十四年渤海省

---

① 戴建兵、王晓岚：《罪恶的战争之债——抗战时期日伪公债研究》，第58—62、84—86、142—143页。
② 杨天亮：《试析日本军票在华中的出笼》，纪念抗日战争胜利60周年研讨会论文集，上海，2005年。

建设公债"指定"以全省所有各种税收为还本付息基金";1945年3月发行的"民国三十四年内国公债"规定"偿付本息基金统由国库收入担保"等。① 因而日伪公债较之日本军票具有更大的隐蔽性、迷惑性和欺骗性,而且愈演愈烈,成为日本军国主义筹措军费、支撑侵华战争的不可替代的重要支柱。

四 日伪公债给中国经济造成的损失

"战争不但是军事和政治的竞赛,而且还是经济的竞赛。"② 抗日战争既是中日两国在政治和军事上的一场决斗,也是两国经济实力的较量。中日之间的经济战从始至终贯穿于整个战争过程,其惨烈程度绝不亚于"你死我活"的政治、军事斗争,甚而更加残酷。侵华战争期间,日本对华经济战的总目标是"以战养战",为达到这一目的,日本在侵华战争中不仅对中国的经济资源进行了赤裸裸的野蛮劫掠,而且利用经济手段和各种经济杠杆隐性地搜刮中国人民的资财,公债政策就是其得力的工具之一。那么,日本侵华战争期间在中国到底发行了多少公债,究竟给中国造成了什么样的损失?

由于日本投降前曾大量焚毁档案文字材料,毁灭罪证,加之日本战败前布置了逃债——让伪银行出面收买日侨手中的小额债券,而大量的日伪公债则带回日本,③ 使得这一统计、研究工作变得极其困难。

战后国民政府财政部公债司关于敌伪在华发行债券尚欠数目的最终统计是:

伪中储券 229376045890 元

伪中联券 238444050 元

伪满币 2768374750 元

旧台币 157643226.5 元

日币 2596607337 元

---

① 中国第二历史档案馆编:《中华民国史档案资料汇编》第5辑第二编附录"日伪在沦陷区的统治",第851—853、862、854、866、859页。
② 《毛泽东选集》第3卷,人民出版社1991年版,第1024页。
③ 参见戴建兵《日本投降前后对中国经济的最后榨取和债务转移》,《抗日战争研究》2001年第1期。

如果将所有这些公债的币种按当时伪满券、伪中联券、旧台币与日元等值，而伪中储券100元折合日元18元计算，以上的统计（只是面额，没有计算债券的利息）约471亿日元。而这仅是日伪公债战后在中国的残留部分，因而只能反映日本在华公债政策的冰山之一角。

因为中国各沦陷区的伪中央银行是日伪公债的最主要发行者和承受者，我们不妨以此为视角进一步考察日伪公债的发行情况。以下就是笔者根据有关档案文献资料及学者已有研究成果做出的统计：

伪满中央银行的日本公债23.689亿元，伪性公债40.5544125亿元。备注：（1）"日本公债"中包括贷金，为战后国民政府接收该行时的发行准备；（2）"伪性公债"中不包括储蓄票及博彩性质公债。

伪中国联合准备银行的日本公债5.865亿元，伪性公债8.25亿元。备注：（1）"日本公债"只是"华北株式会社"1943—1945年3次向伪联行借款并向该行支付的债券；（2）"伪性公债"中包括伪联银券"华北开发债券"0.25亿元（共发行5次，1941年500万元、1944年2000万元，其余3次未知）和"华北食粮债券"（1943年5亿元，1944年3亿元）8亿元。

伪蒙疆银行的日本公债1.2767712亿元，伪性公债1.372亿元。备注：此两项均为战后国民政府接收该行时的发行准备。

伪中央储备银行的日本公债3.652621亿元，伪性公债2373.1亿元。备注："日本公债"为战后国民政府接收该行时，其资产类有价证券中的日本证券。"伪性公债"中不包括汪伪发行的变相公债。

综上合计34.4833922亿元，2423.2764125亿元。[1]

以上"日本公债"的统计，如果加上抗日战争时期日本在我国台湾

---

[1] 周舜辛：《战后东北币制的整理》，《东北经济》第1卷第1期，1947年4月；中央档案馆、中国第二历史档案馆、吉林省社会科学院编《日本帝国主义侵华档案资料选编——东北经济掠夺》，第782页；中国第二历史档案馆：《中央银行档案》，案卷号三（2）300；居之芬主编：《日本对华北经济的掠夺和统制——华北沦陷区经济资料选编》，第140—143、979页；[日]浅田乔二：《1937—1945日本在中国沦陷区的经济掠夺》，袁俞佺译，第322页；《华北开发株式会社概况（1944年）》，中国第二历史档案馆编《中华民国史档案资料汇编》第5辑第二编附录"日伪在沦陷区的统治"，第1017—1018页；戴建兵、王晓岚：《罪恶的战争之债——抗战时期日伪公债研究》，第101页。

发行的将近 30 亿元日本公债,① 达 64 亿元之多。也就是说，侵华战争期间日本在中国最少发行、推销了 64 亿元日本公债。再加上"伪性公债"，则日本及伪政权在华发行的日伪公债最少也在 2487 亿元以上！而这远非日伪公债发行数字的准确统计，因为还有诸多方面没有包含在上述统计之列。如，日本投降前后为逃债而带回日本的日伪公债；流落在民间的日伪公债；战时日本在华诸多国策会社发行的企业债（包括"华中振兴公司"发行的 1 亿元伪中储券债券，"华北开发株式会社"发行的其他 3 次伪联券债券），等等。因此，对日伪公债更全面、精确的统计，还有待广大史学工作者更加广泛深入的资料挖掘和调查研究。

发行如此巨额的公债，对中国人民强取豪夺，无疑是日本帝国主义对中国人民欠下的又一笔不容抵赖与回避的巨额债务。抗日战争胜利后不久，国民政府就曾专门组织专家设立机构，对还没有兑付的日伪公债数目进行过调查，准备向日本索赔。但由于历史原因与国际环境风云变幻，而未能实现。

需要指出的是，对日伪在华发行公债的数字无论做出如何精确的统计，也无法全部展现其在实际上给中国造成的经济损失。因为日本通过在中国沦陷区发行公债，然后将筹集到的资金用于在中国沦陷区的"产业开发"，并因此掠走了多少资源，是无法计算的；而且更为重要的是，日本通过对沦陷区人民敲骨吸髓的搜刮，从根本上损害中国的国力与民力并间接破坏中国抗战后方与敌后抗日根据地的经济，增强其在战争中的经济实力，扩充其战争资源，从而得以维持其战争经济，苟延残喘，延迟了中国人民抗日战争及世界反法西斯战争胜利的时间。由此给中国带来了巨大的经济损失，更是无法估量。又因为公债是间接向后代征抽税，巨额日伪公债的发行不仅在战时就引发了极其严重的通货膨胀，而且极大地影响了日后中国经济的发展，成为战后国民政府通货膨胀的起点。

（原载《抗日战争研究》2009 年第 2 期）

---

① 参见戴建兵《抗日战争时期日本在台湾的公债政策研究》，《史学月刊》2002 年第 3 期。

一笔尚未清算的战债

——抗战时期日本及其傀儡政权在中国发行公债之残留

第二次中日战争期间，日本侵略军为了支付战争经费，支撑伪政权的财政而在中国沦陷区发行了大量的公债。这些公债有日元公债，是由日本政府当时在日本发行，而后又在中国的沦陷区内进行强制推销的；也有的是日本的一些机构或民间组织、企业在中国发行的日元公债；但更多的是日本指使伪政权发行的各种公债。所有这些公债大多是在抗日战争后期，即日本国内财政困难之时发行的，期限长，标榜利率高。这些公债发行后不久战争就结束了。随着时间的流逝，社会的变迁，日本在那个时代发行的公债仅以日元计值的竟然还有约26亿元残留在中国。

"九·一八"事变后，日本就在东北发行其本国公债。七七事变后，又曾在华北大量推销其国债，仅1939年就在华北发行过七八次中国事变公债。在中国残留的日本公债，种类很多，例如大东亚战争国库债券，1943年3月1日发行，规定到1961年才能还清，利率3.5%，币种为日元；大东亚战争特别国库债券，1944年7月22日始发，期限17年，利率3.5%。

日本除了在中国采取各种方式推销其国内公债之外，更为重要的是让伪政权发行公债，如伪满洲国发行公债就是弥补财政赤字、支撑战争和为扩大军工生产提供资金的重要手段之一。

伪满成立之初，推行保守的财政方针，发行的公债较少。对公债采取非募集方针，仅限于"国都建设"、清理积欠等特殊的公债，到1936年共有9000万元，另外还有北满铁路公债（收买费）1.2亿元。1937年以后，伪满开始进行"产业开发"，财政开始推行膨胀方针，公债也开始滥发起来。1939年12月，公债发行额13.17亿元（包括借款）。至1940年时，国债金预算5亿元，此时国债发行累计，一般会计2.34亿元，特别会计8.5亿元（包括借款）。1941年太平洋战争爆发后，伪满的一切经济活动都集中在战时紧急物资的扩大征集和对日支援上。为此增加发行了3亿—4亿元的公债，以便应付岁出的增多。1942年又修改了《资金统制法》，大力推销公债和加强国民储蓄，规定买卖3000元以上的不动产时，需强制购买相当于贩卖价格50%的公债；社团法人利润超过实交资本10%时，令其接受相当于该项利润30%的公债；政府及其机关发放津贴，或交付一定数量资金时，亦需附带一定数目的公债。伪满不断利用国家权力强制发行公债，1943年5月，伪政府公布了"资金特定用途制度"，规定各银行和企业金融合作社等金融机关，要保持有相当于存款额30%的公债；各公司企业都得保有纯益金一定比例的公债；对职工一律按收入额摊派相当比例的公债；对老百姓也强行摊销。此外，还有委托给满铁会社管理的伪满洲国国有铁路借款，实际上也是伪公债，其数目也达到了10多亿元。[①]

战争后期，伪满公债发行额日大，从1942年到1945年8月仅3年8个月的时间里，就发行了公债195380万元，几乎等于前十年发行额的总和。伪满洲国垮台前六七个月又突击发行了3.8亿元。[②]

日本在伪满还巧立名目，发行了很多变相的公债，如进行国民储蓄。1940年为了扩充军需生产，弥补预算赤字，实行了强制储蓄制度。这一年储蓄额达8亿元，1941年11亿元，1943年16亿元，1944年达到了30亿元。1942年制定《国民储蓄会法》，按照职业和地域分别组成储蓄会。伪满经济部金融司新设储蓄科，地方设立国民储蓄实践委员会，按照伪政府确定的储蓄数目分配给各市旗县，用行政手段强制实行储蓄。这种储蓄首先在各城市进行，1942年在农村也开始从农民粮款内强制扣留储蓄。1943年又制定了《国民储蓄会法》，把储蓄的范围由城市扩大到农村。在农村实行摊派，按耕种土地亩数来分摊储蓄数额。这一年伪四平省分担的

[①] 中央档案馆等编：《东北经济掠夺》，中华书局1991年版，第757—760、795页。
[②] 张庆文等：《伪满洲中央银行简介》，"经济掠夺"，吉林人民出版社1993年版，第587页。

储蓄数额7000万元,四平市负担5000万元,所辖农村负担2000万元。①1944年,伪满经济部发行了面额为5角、1元、2元、3元、5元、10元的储蓄票。把这种储蓄票分给各市旗县强制人民储蓄。市、县、旗接到储蓄票后,再把它分配给居民小组,实行邻组储金。在配售物品或收购开拓地和农地造成的土地,以及购买商品时,强制支付储蓄票。②伪四平省省长后来供认:1944年秋天,关于农民的储蓄,是在各县农民粮谷出荷时,按其粮价所得的20%,强迫农民立即储蓄,否则就不配给物资。邻组储蓄是伪四平市协和会本部通过邻组组织,按每户收入的0.5%强迫购买必胜储蓄票。③

一些伪满债券是由日资银行发行的,如满洲兴业银行就发行了满洲兴业债券和满洲储蓄债券。这家银行是由日本的朝鲜银行、正隆银行和满洲银行三家合资组成的。

此外,伪满地方政府也发行了一些公债,如防水利民公债是1944年11月由伪滨江省发行的,总额2500万元,年利5分,5年后抽签偿还。

在伪满统治的14年间,共发行公债87种,合计金额为405500万元,其中伪币公债6种,302500万元。到日本投降止,还本仅为5500万元,豪夺民财29.7亿万元。④

汪伪政权在发行公债上丝毫也不比伪满差,下面我们试举几个汪伪政权公债为例。

三十一年安定金融公债:1942年6月1日发行,期限30年,利率5%,券面分为伪中储券1000元、5000元、1万元、5万元、10万元数种。

上海特别市市政公债:1942年6月1日开始发行,期限10年,利率6%,券面为伪中储券1万元。

甲、乙种粮食库券:1942年12月12日,伪国民政府颁布《甲种粮食库券条例》和《乙种粮食库券条例》,规定自1942年12月15日起,

---

① 中央档案馆等编:《东北经济掠夺》,中华书局1991年版,第803页。
② 同上书,第795—796页。
③ 同上书,第805页。
④ 张庆文等:《伪满洲中央银行简介》,"经济掠夺",吉林人民出版社1993年版,第587页。

发行甲种粮食库券 4 亿元，乙种粮食库券 1 亿元。其中三十一年乙种粮食库券，1943 年 1 月 1 日发行，期限五年，利率 6.5%，票面类别分伪中储券 1 万、10 万、50 万、100 万四种。

广东省短期库券：1943 年 7 月 1 日，伪广东省政府发行的短期库券，金额为伪中储券 1 亿元。

三十二年广东短期库券：1943 年 7 月 1 日开始发行，期限 5 年，利率 6%，券面为中储券 10 万元。

米粮库券：分甲、乙两种，1943 年 12 月发行，计甲种米粮库券 12 亿元，乙种 3 亿元。

第一期建设公债：1944 年 4 月 1 日开始发行，期限 8 年，利率 6%，券面分伪中储券 1000 元、5000 元、1 万元、5 万元、50 万元五种。

上海特别市救济库券：1944 年 12 月 1 日发行，期限 6 年，利率 12%，券面分伪中储券 1 万、5 万、10 万、20 万、50 万、100 万元六种。

1945 年 1 月 1 日，伪淮海省发行地方公债 2 亿元，1945 年 7 月 1 日，伪上海市政府发行总额 50 亿元的建设公债。

第二期建设公债：1945 年 2 月 1 日开始发行，期限 8 年，利率 6%。

内国公债：分两期于 1945 年 4 月 1 日、7 月 1 日发行，期限 15 年，利率 7%。

汪伪也发行了一些变相的公债，如中央储蓄会特别奖券，1943 年 9 月 30 日开始发行，期限 6 年，无息抽奖。金证券，1945 年 5 月发行，用于定期兑付黄金。

抗日战争期间日本和伪政权发行的公债有下面几个特点：

一是几乎所有的公债种类均有发行，不论是国家债券，还是地方债券、金融债券、企业债券、有奖债券等。

二是发行了大量的变相债券，如伪满的储蓄票。

三是发行的公债时间很长，一般在 5—10 年，有的还超过了这一期限。

四是多以高利率对购买者进行诱骗，如汪伪在发行上海临时救济库券时就宣称："购公债者……只须此公债有信用可流通，而绝非恃国家之观念以为动机。……购公债只图利，绝非爱国心所激动也明矣。"此外就是用抽奖的方式欺骗购买者，以达到延期兑付的目的。

五是发行公债的强制性,公债发行根本不是自愿购买,而是以各种强制手法硬性推销。

六是将发行的公债和发行伪币结合起来,战争后期,汪伪发行的公债一般均由伪中央储备银行一家承受,而将之作为发行伪币的准备金,实质上发行公债就是发行了伪币,从而强化了沦陷区的通货膨胀,间接掠夺沦陷区人民。

经过我们对伪国民政府、伪中央储备银行、伪财政部等汪伪各部门及战后国民政府、中央银行为向日本索赔而对日本和伪政权在中国发行公债进行调查的档案进行查阅统计,日本战后遗留在中国的债券有下列数目。

战后中央银行对日本遗留债券的统计　　　　　　单位:元

债券名称	币别	数目
大东亚战争国库债券	日币	1084901885
大东亚战争特别国库债券	日币	322988836
大东亚战争割引国库债券	日币	6137100
大东亚战争报国债券	日币	1745
大东亚战争贮蓄债券	日币	2460
支那事变国库债券	日币	66389725
支那事变特别国库债券	日币	134714
支那事变割引国库债券	日币	1792748
支那事变行赏国库债券	日币	80
支那事变报国债券	日币	525
支那事变贮蓄债券	日币	150
报国债券	日币	11043839
战时报国债券	日币	439755
特别报国债券	日币	307885
贮蓄债券	日币	70223862
复兴贮蓄债券	日币	270
战时贮蓄债券	日币	199724
日本国库债券	日币	1238020

续表

债券名称	币别	数目
赐金国库债券	日币	3209155
日本债券	日币	10540
割引劝业债券	日币	5500
割增金附劝业债券	日币	90
北支那开发债券	日币	14729800
日本政府四厘债券	日币	100
日本政府三厘半债券	日币	150
五分利公债证书	日币	2124925
四分利公债证书	日币	2651725
五分半公债证书	日币	50
四分半公债证书	日币	325
三分半公债证书	日币	8255070
四分利国库证书	日币	7451350
三分半国库证书	日币	45809340
五分半国库证书	日币	5300
日本地方债	日币	2131400
四郑铁路公债	日币	2748000
四分利日货公债	日币	4000000
北满铁道公债	日币	132600000
兴业金融公债	日币	4500000
水利电气事业日本通货公债	日币	98250000
产业振兴日本通货公债	日币	56600000
天津居留民团第一回教育团债券	日币	94900000
天津居留民团公立病院新药团债券	日币	9200
甲种公债登录证通知书	日币	10000
济南居留民团昭和16年度团债券	日币	900000
积欠善后公债	伪满券	3000
六厘公债	伪满券	5997950
建国功劳赐金公债	伪满券	11928000
帝室财产公债	伪满券	8150000

续表

债券名称	币别	数目
内蒙古王公裕生公债	伪满券	5500000
兴农公债	伪满券	8490000
富国公债	伪满券	30000000
商公金融合作社资金公债	伪满券	28331800
四厦公债	伪满券	10000000
报国公债	伪满券	51000000
满洲重工业开发株式会社公债	伪满券	2368777000
民国三十一年安定金融公债	中储券	24000000
民国三十一年乙种粮食库券	中储券	200000
民国三十二年乙种粮食库券	中储券	150000000
第一期国民政府建设公债	中储券	100000000
第二期国民政府建设公债	中储券	20000000
民国三十四年第一期内国公债	中储券	30000000
民国三十四年第二期内国公债	中储券	500000000
民国三十一年上海市特别公债	中储券	22000000000
上海特别市临时特别救济库券	中储券	8000000
民国三十二年广东省短期库券	中储券	75000000
民国三十三年广东省短期库券	中储券	200000000
中央储蓄会特别奖券	中储券	1796350
三十四年临时救济库券	中储券	186725890
上海市市公债	中储券	4523650
华北食粮证券	中联券	234339000
天津居留民团第一回教育团债券	中联券	690100
天津居留民团公立病院新药团债券	中联券	377450
华北生药协会出资证券	中联券	4000
华北化学品统制协会出资证券	中联券	61000
华北房产股份公司股票	中联券	500000
华北煤炭兴业公司债票	中联券	585000
华北有价证券交易所股票	中联券	1637500
佛货公债	F（法郎）	12500

一笔尚未清算的战债

续表

债券名称	币别	数目
台湾地方债	台币	4904000
劝业大券	台币	19190680
劝业债券	台币	39770
割引劝业债券	台币	270500
复兴劝业债券	台币	68220
日本委托前台湾银行劝募债券	台币	133169839.50

（注：1. 不包括曾被日军一度占领过的我方根据地和伪蒙疆政府区域。2. 只是本金，不含利息。3. 不包括变相公债。）

以上资料因档案模糊，少量数字在百位数字后可能稍有差误。但下面的总统计数是清楚的。

总计：

中储券　　229376045890 元

中联券　　238444050 元

伪满币　　2768374750 元

佛货公债　12500 元

旧台币　　157643226.5 元

日币　　　2596607337 元

我们如果将所有这些公债的币种按当时伪满券、伪中联券、旧台币与日元等值，而伪中储券 100 元折合日元 18 元计算，日本战后残留在中国的公债仅以上的统计（只是面额）就达到约 471 亿日元。

这当然还不是日本在中国残留下的公债总数，因为还有一个伪政权统治区域的日本及伪政权发行的公债情况，我们仍需进行调查研究，这就是日本在蒙疆发行的日元和伪蒙疆元的公债。我们现在仅知道，当时伪蒙疆政府发行过蒙古自治政府公裕债券，我们发现过其中第八组的公裕债券。由此可见，日本战时在中国究竟发行了多少公债，战后又残留了多少？现在还是一个未解之谜。

对抗日战争时期日本及伪政权发行的公债的研究是抗战史及中日关系史研究领域的一个新课题，它向世人揭示了两个问题：一是这些公债是日

· 359 ·

本帝国主义在对华侵略中采取的"以战养战"的工具。现在在抗日战争史研究中,我们对日本在对华侵略中所采用的经济侵略手段的研究相对薄弱,以至迄今我们还不知道日本在侵华战争中在中国到底发行了多少公债,从而从中国掠走了多少财富。二是,日本在侵华战争中不仅对中国的经济资源进行了赤裸裸的巨额抢掠,而且更多的是利用经济手段和各种经济杠杆隐性地搜刮中国人民的资财,一方面使日本在沦陷区得以在通货膨胀的情况下维持其战争经济,另一方面是通过对沦陷区人民的彻底搜刮,从根本上损害中国的国力与民力并间接破坏我抗战后方与敌后抗日根据地的经济,增强其在战争中的经济实力,扩充其战争资源,欲最终灭亡中国,变中国为其殖民地。即使这一罪恶目的没有达到,也因其对经济力量的掌握,得以苟延残喘,从而延迟了中国人民抗日战争及世界反法西斯战争胜利的时间。

此外,日本和伪政权在中国发行的公债也是一个重要的战后遗留问题。战争期间日军用刺刀在沦陷区强制推行日本国内和伪政权公债,即使是从纯经济角度而言也是对中国人民欠下的巨额债务。国民政府在抗日战争胜利后不久,就曾专门组织专家设立机构,对还没有兑付的日伪公债数目进行过调查,欲向日本索赔。只是由于历史原因与国际环境风云变幻,这一想法没有实现,但日伪公债问题是一个客观的历史遗留问题,是由于日本侵华造成的,是日本帝国主义欠中国人民的又一笔不容抵赖与回避的巨额债务,必须予以清算。今天,加强抗日战争时期日本国内和伪政权公债在中国沦陷区的发行和残留课题的研究,仍有其重要的现实意义。

(原载《民国档案》1998年第1期)

抗日战争时期国民政府货币战时策略初探

抗日战争时期国民政府货币战时策略包括国民政府在国统区战时经济体制下的货币政策，国民政府与日伪进行的货币战策略，国民政府对根据地货币的限制政策，以及在战时经济体制下，货币作为经济政策及货币战工具与财政及相关经济政策的配合使用等总体方略。本文局限于抗日战争时期国民政府与日伪的货币战，以及战争后期为争取外援而使用军用票发行两个片段作为着力点，抛砖引玉，敬请指正。

一

1937年七七事变后，日本采取了多种策略使用经济杠杆特别是货币向中国发起货币战。面对日军疯狂的军事进攻和经济掠夺，国民政府在货币战中主要采取了以下策略。一是采取措施，不惜代价维持法币币值。二是禁用敌伪币，维持法币在沦陷区的流通。三是在英美封存中日海外资金后，外汇战改为物资战时，国民政府在非沦陷区推广关金券，并改变限制法币外流的政策，抛出法币向沦陷区和敌后根据地抢购物资。同时在抗战期间，在货币政策上拉住英美，获取外援。

1937年抗日战争爆发到1942年年初是中日货币战的第一个时期。

抗战开始时，国民政府并没有完整地进行货币战的准备和对策。直到1939年8月30日，国防最高委员会通过了《总动员计划大纲》，在财政金融方面列有通货管理，主要内容为："推计法币需要数额，预为印制存储，并注重分储于安全地区；将发行的现金准备安全地存储起来，并鼓励人民以手中金银兑换法币，以增加法币的准备；积极增加和国防民生有关的农工商矿重要事业的资金供给；力求迅速实现法币的集中发行。"① 由此可知，即使战争已经爆发，国民政府对以货币为武器与敌进行货币战仍无准备。

反观日本方面，对华货币策略的相应研究和方案较为深入。土屋计左右认为："吾人在已占领区域内如何树立'通货制度'，实为今次中日战事之经济问题的重要中心。盖欲造成'日满支经济集团'之理想，其最根本之问题，亦为如何树立完全的'通货制度'是。"② 他的方案是恢复中国的银本位制。木村增太郎认为："破坏法币，大体有三种方法：一，与'贸易管理'同时，实施'统制通货制度'。二，恢复中国原有之'银本位制度'。三，设立'国际通货'。"但无论如何也要将法币破坏，因为"今日中国民众与国民政府之团结，乃以法币为基础"③。南铁太郎则依据联银券流通不畅，而法币市场依然广大的现实，指出："必须纠正法币的比率。"方法就是依靠军部的压力，禁止法币流通，在上海减少法币在租界的使用范围。④ 甚至有使用日本军用票作为"法币"的计划。⑤

面对日伪货币的进攻，特别是在日伪以法币套取外汇的情形下，国民政府通过维持外汇汇率、控制法币的流向、加强地方金融机构、实行金融管制等方法，来巩固和维持法币的信用。1938 年 3 月，国民党在武汉召开了临时代表大会，提出并通过了《抗战建国纲领》和《非常时期经济方案》：提出要"巩固法币，统制外汇，整理进出口贸易，以安定金融"。方法是继续收兑民间白银，限制外汇流出，以增加准备，并节省国家费用，"节制法币发行，以防止物价高涨"⑥。同时统制外汇，管理进出口贸易。为此国民政府花费了巨大的财力来维持法币的汇率，付出了极大的代价。

---

① 《国民党政府财政金融动员计划大纲》，《民国档案》1987 年第 1 期。
② [日] 土屋计左右：《中国之金融货币制问题》，《日本东洋月刊》第 476 号，1938 年 8 月 1 日。
③ [日] 木村增太郎：《中国通货问题与事变处理策》，《日本经济情报》第 13 卷第 25 号，1938 年 9 月 1 日。
④ [日] 南铁太郎：《禁止法币流通之急务》，《日本东洋月刊》第 477 号，1938 年 9 月 1 日。
⑤ Finese and Commerce, Vol. 32, No. 18, Nov. 2, 1938.
⑥ 《国民党政府抗战建国纲领财政金融实施方案》，《民国档案》1987 年第 1 期。

为了防止敌伪套取法币外汇，国民政府还十分注意法币的流向，制定了一系列的政策和法规，限制法币从国统区流向沦陷区，以防被敌伪获取。为此国民政府想在法币上加盖一些抗日的文字，如"抗日""抗日救国""打倒日本帝国主义"，后因不切实际而作罢，但仍发行了中央银行重庆地名券，以控制其流向。

对于咄咄逼人的日伪货币，1939年1月，国民政府制定了《取缔敌伪钞票办法》。《办法》规定："凡敌伪钞票，无论在任何地方，一律禁止收受行使，凡各战区之军队或其他机关，如查有为敌方收藏，转运或行使敌伪钞票者，除将钞票全部没收外，并应将人犯送回当地或就近军法机关依惩治汉奸条例第二条帮助敌国扰乱金融论罪，其意在图利以法币及金银或汇兑方式换取敌伪钞票亦同。"①

实际上，自从华北伪联合准备银行成立、发行伪联银券后，国民政府财政部就开始向游击区人民宣传禁用伪币，"并请由外交部照会各国驻华使馆，请通告侨商一体拒用，并函令我国金融业严守立场，拒用伪钞，勿与往来……"② 1939年9月2日，财政部又一次电令全国拒用伪钞，并通饬各级法院，并声明任何债权、债务若有基于伪钞而成立者，在法律上无效。1941年2月13日，四联总处又密饬上海银钱业拒用伪中储券。实际上这些法令仅能在国统区发生效力。

这种单纯的不与敌人经济接触的货币斗争方式是不明智的，实际上也是行不通的。特别是政府没有关于如何利用敌伪货币的政策出笼，更没有以法币打击日本或沦陷区经济的方略，尽管在政治上显示了与敌"经济绝交"的果断，但不利于极为残酷的经济战现实。

国民政府一方面严禁敌伪货币的流通；另一方面，制定关于敌后法币的政策。抗战初期国土大片沦丧，沦陷区留有大量法币，而且随着共产党敌后根据地的建立和国民党敌后游击部队的活动，以及人民爱国热情的高涨，法币仍在沦陷区流通。据估计，1939—1940年，华北约有3亿元，华中约有10亿元，华南约有2亿元的法币仍在沦陷区流通或沉淀在

---

① 《中华民国金融法规汇编》，档案出版社1990年版，第433页。
② 《抗战时期货币金融战史料选编》，《档案史料与研究》1990年第1期。

民间。①

　　1939年财政部外籍顾问杨格在给财政部的《财政金融政策说帖》中指出：应特别注意沦陷区法币信用的崩溃，必须维持法币在沦陷区的流通，这主要是因为敌后法币维系着游击区人民的人心，同时法币在敌后的流通本身就是在阻击着敌伪货币，而且法币一旦回流至非沦陷区，势必引起法币在非沦陷区的剧烈贬值，促使后方通货膨胀，从而牵动整个法币的信用。②

　　财政部认真研究了杨格的建议，四联总处为此制定了关于敌后法币的政策，以维持法币在敌后的流通。具体办法有：大力宣传伪币无发行准备，严禁伪币流通；为维持法币流通，投入巨大的外汇储备以维持法币的对外汇价，保持法币的国际地位；继续以外交手段使各地租界不使用伪币，通行法币；设法派可靠的银号、钱庄到沦陷区承做汇兑，流通法币；设法使可靠的商业银行在沦陷区内的各重要商埠复业，以便维系法币。③

　　具体到各地区，财政部也拟定了一些具体政策。如在华北，利用伪联银券基础薄弱的优势，一方面维持法币，另一方面发行地方货币以防套汇；在华中，首先利用外交手段阻止伪币的推广，同时维持法币外汇汇率，使法币照旧畅行；在华南，一是巩固广东毫券，二是积极调动在香港的我方金融力量，增强法币的流通，三是加紧吸收侨汇，制止敌伪掠夺。

　　此外，1940年4月，战区经济委员会还搞过与敌经济作战的四种阵网，即缉私网、物资网、运送网、金融网。委员会强调："此种阵网，应使战区内中央与地方金融机构，对于地点设置、资力支配、工作分担等，配合匀称，组成一有力之金融集体，俾能充分发挥力量，以适应战时需要。至各战区间在便利汇兑、储供券料及推行小额币券各点，并应取得联络。"④ 同时强调上述四种阵网应和军事、经济、政治、运输及金融力量协力推行。

　　总而言之，在这一期货币战中，国民政府的策略是防守重于进攻。

---

① 《中国银行行史资料汇编》一，档案出版社1991年版，第752页。
② 《抗战初期杨格提出关于中国财政金融之建议》，《民国档案》1985年第2期。
③ 《四联总处理事会关于敌伪拟具金融政策应如何速筹对策的决议》，《档案史料与研究》1990年第1期。1940年，四联总处在《金融三年计划二十九年度实施方案》中，又一次强调了这一问题（《中国银行行史资料汇编》一，档案出版社1991年版，第752页）。
④ 《抗战时期对敌经济战史料选编》，《档案史料与研究》1991年第4期。

由此可见，在英美真正和日本决裂、太平洋战争爆发之前，国民政府把对付日军货币侵略的重点放在严禁敌伪货币流通及保证法币价值、维持其在沦陷区流通这两点上。但由于没有对沦陷区敌伪货币直接进攻的办法和策略，特别是以维持沦陷区法币作为对抗敌伪货币的唯一途径，无法达到从根本上打击敌伪货币的目的。

1940年春，军统汉口经济小组组长邓葆光，通过对日本"以战养战"的掠夺中国的方式和国民政府禁止日货进口的政策进行比较研究，写了一篇文章，指出，中国战时的经济政策不是抗日，而是在帮日本人的忙。文章建议改变禁止日货进口的政策，确立抢购沦陷区物资、安定后方经济的政策。蒋介石十分欣赏这篇文章，并指示戴笠负责研究并进行对敌占区的经济作战。[1] 从此中国在经济战中单纯的防守战略有所改变。

二

英美封存中日海外资金和太平洋战争爆发后，国民政府的对日货币策略发生了重大变化，开始了中日货币战的第二个时期。

1942年1月，由于英美封存中日海外资金，日本大规模用法币套汇已不可能。国民政府财政部建议："内地增发之法币，可依收购物资之作用，向沦陷区疏散，沦陷区之法币，应严防其向内地灌流，以免内地之通货膨胀。"

1942年1月16日，四联总处制定了下列政策："一、取消自由区内限制携带钞券办法（该办法公布于1940年8月，以防止内地法币流向沦陷区）。二、自由区钞票流往沦陷区之限制应秘密停止执行。三、沦陷区法币流向自由区宜秘密加以限制。"[2] 1942年2月5日，四联总处理事会决定取消防止私运及限制携带法币出口的各项规定，限制法币内流，禁止物资出口。

1942年3月18日，国民政府发布了《国民政府关于转发限制携带法币密令》，其中规定："……太平洋战争爆发，我法币应力谋畅通，俾尽

---

[1] 参见李立侠等《中央银行史话》，中国文史出版社1987年版。
[2] 《抗战时期货币金融战史料选编》二，《档案史料与研究》1990年第3期。

量购取物资，并对敌争取流通地盘。因请将以前所颁之防止私运及限制携带钞票各规定，停止其效力。""并为防范法币内流起见，对于游击区携法币往后方各地者，亦规定限制办法，以资防范。"① 所有这一切，目的都是改变过去限制法币流出国统区，以防止敌伪套取法币外汇的政策，而在日伪无法套取外汇改为以法币抢购物资的情况下，同样也推出法币，抢购物资，与敌伪展开物资战。

为了配合使法币流向非国统区的战略，国民政府在国统区内开始推行关金券。关金券原本是用于交纳关税的凭证，中国的进口关税，过去一直按关平银计算，但关税担保的外债，则须用黄金支付。1929年，国际金价暴涨，银价低落，使中国在偿还外债时损失惨重。1930年1月15日，国民政府公布自2月1日起征收海关进口税时一律改用海关金单位，一个海关金单位值60.1866公毫，等于关平银一两多，等于0.4美元，19.7265便士，0.8日元，后来随金银比价不断变动，关金与银两的价值由财政部税务司随时公布。到1931年5月，中央银行为方便人们交纳关税，发行关金换券，专用于交纳关税，一开始关金面额有10分、20分、1元、5元、10元5种，发行准备有60%的现金准备和40%的保证准备。关金券的使用范围后来曾扩大到计算贸易价值及作为标金结算的单位。1938年5月1日，为充实战时财政，又发行了关金债券，关金的使用范围日广。

1942年4月1日，国民政府开始将库存关金券全部提出发行，1元值法币20元。目的之一，由于战争和敌伪破坏，法币出现了大小钞折价行使的现象，国民政府利用新发行的关金来消除这一现状。目的之二，利用关金后面有金银保障的特质（当时规定关金1单位含金量为88.8671公毫）② 来阻止物价的涨势。目的之三，在国统区以变相形式发行新纸币，将法币挤回非国统区，争夺物资，在国统区建立关金流通区。

战争使国民政府财政日益紧张，加之对外抢购物资更加剧了政府财政状况的恶化，国民政府遂开始用通货膨胀的办法来维持战时经济。

抗日战争中，国民政府的财政收入来源主要是赋税征收、发行公债及货币的强制发行。抗战时期，国民政府的财政赤字非常大，"累计达到了

---

① 《中华民国金融法规选编》，档案出版社1990年版，第45页。
② 《发行关金券》，《金融月刊》第1期，1942年5月。

1279314 亿元，年平均每年的赤字高达 80% 左右"①。为此国民政府采取了一系列措施，如发行公债、增加税收，最为重要的是靠增发法币来弥补财政赤字。法币的发行额年年上升，"1937 年时是 3 亿元，1945 年达 8484 亿元，增加了 2828 倍，平均每年可弥补赤字的 80% 以上，若除去增发额较少的 1937 年和 1938 年两个年度，其平均数则更高，在 90% 以上，特别是 1942 年，增发的法币则完全弥补了财政赤字，达 101%"②。

但是，对于国民政府而言，维持法币价值、保证财政供给、发展后方经济、抢购沦陷区物资、抑制通货膨胀的发展这些政策具体到法币上就出现了难以解决的矛盾。一方面维持财政、支付战费就不得不发行大量的法币；而另一方面，这对于法币的价值、发展后方经济、抑制通货膨胀都有负面的影响。所以国民政府就把解决这些矛盾的法宝，押在了争取外援上面。抗战期间国民政府拉住英美，向英美靠拢，以取得它们在经济，特别是在货币问题上的援助，表现得极为明显。

早在 1936 年 1 月，蒋介石和李滋罗斯曾举行过三次会谈。在第三次会谈时，李滋罗斯指出，"他（蒋介石）的进一步政策，在很大程度上取决于他能从各国那里所得到的援助"③。而蒋介石则对英国在日本一旦侵华时所持的态度极为关心，而李滋罗斯并没有表明自己的态度。

同年 2 月，中国驻英国大使到英国外交部议事时，"南京政府特别要求他询问：假如日本政府向英国政府建议，英国对日本在华北的活动不过问，日本则尊重英国在华南的权利，在这样的情况下，我们会持什么样的态度？"④

抗战爆发后的 1938 年 7 月下旬，美国财政部长摩根索在赴欧期间向中国驻法大使顾维钧表示了向中国提供贷款的可能性。孔祥熙得知后，在给陈光甫的信中说："此次战争胜负之次定在于财政，如能取得一项数目甚大之现金援助，即可改变局势。"后美国以输入中国桐油抵借给中国

---

① 汪澄琳、汪洋权：《抗日战争时期国民党政府的经济来源》，《档案史料与研究》1992 年第 3 期。
② 同上。
③ 《李滋罗斯远东之行和 1935—1936 年的中日关系》，"贾德干致艾登电（南京）"，1936 年 1 月 16 日，《民国档案》1989 年第 4 期。
④ 同上。

2500万美元。蒋介石在给胡适和陈光甫的电报中称:"借款成功,全国兴奋,从此抗战精神必益坚强,民族前途实利赖之。"①

1939年,中国财政状况出现危机,财政部顾问杨格指出:中国已无力维持法币的汇价,"倘恶化至不可收拾,则中外各方利益,均将感受威胁。对于此种事实,我政府殊有唤起各友邦政府注意之必要。……简言之,目前局势为中国在经济战方面已用尽其资料,如不得友邦在财政上之继续援助,则不能依过去两年之规模,在经济上继续抗争。故各友邦倘愿中国胜利,则必须在经济战线上加以援助。"②但在英美和日本翻脸之前,中国从两国那里并没有得到什么实质性的援助。1942年以前,美国对华贷款仅有1939年的桐油贷款2500万美元,1940年4月的华锡贷款2000万美元,1940年10月的5000万美元的钨砂贷款,1941年2月的5000万美元的金属借款和4月的平准基金5000万美元。

太平洋战争爆发后,国际形势发生了变化,蒋介石、宋子文更加积极活动,以争取美国对中国经济特别是对法币的支持,并取得了成绩。

太平洋战争爆发后,时任外交部部长的宋子文很快和美国达成了借款的意向。美国一开始想以提供中国军队的军饷为饵,借以控制中国的军队。蒋介石为此给宋子文电示弊端,拒绝了美国人的要求。

由于美国希望中国在战争中拖住日本,在中国拒绝了美国的贷款方式后,1942年1月9日,罗斯福总统在给财政部部长摩根索的一封信中指出:"关于对华贷款,我认为目前中国不可能拿出什么担保。但是,我急于帮助蒋介石和他的币制,我希望您能够在这个问题上找到办法,或许我们可以买下一定数量的中国通货,即使这意味着以后会带来部分损失。"③10日,赫尔国务卿致信摩根索:"我觉得,当作一个战时政策,并以防止对中国货币失去信心及中国货币之贬低购买力而致损及中国军事努力起见,美国现对中国给予三亿美元以内的财政援助,是十分适当的。"④

---

① 王建朗:《艰难的起步:1938年美国对华政策透视》,《抗日战争史研究》1992年第2期。
② 《抗战初期杨格提出关于中国财政金融的建议》,《民国档案》1985年第2期。
③ "罗斯福致摩根索电",1942年1月,《摩根索日记》(中国),第564页,转引自《档案史料与研究》1990年第4期。
④ 《中美关系资料汇编》第1辑,第503、508页,转引自《档案史料与研究》1990年第4期。

1942年2月2日，美国宣布向中国提供5亿美元贷款，英国也宣布提供5000万英镑的贷款。美国宣布向中国提供贷款后，罗斯福致电正在印度访问的蒋介石，表示对中国坚持抗战的敬意。蒋介石回电称："此次贷款除供军事需用外，将用于加强敝国之经济组织，以供收回法币，控制发行，稳定物价，维持战时生活水准与增加生产之用。"① 对于美国贷款的运用，中国极为重视，用之维持法币。国民政府军事委员会参事室关于动用5亿美元借款的意见为：20%用于购买黄金，20%用于购买美英政府公债，30%存于美国，30%用于随时结汇。前三项均可视为发行法币的准备金。国民政府后来又计划如此使用这批美元贷款：1. 发行美金公债及储蓄券，计2亿美元；2. 从美国购运黄金回国出售，计2亿美元；3. 支付银行垫支5500万美元；4. 从美国购运纺织品来华，计2500万元。② 这样就把国内货币更直接地建立在外援的基础之上了。

　　对于英国提供的5000万英镑，孔祥熙在1942年4—6月给顾维钧的密电中，也明确表示：由于战略物资缺乏"只好增发法币"，为支撑中国出兵印缅，"法币发行势将再增"。故要将英国贷款的3/5购买英国债券，以充实法币的发行准备。③ 但英国在抗战期间仅提供了510万英镑，后来国民政府在英镑区用之购买了物资。

　　1943年，尝到甜头的蒋介石再次要求美国提供10亿美元的贷款，但被美国拒绝。蒋介石又要求美方在华军事费用按1美元兑换20元法币的比率进行兑换（当时昆明市价为1美元合法币230美元），美国大呼上当，中美关系几乎因此破裂，为此中国台湾史学家评论说："义断情疏只为钱。"④

　　由此可见，随着国际反法西斯阵营的日渐建立和巩固，国民政府在货币问题上对英美的依赖越强，并试图将外援当作解决中国货币问题的法宝。在对外关系上，国民政府一味重视与美国的关系，看不到本国人民的抗日力量。宋子文言：中国通过"忍痛苦撑"等待和推动美日走向战争对抗，从而"俾中日问题得在美国领导之下公平解决"。孔祥熙曰："我

---

① 吴相湘：《第二次中日战争史》下，综合月刊出版社1974年版，第800页。
② 同上书，第801页。
③ 《国民政府运用1942年美英贷款的一组史料》，《民国档案》1985年第1期。
④ 吴相湘：《第二次中日战争史》下，综合月刊出版社1974年版，第957页。

国外交、军事、经济各端,莫不集目标于华盛顿。"蒋介石则笃信外交"其成败胜负之价值,则超过任何一切战争之上"①。但是历史证明,任何一个国家的战时经济问题,都不是用单纯的外交可以解决的!

三

1945年8月8日,苏军出兵东北后,为解决苏军经费问题,国民政府和苏联政府签订了《中苏友好共同对日作战协定》,规定由苏军在东北发行军用票。1945年10月22日—1946年4月底,苏联红军司令部在东北发行了苏联红军司令部钞票,简称"红军票",有1元、5元、10元、100元4种面额,与伪满币、日本币及朝鲜币等值流通。但至1946年时伪满币与红军票之比为1∶2.6,朝鲜银行币与红军票之比为1∶3.7。

1946年6月苏军撤离东北,红军票继续流通。7月7日,行政院发出《关于规定东北九省苏联军票登记收兑办法代电》规定:10元及1元券依然流通,收回方法另定。百元券由东北行营经济委员会负责办理登记,并兑换十分之一,余者停止流通,兑换期另定。8月1日,东北行营经济委员会下令"凡苏联红军司令部在撤出东北境内以前所发的百元券,即日内停止流通,限期登记兑换"。8月7日,民主政府控制区域也宣布停止百元红军票流通。此时大连的苏军军管区为防止被禁止的红军票涌入,而在红军票上加贴小贴,当时加贴了约42.5亿元。② 据国民政府1946年12月统计,苏军红军票情况为:发行额97.25亿元,已收回额为21.80亿元,未收兑额75.44亿元。另据1947年8月30日调查,苏军红军票收兑情况为:

地区	金额
辽宁省	1282149564元
辽北省	278858000元

---

① 张圻福、朱坤泉:《论抗战前期国民政府对美依存关系的形成》,《民国档案》1993年第1期。

② 张澍才等:《苏联红军司令部钞票》,《中国钱币》1991年第1期。

续表

地区	金额
吉林省	699736800 元
安东省	20792767 元
热河省	321995 元
合计	2281839126 元

1948 年 11 月苏军以关东银行币收回了 33 亿元。[①] 1949 年 12 月 10 日，东北民主政府东北行政委员会，以东北银行券按 30∶1 的比值收兑了余下的苏联红军票。

与苏军订立条约，支付苏军出兵东北的军费无可厚非，但国民政府的技术上有许多失误之处。

第一，我国无论以何种方式担负苏军军费，在数额上，事前应有所规定。……

第二，明知我国将来必须有以流通券兑换苏军票之义务，而不在订约时要求苏方将军票版及发行号码通知我方，在条约技术上，未免为一大漏洞，事后虽经我方追索票版号码，但苏方终以无条约上之义务而迁延不覆。[②]

所有这一切，均为日后国民政府严重的通货膨胀埋下了伏笔。

（原载《抗战史料研究》2012 年第 1 期）

[①] 张澍才：《苏联红军司令部钞票》，《中国钱币》1991 年第 1 期。
[②] 周舜辛：《战后东北币制之整理》，《东北经济》第 1 卷第 1 期，1947 年 4 月。

抗战期间港、澳有关货币三题

香港是中国的领土，就是在英占时代、日占时代，香港经济也一直和内地保持着十分密切的关系。抗日战争时期，香港的金融货币和内地的金融货币也有着切割不断的关系，本文就那一时期一些史实谈一谈。

一　法币在香港的销毁

1937年七七事变爆发后，日本全面侵华，中国大片领土沦陷，当时的国民政府为了坚持抵抗，"抗战建国"，保持自己的经济实力，实行了一系列战时经济政策，在钞票印制这一问题上，一方面继续向外国印钞厂订制；另一方面将一些印钞厂转移到中国香港，在香港印制中国法币。

1941年12月8日，日本开始进攻香港，这一行动对当时中国在香港的印钞业产生了巨大的影响。这些钞票和印制设备如果被日军掌握，将会对中国的战时经济产生极为不利的影响，因而当时在香港的中央银行、中国银行、交通银行、中国农民银行的分支机构和印制厂开始对库存和印制的钞票进行销毁。

当时销毁的详细情况为：中央银行库存在香港和九龙两地10元、5元和2元的纸币4220万元，加上辅券280万元及杂券91428元，共计45091428元。在沦陷前中央银行在香港印制的情况为：至12月8日已印完正在检查中的钞票计有1元、2元、5元、10元计9885万元，辅币券849.3万元，共计10734.3万元；印好已装箱的1元、2元、5元、10元、50元共8100万元，连同辅券300万元计8400万元。此外还有中华书局香港厂存的印制票版。

中国银行的情况为：至12月1日共存香港券料计5元、10元、50元共 2500 万元，6 日从香港运到桂林 10 元、50 元纸币 1350 万元，但是这一批纸币是否在 12 月 1 日统计数字内，还不清楚。在香港中国银行还有 1400 万元库存被封，存在汇丰银行的 500 万元也被封。其余在大东书局和商务印书馆印制的纸币均已销毁，印票版也全部销毁。

交通银行存在香港地区的券料约 1 亿元，在大东书局加印地名的纸币已经全部销毁，其余的没有处理。在大东书局和商务印书馆的票版也销毁。

中国农民银行存在香港汇丰银行仓库被封存的纸币计有 20 元券 1400 万元，5 元券 35 万元，破损券 28 元，共计 143528 元。此外还有 5 元券 50 万元存在广东省银行保险箱内。与那批被封存的 20 元券一样的 20 元券已经有 4600 万元运回了内地，为了避免损失，后宣布这一版纸币作废。香港战事爆发后，在香港印制的中国农民银行已印还没有最后完成的钞票 700 多万张及废券全部切销。各种票版和签字版全部销毁。

在香港地区的中国各银行的法币及印钞工具和钞票半成品，只有中央银行基本上被日本侵略军获得，加上日军在香港的一些零星收获，这些纸币成为日本战争期间研究中国纸币，组建陆军第九研究所，伪造中国法币的重要资料。

二、日本侵略军准备在香港发行的各种军用票

日军在侵华战争中所发行的军用票分为 5 种：最初发行的是甲号军用票，乙号和丙号军用票是利用日本银行纸币加盖而成的，发行丁号军用票时日军又改换了图案，而戊号军用票则省略了"军用手票"的字样。甲、乙、丙、丁、戊号军用票均有 1 元、5 元、10 元券，甲号另有 10 钱、50 钱券，丁号另有 1 钱、5 钱、50 钱券，戊号在丁号的基础上另有 2 厘 5 毫券。

日军在强迫中国华中、华南地区使用毫无保障的军用票的同时，还硬性提高军用票的价值。如 1938 年 11 月，日军规定市面上流通的货币比值为：军用票 100 元 = 港币 100 元 = 法币 200 元 = 粤券 300 元 = 日本银行券 50 元，强行提高军用票的价值。

使用军用票是日本对外侵略的一贯措施，1943 年日军拟发行"旧华

满泰同盟券",在"大东亚共荣圈"中流通。抗战末期,日本侵略者又在华发行了"军用证券",在华南行使。

在香港地区,1941年12月,日军攻占中国香港后,打开麦加利、汇丰、有利三银行金库,使港币成为实质性的军用票,无限制地发行,并使其大量流入广东境内。在香港地区日军还多次想发行新的军用票。1942年香港日本总督拟发行香港占领地总督部手票,分5元、10元两种,以等值收回港币;9月又想发行"大日本香港政府银券",定比值与军用票1:2,与港币1:8,分1元、5元、10元3种主币并另有辅币,在东京制版,由日本内阁印务局香港工场(原中华书局印刷厂)印制。此外还有过发行所谓"香港纪念券"的设想等。这些军用票有的当时已经制版。

三 澳门的银本位和印制伪中储券

澳门的葡萄牙大西洋银行在太平洋战争爆发前,其发行是以港币为基础的,澳门币当时与港币等值,香港失陷后,港币币值跌落,澳门币也随之下跌,而且用途仍不如港币广泛。1942年7月,香港日军宣布军用票和港币的比值为1:4,澳门政府为了避免金融危机,宣布澳门币每元值银7角,不再与港币联系,不久又宣布一元合9角5分,而且建立米站,只收澳门币,以平抑物价。

抗日战争时期,受日本的压力,澳门也通行伪中央储备银行的伪币,但信用差,最多也只有35万元的流通额。

1943年时,由于原由日本印制的伪中央储备银行纸币,在从日本运来时,船舰七成中有二成被炸沉,因而日本利用原中华书局在澳门的工厂印制伪中央储备银行的纸币,一开始时印制的有10元和5元两种,后10元改由在上海印制。1943年2月时,该厂四架大印制机,每日可印5元面额的纸币一万大张,一大张二十四开,小机二十架,每架印一千张,除去坏币一日即可印制伪中央储备银行币180万元。

(原载《中国钱币》1997年第2期)

浅论抗日战争胜利后国民政府对战时货币的整理

抗日战争中，日本侵略者在中国扶植了四个大型伪银行，用之掠夺中国人民，它们是伪满洲中央银行、伪中国联合准备银行、伪蒙疆银行、伪中国储备银行。在台湾地区，日本还设立了台湾银行对台湾人民进行掠夺。这些敌伪银行大量发行货币，流毒四方。而抗战后期，苏联红军出兵东北，也发行了大量的苏联红军票。所有这一切都是抗战胜利后国民政府首先要解决的问题。

早在抗战胜利前，国民政府四联总处战后金融复员设计委员会就拟定了《战后金融复员计划纲要草案》，确定了"继续以法币为全国唯一流通之货币，并充实其准备，调整其对外汇率"，"安定货币价值"，"限期禁绝敌伪货币行使"[1]的战后货币整理原则。

抗战胜利后，财政部于1945年8月19日公布了《财政部驻收复区财政金融特派员公署组织规程》，其中第三条规定："关于敌伪银行发行钞券帐册、库存券、储备金之接收及流通之登记事项。"[2] 开始对敌伪银行进行接收工作。

9月6日，行政院通令施行《收复区财政金融复员紧急措施纲要》，其中金融紧急措施为"供应收复区钞票。收复区行使之钞票，除台湾银行地名券外一律行使法币，在法币尚未充分供应之前，并由中央银行发行

---

[1] 中国银行行史编辑部编：《中国银行行史资料汇编》上编（一），档案出版社1991年版，第763—764页。

[2] 中国第二历史档案馆等编：《中华民国金融法规选编》，档案出版社1990年版，第1471页。

代用券，以资补充"①。中央银行迅速空运钞票及代用券到上海、南京、长春、天津、北平、汉口、广州等大城市，中央银行印钞人员随同军事人员，优先坐飞机至上海、长春、北平、香港，利用当地设备，以最快方法印制钞票及代用券。

9月27日，财政部公布了《收复区敌伪钞票及金融机关处理办法》，规定除台湾省及东北九省另行规定外，均依该办法办理。对收复区内敌伪钞票，除伪钞由政府分别定价限期收换外，敌伪则由持有人向指定银行或机关申请登记，不得再在市面上流通。伪钞应于政府规定限期内收换，逾期作废。政府因伪钞发行所受的损失及登记的敌钞，向日本清算由日本赔偿。10月18日，财政部公布了《收复区敌钞登记办法》，开始对敌钞进行登记。

一　东北币制的整理

1945年10月20日，财政部公布了《东北九省敌伪钞票及金融机关处理办法》，规定伪满洲中央银行货币分别按面额定价分期收换，敌钞则进行登记，不得在市面上流通。

11月2日，财政部公布了《中央银行东北九省流通券发行办法》，以东北九省流通券为东北境内法币，东北九省境内完粮纳赋及一切公私款项的收付，都使用流通券。东北九省流通券面额分为1元、5元、10元、50元、100元5种。以1∶1的比率用东北流通券收兑伪满币。东北九省流通券与法币的比价，最初定为1∶13。1946年9月16日中央银行正式将东北流通券1元对关内汇率定为汇出法币11元5角，汇入12元5角，1948年4月14日公布了《东北流通券行使及兑换办法》，又重新规定东北流通券1元合法币10元。

在东北发行中央银行东北九省流通券，主要原因是法币与伪满币的比价在胜利初期"无法厘定"（伪满币价值高于法币），而且当时东北又有苏联红军发行的红军票大量流通，如投入大量法币，国民政府害怕加重东

---

① 中国第二历史档案馆等编：《中华民国金融法规选编》，档案出版社1990年版，第1471页。

北币制的混乱并影响关内经济。

伪满洲中央银行券在1945年7月时发行额为8085042000元,后日军以遣散费为名大发纸币,至1945年11月13日,该行发行额已达13688462264元。抗战胜利初期,东北由国民党、共产党和苏联红军三方控制,各自控制区均有伪满币的流通。国民政府控制区于1946年6月10日停止了伪满币的流通,8月28日民主政府控制区也停用伪满币,苏联红军控制区到1947年5月23日才停用伪满币。[①]

中央银行人员进入东北后,开始对伪满币的收换工作。到1946年10月31日止,中央银行在东北沈阳、四平等8个分行计收回伪满券6978404546.06元,后来销毁了6821851760元,损失66791170.90元。另外还接收伪满券18464085.70元,销毁18329830.40元,华北的一些银行机构也接收了部分伪满券,如北平分行就将6300万元伪满券出售给中央工业试验工厂注销。至1946年12月底已发出东北流通券22788950000元。

另据1947年8月30日调查,中央银行和财政部的六个部门收回的伪满券情况如下表。

伪满券收存总额(1949年8月30日调查)　　　　　　　单位:元

部门	截止日期	收回总额	销毁总额	库存总额
中央银行长春分行	8月20日	697815425.66	605736685.66	92078740
中央银行永吉分行	8月20日	54205809	34515152	19690657
中央银行沈阳分行	8月20日	4827732280.5	1483800000	3343932280.3
代财政部保管	8月20日	18329830.4	18329830.4	
中央银行锦州分行	8月20日	368514884		368514884
接收伪满库存	8月20日	16451.5		16451.5
总计		5966614681.06		3824233013

在苏军占领区,1948年11月,苏军以关东银行币收回伪满洲中央币达33亿元。[②]

---

① 杨遵圣:《旅大地区加贴"面值贴"纸币》,《中国钱币》1988年第2期。
② 张澎才等:《苏联红军司令部钞票》,《中国钱币》1991年第1期。

抗日战争胜利后,国民党的军队于 1945 年 11 月进入东北,但当时东北地区没有中央银行的任何分支机构,这些军队为支付各种款项,将所携带的法币加盖上东北保安司令杜聿明的私人印章和"东北"两字,加以发行,俗称盖印法币,与伪满券等值流通。

东北盖印法币共计发行 838579500 元,分为 6 种,计中央银行 100 元关金券 291104000 元,50 元关金券 18870000 元,2000 元法币券 341802000 元,1000 元法币券 102000000 元,500 元法币券 83833500 元,100 元法币券 970000 元。

这些纸币在东北绥中和锦州两地由印刷局盖印,券上有"东北"两字,在绥中盖印者无边框,在锦州盖印者有边框。盖印法币发行后不久就发现有伪造的盖印法币流通。杜聿明下令枪毙两名伪造犯。商民因其真伪难辨,市面拒用,盖印法币大打折扣,最低时仅三折流通。

1945 年 12 月 23 日,中国银行派人到锦州筹设银行,于 29 日开业。1946 年 3 月,财政部规定,采用先储蓄后收兑的办法于 1947 年 10 月将盖印法币收回。

在锦州发行盖印法币时,因面值过大,锦州官商士绅组成了锦州地方金融委员会发行锦州地方临时流通券,后用盖印法币收回。

1945 年 8 月 8 日,苏军出兵东北后。为解决苏军经费问题,国民政府和苏联政府签订了《中苏友好共同对日作战协定》,规定由苏军在东北发行军用票。1945 年 10 月 22 日—1946 年 4 月底,苏联红军司令部在东北发行了苏联红军司令部钞票,简称"红军票",有 1 元、5 元、10 元、100 元 4 种面额,与伪满币、日本币及朝鲜币等值流通。但至 1946 年时伪满币与红军票之比为 1:2.6,朝鲜银行币与红军票之比为 1:3.7。

1946 年 6 月苏军撤离东北,红军票继续流通。7 月 7 日,行政院发出《关于规定东北九省苏联军票登记收兑办法代电》规定:10 元及 1 元券依然流通,收回方法另定。百元券由东北行营经济委员会负责办理登记,并兑换十分之一,余者停止流通,兑换期另定。8 月 1 日,东北行营经济委员会下令"凡苏联红军司令部在撤出东北境内以前所发的百元券,即日内停止流通,限期登记兑换"。8 月 7 日,民主政府控制区域也宣布停止百元红军票流通。此时大连的苏军军管区为防止被禁止的红军票涌入,而在红军票上加贴小贴,当时加贴了约42.5亿元。① 据国民政府1946年12月统计,苏军红军票情况为:发行额97.25亿元,已收回额为2180586949元,未收兑额7544413051元。另据1947年8月30日调查,苏军红军票收兑情况如下。

地区	金额(元)
辽宁省	1282149564
辽北省	278858000
吉林省	699736800
安东省	20792767
热河省	321955元
合计	2281839126

另外,1948年11月苏军以关东银行币收回了33亿元,② 1949年12月10日,东北民主政府东北行政委员会,以东北银行券按30∶1的比值收兑了余下的苏联红军票。

二 伪蒙疆银行券的接收

1945年8月8日,苏联红军向日本宣战,10日,蒙古人民共和国对日宣战,15日日本宣布投降。伪蒙疆傀儡头子德王携带大批钱财逃至北平,23日八路军冀察十二分区专署机关进驻张家口,不久就接收了伪蒙疆银行,并收兑一批伪蒙疆券。

在国民党控制的原蒙疆地区,因中央银行还没有派员前来接收,只好将库存的伪蒙疆银行100元、10元券,加盖"绥远省临时周转券"的字样加以发行,计发行300万元,与法币等价流通。

后又由商会发行"绥远省省会临时交易券"1000万元分50元和100元两种。至1946年6月全部以法币收回。

---

① 张澎才等:《苏联红军司令部钞票》,《中国钱币》1991年第1期。
② 同上。

1945年11月,国民政府还查封了包头库存的伪钞59153869.5元,丰镇及集宁两地库存伪钞540895.8元,归绥45315909.38元。[①] 国民党的军队攻占张家口后,1947年4月23日财政部公布了《伪蒙疆银行钞票收换办法》,下令以伪蒙疆券1元兑换法币4角,以6月1日—9月30日为期限,逾期作废。7月4日,四联总处发布的《关于中央银行收换伪蒙疆银行钞票规则及办法函》中称伪蒙疆银行发行总额为3529218701.64元。据1945年8月20日统计,该行计发行纸币3519660213元,小额纸币8315226.35元,硬币1243262.29元。[②] 至1947年10月31日,由归绥、太原、张家口、北平、天津等地收兑的伪蒙疆银行币为540660141.90元,折合法币216264056.76元,其中有1分硬币0.45元。到1948年9月30日,计收回58975824050元。[③] 5月31日,包头、归绥两地将所兑回的伪蒙疆券132645581.05元及原存于包头的伪蒙疆银行券110695042.25元卖给造纸厂,用于造纸。

三　伪中国联合准备银行券的收回

抗战胜利之初,由于中央银行在华北没有任何机构存在,许多地区仍使用伪中国联合准备银行券或代印券。如1945年9月6日,国民党第十战区呈报说:"商除一带仍用伪联合银行纸币。"河南省第四行政区专员张敬忠,以伪币狂跌、法币奇缺为由,下令所属各县发行"平准券",以田赋为保证,分小麦100斤、50斤、20斤、10斤5种,以市价流通。

直到9月19日,伪中国联合准备银行仍大量印制伪联银券。日军投降后,日本浪人勾结不法之徒,也大量印制伪联银券,每天可印2000万元之巨,抛向市面。国民政府派接收人员进入平津后,为解决委任的伪组织、伪军人员巨额薪饷,由交通银行、中国银行将伪中国联合准备银行印就未发的500元面额的大钞提出发行,数额约为500亿元。

1945年11月21日,财政部公布了《伪中国联合准备银行钞票收换

[①] 《抗战胜利后处理敌伪钞券资料》,《民国档案》1990年第3期。
[②] 《关于中央银行收换伪蒙疆银行钞票规则及办法函》,中国第二历史档案馆等编《中华民国金融法规档案资料选编》(下),档案出版社1989年版,第1529页。
[③] 同上。

办法》，规定伪中国联合准备银行币 5 元换法币 1 元，期限为 1946 年 1 月 1 日至 4 月 30 日，逾期作废。12 月又公布了《伪中国联合准备银行钞票收换规则》。至 1946 年底计收回伪联银券 116738068452.28 元，销毁 98869850830.75 元。1948 年 4 月 30 日据中央银行统计，共计收兑及接收伪联银券 166215705306.58 元，销毁 164102381325.31 元。

四 伪中央储备银行券的清理

伪中央储备银行在日本投降后，1945 年 8 月中旬止共计发行伪中储券 24917 亿元，但到 9 月份则上升到了 46618 亿元。一个月计增发 21701 亿元，相当于伪中储行建行至日本投降时 4 年 8 个月发行总额的 46.55%。[①] 这些纸币最先是由汪伪机构在日本投降前后，趁机大发所谓遣散费，如伪中储行发行局一家即发给员工遣散费达 193.61 亿元。但大部分是由国民政府加以发行的，用途为大量收编汪伪和平军，扩充实力。如国民党上海行动总指挥部在上海就支取了伪中储券两千亿元。其次则用于国民党党政机关迁回南京的费用。如国民党上海市党部、政治特派员公署、苏南第三战区司令部驻沪办事处就支取了伪中储券 100 亿元。再次是为了恢复"光复区"生产，以伪中储券大量贷给各类企业达 1517 亿元。最后则是为了抢购黄金，计支出伪中储券 1479 亿余元。[②]

1945 年 10 月 28 日，财政部公布了《伪中央储备银行钞票收换办法》，规定伪中储券 200 元换法币 1 元，期限为 1945 年 11 月 1 日—1946 年 3 月 31 日止，逾期作废。10 月 30 日又公布《伪中央储备银行钞票收换规则》，规定申请兑换伪中储券时，每人每次以法币 10 元为最低限额，5 万元为最高限额，并按票面面额由高至低按月收换。

到 1947 年 10 月 31 日，据中央银行统计，上海等 27 处兑回伪中储券 4140115388 元，另外其他 19 处兑回 31035004882.51 元。收回该行未发行券 108569452870 元，接收各地保管的伪中储券 92066916133.86 元，另各地库存 4371909250351.76 元，还有各地未兑回已登记者 122487645 元。

---

① 季长佑：《汪伪政权覆灭后伪"中储券"继续发行真相》，《南京史志》1989 年第 4 期。
② 同上。

至1948年4月30日，伪中储券已兑回4389920477195.16元，占该行发行额的92%。

五 台湾币制的整理

1937年七七事变爆发后，日本将台湾视为筹集军费的场所，利用台湾银行大发钞票，掠夺台湾人民。至1941年太平洋战争爆发，日本在台湾以每月增发1亿元的速度抛出台湾银行券，日本对台湾人民所欠的血债是永远也偿还不清的。台湾银行的抗战纸币发行额见下表。

抗战期间台湾银行历年纸币发行额

时间	发行额	指数以1937年6月为基数	较上半年增长百分数
1937年12月	11630960	153037	
1938年12月	140018659	191.93	25%
1939年12月	171169136	234.63	29.2%
1940年12月	199685397	273.71	22.3%
1941年12月	252845199.5	346.58	14%
1942年12月	289274549.5	396.52	24%
1943年12月	415554608	569.61	28.3%
1944年12月	796080315	1091.21	60.1%
1945年12月	2311725000	3108.71	192.3%

此外，日本占领时期台湾使用的辅币都是日本大藏省发行的各种硬币及辅币。至1945年10月底，该项辅币共约有20324000元。计50钱者3414000元，10钱者12529000元，5钱者2351000元，1钱者2030000元。①

日本投降后台湾银行于8月19日发行台湾银行（背书日本银行）千元券，后又发行数种百元券，使台湾银行发行量激增。10—11月时台湾银行发行总额已达29亿—30亿元。

1945年10月20日，国民政府公布《台湾省当地银行钞票及金融处

---

① 《台湾省经济调查报告》，救济总署台湾分署经济技正室1947年版，第87页。

理办法》，决定收兑台湾银行券。10 月 25 日，财政部又发布《中央银行台湾流通券发行办法》，决定发行台湾流通券作为台湾内法币。后因台湾地方长官反对而作罢，为防止大陆法币的通货膨胀影响台湾，台湾当局最后决定发行新的台湾银行纸币。1945 年 12 月 14 日《中央银行派员管理台湾银行发行新台币办法》公布，1946 年 8 月 17 日又公布了《财政部派员监理台湾银行发行新台币办法》，自 9 月 1 日开始由台湾银行发行新的台湾银行券，并平价收兑旧台币。

到 1946 年 11 月底，台币收兑额已达 3443709413 元，新台币发行额已达 516202150 元。[①] 不久以新台币将旧币全部换回。

六 对战时货币整理中存在的问题

国民政府在对战时货币的整理中存在着很多问题。

第一，抗战胜利后盲目乐观，从而失去了全面整理币制的机会。本来抗战中法币发生了极为严重的通货膨胀，而抗战胜利后国民政府手中不仅有大量的美援，而且还没收和接收了大量的敌伪资产，正可凭此整理法币，而国民政府却被一时的法币回流原沦陷区，再加上抗战胜利后一时间人们对法币的信心增强，法币价值回升的假象所迷惑，认为抗战时期法币的通货膨胀已经得到了解决，从而最终使法币在解放战争时的恶性通货膨胀中崩溃。

第二，由于国民政府并未对法币进行整理，在收回伪满币和台湾券时，使两地出现了东北九省流通券和台湾银行券。

第三，国民政府利用对敌伪货币的整理搜刮民财，抗战胜利之初，国民政府曾大量发行伪中国联合准备银行和伪中央储备银行的纸币，用于支付收编伪军和政府部门迁回原沦陷区的费用。然后又用不合理的比价收回伪币。伪中储券收兑比例的规定是失当的。自抗战开始至结束，"上海物价上涨八万六千四百倍，重庆物价上涨一千七百九十五倍，以购买力平价观点来看，两者兑换率应订为一比四八，但法币兑换伪中储券的比率却订

---

① 吴永福：《台湾之币值与银行》，财政部财政委员会 1947 年版，第 14 页。

为一比二百,显然高估法币兑换中储券的价值"①。

第四,国民政府在苏联红军票的问题上存在着巨大的失误。与苏军订立条约,支付苏军出兵东北的军费无可厚非,但国民政府的技术上有失误之处。有一位学者曾指出国民政府在这方面至少存在两大失误:"第一,我国无论以何种方式担负苏军军费,在数额上,事前终应有所规定。……第二,明知我国将来必须有以流通券兑换苏军票之义务,而不在订约时要求苏方将军票版及发行号码通知我方,在条约技术上,未免为一大漏洞,事后虽经我方追索票版号码,但苏方终以无条约上之义务而迁延不覆。"②这些失误使国民政府遭受巨大的损失。

(原载《中国经济史研究》1995年第3期)

---

① 吴永福:《台湾之币值与银行》,财政部财政委员会1947年版,第14页。
② 《中国国民党与经济建设》,中国国民党中央工作文化委员会1984年版,第114页。

汪伪中央储备银行及伪中储券

1940年3月，汪精卫在日本主子的扶植下，组成了除东北之外所有中国沦陷区的伪国民政府。但这个所谓的国民政府并不统一，日本人推行分而治之的政策，就连汪精卫苦苦哀求要成立的伪中央银行——中央储备银行，也因日汪为解决如何处理军用票、华兴券和联银券等问题争论不休而困难重重。后由于对重庆诱降的失败，再加上汪伪的苦苦哀求，同时军用票的流通又衍生出了一系列日本难以解决的矛盾。日军在汪精卫作出了华北伪中国联合准备银行继续存在，不再要求统一沦陷区货币的保证后，日方才下决心让汪精卫建立伪中央储备银行。1941年1月6日，在日本正式承认汪伪政权1个月后，伪中央储备银行终于粉墨登场了。

伪中储行以周佛海为总裁，钱大魁副之。周佛海和日本签订的《关于设立中央储备银行之觉书》中规定：中储行资本由日本斡旋向华兴商业银行借款5000万元。聘请日本顾问及职员，并给顾问以广泛的权力，即凡有关中储行营业、理事会议、国外汇兑、与外国银行的关系以及关于法币、军用票与联银券之间关系的有关事项，均需征询顾问的意见。必要时日本顾问可以要求伪中央储备银行总裁和副总裁说明情况或列席该行重要的会议。中储行保存的外汇均需存入日本银行，由双方组成外汇管理委员会进行管理。确认军用票与华北联银券的既成事实，并维持其价值。中储券的流通区域应随时和日方协商，由此可见所谓汪伪中央银行之地位。

伪中储行资本额定为1亿元，由伪国库筹拨。为控制伪中储行，日本又两次借款给该行。[①]

1940年12月19日，周佛海即宣称：中央储备银行发行货币，亦称

---

① 《汪伪政权的中央储备银行》，《历史档案》1982年第4期。

法币。凡纳税、汇兑及一切公私往来，一律行使，与现行法币等价流通，以后逐渐统一。军用票和联银券维持现状，取消华兴商业银行纸币发行权，收回华兴券。汪伪政府随之公布了《外汇基金管理委员会章程》《中央储备银行法》《整理货币暂行办法》等一系列文件。

1941年1月4日，周佛海以伪财政部长的名义发出布告，以后海关关税以中储券交纳，首先用中储券收回了华兴券。

伪中储券一出笼就和军用票矛盾重重。日方要求中储券"当与之（军用票）充分协力，使得各完成所负之使命"。并划分单独流通区域，军用票的流通区域为长江流域芜湖以上地区、华南及海南岛；中储券的单独流通区域为芜湖以下，蚌埠以南及杭州以北的长江下游地区。也就是说所谓伪政权中央银行的纸币，日军只允许在小范围内使用，南不到广州，北不到徐州。而且军用票还控制了大部分的外资及华中的交通事业，如电讯、铁路、航运、自来水均在华中振兴公司控制之下，使用军用票。在财政方面，关税由日本正金银行控制，统税因工商业凋敝而几无收入，从而使伪中储券极难在市场上展开。

1941年底，太平洋战争爆发，且军用票已日渐膨胀，为赏脸给奴才，同时把已影响日本经济的军用票这一包袱扔给汪伪，转嫁矛盾，日军决定以伪中储券收回日本军用票。

1942年9月1日，日伪商定，凡日伪银行、工商等业以及水电、电讯、交通费用，均许可收用中储券。1943年春，汪伪大演参战丑剧，对英美等国宣战。日本也高唱"对华新政策"。3月24日，日军宣布将于4月1日后停止发行新军用票，但军用票仍可流通。军用票折合伪中储券的比率为18：100，从而使军用票在流通中自然收回。

在货币问题上，伪政权之间也是矛盾重重，特别是汪伪和华北伪政权在这一问题上的斗争就更为激烈。汪精卫早就想以伪中储券吃掉伪联银券，但华北伪政权不甘示弱，在日本的支持下与之分庭抗礼。后来日方规定伪中储券100元兑伪联银券18元。1942年汪伪和华北伪政权交涉，要改为2：1，华北伪政权不同意，但日本为拉汪伪参战而让华北伪政权让步，改为100：30，但华北伪政权实际上并不执行。

伪中储行的内部问题不能解决的同时，其面临的最大的一个问题还是法币。早在伪中储券发行之前的1940年12月29日，汪伪就公布了《整理货币暂行办法》11条，授权伪中央储备银行发行所谓新法币，并逐步收回法币（汪伪称之为旧法币）。一开始先允许法币和伪中储券等价流通（一些地区除外），同时周佛海发表声明，旧法币如跌至相当程度，当稳定新法币。在发行伪中储券的同时，汪伪还公布了《新旧法币兑换办法》。

为了进一步推广伪中储券，1941年8月15日，周佛海发表谈话称：自9月1日起，在中储券流通区，所有关、盐、统税及中央税收一律收用中储券，地方税收在有中储行分行的地方也收受中储券。

但伪中储券与法币等价流通，无助于从根本上破坏法币，特别是当伪中储券套汇行为并没有取得特别大的成绩时，尤其1941年12月7日，太平洋战争爆发，日军进占上海租界及香港，封闭了中方在上海租界中的中、中、交、农四行，法币外汇市场消失，日方再也无法通过法币套取外汇，故而开始积极扶植伪中央储备银行，彻底排除法币，并将法币挤回非沦陷区抢购物资。

1942年3月6日，日本政府通过了《华中通货暂行处理纲要》，规定对法币进行压迫，使价值低落，并向非沦陷区驱逐法币。同时废止中储券和法币的等价流通，限制法币存款，并使之向伪中储券转变。

伪中储行纸币发行和发行数字的详情是这样的：

1941年1月6日，伪中储行成立后，开始发行伪中储券，首批发行的有1元、5元、10元券和1分、5分、1角、2角、5角辅币券。后随着该行发行数字的逐渐增长，纸币的面额也越来越大，在100元、1000元、5000元、1万元券推出后，1945年又发行了10万元券。

当时日本为了印刷这些钞券，在本土由静冈工场、凸版印刷富士工场、阪桥工场及大日本印刷东京证券等厂家日夜开工赶制。此外，汪伪还在南京、上海、苏州、无锡等地大量赶印，由此可见日伪携手"储备"了多少抢掠中国人民的"钱弹"。

抗战胜利后，国民政府接收伪中央储备银行时，该行还有如下家底，计：黄金553492两，白银7639323两，银元371783枚，美元530万元，日元2796万元，日本公债20亿元，贴现票据5200亿元以及大量的房地产。[①]

---

① 刘冰：《旧中国中央银行的兴衰》，《民国档案》1990年第3期。

伪中储行在日本投降后，1945年8月中旬止共计发行伪中储券24917亿元，但到9月份则上升到了46618亿元。一个月计增发21701亿元，这些纸币首先是由汪伪机构在日本投降前后，趁机大发所谓遣散费，如伪中储行发行局一家即发给员工遣散费达193.61亿元。但大部分是由国民政府加以发行的，用途为大量收编汪伪和平军，扩充实力。如国民党上海行动总指挥部在上海就支取了伪中储券两千亿元。其次则用于国民党党政机关迁回南京的费用。如国民党上海市党部、政治特派员公署、苏南第三战区司令部驻沪办事处，就支取了伪中储券100亿元。第三是为了恢复"光复区"生产，以伪中储券大量贷给各类企业达1517亿元。第四则是为了抢购黄金，计支出伪中储券1479亿余元。[①]

1945年10月28日，财政部公布了《伪中央储备银行钞票收换办法》，规定伪中储券200元换法币1元，期限为1945年11月1日—1946年3月31日，逾期作废。10月30日又公布了《伪中央储备银行钞票收换规则》，规定申请兑换伪中储券时，每人每次以国币10元为最低限额，5万元为最高限额，并按票面面额由高至低按月收换。伪中储券收兑比例的规定是失当的。自抗战开始至结束，上海物价上涨八万六千四百倍，重庆物价上涨一千七百九十五倍，以购买力平价观点来看，两者兑换率应订为一比四八，但法币兑换伪中储券的比率却订为一比二百，显然高估法币兑换中储券的价值。[②]

到1947年10月31日，伪中储券已兑回4389920477195.16元，占该行发行总额的92%。

伪中储券不仅在抗战中给中国经济造成了巨大的破坏，国民政府不合理的收兑政策，也给日后的国民党政权留下了难以医治的经济顽症。

(《中国钱币》1995年第3期)

[①] 季长佑：《汪伪政权覆灭后伪"中储行"继续发行钞票真相》，《南京史志》1989年第4期。

[②] 《中国国民党与经济建设》，中国国民党中央文化工作会1984年版，第117页。

浅论解放战争时期华北解放区的货币斗争

解放战争中，货币斗争在华北解放区异常激烈，对它的分析研究，将有助于我们了解中国革命史的过程，而对敌货币斗争的经验，今天仍值得我们学习借鉴。

一 肃清伪币

抗日战争中，日本在华北先后设立了伪冀东银行、伪察南银行、伪蒙疆银行和伪联合准备银行，后又将伪冀东银行和伪察南银行分别合并于伪联合准备银行和伪蒙疆银行。这两个伪银行在华北大量发行伪币，掠夺中国人民资财。抗战胜利后，肃清伪币是当务之急。

解放区在肃清伪币的过程中，对伪蒙疆银行和伪中国联合准备银行的伪币是分别对待的。伪蒙疆银行发行的 42 亿元伪币，主要流通在察哈尔、绥远两省和晋北地区，抗日战争胜利后，人民军队解放了这些地区，伪蒙疆银行被晋察冀边区银行接收。从 1945 年 10 月开始，晋察冀边区银行开始了肃清伪蒙币的斗争，对之采取了逐步压低伪蒙币价值，最终将之彻底回收的策略。我军在进入察哈尔之前，边币 4.5 元才换伪蒙币 1 元，而张家口在 1949 年后，伪币大幅度贬值，从 1∶1 向 2∶1、3∶1 迅速下跌，1946 年 3 月，晋察冀边区行政委员会发出公告，自 4 月 1 日起按 1∶5 的比价无限制收兑伪蒙币，并于 7 月胜利完成了收兑工作，从而将伪蒙币彻底肃清。人民政府之所以收兑伪蒙币，其原因有二：其一，伪蒙币流通区域已全为解放区，如不加以收兑会影响人民生活，丧失民心；其二，通过收兑伪蒙币，扩大了边币的流通市场，占领了货币阵地。

· 389 ·

伪联合准备银行的情况和伪蒙疆银行有所不同。抗战胜利后，蒋介石一方面禁令八年浴血抗战的八路军接收日伪地盘；另一方面在美国的帮助下，迅速占领了华北地区的大城市和交通要道。这样就使伪联合准备银行货币的流通区既有蒋占区也有解放区。

国民党对伪联合准备银行货币的政策是：首先宣布伪联合准备银行纸币继续流通，与法币等值，同时又让接收该行的中国、交通两银行继续发行伪联券，用以支付帮助国军抢占地盘的"曲线救国"的伪军军饷。1935年11月22日，又宣布以法币1元折伪币5元收兑。①

国民党对伪币的继续使用及后来的贬值兑现自有险恶用意。一方面伪币占领着华北地区部分货币市场，继续流通伪币可使之与解放区货币为敌，同时用伪币抢购物资。在蒋军的大力推行下，一个时期内伪币的价值比解放区货币的价值大为提高。另一方面伪币是法币先锋，用法币兑现伪币，一是抢占华北的货币市场，同时贬值兑现在无形中又剥夺了人民的血汗，聚集了资财。

解放区采取了迅速肃清伪币的措施，不仅没有受到损失，反而通过货币斗争掌握了大量的物资，扩大了货币发行，在对敌货币斗争中，打了一个大胜仗。

在晋察冀边区，1946年晋察冀边区政府布告，限期禁用伪联银券，在国民党停止收兑之前，解放区将伪联银券集中起来，组织向外推出，购买物资，将之肃清。以冀中为例，冀中行署接到1946年4月晋察冀边区总行对冀中分行下发的"关于平津将于5月7日停止使用伪币"的电报后，加紧肃清伪币，不拘于单纯计算比值高低，驱逐伪币，以边币占领市场，使伪币顺利地向平、津、保、石等蒋占大城市流动，银行每日兑进伪币从过去的10万元，增至每日兑进四五百万元，② 极大地保护了人民的利益，争取了人心。

在晋冀鲁豫区，冀南银行也采取了相同的措施，使伪币大量流向蒋管区，使敌人的以伪币为先锋、抢购物资、占领货币市场的阴谋彻底失败。

---

① 傅润华等主编：《中国工商要览》，中国工商年鉴纂社1948年版，第67页。
② 河北省金融研究所编：《晋察冀边区银行》，中国金融出版社1988年版，第100页。

二 与法币的斗争

抗日战争胜利后，法币随蒋军大量流入华北，并和伪币互相配合，向解放区进攻，特别是伪币肃清以后，法币成为解放区货币斗争的主要对象。

解放区货币与法币的斗争大致可分为几个大的时期。一是 1946 年 8—12 月，敌进我退法币猖狂时期；二是 1947 年上半年，在敌我拉锯战中伪钞从盛到衰的时期；三是 1947 年下半年，解放区在货币斗争中日益强大，占绝对优势的时期。

在第一个时期里，由于对法币的敌性观念认识不清，不少地区货币政策的制定产生了失误。如冀东区，逐出伪币后，没有用大量的边币占领市场，结果市场被法币占有，使得后期对法币的斗争极为艰苦。在晋冀鲁豫区，一个时期内，货币斗争的指导思想混乱，对法币放任自流，有"同归于尽，向法币看齐"的松懈思想。结果造成大量内流，物价飞涨。[①]

第二个时期，由于汲取了前一个时期的经验，从而在与蒋军艰苦的拉锯战中，打掉了法币的优势，为货币斗争的最终胜利，打下了基础。

华北解放区与法币的斗争，从地域上讲有两种类型，一是新解放区的货币斗争；二是边沿游击区的货币斗争，斗争形式以争夺货币阵地为主。而解放区货币与法币的全面斗争，则表现在两种货币的比价斗争上。

在货币的阵地斗争中，解放区坚持了照顾群众利益的原则，积极做好宣传工作，军事、经济、行政力量相结合，最终取得了货币阵地斗争的胜利。

1946 年初，冀南银行总行召开了第一届区行经理会议，会议决定在边区内地严禁法币流通，在主要出入境地方，除组织群众将法币推出购买货物外，银行要收兑一部分，以便进行更深入的货币斗争。同时将根据地货币市场分成本币、法币、混合币三个市场，对法币占优势的市场采取平衡；对混合市场，采取争取本币占优势的策略；在本币市场则坚决肃清法

---

① 中国人民银行河北省分行编：《冀南银行》，河北人民出版社 1989 年版，第 376、383、219 页。

币,这种对敌货币斗争策略在华北解放区极具普遍性。

货币工作随着我军军事、政治力量的发展,大力开展,占领市场,并以经济力量为后盾巩固已取得的货币阵地,不断扩大本币市场,缩小法币市场。同时以与法币的比价斗争配合货币的阵地斗争,迅速在新解放区压低法币价值,如在晋冀鲁豫区,新解放区在1947年2—5月,从敌占领时本币与法币的1:1.5—1:3很快压至1:8—1:10的比价。在游击性较大的敌后市场,也都压到1:5或1:7,① 从而使法币从解放区大量外流,敌占区物价暴涨,解放区物价下跌、市场稳定,有力地巩固了解放区的货币阵地。

以造谣宣传为手段,以刺刀推行滥发之法币,是蒋军在华北的货币政策,而飞速贬值的法币,本身就是自掘坟墓的烂纸,在解放区军民强大的货币斗争的攻势面前,其失败是不可避免的。

在晋察冀边区银行和冀南银行合并以前,华北解放区对法币的斗争已经基本胜利。到了1948年8月10日,华北联合工商厅、华北银行总行、华北贸易总公司联合向所属机关发出《关于迅速推出蒋币的决定》,将近六亿七千万元的法币推出解放区。② 在国民党政府宣布废止法币,改发金圆券之前,不再吸收法币,而将之全部推出以换取物资,既保护了人民利益免受损失,也彻底结束了法币在解放区的命运。

三 货币斗争的胜利

货币斗争的胜利是和军事斗争的胜利密切相关的。抗日战争胜利后,蒋介石大搞和谈,并于1945年10月10日与中国共产党人签订了《双十协定》,但墨迹未干,100万国民党军队就开始进攻解放区。在华北,10月14日孙连仲在邯郸发动邯郸战役,以高树勋率起义和第45军军长等被俘而告败。10月16日,傅作义又组织绥保战斗,对晋察冀解放区大举进攻,被解放军歼灭一万余人。为了争取时间,蒋介石又大放和谈烟雾,并

---

① 中国人民银行河北省分行编:《冀南银行》,河北人民出版社1989年版,第376、383、219页。

② 同上。

采取了关外大打、关内小打的战略部署。

1946年6月26日，蒋军在美国的支持下，公开发动内战，全面进攻解放区，但失败随之而来。在晋冀鲁豫，从8月到10月，蒋军损失4万余人。在华北，杜聿明攻占了张家口。在全面进攻失败后，蒋介石又制定了重点进攻的战略，陕北和山东成为主战场。而在华北，1947年3—7月，晋冀鲁豫野战军解放了冀南、豫北的大片土地，并开始转入反攻，千里跃进大别山。晋察冀野战军在10月取得了清风店战役的胜利，歼敌一万七千余人。11月12日攻克华北重镇石家庄，歼敌二万四千余人。这样，晋察冀和晋冀鲁豫两大解放区已经打通。

蒋军和法币均已被包围于北平、天津等大城市。随着军事上的胜利，货币斗争的彻底胜利已经来临。

货币斗争胜利的具体表现是解放区银行的日益强大及解放区内部的货币统一。

首先是各解放区内的货币统一，在晋冀鲁豫解放区，从1946年1月1日起，冀南银行在边区内发行的各种版别的纸币，包括太行、太岳、平原版及鲁西票一律等价流通。其次在相邻的解放区之间实行通汇，"互相支持，互不流通，公平兑现"。1946年晋察冀和晋冀鲁豫区就开始通汇。1947年华北财经会议召开后，又划定了纸币流通的混合地带，冀南和晋察冀边区银行纸币可混合流通。1949年后，两根据地货币可互相通用，冀南钞1元折合边区纸币10元，后又逐渐停发边币而以冀南钞为主。1948年5月，晋察冀边区银行和冀南银行合并成立了华北银行。12月，又在华北银行、北海银行和西北农民银行的基础上，成立了中国人民银行。需要特别指出的是，1948年后，解放区对法币的斗争已经取得了绝对的胜利。法币基本上已被挤出解放区，这时印刷假解放区货币，向解放区推入，已成为蒋军破坏解放区金融的主要手法。

印制假票，破坏解放区金融，是蒋军继承日本侵略军的衣钵。早在解放战争初期，蒋军就大量印制假解放区货币，采取多种方式向解放区推进，仅1947年1月中旬，冀南银行就查获假票13696645元，[①] 1948年

[①] 中国人民银行金融研究所、财政部财政科学研究所编：《中国革命根据地货币》下集，文物出版社1982年版，第92页。

后，蒋军在华北制造了一个庞大的假票印制和推销网，对解放区形成了一个包围圈，最大的假票印制机构设在天津、安阳等地，由"剿总和国防部"直接掌握。"而且国防部一次即印出 500 亿元，分发各大小城市。"①傅作义的华北总部印刷厂也大量印制假票，从 1948 年下半年开始，疯狂向解放区推进。

但"假的真不了"。解放区加强宣传假票的危害，编制了大量的印有真假票识别办法的宣传册，分发银行工作人员和群众，并在集市上张挂真假币的图样，在人民群众有力的支持下，迅速取得了反假斗争的胜利。

1949 年 5 月，在华北，中国人民银行总行以人民币 1 元等于冀南币 100 元的比值收回了冀南币。从此人民币伴随着解放军进军的炮声，迅速地成为新中国的统一货币。

四 货币斗争的经验

(一) 依靠人民群众，保护人民利益

中国共产党所领导的解放战争，其宗旨是推翻压在中国人民头上的三座大山。货币斗争是这场革命的组成部分，而依靠人民群众，保护人民利益，自始至终贯穿于货币斗争之中，它是由这场战争的性质决定的。

早在 1946 年初，晋冀鲁豫解放区制定了禁止使用法币的政策后，对于人民将在边区外劳动所获的法币带回解放区，一般均采取了宽大的政策。到了 1947 年中旬，我军反攻取得胜利后，对新解放区群众手中的法币，仍给以 3—10 天的兑换和向外携带时间，以保证群众的利益。② 1947 年下半年，军事斗争不断胜利，处理新解放区法币的基本方针仍是组织群众性的驱逐和排斥，组织群众拿蒋币到蒋占区换回必需的物资，既支持了战争需要，又保护了人民群众的利益。

解放区的土地改革极大地调动了解放区农民的积极性，提高了人民群众的阶级觉悟。1847 年 7—9 月，刘少奇主持了在西柏坡召开的全国土地

---

① 龙一飞：《抗日战争时期和第三次国内革命战争时期解放区的反假票斗争》，《金融研究》1957 年创刊号。
② 冀南银行总行编：《银行月刊》第 3 期，1947 年 5 月。

会议，制定了《中国土地法大纲》，规定了废除封建及半封建的土地制度，实行耕者有其田的土地制度。10月10日，《土地法大纲》正式公布，土改是中国新民主主义革命的主要内容，是夺取解放战争胜利的最基本条件。土改使农民获得了利益，农民觉悟提高，使其自觉地参加了中国革命。在华北，有100万翻身农民参军。以土改为后盾，宣传"翻身农民不要蒋币"，"翻身农民不仅在政治上与地主分家，在经济上也要与地主分家"，使群众真正认识到"为啥推蒋币，怕你吃了亏"，自觉自愿地投入了反法币斗争。这是货币斗争胜利的基础，它使法币陷入了"人人喊打"的处境。解放区货币成为真正人民自己的货币，保护它成为翻身农民为之流血牺牲而在所不辞的事情，它的意义远胜于单纯货币斗争中经济杠杆的灵活运用。

（二）灵活的斗争策略

货币斗争总的战略目标确定后，在货币斗争中经常采用灵活多变的策略，以适应不同情况的发展变化，是华北解放区对敌货币斗争的另一经验。

早在1946年，晋冀鲁豫边区戎伍胜副主席在冀南银行第二届扩大区行经理会议上的总结报告中，论述了对法币的态度和政策，指出：边区货币市场大体有三种形式，即本币市场、法币市场和混合币市场，对这三种市场我们要采取不同的办法："（1）对法币占优势的市场，采取平衡，（2）对法币本币平衡的市场，采取本币占优势，（3）对本币占优势的市场，争取彻底肃清法币。"①

1947年5月，晋冀鲁豫边区冀鲁豫区行又对法币斗争中的灵活策略作过总结：在敌进我退时，要加强对群众的教育工作，稳定物价，提高群众的信任程度。在被敌侵占地区，要掌握重要物资的交易，银行人员参加敌后斗争，与法币进行拉锯战。在我军反攻时，要明令禁止法币，灵活处理手中掌握的法币。② 这些都充分反映了解放区货币斗争的灵活性。

---

① 冀南银行总行编：《银行月刊》第7期，1946年9月。
② 冀南银行总行编：《银行月刊》第3期，1947年5月。

(三) 各部门密切配合，从各方面加强对法币的斗争

战争是一个综合体，经济战是战争的重要组成部分，而货币斗争又是经济战的最高形式。货币斗争不单纯是解放区货币与法币的阵地及比价斗争，它实际上是战争综合体的有机构成。单纯地依靠银行工作人员是完不成货币斗争这一艰巨任务的。在华北解放区，党、政、军、经济部门密切协作，齐心协力、步调一致地打击法币，从而取得了货币斗争的胜利。

军事上的支持。首先在新解放区，军队均使用根据地货币。其次用战争中缴获的物资，支持解放区货币。最为重要的是，战争教育了群众，随着我军反攻的不断胜利，群众认识到我军必胜，只有武装斗争能够坚持，货币斗争才有保障。

在行政上，政府经常张贴布告，宣传税收征收使用解放区货币。党、政、工、农、青、妇各种团体组织，一起上阵，在货币斗争中做各种具体工作，使法币、假票处于人民战争的汪洋大海，无处藏身。

经济部门互相配合，在货币斗争中尤显重要。为了支持新解放区的货币斗争，贸易部门千方百计从老区运来土产，或在当地及蒋管区采购，及时供应生活需要的、价格合理的物资，从而支持解放区的货币，货币有物资支持，充分说明了解放区货币有保证，使群众信任。因为解放区货币不是依靠金银、外汇作保证，而是依靠粮食、棉花等的物资作保证。"其货币价值的稳定，主要依靠物价的稳定来维持。"[①] 因而对物资的掌握在货币斗争中显得极为重要，需要各个部门的多方配合，方能使物资和货币斗争巧妙地结合起来，从而最终取得货币斗争的胜利。

(原载《河北财经学院学报》1994 年第 6 期)

[①] 姜宏业：《革命根据地发展时期银行事业概述》，《近代史研究》1985 年第 1 期。

三

金融史资料的散失与收集

历史研究的重要资源就是史料。随着时代的发展，特别是由于新技术引发的人们对于信息破译能力的增强以及相关学术领域的交融所引发的对史料认识的新发展，新史料在每个时代总是呈现出层出不穷的局面，本文仅着眼于传统的金融史在近年来的一些不为学者所关注的资料散失情况，并略谈一些新的金融史资料收集。

一 钱币实物资料的散失

货币史是金融史研究的重要领域，当代经济有"现代经济的核心是金融"一语，可见金融史研究的重要；而货币是金融的核心，可见货币史研究对金融史研究的重要。而钱币作为货币史研究的重要史料，更当为学者所重视。

改革开放后，除时常发生的大量或零星钱币出土被哄抢的报道外，一些批量较大且极为珍贵的钱币散失情况，笔者所知有三次。

1. 淳化金币

20世纪八九十年代，山西五台山整修佛寺。民工在佛像中发现了大量的按佛教仪规布置的佛脏钱，这种金质钱币面文为淳化通宝，背面为两座佛像，并有编号，为宋代皇家供奉的金钱。发现者均以为是铜钱，多以几枚易换一条毛巾、一个茶缸子，全部流散。直到中国钱币学会出访日本，方知此事，后布置查找，仅有少量收回国有。90年代时国际市场上曾有人出价一辆凯迪拉克交换一枚此钱。2002年11月，一枚金质"淳化元宝"供养钱在中国大陆拍卖市场现身。迄今，拍卖场已见数枚，成交价从近2万元涨了20倍。这批金质供养钱重不过十数克，因内含皇帝供奉、佛教图案等诸多因素，仍有继续上涨的空间。

2. 南宋金铤和金叶子

21世纪初，浙江杭州地区流出一批数量较大的南宋金叶子、金条、金牌，全部流散于民间。金条上镌"铁线巷陈二郎""天水桥东周五郎铺""清河坊西阮六郎"等铭文。金叶子厚如素描纸，重叠而成，每张重37克左右，金条与小学生用的不锈钢尺大小、薄厚相若，重亦37克左右。这些金铤和金牌呈规整的条状，宽度均在一厘米左右，黄金的含量在99%以上，而且重量也十分规范。因这批金条分散在数人手中，量又多，初时几千元一条，价格攀升缓慢，2011年涨至四万元左右，前数年价格从一万元左右上升至今天的八万元左右。

3. 和田马钱

汉佉二体钱，又名和阗马钱，制造于公元前后，具体时限专家尚在讨论，为极珍贵的中西合璧的钱币。二体钱铭文为汉文与佉卢文并存，故定名为汉佉二体钱。分小钱、大钱两种：小钱汉文为"六铢钱"或"于，六铢钱"；大钱汉文为"重二十四铢铜钱"，或"于，重二十四铢钱"。佉卢文，大钱、小钱上都刻有于阗国王之名，为"大王，众王之王，都尉之王之钱货"。

世界各国收藏的汉佉二体钱共352枚，斯坦因一人就掳走了259枚，现珍藏在大英博物馆。其余的是俄罗斯艾米尔塔什博物馆21枚，牛津阿施莫琳博物馆3枚，印度政府图书馆55枚，印度旁遮普博物馆1枚，法国杜雷特依发现4枚，日本人掳往旅顺现在在旅顺博物馆的11枚。作为汉佉二体钱的主人和家乡，20世纪90年代时，只剩下黄文弼先生1928年在新疆洛浦阿克斯克尔古城发现的孤零零的1枚。

前段时间，喀什出了一批和田马钱，[①] 较之以往可以说是重大发现，数量有上千枚之多，全部流散于民间。其中大马钱也有百枚之多。以前和田马钱只有零星的出现，数量非常少，因此，很受钱币爱好者的追捧，好品相的小马钱价格多达几千元，二十四铢大马钱的价格就更高了，为万余元左右。

---

① 易勇军：《钱币博览——收藏故事之五》，《新疆钱币》2012年第1期。

二　近代金融档案资料的散失

自从收藏品市场出现以来，档案买卖的消息就从没有停止过。如成都送仙桥古玩收藏市场，① 一个摊主指着一堆零散的手写材料说："这一堆，你给50元钱。"

档案的流失多由于机构的不负责任。如2002年，当时商务印书馆王府井办公大楼大修，存放在那里地下室的旧箱子，当年从上海运去的几十大箱账簿，这批极富文献价值的档案，则被管理人员怕麻烦当破烂卖掉了！少量成册的档案（如股东会记录、董事会记录、编译所职员名录等）早年已经取出，归馆史室保管，留存至今。据说馆史室保存的材料里还发现过张元济致李拔可的信等其他文献，也许是"漏网之鱼"吧。时人感叹：老商务的历史实际上就是半部中国近代出版史。它的大量原始档案没有毁失在"一·二八""八一三"侵略者的炮火之下，也躲过了"文化大革命"浩劫，如今却被一群号称是"文化人"的人当破烂卖了。②

1. 吉林永衡官帖局档案

中国成立初期，国家较重视档案工作。1956年就开始到苏联收集档案，成功收回被沙俄军队从齐齐哈尔运走的中国黑龙江、吉林两省各衙署1675—1900年的档案。③

改革开放后，一些单位的重组或改变，使得大量档案流失。1996年6月初，吉林省档案局会同有关部门查处一起倒卖民国档案案。该案倒卖档案数量之多，涉案范围之广，社会影响之大，是新中国成立以来罕见的。做买卖者做古董生意，从哈尔滨个人手中购得晚清民国档案，用2700元购得共计920件档案，已经以每件10元的价格卖出7120件，还剩800件。当时这批档案已在哈尔滨、沈阳、广州的市场上出售。后吉林省档案馆经专业人员清点核对，扣留和店主交来的民国时期档案共1066件。其中，通源林业公司797件、吉林永衡官银钱号217件、伪满洲中央银行

---

① 《我的"这辈子"谁出3000谁拿走》，《成都晚报》，2010年12月2日。杨方毅：《买卖档案违法即便是个人档案》，《成都日报》，2010年12月3日。
② 柳和诚：《商务老档案之谜揭晓》，《博览群书》2009年第9期。
③ 李秋丽等：《流失海外历史档案的追索研究综述》，《中国档案》2007年第8期。

25件、其他27件。内容主要是黑龙江省长公署、吉林省长公署指令、训令，银行、钱号呈文、信函、账表、期刊等。而当时吉林省档案馆所收藏的吉林永衡官银钱号档案仅有十几件。①

这批档案仍出现在各大拍卖场所：如2010年11月11日北京中汉拍卖有限公司2010年秋季拍卖会邮品钱币拍卖民国十九年至伪满大同元年吉林永衡官钱局吉海铁路指令等五件档案，大小为27.5cm×20cm，张作相、熙洽等官员签署，均盖有吉林省政厅等官印，保存完整。2011年11月18日北京昆仑饭店举行的北京诚轩拍卖有限公司2011年秋季拍卖会纸币专场中，有民国时期吉林永衡官银钱号档案卷宗五件，内容涉及永衡官银钱号多方面业务内容，均保存完好。当时估价1000—1500元，最后成交价为1725元。2011年11月26日中国书店海王村拍卖公司的中国书店2011年秋季书刊资料拍卖会，拍卖一批民国初年写本，为吉林永衡官银钱号资料。是批资料数量庞大，包括公函、清册、信札等，极富研究价值。光绪二十四年（1898）吉林将军延茂创立永衡官帖局，宣统元年（1909）与官钱局合并为吉林永衡官银钱号。民国二十年（1931），并入伪满洲中央银行。钤印：吉林永衡官银钱号关防、吉林民政长印、驻津吉林官银钱分号之关防。2012年5月18日，北京雍和嘉诚拍卖有限公司在北京汉华国际饭店举行2012年春季邮品钱币专场纸币拍卖会专场，其中有民国时期吉林永衡官银钱号指令档案资料一组二十件。估价4500—5000元，成交价为5108元。2012年12月18日，上海泓盛拍卖有限公司2012年秋季文献邮品钱币拍卖会拍卖民国元年（1912）吉林永衡官钱局诉呈节略一件。尺寸为365.8cm×18.9cm，内容涉及吉林官银钱号对刘文田等起诉原呈、择要答复节略等，并盖有大型官印六方，史料翔实，保存较好。

网店里也有买卖，如钱币天堂网站、钱币商城里的东北收藏就有东北的卖家出售《吉林财政厅送到吉林永衡官钱局的与公债有关的文件》。

2. 北京横滨正金银行档案

20世纪90年代，北京曾出现大量的正金银行档案。

在长春，有人因买卖横滨正金银行档案而被处理。《一起倒卖档案案查处始末》一文，详细介绍了吉林省档案局对一起倒卖档案案件的查处过程。

---

① 傅利、李秀娟：《查处鸿昌阁字画店倒卖民国档案纪实》，《兰台内外》1996年第4期。

2000年伊始，长春市市民赵鸿飞到吉林市档案馆出售日本横滨正金银行在华业务活动的档案资料。省档案局法规处的同志得知情况后，马上意识到赵鸿飞曾因倒卖档案被处罚过，这次来卖档案，其中可能有猫腻。随即找赵询问，赵先说买自北京，进一步询问，赵闪烁其词，询问陷入僵局。赵手中的档案资料，经省档案局法规处组织省档案馆的专家鉴定，属于对国家和社会有重要保存价值的档案。经分管局长批准，吉林省档案局对其进行了立案调查。在调查时，吉林省档案局法规处的同志明确告知赵"不能说清档案资料的全部来源，不能批准出卖，如想卖，必须说出档案资料的准确来源"。因赵急于出手，被迫说出是从古玩商李忠信处用2500元购得的。吉林省档案局的同志随后对李进行了调查，查清了李倒卖档案牟利的事实。吉林省档案局对李处以没收违法所得及罚款的处理。后经听证，罚没数额有所调整，李在规定的时间将罚没款交到了吉林省档案局。

目前此批档案仍然在拍卖会、网站及市场上可以看到。如有的网站上有"1907年，日本横滨正金银行北京支店（1910）扩建工程见积书（工程总预算书）稿本原件"。中国收藏热线等网站上有"昭和18年横滨正金银行支票"。

2007年5月13日，中国书店海王村拍卖公司中国书店2007年春季书刊资料拍卖会上有拍品：接收整理日本横滨正金银行北平支行资料函册，毛装纸本11册，是中国银行于1946年接收日本横滨正金银行时所整理之资料，其中包括信件、报告书、文件及其他资料。参考价：5000—6000元。成交价：30800元。2011年9月23日，上海泓盛拍卖有限公司江南9月纸币拍卖中有：大正十五年（1926）横滨正金银行北京支店档案资料共3份，内含有关中国盐税等问题的材料。

此外，原上海金融研究所收藏的五六十年代手抄金融等档案的散出，西北地区民国商业银行档案及票据的大量散出，上海民国年间银行人员档案及账册的散出，均曾在各地文物古董市场显现一时。

三 新金融史料的收集

1. 晋商金融史料

山西商人的金融档案、票号信件等，原由多位收藏家收藏，后多集中于北京晋商博物馆，但市面仍有得见。

2. 会书

会书仍是金融史研究的薄弱之地，其重要性可参考《徽州民间的会书与钱会》一文，见《寻根》2008年第6期。

杭州世界钱币博物馆馆藏的自明末至民国期间从全国征集到的千余件钱会原始资料，包括会票、会折、会账、会券、会约、会启、会书（契）、会簿等信用票据，会钱（章）、会徽（牌）、会签、会章（印）等信用凭证及会匣、会箱等会书器具。①

3. 民间文献

民间文献，也就是收藏于民间的文献，包括契约、文件、族谱、账簿、信函、日记、笔记、碑刻等，与社会史关系最为密切。这些资料处于散落状态，消失越来越多，亟待抢救。近年来，历史学者对中国当代社会史民间文献的搜集，以山西大学、南开大学和华东师范大学的成就最为突出。山西大学中国社会史研究中心，在行龙教授的率领下，师生"走向田野与社会"，在山西各地已搜集到一百余个村的民间文献，总量达数千万件，内容包括各类账册，从中央到生产小队的各类文书，各种个人与家庭档案，各类宣传类资料以及各类票证等，已成为迄今规模最大的集体化时代民间文献中心。他们利用这批资料编写出版了《阅档读史——北方农村的集体化时代》（北京大学出版社2011年版），反映了北方农村集体化时期的历史变化与社会面貌。南开大学中国社会史研究中心张思教授与他的学生也一直致力于当代华北乡村民间文献的搜集，已获得河北省秦皇岛市昌黎县、邯郸市临漳县与山西省晋城市阳城县三个村落的档案文书，以及河北省邢台县前白岸公社党委书记乔钦起的工作笔记。数量虽远不及山西大学，但每个村庄的资料数量庞大，内容丰富、连贯，仅侯家营村文书的目录索引就编出三十余万字。以上山西大学、南开大学所收集的资料，均受到国内外学者的高度关注，期待整理出版，嘉惠学林。华东师范大学当代中国研究中心将搜集范围扩大到整个城乡，整理出版了《中国当代民间史料集刊》系列，管见所及已有《河北冀县门庄公社门庄大队档案》《师院图书馆会议记录》《物资局整风鸣放材料》《茶厂1957年整

---

① 储建国：《论中国钱会及其信用票据》，《中国钱币》2010年第2期。

风大字报》《花岭大队表格》等。据笔者所知，河北大学亦有学者搜集了不少日记、笔记、文书资料。①

河北师范大学也有一定数量的收藏。这些档案里有一些关于金融史的档案，如20世纪80年代初期一些银行的档案、新中国成立后"钱会"的一些情况、工分票等。

4. 金融机构收藏的相关档案

开江县工商银行发动本机关内部各股、室和职工个人清理、移交各自保存的档案材料。1986年10月—1987年7月共清理搜集文书、会计档案材料和民国时期金融会计档案材料1712卷，其中文书档案400卷，会计档案（1950—1964）212卷，民国金融档案1100卷。还搜集了照片312张，印模311枚。这些档案材料真实地反映了开江县工商银行不同历史时期的面貌。尤其是民国时期的金融档案，是研究这个县旧政权时期的金融工作不可多得的基础材料。②

5. 乡村档案的遗存

离石县的交口村文史馆有自己的独特收藏。

"……该村保存有多份清代和民国时期交口冯氏家族的史料。这些史料时间最早可追溯到乾隆三十二年，内容涉及冯氏家族人口迁移、产业经营、土地买卖、打井灌溉、房屋买卖等多方面的信息，是研究清代和民国时期离石人口、土地、商业、水利、金融、物价、行政管理的重要资料。"

"交口村文史馆收藏的冯氏家族史料是一套系统、完整、丰富的家族档案。这些史料档案立足离石，来源于基层社会。是独具个性的原始乡土材料，更是离石区域社会发展史研究的重要资料。因此，我们只有从更广的范围内收集和掌握这些来自基层的第一手资料，才能准确地把握区域农村社会的历史变迁，才能对各个历史时期作出客观的评价。"③

（原载《江苏钱币》2013年第2期）

---

① 李金铮：《借鉴与发展：中国当代社会史研究的总体运思》，《河北学刊》第32卷第4期，2012年7月。

② 欧文宇：《开江县工商行收集到一批珍贵金融档案》，《四川档案》1988年第1期。

③ 冯建平：《交口村冯氏家族档案的史料价值》，《吕梁日报》2012年7月17日。

第一届中国金融史国际学术研讨会综述

2011年5月20—22日,由中国经济史学会、复旦大学中国金融史研究中心、天津市社会科学院历史研究所、河北师范大学历史文化学院联合主办的"中国金融史学术研讨会"在石家庄隆重举行。大会收到论文60余篇。来自韩国、中国香港和内地的共70余位学者出席了这次盛会。

大会开幕式上,中国经济史学会会长、中国社科院经济研究所董志凯研究员首先回顾了"十一五"期间,我国金融业的历史性飞跃,同时指出,2008年的国际金融危机对我国的影响尚在,由于大量流动性货币的注入,我国将面临相当大的包括商品和资产价格在内的通胀压力。如何既促使通胀率下降又稳住经济增长率,不使经济增长率过快降低,成为宏观经济政策的重点和难点。而解决这个问题的根本之策在于中央银行要有一个务实可信的"货币规则",要使市场确信:中央银行的货币规则可以保证人民币长期价值的稳定,通胀是可控的。因此,在这样的背景和环境下,此次会议的召开是很及时和有意义的。复旦大学历史系戴鞍钢教授认为,改革开放以来,经济领域各个方面的改革取得了巨大的成就,相对而言,金融方面改革的推进则略显缓慢。近年来,已有愈来愈多的人意识到即使研究现实的经济问题,也不能忽略对相关历史的追溯和考察,并从中汲取有益的历史借鉴,更好地服务于当代的经济建设。因此,这次学术盛会的召开,有很突出的学术价值和现实借鉴意义。

会议分为大会发言和分组讨论两大阶段。

大会发言阶段,董志凯研究员做了题为《新中国建立初期对通货膨胀的治理及启示》的发言,她根据《陈云文集》等文献,从货币政策的角度回顾了新中国成立初期对通货膨胀的治理及其对当今抑制通货膨胀的启示。她认为,在中国经济融入全球化的背景下,抑制通胀仍是经济工作的基本任务，货币资本与产业资本平衡是抑制通胀的基本要领，而抑制通胀的关键在于调整经济结构和投资结构，并在调整结构的过程中实施适度从紧的货币政策。中国社科院当代中国研究所武力研究员发言的题目是《略论改革开放以来的金融发展与制度变迁》，他在文中回顾了1978—2008年以来我国的金融发展与改革的体制变迁，认为我国金融业在资本市场形成、银行多元化、金融产品多样性等方面，都取得了巨大的成就，基本形成了与市场经济发展相适应的金融机构体系、金融市场体系和金融调控监管体系。但是，现阶段我国正经历着剧烈的经济转型（结构转型和体制转型），因此，改革要将制度变迁与政策、策略、手段变迁结合起来，通过加快国有商业银行股份制改造的步伐，形成竞争机制；加强对资本市场的监管，杜绝违规；加强法治，解决金融制度和社会信用的缺损等问题，充分发挥体制改革的预期作用。清华大学人文学院陈争平教授在《清代货币战争刍议》的主题发言中，用比较翔实的数据证明清代存在"国际货币战争"，即在16世纪后半叶至18世纪期间，数以亿计的美洲白银（外国银元）流入中国的同时，中国的黄金却大量流向了外国，二者的套汇使中国丧失了占据世界货币战争制高点的机遇；18世纪中期开始的鸦片贸易，导致中国白银外流，加剧了清政府的财政危机；19世纪外国银元和外国银行广泛发行纸币，则是对清政府陈旧币制的致命一击。

分组讨论阶段，与会专家学者围绕"近代三农问题与农村金融""近代金融组织""货币与金融"等主题进行了热烈的讨论和评议，且有所深化和拓展。下面仅就几个具有代表性的问题综述如下。

一 近代"三农问题与农村金融"

戴鞍钢（复旦大学历史系）在《近代中国民间金融业与农产品出口的互动》一文中指出，农产品出口是近代中国农村经济变迁的主要表现之一。在其发展进程中，民间金融业起了积极的推动作用。但是，就总的态势而言，近代中国农村的借贷关系尚处于转型之中，近代金融形式被引入一些乡村，但传统借贷方式仍发挥着主要作用。龚关（南开大学经济学系）的《国民政府与民国时期农村合作金融制度的嬗变》一文对民国时期农村合作金融制度曲折复杂的演变过程做了细致梳理，认为国民政府对农村合作金融，乃至对整个合作运动从最初的利用，到最后加强控制的政策取向，都使农村合作金融制度偏离了合作的本质，沦为国民政府的金融垄断政策工具。康金莉（石家庄铁道大学经济管理学院）《南京政府前期的中国农业合作金融体系的三层结构》则研究了南京政府前期，中国农业合作金融事业在政府、社会团体、商业银行多方力量共同参与之下，形成的多元化、多层次的复杂结构，认为农业合作金融在多方力量的相互合作与制约中，实现了行政力量与市场因素的有机结合，形成有效的农业合作金融运行机制，但由于缺乏统一的指导力量与稳定的资金来源，也使这一时期农业合作金融发展缺乏稳定性与均衡性。陈晓荣（河北经贸大学金融学院）《民国乡土秩序重构：区域货币与乡村自治》则从农村小区域货币流通的角度，探讨了民国时期乡村自治问题。

二　近代金融组织

近代金融组织的研究领域，主要集中在钱庄、银行等方面。

（一）钱庄

钱庄历史悠久，是传统中国金融机构的典型代表之一。朱荫贵（复旦大学历史系）在《论钱庄在近代中国资本市场上的地位和作用》中指出，中国近代新式机器大工业企业诞生后，为适应中国近代资本市场的需求，钱庄在经营习惯和制度等方面同时进行了相当多的改变和调适，在资本市场上扮演了重要作用：洋务运动时期钱庄在资本市场上占据统治地位；清末新式华商银行业出现，直至南京政府银行业成为社会经济生活中最重要的金融力量时，钱庄在近代中国资本市场上的地位和作用有所下降，但仍然是重要的一支力量，其地位和作用不可低估。这一点，过去很长时期有所忽视，现在需要重新认识和评价。邹晓昇（上海海洋大学社会科学部）《太平洋战争爆发前的上海钱庄业》一文考察了抗战爆发初期上海钱庄业的金融应对及其在民族抗战中的作用，并对太平洋战争爆发前上海钱庄业整体概况进行梳理，他认为从"八一三"事变到太平洋战争爆发前，上海钱庄业积极地与政府和银行业一起参与战时金融政策的制定，应付紧急恐慌，竭力维护上海金融市场的稳定，其间上海钱业古老的汇划制度发挥了重要的作用。而上海钱业公会在战时坚持运作，不断调整和变更行业内部业务，勉力维持同业安全。在国难当头之际，上海钱业积极投身到抗战救国之中，参与和组织筹募捐款、救济难民，并以《钱业月报》为阵地，宣传经济救国。刘秋根（河北大学宋史研究中心）《关于清代前期钱铺钱庄银号的几个问题——对三位前辈学者大作的几点商榷》一文则针对洪葭管、黄鉴晖等前辈学者的著作观点，从史料和理论两个角度，提出了个人的商榷与补充意见。

（二）银行

近代中国银行业一直是经济史研究的重点，谢俊美（华东师范大学历史系）指出，银行制度和信用制度直接关系到银行经营的兴衰成败，完善和健全这两个制度也正是目前上海乃至整个中国银行界面临的一个严肃问题。王玉茹（南开大学经济史研究中心）在《1918至1936年间中资银行业结构初探》一文中，以民族资本主义发展的黄金时代（两次世界大战之间的1918—1936年）为背景，通过当时33家全国性中资银行数据，从银行产业组织理论的视角并结合历史事实进一步考察银行业规模分布的发展变化以及与经济发展之间的联系。结果显示，在没有政府过度干预的条件下银行集中度会随着经济增长而逐渐降低，说明在相对自由的市场环境中竞争性银行业结构更适合当时的国民经济发展。刘志英（西南大学历史文化学院）的《抗战大后方金融网中的县银行建设》一文，分析了战时西南西北大后方县银行迅速发展的原因及其作用，她认为，战时县银行在大后方的推设是国民政府构建战时大后方金融网的重要举措，也是实施战时新县制的配套措施，根本目的是厚植抗战建国的物质基础。对其作用，客观来说，一方面，虽然县银行在活泼地方金融、发展地方经济、救济农村等方面并没有达到政府的预期设想；但另一方面，县银行又较好地完成了代理县金库的业务，有力地配合了新县制的建设，完善了各地特别是西南西北的金融网，对于改变近代中国金融机构区域分布不合理的状况起到了积极的作用。董昕（辽宁大学历史学院）《中国银行的官商股份变化与管理体制变迁（1912—1937）》一文综合考察了中国银行的官商股份变化情况与管理体制变迁两者间的关系，指出中国银行在成立之初纯由政府拨款，后三次添招商股，商股逐渐占据绝对优势；在国民政府时期，中行数次增加官股，该行也成为国民政府金融垄断体系中的一员。在管理体制方面，在商股占优势的时期，中行的管理体制变动比较灵活。何品（上海市档案馆）在《近代上海华资银行在河北省的发展（自清末至抗战前）》一文中，以近代上海华资银行为考察对象，以民国二十四年至二十六年（1935—1937）的《全国银行年鉴》中发布的各地银行调查统计资料等为主要依据，对抗战前上海华资银行在河北省（直隶省）的发展概况进行了细致的梳理。张徐乐（复旦大学金融学院）《1949年中央银行的接管与结束》一文，描述了作为国民党金融中枢的中央银行在1949年的接管与结束过程，从中探讨了国民党政府金融体系崩溃的原因，有助于加深对于国民党统治后期财政金融危机的了解。王静（天津社科院历史研究所）在《建构时间：论近代银行组织中的时间与管理》一文中，探讨了在银行内部的组织管理和建设中，时间是如何成为管理层和行员实现认同的一个策略。兰日旭（中央财经大学经济学院）《中国近代银行连锁董监制浅析》分析了中国近代银行业内连锁董监制的演变过程、特点及其影响。朱佩禧（同济大学马克思主义学院）《沦陷区上海银行家的转向——以中国银行、交通银行复业为例》、郭坤（唐山学院）《试析中华汇业银行停业原因》、王峰（石家庄学院）《"北四行"研究综述》、毛海斌（河北工业职业技术学院）《侨商中南银行经营特色》等文章，均从不同角度对相关问题予以探讨，提出了一些独到的见解。

另外，石莹（武汉大学经济与管理学院）《清代南方票号业研究》一文，以大量翔实的数据，分析了清代南方票号业的拓展分布情况以及汇兑网络布局的形成和发展，认为清代南方票号业无论是从分布数量还是金融服务能力上，都不逊色于北方票号业，在某些方面甚至有所超越。

三 货币与金融

货币与金融研究领域主要集中在历代货币史、货币体系、钱币学以及公债、黄金、汇票等几个方面。

（一）历代货币史

除了陈争平（清华大学人文学院）在《清代货币战争刍议》中探讨

了清代货币战争的三个阶段以外,白秦川(人民银行郑州中心支行)《秦皇汉武统一货币问题再评价》一文,批判了"制度万能"论,客观评价了秦皇汉武的货币政策。刘森(人民银行郑州中心支行)的《唐代飞钱与宋代便钱务和交子的关系》一文,指出交子的产生是各种因素交互作用的结果,其中宋代便钱务和榷货务的设置及其对货币流通和交子产生的影响。王德泰(天水师范学院历史系)《清代云南铜矿垄断经营利润的考察》认为,清政府在云南铜矿的垄断经营中,由于极大限度地压低了矿铜价格,不仅赚取了大量"铜息",而且将低价矿铜加价后调拨各铸钱局,降低了铸钱成本,给各铸钱局带来了丰厚的"铸息"。这种垄断经营模式,充分暴露了清政府对矿民残酷的压榨与剥削。法币改革为中国金融史的划时代事件,张秀莉(上海社科院历史所)《币信悖论:法币发行准备政策研究》一文,通过对法币发行准备政策在政府决策、民众反应、实际推行等三个层面的剖析,认为在政策规定宣传与实际执行、发现准备与法币价值的关系上存在着悖论。孙大权(复旦大学经济学院)则通过对法币改革设计者顾翊群思想的研究,证明了在法币政策成功的原因中,经济学家的出谋划策和舆论宣传起了重要作用。吴旦敏(上海博物馆青铜器研究部)的《由"中南银行"纸币论北四行纸币发行管理》一文指出,北四行联营发行纸币在中国近代银行史上的成功案例,也是四行联营可以迅速发展的重要原因。其创新性的经营理念和模式,对于当今的金融业发展也具有不少可供学习和借鉴之处。

(二) 货币体系

燕红忠(山西大学晋商研究所)《货币供给量、货币结构与中国经济趋势:1650—1936》一文,通过对1650—1936年近三百年间中国的货币供给、货币制度和货币结构的变化,以及在此背景下中国经济发展趋势的分析,探讨了经济近代化过程中货币与经济的关系。文章表明:18世纪货币量的充足供给推动了这一时期商品经济的发展和经济增长,为现代经济的成长准备了条件;近代的货币供给特别是纸币和银行存款的快速增长,则直接推动了近代意义的投资、资本形成和经济增长。彭凯翔(河南大学经济学院)在《近代北京价格与工资的变迁——19世纪初至20世纪初》一文中,整理并分析了19世纪初至20世纪初北京的银钱比价、物价与工资序列，以此探讨了近代北京的通货膨胀形态、商品和劳动力的市场变化以及实际工资的趋势。他认为，在民间自组织的推动下，北京及其周边地区，无论是货币市场还是劳动力市场，都具有一致的行市，使价格机制在市场经济中的核心作用得以发挥。石莹、李唐（武汉大学经济与管理学院）在《现代化转型下的混合制度变迁——以白银货币体系为例（1860—1928）》一文中，考察了1860—1928年近代中国白银货币体系的变迁过程，从实证角度阐释了现代化转型背景下制度变迁的渐进性与新旧制度元素混合共生等特征；并就白银货币体系的混合制度变迁过程做了初步的机理分析，认为：现代化转型条件下不断增长的降低交易成本的内在需求是推动白银货币体系变迁的重要经济力量；而历史悠久、势力强大的传统制度之存在则又使货币体系的现代化转型不可能一蹴而就，两者在一段时期内的混合发展、互补共生也是近代中国制度变迁的一个特色。郑会欣（香港中文大学中国文化研究所）在《关于战后伪中储券兑换决策制定的经过》一文中，根据新收集的资料，论述了抗战胜利后国民党高层制定收兑伪中储券政策的过程，并对参与制定政策者的不同心态做了着重分析。

（三）钱币学

张华腾（陕西师范大学历史文化学院）在《民初"袁头币"的铸造、流通及其影响》一文中，对民初"袁头币"给予了肯定的评价，认为其对于平抑物价，提高人民的生活水准，稳定财政、金融局势发挥了重要作用。周祥（上海市博物馆）的《四明银行纸币印制与暗记》，通过对档案史料的分析研究，并配以大量的实物图片，深入研究了四明纸币印制和暗记的问题。李小萍（浙江省博物馆）《晚清各类厘金银锭考述》一文，通过对存世的各类厘金银锭实物形态的考察和对比，从社会经济税制的角度观察，分析各类厘金银锭的种类、征收机构、铸造特色、地域特点等问题，进而探求了清代白银货币在厘金征收过程中所承担的货币职能。王雪阳（中国钱币学会）的《清代铜元的铸造与流通》则考察了清代铜元的铸造与流通情况。戴建兵（河北师范大学）的《关于民国年间的一些花店票》指出，民国年间河北、山东和湖北的花店票不是鲜花店发行的，而是棉花贸易行的产物。

(四) 公债、黄金、汇票等问题

马陵合（安徽大学经济管理学院）的《自主抑或依附——法币改革前后的外债交涉评述》一文，对法币改革前后外债的交涉情况做了深入研究，他认为，法币改革前，外债是否成为必要条件是中外双方相互博弈的筹码。法币政策实行之后，国民政府一直试图通过外债维持汇率水平，并借此改善中国的外债信用。这既是币制对外依附性的延续，又体现出在获得外国援助中的自主性。潘连贵（人行上海总部）《近代上海黄金市场的标金投机》在详细描述上海标金市场的形成、发展直至结束的全过程后，指出，投机是市场与生俱来的一种本能，投机与投资仅有程度上的区别。一般地说，投资之中有投机成分，投机之中也有投资之实。但对于危害国计民生的过度投机，则是必须严厉打击和坚决取缔的。金志焕（韩国高丽大学）的《中国纺织工业与统一公债》一文，通过分析南京国民政府的公债减价行为的相关性，探讨了统一公债发行的目的、影响及历史意义。万立明（同济大学马克思主义学院）《二十世纪三十年代中国商业汇票的制度创新》则借助于制度创新分析的一般理论，深入探讨了20世纪30年代中国商业承兑汇票和银行承兑汇票的制度创新，并概括出其主要经验与对现实的启示。

四 其他问题

除了上述几个相对集中的议题外，会议所讨论的问题还相当广泛。如备受学术界关注的商帮问题。盛观熙（人民银行舟山市中心支行）在《"舟山商帮"四大民族企业集团成因考》一文中，叙述了"宁波帮"中朱葆三等四位定海籍人起家的简况，并对"舟山商帮"四大民族企业集团的成功原因做了深入浅出的探讨。

在中国近代化和社会变迁的历史进程中，民间金融组织和银行家同样起着重要的作用。宋美云（天津社科院历史研究所）的《清末金融危机与天津商会》一文，分析了19世纪末至20世纪初天津几次较大的金融风潮与危机的简况，认为商会在金融危机中采取措施，与政府相互配合共同应对，使商人的损失尽量减少到最小化，维持了金融市场的平稳发展。这对当今社会管理也有一定的启示意义。

从宏观经济层面描述中国现代经济发展中的问题也同样引人关注。赵学军（中国社科院经济研究所）的《公私合营、产权变革与私营金融业的终结》一文，以产权为核心，从私营金融业产权结构特征、私营金融业社会主义改造中产权分层变革模式等方面，剖析了私营金融业产权变革的路径以及近代私营金融业终结的轨迹。

薛念文（同济大学马克思主义学院）在《西方学者关于中国特色社会主义基本经验研究——以近年西方主流学术刊物为例》一文中，通过对近年西方主流学术刊物中发表的西方学者关于中国特色社会主义基本经验研究的文章进行梳理，对西方学者的研究进行总结，从中看到西方学者对中国特色社会主义基本经验的肯定和对改革开放 30 年来中国经济取得巨大成就的赞赏。

此外，新的档案史料的整理与发现也有利于金融研究的不断深入。马军（上海社科院历史研究所）《"日本的中国货币研究"目录初编——见之于 1949 年前的中文书刊》、邢建榕（上海市档案馆）《上海市档案馆所藏金融业档案及其开发利用》在这方面做出了卓有成效的努力。

五　会议特点与学术展望

综观本次学术研讨会，呈现出如下几个特点。

（一）研究领域宽广，视角新颖。论文选题从传统的钱铺到现代的银行，内容从货币铸造到经营管理制度变迁，时间从秦皇汉武到当今社会，都有专门文章予以探讨，使得中国金融史研究更加全面和深入。

（二）问题尖锐，成果丰硕。本次会议的参会专家学者分别来自全国各地及海外的高校、科研单位、博物馆、档案馆和出版机构，其中不仅有金融史学者、档案文博领域的专家，还有资深编辑。他们在理论观点、选题角度以及资料搜集整理上都做出了各自不同的贡献，而且本着科学精神和批判的态度，使每个人都有真正的收获。

（三）青年学者崭露头角。本次会议上青年学者提交的论文大都达到了一定的学术水准，他们孜孜以求的求学态度，扎扎实实的钻研精神让老辈学者欣慰之余，更感受到金融史学科的巨大发展潜力。

当然，本次会议也存在一些问题，即部分研究缺乏广阔视野，没有将个案研究放到历史的发展历程中去考量，而是就事论事，说服力较差。正如闭幕式上王玉茹教授和萧国亮教授先后指出的，金融史研究首先要认识到历史研究的长处，即长时段的考察，否则就如熊彼特所说："如果一个人不掌握历史事实，不具备适当的历史感或所谓的历史经验，那么，他就不可能指望理解任何时代的经济现象。"同时学科的发展还需要理论和方法上的创新，要将金融史研究和自然科学、社会科学中的相关学科结合起来，互相借鉴，彼此渗透，只有这样，才能促进中国金融史研究的真正繁荣。

（原载《中国经济史研究》2011年第3期）

第二届中国金融史国际学术研讨会综述

2013年8月17—18日,由复旦大学中国金融史研究中心和河北师范大学历史文化学院联合举办的第二届"中国金融史国际学术研讨会"在河北师范大学召开,本次会议以金融史的新视野和新史料为主题,来自复旦大学、中国人民大学、香港大学、韩国仁川大学、日本松山大学等20余所高校和科研机构的50余位专家学者共襄盛会,会议期间吴景平、刘兰兮、戴鞍钢、徐秀丽、何平、岩桥胜等学者作了大会主题发言。吴景平先生介绍了近年来复旦大学金融史研究中心最近的研究动态及成果、盛宣怀档案和台湾、国外等地所藏中国近代金融史资料的现况,呼吁中青年学者注重档案、报刊和日记等未刊史料的利用。刘兰兮研究员介绍了金融生态的概念及其对金融史研究的影响,她认为金融生态概念的引入不仅扩展了金融史研究者的视野,也扩宽了金融史研究的领域,它把金融史的内部与外部环境之间的关系纳入了金融史的研究领域,丰富了历史研究的内容,并且指出金融生态仅仅是一个概念,未形成相应的理论,主张经济史学人把对经济学理论的贡献,从自然变为自觉,与经济学人一同承担中国经济理论与金融理论发展的重任。戴鞍钢教授针对当前中国金融史研究的不足之处,指出了努力方向。首先,应加强基层民众的金融需求和金融活动的研究。其次,对于金融从业者的研究,不要仅仅局限于研究著名的金融人物,也应该重视研究普通金融职业者的活动及生存状况,才能使历史画面更加丰富。此外,徐秀丽研究员提炼了历史类学术论文的学术规范与选稿规则,指出历史研究中新史料与新视野的重要性。岩桥胜教授介绍了日本金融史的研究现状。本次会议共收到参会论文33篇。会议主要围绕近代货币、金融机构、金融政策、金融市场、金融人物、金融史料等主题进行了深入的探讨,现将本次学术研讨会综述如下。

一 货币

货币史是金融史重要的组成部分。本次会议货币史研究涉及近代货币及币制问题等，研究时段上溯到清朝前期。许可（河北民族师范学院）《清前期制钱的鼓铸——兼及对〈清实录〉所载铸钱数的修正》一文运用新史料对顺、康、雍三朝《实录》中每年岁尾卷末所附的铸钱数据进行了考证，认为该数据乃是该年全国的铸钱总量。日本学者李红梅（日本松山大学）《从土地文书看清代货币使用的地域差异》一文，观点清楚，对中日学者关注相对集中的清代京师、福建和安徽三地土地文书中的货币使用动向进行考察，认为三个铸钱局的铸造数额和当地人口有关，以此说明货币使用的地域差异与各地银钱比价的变化和所在地的铸造局的初期设定均有关系。彭凯翔（河南大学）《"京钱"考》一文所指的"京钱"是清代至民国期间，北京及周边某些地区民间习用的虚货币，充当市面标价、商铺记账以及私商发行的基本单位，该文考证了京钱的形成与明代低钱的关系、京钱与清初三折短陌的关系、京钱的行用及其形成。袁为鹏（中国社会科学院经济研究所）以统泰升号商业账本为中心（1800—1850），考察了鸦片战争前后华北地区的货币使用与银钱比价问题。习永凯（河北师范大学）《近代中国贸易、白银"双入超"理论与实证研究（1871—1935）》认为近代中国白银流动的规律不符合一般经济学规律，但白银流动所产生的经济影响遵循"物价—现金流动机制"，长期的白银流入保证了国内货币的供给，从而形成与白银流入相伴随的贸易的长期大量入超。岩桥胜（日本松山大学）《纸币和经济发展——前近代日中比较》指出纸币的发行与经济发展密切相关。中日两国纸币发行动机与管理上具有很多异同点，一般而言都是中央政府币制下面是地方币制，再向下是商人发行。彼此之间的关系是动态的，随着政治力量或经济力量而消长。18世纪后期日本为弥补市场上的钱币不足而发行，清朝政府则是由于财政及军事上的需要而发行的，共同原因是商业的发展促进了纸币的发行。

在纸币层面，董昕（辽宁大学）《中国银行发行业务变迁研究（1912—1942）》，通过发券性质及方式的变化和发行业务的阶段性特征两条主线考察了中国银行发行业务的变迁，认为这是中国近现代货币发行史变迁的一个缩影，反映了中国近代以来货币发行从分区发行到集中发行的演变轨迹。张徐乐（复旦大学）《关于银元券发行的思考》依据台湾所收藏的档案，全面梳理国民政府时期银元券的发行始末，认为币制改革需要一个相对稳定的社会政治环境和信誉良好的政府，币值的稳定不能依靠强权来维持，而必须遵从金融活动本身的客观规律。陈晓荣（河北经贸大学）《论民国金融体系下的商号钱票》指出民国商号钱票的滥发，是因为民国金融体系的断层与分裂；国家银行钞、省钞严重不足，只得依赖各县发行辅币券补充，为私票提供了可乘之机，虽然商号钱票的发行满足了地方经济的需求，但也加剧了金融体系的混乱。

此外，蒋清宏（中国社会科学院近代史研究所）《抗战初期通货膨胀成因考论（1937.6—1942.3）》从制度和产权两方面分析了抗战初期通货膨胀的原因，依据法币准备金结构的变化分析准备金制度对货币供给量的影响，通过国家行为对产权与金融产权的重叠分析通货膨胀产生的原因。

二 金融机构

金融机构是金融活动的主体之一，金融机构所承载的金融发展史一直是金融史研究的重点。

近代银行在中国出现以前，钱庄由于其与本土生意及外商洋行的关系而承担境内主要金融业务。邹晓（上海海洋大学）的《上海钱庄业与沙船贸易》厘清了上海钱庄业与沙船贸易的关系，上海沙船业所引起的上海埠际贸易繁荣不仅拉动了上海钱庄的发展，而且沙船业主又投资和经营钱庄，在上海钱庄业界形成了若干家声名显赫的沙船资本集团，又促进了上海钱庄业的兴盛，两者相得益彰。

关于近代银行。宁汝晟（复旦大学）《辛亥革命发生后中国通商银行的金融活动》一文，通过翔实的史料梳理了中国第一家银行在这一特殊时期的表现及与盛宣怀的密切关系。此外，中国银行与北四行等影响较大的金融机构继续受到关注。田兴荣（中国药科大学）《民国时期北四行南迁述评》认为北四行的南迁是一个缓慢的、渐进的过程，经历了从被迫应对，到积极行动的过程。在南迁过程中，北四行既不错失良机，适时为南迁做准备，又兼顾了其在京津地区的金融优势，维护了股东权益和储户存款的安全性。刘愿（华南师范大学）《市场结构、银行行为与物价波动——以民国时期中国银行上海分行为中心》一文分别考察了中国银行上海分行作为发行的银行、商业性的银行和银行的银行所发挥的作用，认为中国银行上海分行的货币供给与1921—1937年上海物价波动有着密切的关系，勾勒出"市场结构—银行行为—宏观经济"三者之间的逻辑关系。康金莉（石家庄铁道大学）《论早期中国农村信用合作事业的诱致性制度变迁》以华洋义赈会在河北试办信用合作事业历程及制度设计为研究内容，以制度变迁为视角，探析了早期中国农村信用合作事业成功的根本原因，认为在于其顺应了农村金融的诱致性制度需求，而华洋义赈会的诱致性激励约束机制成为不可或缺的关键因素。

与第一届中国金融史研讨会一脉相承，地方银行的研究依然是部分研究人员的选择，为区域金融史研究提供了注脚。青海、河北等内地银行逐渐受到关注，增强了对银行研究的完整性。刘志英（西南大学）《试析抗战时期国民政府对省地方银行的管制》一文认为抗战时期民国政府适应战时经济体制的需要，积极扶植各省地方银行发展，省地方银行得到蓬勃发展，而省银行积极协同政府执行国家金融政策和开发地方经济建设。国民政府通过不断加强对省地方银行的管制，在有利于坚持抗战的同时，也最终确立了国民政府对银行乃至整个国民经济的垄断。张天政（宁夏大学）《试析20世纪三四十年代青海近代银行体系的建立及业务经营》运用各种未刊档案及文献资料，分析了国家银行青海分支机构及省银行的设立与开展业务情况，认为各类国家及省地方银行的设立使青海省逐渐形成了现代银行体系，有助于战时紧急状态下加强对青海金融的统制与调剂，促进了青海社会经济的恢复与开发。申艳广（复旦大学）《河北省银行初探（1945—1949）》选取研究第三次国内战争时期河北省银行的业务变化兼及消亡过程，认为河北省银行消亡的原因主要是政治上追随南京国民政府，经济上实行通货膨胀支持内战，导致银行人力、物力、财力的极大消耗。

三　金融政策

国家及地方的金融政策决定了金融业的发展方向。石涛（陕西师范大学)《抗战前南京国民政府对四川币制的统一——以整理地钞为中心的考察》对研究薄弱的四川地钞问题进行专题研究,梳理了地钞的发行及国民政府整理地钞的经过。整理地钞的成功,为四川金融稳定和经济复苏创造了条件,为抗战全面爆发后四川成为国民政府的抗战后方奠定了基础,中央与地方政府实现了互利共赢。

陈雷(阜阳师范学院)《抗战时期国民政府金融统制述论》指出国民政府通过成立四联总处、强化中央银行职能、加强外汇统制等措施实施金融统制,从而稳定了战时金融,支持了长期抗战。万立明(同济大学)《无奈的选择:战后上海联合准备机构由分到合述论》通过对大量未刊档案资料的梳理,对战后上海联合准备机构进行深入探讨,认为上海联合准备机构的分合演变是战后中央银行职能的不健全及其与一般银钱业联系不紧密造成的,也从一个侧面体现了战后上海金融的变迁轨迹。

四 金融市场

近代金融市场包括外汇市场、票据市场、证券市场、黄金、白银市场等。徐昂(复旦大学)《昭信股票与华商金融业(1898—1900)》认为昭信股票与晚清本土金融业的关系显示了金融机构财政事务的作用有所加强,随着国家财政危机的加剧,传统金融机构与中央或地方政务的关系日益紧密,银行业与地方官银号的登场则代表了中央与地方为解决财政难题的新思路。

金融市场与地方社会经济及其产业有着密切的关系。马陵合(安徽师范大学)《近代铁路交通与金融业互动关系初探——以蚌埠为例的研究》探讨蚌埠特定的交通格局与区域经济对金融业的影响,认为铁路的开通促进了金融业的发展,但由于社会不稳定与腹地经济落后等状况也限制了金融业的发展,以至于蚌埠在城市定位上始终难以超越单纯的交通中心和商品集散中心的地位,无法形成区域金融中心。金志焕(韩国仁川大学)《1930年代中国纺织工业与官利惯例》一文首先肯定了官利惯例对纺织工业发展的助益;同时,因为企业固定资本与流动资本不足,必须优先支付贷款利息,因而最终导致纺织业的经营亏损,这一惯例也影响着储蓄利息和贷款利息,进而限制银行等金融业对工商业投资,官利惯例成为中国工业经济萧条的主要原因。蒋立场（中国工商银行城市金融研究所）《外商银行与近代中国财政——以清末民初关盐税款的移存为中心》指出海关外籍总税务司和国际银行团先后以保障各国债券人权益及偿债基金稳固，攫取了中国关盐税款的存储保管权，使外商银行控制调度资金的实力大大增强，逐步成为近代中国财政体制中不可或缺的重要因素，其在近代中国金融市场的地位亦得到了巩固和提高。

燕红忠（上海财经大学）《近代中国的政府债务与金融发展》通过对近代中国政府债务与金融资料、数据的整理和分析，认为近代中国的政府债务既推动了金融体系的成长，又决定了其发展水平。虽然新式银行体系初步形成，但金融市场仍然处于公共债务支配的时期，以股票和企业债券为内容的资本市场大发展仍然没有到来。刘杰（华中师范大学）《公债与地方社会的互动与冲突：民国时期安徽地方公债研究》一文不同于以往公债研究，强调地方公债与社会的互动，指出民国时期的安徽公债发行具有持续时间长、规模较大、地方财政对公债依存度高等特点，但地方公债的发行缺乏规划、债信不良，并未与社会形成良性的互动，反而由于失信引致社会的冲突与反对。

五　金融人物

金融人物是近代金融业产生与发展的领导者，对其进行群体性和个体性研究，有助于还原当时的历史图景，更深刻地理解近代金融的发展脉络，也更能让人理解时代与金融家的关系。潘晓霞（中国社科院近代史研究所）《1920年代南北变局中的银行家》通过逐一剖析梁士诒、张嘉璈、陈光甫三位银行家，透视北伐前后银行家群体在应对南北变局中的多种面相，探察不同经历、背景及取向的银行家们命定的困境，呈现出南北政权更迭时期的社会政治大背景。兰日旭（中央财经大学）《中国近代银行业的整合：银行家的视角》探析了近代银行家群体的形成与如何把创新等行为整合到银行业中的过程，认为银行家群体的整合在一定程度上达到了改善银行的组织和经营的生态环境，确立服务社会大众的意识，推动银行业本身和传统金融业的现代化等效果。

六　金融史料及其他

　　历史研究必须以史料为基础，除了图书馆与电子资源等史料来源渠道外，应该加强社会上散失史料的收集与整理，才能更加丰富史料资源。戴建兵（河北师范大学）《金融史资料的散失与收集》介绍了近年来一些不为学者关注的传统金融史资料和新的金融史资料的来源渠道及现况，主要包括淳化钱币、南宋金铤和金叶子、和田马钱等钱币实物资料；吉林永衡官贴局和北京横滨正金银行档案等近代金融档案资料的情况；晋商金融、会书和集体化时代等新金融史资料的情况等。李培德（香港大学）《中国银行行史研究——成果和出版物》依据近年来搜集得来的多种与中国银行行史相关的出版物及银行史的中外研究成果，从不同角度探讨了中国银行行史概念的形成和银行史的诠释方法，指出在不同时期推出的中国银行行史，不仅缺乏统一的标准，且撰写和研究方法等方面与国际学术水平还有差距，目前的研究成果和编纂的行史资料并无直接关系。薛念文（同济大学）《币制改革前后西方学者视域中的中国金融》对1949年前发表的著名英文杂志上西方学者的论述进行梳理，考察了南京国民政府币制改革前后，中国的金融状况和外国企业的发展，从中揭示20世纪30年代西方学者视域中的中国某些侧面。侯林（河北师范大学）《浅析近代海河治理工程的筹款问题》指出近代海河的筹款具有以河养河、资金来源多样等特点。

结语

　　综上所述，本次会议讨论热烈、主题集中、史料丰富和方法多样，会议参与者广泛，论文质量较高，评议人点评到位，参会者畅所欲言，良性互动，加深了彼此之间的友谊，推动了中国近代金融史的学术研究与交流。

　　本次参会论文紧扣会议主题，选题广泛，涉及金融机构、货币金融、金融市场等多个领域，亦积极探索金融史研究的创新，尤其注重新史料的发掘和新视野的运用。新视野与新史料是相互关联的，只有拥有新视野才能发掘新史料。史料是历史学研究的基础，可以说，没有新史料就没有新史学，一项具有影响力的研究成果首先应在史料上突破，"上穷碧落下黄泉，动手动脚找资料"，除了利用已刊史料外，应该加强未刊史料的发掘与使用。

新视野是历史研究创新的方法，金融史学研究应摆脱历史实证研究的简单模式，与多学科理论分析相结合，积极运用金融学、经济学、统计学、管理学、社会学等学科方法来探析金融史。从新的角度对一些老问题展开新的探讨和分析，本次会议中一些参会论文在此方面进行了探索，如蒋清宏从金融制度和产权两方面探讨了抗战时期通货膨胀的成因，刘愿利用费雪方程分析物价变动与货币供给关系。

宏观与微观研究相结合。以往关于政府债务研究多局限于某一时段，而燕红忠则选取整个近代为研究时段，从长时段、大视野研究近代中国政府债务与金融发展，更能把握两者之间的关系。陈雷从整体大局讨论抗战时期国民政府金融统制等问题。微观研究可以把一条史料、一个历史现象考证得更加仔细，如日本学者李红梅利用三地的土地文书，探讨了清代货币使用的地域差异问题。袁为鹏从清代统泰升号商业账本入手，研究鸦片战争前后华北地区的货币使用与银钱比价。

此外，香港大学李培德呼吁内地学者多参阅国外的最近研究成果，在研究方法上与世界金融史研究相接轨，积极与国外学者对话，努力增强中国金融史研究在世界上的影响力。总体而言，本次研讨会是一次成功的金融史学术盛会，中青年学者尝试运用新视野或新史料展开研究，相信中国金融史研究一定能迎来更加辉煌的明天。

（原载《中国经济史研究》2013年第4期）

第三届中国金融史国际研讨会综述

2015年6月13—14日，由河北师范大学历史文化学院、复旦大学中国金融史研究中心、中国钱币学会、南开大学经济研究所联合主办，河北师范大学学报编辑部协办的"第三届中国金融史国际学术研讨会"在河北师范大学成功举办。来自中国社会科学院、中国人民银行、复旦大学、南开大学、清华大学、香港大学、日本松山大学、俄罗斯科学院远东研究所、《中国社会科学》、《历史研究》、《中国经济史研究》、中国社会科学出版社等单位的50多位专家学者出席本次会议。

研讨会围绕"中国近代货币史""钱币学研究与学科建设""中国近现代金融行业问题""抗日战争时期中国金融业变迁"等议题展开热烈讨论。会议认为金融本身具有国际化因素，金融史资料文献的搜集、整理、研究工作同样离不开国际视野和国际合作交流，中国金融史研究应有宽泛的视野和多种分析工具的掌握。在金融史研究中，需要研究中国的具体事实，注意其约束条件、历史背景，同时批判性地分析和吸收西方经济学理论和研究成果。货币是金融的血脉，货币史、钱币学研究是金融史研究的基础，特别是钱币学在西方学术具有极为崇高的地位，应当引起高度重视。

一 关于货币史

在古代部分，马涛的《中国传统货币价值论的特点及其影响》论述了中国传统货币价值论的混乱，导致对中国历代王朝中实体经济发展的危害。汪圣铎、马元元《浅论中国古代的"以绢计赃"现象》对中国古代"以绢计赃"现象进行研究，史料充分。

日本松山大学李红梅的《清代和日本江户时代货币政策比较试析》一文，从中日两国货币政策出发，比较其异同，认为：一是清代和德川幕府都是向近代社会转型时期，清政府只是完善前朝货币制度，并未适应时代发展方向，而德川幕府制定独有的散货体制在近代社会经济中发挥重要作用；二是清政府的货币统治权向地方分散，而日本是集中掌握；三是清政府由于国内银矿不丰富，但通过制钱的供给数量调整与银两的比价关系，而日本则是采取三货制度有效调控货币数量；四是清政府不是自发改革，其改革步伐落后于世界，而日本是内部自发改革，寻找有效方法最终平稳实现金本位制。

戴建兵的《清代前期银两制度的发展与变迁》一文，介绍了清代银两制度的相关名词概念，然后梳理了清代早期银两制度的变化：后金努尔哈赤时期，银多钱少，基本用银；顺治年间开始将银七钱三作为定制；康熙时，政府银库管理和税收管理出现问题。其具体表现在：一是征收制度，制钱不够搭放；二是银两制度上，首先是朝廷的银库出现了问题，再就是在银两的平上进行图利；三是利用银两成色进行谋利。习永凯的《中国近代白银流动（1800—1935）》，数据翔实丰富，提供了大量资料，结论为近代中国白银的流动受制于世界银价（白银购买力）的变动及世界主要国家货币制度的变迁。

康金莉的《论货币发行权的约束，兼评哈耶克〈货币的非国家化〉——基于中国竞争性货币发行史的分析》运用大量历史资料如档案、图表对中国竞争性货币的发行历史进行了回顾、分析，认为当前国际货币体系下，美国利用美元的国际储备货币的地位，人为制造世界性通货膨胀，认为竞争性货币不能解决当前垄断发行体系的弊端，相反，其发行会增加交易费用，降低经济效益。虽然现在政府垄断性货币发行体系有很大问题，但商业银行不会比央行更好地保持信用。因此，货币发行制度有待于经济发展的自然选择。

潘晓霞的《1921年中交挤兑风波》，透过金融、政治、社会等视角，分析了1921年中交挤兑风波的前因后果，展示了危机的复杂性以及背后的社会政治及金融运行状况，深层剖析了挤兑风波与中国的货币制度的密切关系。申艳广的《天津银行界与1935年币制改革》，论述了天津银行界与1935年币制改革的因应，以天津银行界的应对策略来体现华北金融界与南京国民政府之间的复杂关系。王小龙《成败之间：战后苏联新卢布改革与中国金圆券改革比较研究》是一篇比较研究论文，在借鉴了前人研究的成果基础上，通过引证大量的国内外档案和报刊史料来对比战后苏联新卢布改革和中国金圆券改革的异同，从而分析金圆券改革失败的原因。

俄罗斯科学院远东研究所博罗赫（Borokh Olga）的《俄罗斯汉学家对中国货币金融史的研究》主要介绍了阿列克谢耶夫院士等俄国学者对中国货币金融的研究。

二　钱币学研究与学科建设

姚朔民《也说亢鼎铭——兼说西周的交易方式》，以亢鼎铭文为出发点，结合马克思政治经济学理论进行分析，并和古埃及、古希腊以及古青铜器裘卫盉铭等记载的商业活动文献进行类比，认为至少在西周中期社会交易的主要方式仍然是以物易物，利用贝为中介的方式还是个别的，而且还是在特定场合。陈旭的《试析齐刀币在齐文化中的体现》以齐刀币为切入点，从齐刀铸造工艺看齐国统治者对手工业的管理及如何重视产品质量；从齐刀的形制来看统治者的物价调控；齐刀的出土数量体现齐国的经国观；齐刀不殉这一现象反映出齐国的行法原则；从齐刀铭文看齐国的军事征伐。朱安祥的《谈三孔布的几个问题》，试图通过分析三孔布的流通区域、铸造时间以及文字的地域性差异来解决三孔布的属别问题，通过文字的地域性差异，结合先秦文字资料和三孔布文字对比，得出三孔布为战国晚期赵国铸造货币这一结论。曹源、袁玮《白金三品补论》对西汉白金三品的两个问题进行了探讨，一是白金三品上加盖少府戳印的货币史背景，二是白金三品与张骞第一次出使西域带回的西域货币的联系。结论一是白金三品是汉武帝将铸币利润从郡国收归中央所发行的货币，在货币史上具有重要历史地位；二是白金三品综合了古代中国、希腊、印度三大古典时代钱币文化因素，是丝绸之路开通时不同货币体系间货币文化交流的典型产物。王樾《丝绸之路古代国家钱币的性质与特点》认为："在加工工艺上是属于西方的轧制式货币传统，但在形制上的发展是逐步的本土化过程。"

李小萍《南宋银铤研究》以《宋史》和《宋会要》为基础，从宋代的入中制度、上供制度、专卖市舶制度、税收制度等国家财政问题入手，对于目前发现的南宋银铤的来源、铸造机构、货币性质等问题重新审视，说明南宋白银货币在当时已成为国家财政的重要支柱，是国家财政收入和支出的主要媒介，同时，也是民间商业贸易和社会生活中不可或缺的重要货币。杨君《金代铜钱货币流通贮藏形态管窥——以出土金代钱币实物为中心的检视》依据出土金代钱币，总结了金代铜钱货币流通及贮藏形式。王永生《从世界史视野看元代币制的特点及其影响》，站在世界史的视角，分析了元代币制的特点及对中外文化交流产生的影响。张世慧《秩序变动与律令增订：19世纪前中期的"京城钱铺关闭例"》，从"京城钱铺关闭例"出发，试图剖析明清之际中国经济领域所发生的改革及其影响，认为明清之际，中国通过白银与世界经济建立起密切的联系，论述了新形势下钱铺的机遇、问题以及政府对其的控制企图。

马长伟的《中南银行纸币的版式及其发行制度》，大量引用中南银行原始档案资料，对中南银行纸币版式及发行制度进行论述，对中南银行的发行制度与流通范围做了充分评价。周祥的《关于浙江兴业银行第一、二版纸币》通过丰富的实物以及照片，并辅以文字资料，还原浙江兴业银行所发行的第一、二版纸币的历史真貌。邵广华、祁兵《论开创中国机制钱新纪元的小额铜币》，通过对清末地方钱局机器制造小额铜币的研究，阐述了机器制钱在我国钱币近代化过程中的重要性，是中西方钱币接轨的重要一环，在中国货币史上占有重要作用。

俄罗斯科学院远东研究所罗曼诺夫·亚历山大（Lomanov Alexander）对俄罗斯中国近代（1924—1935）货币金融研究状况进行了介绍，并分析了银行家、钱币学家 А. И. 波革列别次基的学术遗产。

此外会议期间，参会的专家学者还对中国钱币学的学科建设进行讨论，并对河北师范大学依其历史学和考古学两个一级博士学科点自主申报钱币学二级博士授权点表示支持。

三 中国近现代金融行业问题

香港大学经济及工商管理学院李培德的《香港华商马叙朝的商业账

簿和资金流动（1900s—40s）》一文，利用了11个表对马叙朝的商业汇款业务和资金流动进行详细说明，通过马叙朝文书，分析马叙朝如何利用流动和零散资本成为成功的投资家。随着抗日战争爆发，马叙朝业务开始衰落，但其中式记账方法对了解马叙朝商业网络和利用资本的方法帮助极大。

董昕的《辽宁四行号发行准备库研究》，论述了辽宁四行号发行准备库业务的开展情况，并对辽宁四行发行准备库进行评价，其组建和发展并非一帆风顺，其成立与运行是地方政府整顿金融的一个成功案例，但后期发展与初期的构想差别较大。

龚关《1930年代"商资归农"的重新审视》，从制度及其变迁角度对"商资归农"这一历史褒贬不一的问题进行重新审视，认为"商资归农"一定程度上缓解了农村金融的枯竭，但从制度角度看，也造成了农村金融制度的过早商业化，以及农村金融体系的纷乱复杂，这也是农村金融存在诸多弊端及较差绩效的直接原因。国民政府为纠正这一缺陷，尝试建立系统合作金融制度，但以失败告终。

刘杰《南京国民政府国债基金管理委员会述论》，认为国债基金管理委员会在保管国家与地方公债基金、参与还本付息和公债经手费用办理、发布基金收支情况、联系银行办理公债贴现以及参与公债调换与旧券回收等方面发挥着重要作用。同时，也提升了政府债务治理能力和财政管理能力，国债基金管理会通过联合社会力量沟通政府起到了稳固公债市场作用，在运行数十年中为公债的偿还还提供稳定的资金来源，促进了政府的收支平衡，同时将国家财政支付公债的功能相对独立出来，便于对债务资金更好地使用，也降低了政府违约的风险，促进了国家公债信用度的提升。

刘永祥的《从两次诉讼看民国时期银行对舞弊案的处置》，以一家银行的北平和广州分行发生的员工舞弊案为例，论述舞弊案对银行的经济利益和社会声誉造成的负面影响。

马陵合《近代蚌埠车盐运销和盐业放款初探》，以蚌埠食盐的运输方式变化为切入点，结合蚌埠银行盐业放款与纠纷风潮，探讨了近代蚌埠盐业市场的发展状况。通过严谨的分析，得出蚌埠盐业金融不稳定性的结论。

王平子《金融监管体制下地方与中央的博弈——以民国时期安徽地方银行为例》，梳理了中央与地方在发展金融业中的复杂关系，叙述地方银行如何反对中央银行的严密控制，体现了地方银行对国家金融网组成的重要意义。

王玉茹、张百顺《商人组织、政府与制度塑造：检查准备金案》以天津检查准备金案为切入点，结合经济学中的制度塑造理论，分析准备金案中，在政府权威缺失的背景下，商会对制度形成起到了重要作用，但终未能取得预期成果。

邹晓昇《从钱庄盗劫案看近代上海社会治安》，分析了大量近代上海发生的钱庄盗劫案，梳理上海钱庄尝试种种手段，但受累于整体环境，鲜有成效。

张徐乐《近代上海黄金市场国际地位的形成及原因探析》以近代上海黄金市场为观察对象，分析其国际地位的形成和原因。并且将上海黄金市场与伦敦、纽约黄金市场进行对比，分析上海黄金市场在国际上的重要地位以及其特殊性——以白银作为衡量标准，以及它最终消亡的原因——金本位的废除和法币改革。

四 抗日战争时期中国金融业变迁

蒋立场的《抗战时期的日商银行》系统梳理了抗战时期日商银行在中国开展的一些主要活动：在沦陷区迅速扩张，增设分支机构，开办各种业务；接管清理欧美国家在华银行机构，领导上海金融界以及扶植各地伪政权，目的是以金融配合日本军国主义全面侵华战争需要。

刘志英的《抗战大后方金融家与现代金融人才》一文，探讨抗战大后方现代金融家与金融人才的培养，大后方金融事业的发展推动中国西部地区经济发展，金融机构的正常运行离不开专业人才，金融机构为留住人才出台各种福利政策，不仅促进当时社会经济发展，而且促进了现代金融业发展，突出了本国特色。

马琳的《太平洋战争爆发后的上海交通银行》，主要依据档案和报刊等史料，针对太平洋战争爆发后日军接管上海交通银行这一史实，讨论上海交行如何应对、改组、复业，还原了其在特殊时期所起到的正面作用。

石涛《国家行局与抗战时期的陕西农贷》，借鉴前人研究的基础，对抗战时期国家行局在陕西的农贷业务进行了系统的实证研究，肯定了农贷的成绩，并分析农贷绩效不足的原因。

万立明的《试论抗战时期陕甘宁边区的通货膨胀及其成因》，对抗战时期陕甘宁边区通货膨胀及成因进行分析，总结维护我国金融货币体系安全的经验教训。

张天政、刘程的《日军进占租界前天津银行公会的应对探析》，通过大量档案资料，试图厘清日军进占天津租界后，天津银行公会与日本错综复杂的关系，即双方存在统制与被统制、压迫与消极抵抗的方面，更存在相互讨价及达成妥协以维持各自利益的方面。

（原载《河北师范大学学报》2015年第6期）

一代大师百草成集

柏文先生原名陆世百,国际纸币协会的创始人之一。1922年1月14日出生于上海,后毕业于上海复旦大学土木工程系,自小喜集纸币,集有商业银行、洋商客钞、地方私票等专题收藏,可惜"文化大革命"时期全部藏品和资料被毁。1982年移居美国后重新开始纸币收藏和研究,在大陆、香港、台湾等地钱币刊物上发表了大量有关纸币的文章。柏文先生仙逝后,在亚洲钱币学会会长黄汉森等先生的努力下,盛观熙、蔡小军先生不辞辛苦,汇集柏文先生发表的文章,按先生遗愿结为《百草集》,草钞谐音,实为泉学中又一盛事。

《百草集》收录了柏文先生300篇文章,编者独具匠心地将其编为上下篇,上篇包括一是古代纸钞篇,收有文章4篇;二为清代纸币篇,收有文章24篇;三为洋商客钞篇,收有文章16篇;四为商业银行篇,收有文章22篇;五为中中交农篇,收有文章29篇;六为地方银行篇,收有文章20篇;七为军用钞票篇,收有文章28篇。下篇继八为私票漫谈篇,收有文章9篇;九为名人与钞票篇,收录文章20篇;十为湘钞集锦篇,收有文章12篇;十一为纸币地理篇,收录文章21篇;十二为钞上谈胜篇,收录文章10篇;十三为工矿铁路篇,收录文章9篇;十四为铜元辅币篇,收录文章6篇;十五为钞情钞谊篇,收录文章16篇;十六为纸币杂谈篇,收录文章20篇;最后是十七的集钞随笔篇,收录文章22篇。

柏文先生之所以为研究中国纸币的一代大师,首先在于他开创了一种新的纸币研究方法。在他之前,中国历代的纸币研究著作,一般是按照两种模式排列的,一是注重于纸币实物的图谱式研究,如罗振玉宣统年间刊印的《四朝钞币图录》,内蒙古钱币研究会和《中国钱币》编辑部合编的《中国古钞图辑》;二是注重于文字,侧重于历史描述,如朱楔的《中国信用纸币发展史》，李骏耀的《中国纸币发行史》，献可的《近百年来帝国主义在华银行发行纸币概况》等。

中国泉学博大精深，清代小学兴盛后的中国泉学，注重的是古钱的研究，因而中国泉学以对古钱研究为主脉，随着泉学的发展，纸币研究领域不断扩大和延展，在将上述两种研究方法合二为一，即实物与史料，泉学与史学结合的方面，柏文先生做出了贡献。

将泉学研究与文化研究结合起来，纸币研究在这方面有着比古钱研究得天独厚的条件。而柏文先生于此发挥到了极致，《百草集》下编名人与钞票、纸币地理篇、钞上谈胜篇等都显现了这方面的优势。

《百草集》还将纸币研究的方法、范围以不同的纸币本身展现出来，柏文先生并没有系统地教读者如何研究纸币的冠字、号码、水印、秘记、签章等钞学专论，但是通读完《百草集》你自然会掌握这些技巧。书中对于集钞旧事、中国纸币研究的历史、珍钞的集散、国际上集中国钞者、现在钞界的介绍，无疑会引发众多人士集钞、研钞的兴趣。

斯人已去，百草永存。愿 21 世纪的中国纸币研究为中国泉学再添异彩。

(原载《中国钱币》2000 年第 2 期)

智者之泉　泉家之智

　　上海王健舆老先生寄来美国曾泽禄先生的《壮泉阁六十泉拓集》，此集仅印150册，分赠泉界诸好，十分珍贵。认真拜读，受益匪浅。

　　曾泽禄先生为泉学大家，早年在台湾地区的一些钱币学刊物上，多次读到他的大作，近来先生在《宣和币钞》上发表的一系列关于外国银元和台湾银饼的文章更是让人耳目一新。前些时日在上海看电视，见到先生向杭州南宋钱币博物馆赠送宋代银锭，更让人钦佩。

　　《壮泉阁六十泉拓集》乃先生六十大寿时所为，细读全书，不仅让人从精美的拓本中得到艺术的享受，而且先生在每一张钱币精品拓本旁边均加上按语，认真读来，真让人有耳聪目明之感。先生在美行医，悬壶济世，爱心盈盈，《拓集》使人在中国钱币文化悠远的氛围中，领略一个泉家的生活情趣和爱心、智慧。

　　不妨先让我们看一看这些所有爱"钱"人均想一睹芳姿的钱币大珍和它们身边的按语。

　　"白玉贝币选择玉的条件与次序：玉的品质为第一，手工第二，年代第三，这是我的看法。品质不好，年代有多久远，都没有用。这枚白玉，白得很舒服，透亮，没有杂质，手工一笔一画很干脆，年代又够远，故为我喜爱也。"中国人喜玉，玉以载德，这怕是泉主喜爱此贝的根本原因。

　　对于铸钱的工艺，先生也有发人未发之语，如："楚金币郢爰楚金币戳印后，可能多一道程序，加温，使之钱文细润。"这可能是对大量不同时代金币认真观察后得出的结论。

　　而且先生还在钱文中细想其语言，得出一些新思，如"高昌吉利厚重坚实，有三倍厚。高昌国，[吉]当[钱]名词用，[利]当动词用，便有钱币流通的味道了"。

泉家爱泉，锈色乃一大原因，墨拓又很难反映，而观先生此书，则如一老者在你面前轻声细语，将每一枚钱币的斑斓色彩，娓娓道来。"先秦圜钱长垣一字文明澈，锈斑灿烂，古色宜人。""战国圜钱重一两十四铢古色盎然，遍体绿锈，致可宝玩。""南汉乾亨通宝古色灿烂，绿锈满面，其堆蓝处尤为古丽可爱。""宋太平通宝背上月，银钱重量五公克，背上月，银古沁色，沈静又幽远。" "北宋绍圣元宝铁母黑漆可鉴，色锈坚厚。"

这些短短的按语，认真想来，还真可以作出大文章来。如"西汉吉祥图案五铢西汉神仙故事多。吉祥图案：双鸟、双神人、螭虎、带钩、七斗星、双剑与鱼。西汉巴蜀文化之延续乎？"中国钱币学关于压胜钱的研究是最能深入中国民俗文化的器物视角。而汉代压胜钱反映的汉人心理和价值观更是人们应当深究的学问，先生指出这种文化与巴蜀文化有一定的关联，使人想起三星堆那些神秘而壮观的文物。

一些按语更是充满智慧，让人深思。"西汉银五铢五铢，买尽天下不平事。""唐会昌开元，背窗帘纹会昌开元，背窗帘纹，这是笔者自己的看法，古人之用意是否如此，不得而知。英国有句格言：'一扇开放的门，可以启发一个圣者。'窗口是沟通的桥梁，可以使您知道内外两边的事。垂帘听政。""清咸丰元宝宝泉当五百雕母钱精铜，字文有棱，雕者之灵魂仍存于铜钱文字间，雕者已逝，但精神仍在，气象弘壮。艺术品可以留存千古，让世人欣赏，其来也有自。"

钱币可发人思古之幽情，特别是在网络时代，一枚枚深藏古意的钱币，又怎能不让人浮想联翩呢？"和田马钱汉二体钱，丝路走出来的钱币，红铜质，是最早的新疆红钱。网络是现代玩意儿，丝路币让人沉醉于时间之隧道，让人感受到与时间拥抱之温暖。"

钱币学的功效之一在于证史，而书中的 1629 年荷兰两盾半银币和 1737 年番剑图钱也证明了这一点。"两盾半银币是荷兰向郑成功投降时，缔和条约中所提到的荷币单位。荷兰在台湾使用银币是以西班牙里尔为单位的，文献上以'两盾半'为单位，是保持荷兰国之面子，当时交换比率为一里尔比二点五荷兰盾。""1737 年番剑图钱：台湾文献史料常提及的剑钱、花剑银，银成分高，地方田租买卖及番契时有出现。此纹中有戳印，可证在东方国家贸易中使用过。"

宋钱铁母难寻，而书中却有元符通宝、崇宁通宝、绍圣元宝、政和通宝铁母对钱，足以惊人。

书中所录的三枚银锭，按语简直就是一部宋金银锭制度小史。"南宋京销铤银花银拾贰两半南宋京销铤银，杭州故物。[锭]与[铤]在南宋杂用。南宋银锭成色好，花银，银色好，呈银白，戳印有序，故与金代之银锭铭文戳记多有差异。""金明昌三年银锭：金与南宋对峙，是同一时代，但银锭上的铭文各有特征，虽然银锭造型相同。金锭常有年号：明昌三年、正隆二年，用戳印使司、秤人、行人吏司，甚至戳印用用途何在。还有重量，铭文分得很精细，几两又几钱。又有押文……金银锭之所以会如此戳印多多，不外乎是银质比南宋银质差，为的是保证关防而已。金代银锭多呈黑漆灰白。"

（原载《金融时报》2000年8月11日）

关于大中银行辅币券发行疑点的说明

接编辑部 5 月 3 日来信，读者魏侃先生据所珍藏 1921 年版的大中银行 1、2 角券，因而认为我在 1996 年第 1 期《中国钱币》上发表的关于《中国近代几种商业银行纸币的券别》一文中有关大中银行辅币所述有误，现将这一问题解释一下。

大中银行 1921 年版辅券问题是一个十分复杂的问题。

首先，早在 1970 年版 CHINESE BANKNOTES（《中国纸币》）一书中就有大中银行 1921 年版辅券的记载，详情如下。

时间（年）	面额	尺寸（cm）	颜色	印制厂	地名
1921	1 角	53×111	绿/绿	财政部印刷局	天津 汉口 青岛
1921	2 角	56×103	橘/橘	财政部印刷局	天津 汉口 青岛
1921	5 角	58×115	紫/紫	财政部印刷局	天津 汉口 青岛

此外，该书中还有 1932 年版 1、2、5 角券及 1938 年 1、5 元券的记载。但是我们在查阅国民政府法币改革后清理大中银行纸币发行的档案中并没有发现上面这些券别的记载。1935 年 11 月 4 日，国民政府宣布进行法币改革，这是近代中国金融史上的一件大事，法币改革的一个重要内容就是收回中央银行、中国银行和交通银行三行之外其他各银行的纸币。11 月 25 日，发行准备管理委员会公布了一个新法令《接收中南等银行发行钞票及准备金办法》，内容是由中央银行、中国银行和交通银行三行对中南等九个较大的商业银行的纸币发行进行接收，即其第三条规定的："三、接收各发行银行发行准备现金及保证准备品、已印未发券、已发收回券均应交中、中、交三行行库。"大中银行当时由交通银行负责接收其

纸币发行。

为此我们查阅了交通银行的档案，找到了当时交通银行对大中银行进行接收的档案，其中有两份档案对大中银行的纸币发行情况进行了详细的记载，这两份档案是《大中银行钞票版别种类说明表》《历年承制大中银行各种票券号码地名字头张数金额表》。特别是第二张表中对历年大中银行纸币印刷的情况记载得十分详细，比如对1921年1元券的印制情况是这样记载的：

券别	地名	号码	张数（张）	金额（元）
1元	重庆	Y0000001　Y-0300000	300000	300000
1元	北京	P0000001　Y-0010000	10000	10000
1元	天津	T0000001　Y-0010000	10000	10000
1元	上海	F0000001　Y-0005000	5000	5000
1元	汉口	H0000001　Y-0005000	5000	5000
1元	无地名	0000001-0100000	100000	100000

对于1933年的1、2角券和1935年的1、2、5角券都有同样详细的记载。但是对于1921年的大中银行辅券却没有任何记载。对于交通银行的档案我们认为是可信的，因为当时是中国银行界的老字号交通银行按国家的法令去对一个经营并不十分好的银行进行接收，大中银行没有必要对交通银行在一种辅币券上做什么文章。特别是如果大中银行当时发行了这种纸辅币，而又不上报，实证俱在，如何得了。

那么人们看到的大中银行1921年版的辅券是从哪里来的呢？

要想对这个问题进行探讨，首先得了解一下大中银行复杂的经营史。大中银行原名大中商业银行，由重庆商人汪云松、王墨园、何鼎臣、袁治齐、杨国屏、李星樵、尹瑞卿、周凤翔、孙仲山、刘映奎等发起，于1919年6月29日开业，是年9月19日呈准北洋政府注册，总行设立在重庆，分行在成都。资本总额100万元，实收30万元就开始营业。1920年3月4日时收足了资本100万元，开办了储蓄业务，于是更名为大中银行，到1928年时资本已达到了260万元，成为一家纯商业银行。1934年8月该行总行迁至上海，重庆成为分行。

大中银行纸币发行始于1921年,这一年北洋政府特准该行发行纸币,一开始定其发行数200万元,但是到了1925年时就达到了300万元。该行经营的一大特色就是向北洋政府放款,如1922年时,该行发行了260万元,但是向政府借款就达210万元之巨。到1927年时该行发行达到了500万元。

北伐战争后,北洋政府的倒台使该行受到了巨大的损失,几乎破产,因而该行竟然被一家河南的银号同裕和接收,将北方的分行全部撤回,总行重庆,只有成都一个分行。纸币只收不发。1929年后,该行有所恢复,才又开始设立了天津分行,并从1933年开始又重新发行纸币,到1935年底就又一次被禁止,只有三年的时间。

大中银行如果发行了1921年版的辅券,有这么三种可能。

第一是1921年在第一次发行纸币时就发行了这一版的辅券,因为发行少,而且第二年由于南京分行引发了该行全面的挤兑,从而使1936年的档案中没有记载。但是这种情况又不太可能,因为我们发现了交通银行总行1936年7月9日的《大中银行钞券数目清单》,其中有关于这版纸币发生挤兑和后来的一些情况的说明,档案中说:"民国十年,由京行运回得财政部核准发行之兑换券:计一元、五元、十元三种,共七十万元。是年在渝陆续发行流通在外者,计一元、五元、十元三种,共五十万元。继于民国十一年二月因受南京行牵累搁浅发生风潮后,即陆续全数收回。并蒙贵会及地方官厅会同监视分别截角封存重庆状元桥。本行自停业之后,是屋即租与市民银行,继于二十三年又转租于大群烟草公司。殊被迁进迁出之雇工,认为破烂废券并抛置于院内空地,追本行闻讯派人清点,又兼潮湿、虫伤,遂至短少二万六千元之谱,此经过实在情形也。"这里面也没有说到1921年的辅币券。我们还从其他档案中发现了一个当时大中银行和财政部印刷局订立的印钞合约,这纸合约订立的内容是大中银行第一版纸币分1、5、10元三种,共计印制978000张,其中1元券64万张,5元券254000张,10元券84000张,合计金额275万元,又样本券三种各600张,计金额9600元。在这张合同中也没有辅券的记载。而且在第一版元券中有重庆、上海、北京、天津、汉口地名券,但是并没有青岛地名券,没有主币而只发辅币,不太可能。

第二种可能是1936年交通银行开始对大中银行进行接收后,天津大中银行私自发行了一批纸币，其中有这一批辅券。交通银行对大中银行进行接收时，对该行纸币发行情况进行的统计数字为：定制券为1973000元，流通券1714685元，销毁券100000元，已收回各券为16067780元，未收回销毁券27535元。但是到了1936年上半年，天津大中银行又擅自发行纸币182万元，之所以在法币改革后还要发行这一批纸币，是因为过去北洋政府对该行亏欠太多，现在又突然停止发行，人们纷纷前来挤兑，该行"立有倒闭之虞，为顾全华北金融及法币威信兼维本身危亡起见，不得已出此救急之举"。

这一版纸币，据查分1、5、10元三种，无地名，分别为60000元和64000元及53000元。值得说明的是，该券的备注记载的是"旧版空白票"。而此时该行的发行基本上集中于华北，而原财政部印刷局又在北京，因而改版及印制民国十年版的辅券也是有可能的。但是档案中没有记载。

这一期间华北地区的历史在中国现代史上是十分复杂的，当时在华北，国民政府的法币推行并不顺利，原因是日本正在这里搞所谓的"华北自治"，先在冀东出现了一个自治政府，又在冀察成立一个在日蒋之间斡旋的冀察政务委员会，该会曾将河北省银行的纸币宣布为冀察两省的法币，而对抗南京政府的法币。同时又私铸地方铜币和镍币，引起南京政府的不满。因而大中银行在这一时期对抗交通银行对其纸币发行业务的接收，改版发行辅券以扩大其发行量的可能性最大。

第三种可能得从1938年版大中银行纸币说起，CHINESE BANKNOTES一书中有一备注说是伪中国联合准备银行发行，尽管查阅了日文的《中国联合准备银行五年史》，书中对于该行纸币记载颇详，但是没有对于这种纸币发行的记载。不过伪政权发行大中银行纸币也是可能的，这是因为在伪中国联合准备银行成立之前，日军和伪政府曾对将来在华北发行什么样的纸币进行了各种设想，而且还将过去的河北银钱局的纸币再一次发行，就是伪中国联合准备银行的第一版纸币也是用原大清银行原版和原在北京印刷局内的进口钞纸改制的。

也就是说从1937年七七事变到1938年6月10日间，大中银行或伪政权还有发行大中银行纸币的机会。1938年3月10日后，伪华北临时政府公布了《旧货币整理办法》，确定3个月内禁止大中等银行纸币在华北的流通,该行纸币从而彻底退出了流通领域。

当然,为什么1921年版大中银行辅券存有实物而接收该行发行的档案中却没有记载一事,确实是一个问题,有待于新资料,从而真正解决这一问题。

祝

编安

季愚
1996年5月16日

附读者魏侃来信

编辑同志:

拜读贵刊1996年第一期32页的"银行与纸币"专栏署名季愚的《中国近代几种商业银行纸币的版别》,发现其中大中银行印制发行辅币的时间有误。季文称:大中银行先后于1921、1922年分两次印制第一版1元、5元、10元各3种版别的6种纸币券,没有辅币券。印制辅币券的时间是:(1)第一版于1933年印制1角、2角天津地名券;(2)第五版于1935年印制1角、2角、5角辅币券,正面长城,背面石桥。

笔者珍藏着大中银行1角(绿色)、2角(橘红色)纸币各一品,背面石桥,正面图案模糊,字迹清楚,天津地名券,"中华民国十年(1921年)印"。这样:(1)大中银行第一版印制并非6种版别3种面值币券,而是8种版别5种面值币券;(2)印制辅币的时间亦非始于1933和1935年,而是1921年。

读者魏侃
1996年3月25日

(原载《中国钱币》1996年第4期)

关于抗战时期"伪银行"的通信

——答加藤正宏先生

姚朔民老师寄来日本《收集》杂志2000年第6期上加藤正宏先生的文章，对我在《中国近代纸币》中称满洲中央银行、中国联合准备银行、蒙疆银行、中央储备银行、冀东银行、察南银行、华兴商业储蓄银行等七家为伪银行不解，他认为："在日本和中国，对于'伪'银行的理解首先就有所不同。即使退一步讲，按照中国的认识，在前述（如汇丰银行等外国银行或中外合办银行）中恐怕也有着应看作'伪'银行的银行。在上述诸外国银行中，同样可以看到把在半殖民地化的地区作为势力范围来发行纸币的思想。这些银行由于与侵略国日本有关而被作为'伪'的银行有什么差别呢？这使人产生了初步的疑问。"

"伪"是一个政治概念。对于"伪"《辞海》称："非法的；窃取政权，不为人民所承认的。如伪政权；伪总统。"《辞源》称："伪，诈也，为之而非其真也。""谓窃据者曰伪，如言伪朝。"正如姚老师所言，按照中国历史上的认识，"伪"是相对"正统"而言的。中国学术界称上述银行为"伪"，首先是强调的政治概念。由于上述银行所隶属的政权，诸如伪冀东防共自治政府、伪华北政务委员会、伪蒙疆政府、伪南京维新政府、汪伪政府均为当时日本军事力量扶植起来的，而中国政府和人民不承认，这些银行又从属于这些伪政权，故称其为"伪"。不仅如此，其属下的所有机构均称其"伪"，就像当时人们要在这种性质的机关、部门任职、干事，老百姓也称其为"就伪事的""干伪事的"一样。

由此，加藤氏所列的诸如德华银行、横滨正金银行、华俄道胜银行、东方汇理银行、花旗银行、华比银行、荷兰银行、朝鲜银行、台湾银行、北洋保商银行、中法实业银行、有利银行、中法振业银行、美丰银行、中华汇业银行、中华懋业银行、友华银行、震义银行、华威银行就没有被称"伪"的基本条件,而且中国也从来没有称这些银行为"伪"。这里面的北洋保商银行、中法实业银行、有利银行、中法振业银行、美丰银行、中华汇业银行、中华懋业银行、友华银行、震义银行、华威银行均是中国与外国合办的银行,多是经中国政府批准注册的,岂能称"伪"。而其他银行均属外国在华银行,中国从来没有称外国为"伪"国之例。就连日本的横滨正金银行及殖民地银行朝鲜银行和台湾银行,中国也从来没有称其为伪银行,即使是在抗日战争期间,也仅称这些银行为"敌性"银行。因而中国对于"伪"这一概念的表述是十分清楚且用法十分明确。

即便是在纯经济领域,伪银行与外国在华商业银行尽管均进行经济侵略,但是差异也是极大的。首先,伪银行在日军的扶植下,配合其对中国"分而治之"的政策,均有"中央银行"性质,发行的货币均是排他性的,而这是外国在华银行货币所不具备的特性之一。其次,伪银行均为日军在华侵略的直接工具,诸如支持军费,配合日军进行经济"统制",种种劣迹不一而论。最后,在战争后期,所有伪银行的发行准备大多均为日本国内公债,其"傀儡"性即"伪"性极其明显。

还有三个问题应当明确。第一是我们不仅称上述这些银行为伪银行,而且在沦陷区内由伪政府组织的银行我们均称其为伪银行,如在华北成立的伪华北工业银行、伪华北储蓄银行以及汪伪成立的伪中国银行、伪交通银行等。

第二是在抗日战争中,中国关于"伪币"一词的概念出现了新的外延。本来这个词是指伪造的货币,但是由于当时伪政权发行了大量的货币,因而人们称伪银行发行的货币为伪币,而称伪造的货币为"假币"。

第三是除了上述伪银行发行的货币外,还有一些伪政权机构也发行了一些货币,均称其为伪币,如伪江苏省财政厅发行的铜元券、伪浙江省发行的铜币券。也有一些县级伪政权发行了货币,如1939年,无锡在日军的统治之下,由于日本大购铜元,使铜元短缺,于是伪城区公所呈报伪县署，发行代替铜元的竹筹，流通市面。同时伪大民会无锡支部，召集五洋、百货、饮食、老虎灶、大饼店、旅馆等行业开会，决定由伪大民会印发1分、2分、5分的辅币券，流通市场。1943年伪河北大名县公署以财政支细，发行地方流通券，面额分为2角5分、5角、5元3种，计50万元。上述均为伪币。而民间私票则不在此列。同时对纯属对中国进行掠夺的日军在华中、华南发行的军用票，我们也不称其"伪"。

附　姚朔民先生来信

建兵兄：

　　近日见日本《收集》杂志刊登加藤正宏一篇文章，由大著《中国近代纸币》所谈外国银行说起。其中涉及与日本占领时期有关的伪银行。作者对这类银行定为"伪"心存疑问，认为日本侵略了中国，其他帝国主义国家也用划分势力范围的方式瓜分了中国，与日本有关的银行称"伪"，何以其他帝国主义国家的银行不称为"伪"？这个疑问确反映了一些人对相关问题的认识。

　　按照中国历史上的认识，"伪"是相对"正统"而言的。在中国传统上，一般将不合法政权与正统政权相对，被称为"伪"。还有一种情况，是在外部势力扶持下成立，不为人民拥护的政权被称为"伪"。前者如蜀汉遗老李密在被晋武帝司马炎征召时写的名篇《陈情表》中称"……且臣少仕伪朝，历职郎署……"，以司马氏之晋承曹氏之魏又上承刘氏之汉为正统，而刘备之蜀虽亦称汉，却非正统，故称"伪"。后者如金兵攻占北方后，汉人刘豫在金兵卵翼下成立的齐国，因赵宋政权仍存在于南方，北方汉人普遍心向南方，故为南北汉人共称为"伪"。要之，"伪"专指本国人而言，外人用强，虽有政权或势力，亦不得称伪。如日本占领军不称"伪"，而占领军扶持的、投降了的中国军队如"和平军"等者，才被称为"伪军"。所以，大作中所列"满洲中央银行""联储""蒙疆"之流的银行称"伪"是毫无疑问的。

　　另一方面，我也想，问题既由大作而起，如果兄台能从保商、汇丰、花旗（加藤氏所列举者）等外国银行或合资银行的成立过程、运作方式等方面稍稍深入谈谈，以说明这些银行固然有其经济侵略的一方面，但仍是在我方行使了主权的前提下成立和经营的,对这个问题的澄清似乎更清楚。倘兄台认为尚可拨冗,即请赐复。顺颂著祺!

姚朔民
2000.10.31

(原载《中国钱币》2001年第1期)

读李铁生先生《古罗马币》有感

时光如电，接到铁生先生寄来的《古罗马币》，闻着书香，看着彩印的钱币图片，思绪伴着窗外飞舞的黄叶，回到了二十年前……

2001年北京出版社出版了铁生先生编著的《古希腊罗马币鉴赏》。这是国内第一本介绍古希腊、古罗马钱币文化的著作。直到今天，我还记得李老将书赠我，并附长信，讲述了他钱币研究的设想。此书使我国收藏爱好者开始领略世界古钱币的魅力，极大地扩展了钱币研究和收藏界的视野。

经过12年的努力，2013年4月和11月北京出版集团又相继出版了铁生先生编著的《古希腊币》和《古罗马币》。其中《古罗马币》分18章，39万字，全彩币图574幅，还有50多幅放大图片。《古希腊币》和《古罗马币》两书的字数和币图总和约为原《古希腊罗马币鉴赏》一书的3倍。初读该书，感触颇多。

一个新的研究领域

中国钱币学有着自己独特的传统，20世纪80年代曾被称为绝学。从目前学界公认的中国现存的第一部钱币学著作宋代洪遵《泉志》开始，中国人开始了对于钱币学的探索。其传统之一就是对国外钱币的关注，但是限于时代眼光和历史困囿，古代的钱币学家只能对一些国外钱币进行描述和谱记。到了晚清和民国年间，由于外国银币大量流入中国，才出现了一些有关国外银币的钱谱，但是除了真假辨别，并未能作进一步研究，更无暇涉及与中国无关的国外钱币的介绍。铁生先生的《古希腊币》《古罗马币》等一系列著作，开拓了中国钱币研究的新领域。这个领域对于中国钱币学研究有着以下几个方面的积极意义。一是更深地理解中国钱币文化的独特性；二是拓宽了人们研究有着中外钱币文化交流性质的丝路钱币的思路：目前学术界还有争论的问题，如和田马钱、白金三品等问题的研究可能借此更加深入；三是运用比较研究的方法带给读者更多视野和惊喜。回想起我们读《罗马帝国社会经济史》只能看到黑白钱币图片的时代，《古罗马币》一书对于中国的史学界也可能是一个参考。

一种新的研究方法

中国传统的钱币学研究方法是从立谱到版别划分，再到证史。而与西方传统的碑铭学有着密切关系的西方钱币学，一开始就由于西方诸多时期无史书记载，而在重建历史方面具有崇高的学术地位。这一学科也一直与古文字学、美学、宗教有着比中国钱币学更深的联系和渊源。

之所以说铁生先生的钱币著作将我们带入到了一个新领域，有几个重要原因。一是让我们知道了国外钱币学的研究方法，其借鉴意义是最有震撼力的。二是让我们有了比较研究的眼光。我多年前在《中外货币文化交流史》一书中谈道，世界有两支货币文化的源流，一是中国，二是希腊。《古罗马币》等书让我们领悟不同文化对相同事物的不同表达方式，从而激活我们的思维。三是钱币上的视觉艺术让我们从中国钱币抽象书法艺术中解放出来，更加真实而热烈地感受不同的文明与文化。四是钱币研究的流传有序。钱币拍卖讲究流传有序，研究更要注重继承，每项研究都要在前人成果的基础上发展。

一个新的视角

对比以往国内外钱币的研究，我们更多看到的是日本人对于中国钱币的研究，他们更加细致地对中国钱币分类和审视；从一些西方钱币学者研究丝绸之路或殖民地相关华人的钱币研究中，也看到中国钱币的精深。而铁生先生的《古罗马币》等书对钱币学而言颇有晚清林则徐睁眼看世界的意义。这个意义是双向的，没有西方钱币文化的知识，很难真正体会中国钱币的独特与伟大，而没有对人类钱币文化的认识与总结，更如井底之蛙，难以真正发现各国钱币研究的路径与文明传播。

读李铁生先生《古罗马币》有感

一种新的生活方式

我在《中国金币》上看到过一篇介绍铁生先生的文章，其中说道：李铁生在英国进修学习期间，曾赴北爱尔兰贝尔法斯特女王大学访问，在一位金属学博士家中做客，李铁生得知这位博士除了钻研本身业务外，还有一个业余爱好——收藏英国煤矿中各种古老矿灯；博士夫人则收集了各种各样美丽的海贝；十二三岁的儿子收集玩具火车，十七八岁的女儿收藏蝴蝶标本。晚饭后一家人拿出各自的藏品，得意地向客人逐一介绍。这次经历让李铁生深深地感到，收藏和研究活动从一个方面反映了一个国家、一个民族的物质文明和精神文明水平。这种自得其乐的收藏精神体现了这个民族的文化素养和自我追求的乐趣。当时铁生先生就意识到随着我国经济发展与社会稳定，应该大力宣扬收藏文化，鼓励更多的人加入到收藏活动中来。这不但能让人增加知识，也能美化人的心灵。在英国的两年中，李铁生遍游英国各地博物馆。此后，他迷上了西方古代钱币，离开工作岗位后，铁生先生通过著书立说不仅普及了钱币知识，更诠释了一种新的生活方式。

一种承诺和人生

我和铁生先生相识于二十年前中国钱币学会组织的一次会议上，会上我们谈起古代西方的文明和钱币，他说到将要进行相关的研究介绍。经过近二十年的不懈努力，这位满头华发的老人，凭着深厚的文化功底与良好的语言才能，成为国内研究介绍西方古代钱币的中坚力量。如今，铁生先生自称是"80后"人了，但他的学习热情丝毫未减。他的书柜上摆满各种钱币类专业书籍，他撰写的介绍西方钱币的书籍已有十多本。他的强烈的使命感，让更多的人得以享受一种乐趣，体味一种文化！

(原载《中国钱币》2014年第1期)

读《日伪政权的金融与货币图说·伪满洲国卷》有感

新加坡黄汉森先生寄来其由新加坡亚洲钱币学会出版的新著《日伪政权的金融与货币图说·伪满洲国卷》，连夜展读，欣喜万分。汉森先生是新加坡亚洲钱币学会会长，早年曾在日本留学，曾出版过《日治下的马来亚（新加坡）及其货币》，新著为其计划的系列丛书的第一部，余者为《日伪政权的金融与货币图说·伪蒙疆区卷》《华北伪政权卷》《汪伪政权卷》。

全书计分八章及两个附录。第一章是伪满洲的建立。第二章是从垄断金融市场到统一币制，主要内容是伪满对东北货币统一的情况。第三章是伪满洲国大同年号私帖。私帖是近代中国的一种小区域内流通的货币，名称千奇百怪，诸如钱票、银票、私票、花票、流通券、私贴、街贴、商贴、银帖、屯帖、代价券、土票、土钞、凭票、抵借券、工资条等，代表的硬币有银两、铜钱、铜元、银元、银角等。笔者曾在台湾地区《宣和币钞》1998年第18期发表过《大同年号私帖》一文，深知资料搜集之难。而黄著中竟然收集了13种实物。大同是伪满的第一种年号，而大同私帖则是在伪满从原东北旧金融体制到伪满洲中央银行这一时期里市场重要的流通工具之一，黄著通过对实物的分析，提出了这种私帖曾在伪满推行其伪满银券的过程中起到了十分重要的作用，因为只有私帖可以流通到穷乡僻壤，而这种私帖又是以伪满洲中央银行币为本位的。第四章为伪满洲中央银行及其纸币，详列伪满中央银行的六大部类的纸币，计改造卷、甲号卷、乙号卷、丙号卷、丙改卷、丁号卷，除依钱币学方法分析其号码、签字、制版、印刷，还罗列其所有详细数据及价值。第五章为伪满洲国的硬币，计分为开国硬币、修改型硬币、减重型铝币、试铸币与样币、代用币、吉祥字金币、纪念章与臆造币五节。其中吉祥字金币及伪满洲国空军、海军通用五分代用币，为新近发掘出来的新材料，特别是两种代用币，仍有深入研究的必要。第六章为伪满洲国公债，收录了建国公债、积欠善后公债、满洲中央银行补偿继承公债、建国功劳奖金公债、帝室财产公债、旧蒙古王公裕生公债、税关职员一时公债、据《投资事业公债法》发行的债券、满洲帝国四分利公债、产业振兴日本通货公债、商工合作社资金公债、北满洲铁路公债、滨江省防水利民公债证书、满洲重工业开发株式会社社债、满洲拓殖公社日满两国政府保证社债。第七章为伪满的另类票券，计分为有奖储蓄债券、富国债券、国民储蓄运动与必胜储蓄票、伪满洲国政府的摇彩奖券。第八章为战后的特殊货币，计分苏联红军司令部钞票和科尔沁左翼三旗联合流通券。

附录有二，一为东北抗日义勇军钞票，收录了东北民众自卫军通用钞票、辽阳县第五区食粮救急券、辽南抗日救国流通券、岫岩地方流通券、辽宁民众救国军军用流通债券、第三十七路军需处军用票、第五军区现洋票、吉林抗日自己军发行的依兰金融救济券与密山地方金融救济券、虎饶抚流通救济券、马占山大洋票。其中不乏新品。附录二为从火花看日本的政局与满洲的关系。其中伪满洲中央银行印制的"旧币就要作废了"一枚火花，让人深思。

恰如中国钱币博物馆馆长戴志强先生所言："汉森先生的书有他自己的特点，因为他是收藏家，所以他的书以实物为依据，由实物来说话，由实物来验证历史。"

首先，我认为除去钱币的研究方法和范围，仅从历史学的范围内考虑，这是一种对那个时代遗留实物的研究，是有别于现在主流的历史研究资料和方法（即从文字到文字）的领域。我们现在还不能称其为近现代考古学，但是近现代史应当学习古代史研究中的考古学的方法，或将考古学的方法与文献研究的方法有机地结合起来，从而更真实地回溯历史，增强历史的可信度，并在真实的历史过程中重整理论体系。

从宏观的视角看一个时代的遗留物和科学研究的关系，由于视角的不同，研究方法的不同，歧义亦多。近现代的方法注重于文献，重视档案，根本原因在于近现代史研究中相同事件文献记载的多样性，除去各个因素之外，抗日战争时期国共日伪三方四面各自的文献对于相同事件记载本身就不相同，因而历史研究的第一步，也就是什么是真实的历史，相对于仅仅重视于文献的学者而言，如果文献掌握的面不够的话，被文献属性本身牵引的可能性增大。如果历史真实性发生问题，依此而进行的研究，其科学与否是显而易见的。

钱币学的研究是钱币实物，因而其研究对象的真伪是其研究成果科学性的基础，在钱币真实性的前提条件下，其研究方法与考古学有相似之处。问题的关键在于如何从真实的历史遗留物中提取出其遗留的多种信息。一枚枚钱币，自然有其历史的基因，经济的、政治的、文化的，等等。黄著给抗战史研究提供的正是这种在主流抗战史研究之外的新领域。

其次，实物的抗日战争史研究目前呈现给人们的是其民间性。不论是日本侵略证据的收集，还是其他。如学术界周知的"一个人的抗战"，2003年8月樊建川抗战文物展首次在四川省博公开亮相，引起了成都市民的热情关注。开展两天观众近2000人次。樊建川现场签售《一个人的抗战》也取得了不菲业绩。《一个人的抗战》是收藏家樊建川先生把2000余件带着血腥与硝烟、写有激奋或明志或屈辱文字的物证和他六年辛苦收藏的心路历程融成的一部"用实物记录的历史"。该书去年7月面世后引起了社会各界的关注，中央电视台东方时空曾作专题报道。日本、中国香港地区也出版了《一个人的抗战》的日文或繁体字版。所有这一切，说明了历史的"真实"魅力所在，历史的遗留物免除了历史学的证伪求真部分，直指核心，"于无声处听惊雷"，有着历史学文献研究不可取替的功效。

以展览中三只水壶反映的三支军队而言，三只军用水壶，分属美军、日军、国民党军队。樊氏云，从质量上看美军的最好：按野战需求出发设计合理，质地坚硬，不易破碎，容量较大，颜色是伪装色，做工精细、结实，不但有外套，而且还附带一个饭盒；日军的水壶与美军的水壶相比工艺就差了一些，壶嘴只有一个软塞，但从设计上看还是防撞击、防渗漏的；国民党军队的水壶却是陶制的，当时中国严重缺乏金属，特别是能制造水壶的有色金属，想想在战火纷飞、枪林弹雨的战场上，一个陶制品能在一路躲避炮弹不断奔跑的士兵身上保持多久！三只水壶代表了三支军队的装备水平，实际上分别代表了他们背后的国家综合实力。虽然八路军的水壶还没有收藏到,但是,可以想象,也许只是野地水葫芦而已,他们的武器装备只会比国民党军队的差。可是,战争胜利的决定因素往往不是武器装备而是人,是正义。我们的小米和粗陶军壶加步枪不是也打败了日本强盗吗?三只军壶经由若干年后被一种社会文化行为摆在一起,于是产生了它们从前无法产生的思想启迪和教训警示,这可能也是一种带很强历史感主题收藏的特有魅力吧。这难道还用语言文字来论述吗?

最后,由此会发现许多抗日战争史研究的新领域。

实物的研究是指对非文献研究的总称,因而只要是打破对文献研究的视角,那么,抗日战争史研究的领域将是十分宽阔的。诸如天津的退休工人对铁路上日军碉堡的研究,华北大地上那个时代留下来的日军封锁壕沟,使人们想到了抗日战争对于河北地形的改变。战时日军还带来了一些农作物害虫和畜牧病毒,马传染性贫血是日军侵华时期由日本在中国东北进行移民的"开拓团"带来的,一直到抗日战争结束后,这种马病还在中国爆发了好几次,许多病马不得不杀掉,造成了巨大的损失。日本还将一些植物病菌带到了中国。甘薯黑斑病就是其中一例,这种病在中国至今也没有根除。1949年后还多次在国内爆发,仅50年代时就有约数十亿公斤的甘薯因此病而烂掉。毒麦是世界性的恶性杂草,这是从日军喂马用的饲料中带到我中华大地的,传入中国后,不仅严重破坏农作物的生长,造成粮食大量减产,而且人误食后还会导致死亡,20世纪60年代湖北、黑龙江都发生过中毒事件。我国现在有3亿多亩耕地受到这种恶草的侵害,年减产约75亿斤。而且为了除草,还要投入巨大的人力和物力。蚕豆虫是一种危害蚕豆的害虫,它也是日本铁蹄带给中国的"礼物",这种小虫现在还在对苏北地区的蚕豆进行蚕食,无法根除,损失惨重。

日本对中国发动的生物战,目前学术界对之还知之甚少,731部队有一个实验农场,又叫植物病毒研究班,占地10垧。有数百平方米的大型玻璃温室,专门研究如何大面积毁灭庄稼的病菌、病毒,如锈穗菌病毒等,负责人为八木罩。[①]

目前,中国近现代史的研究中,社会生活史是一个重要的领域,而且

[①] 伶振宇:《日本侵华与细菌战罪行》,哈尔滨出版社1998年版,第67页。

为一些史学家日益重视。而实物的历史研究正是这个领域的重要组成部分，没有对战时日军遗留毒气弹的研究或实物的发现与比较，就难以得出让人信服的日军毒气战史，同样，没有钱币学的研究，就难以写出高质量的这一时期的中国货币史。这也是黄著给我们的启示。

（原载《高教社科信息》2004年第4期）

中外货币文化交流研究成果百年回顾

一 中国学者对外国钱币的研究

（一）20世纪初到70年代的初期考证及研究成果

中国钱币学产生伊始就十分注重对外国货币的研究，宋代洪遵《泉志》就有专门章节研究外国钱币。清代中期，考据学发展起来，学者们对外国钱币仍然十分关注，乾隆年间翁树培的《古泉汇考》等著作对外国钱币进行了初步研究。

民国时期，著名学者丁福宝致力于古钱币研究，曾先后创办"古泉学社"和"泉币学社"，并于1938年编印出版《古钱大辞典》《历代古钱图说》和《古泉学纲要》等著作。12卷本《古钱大辞典》收录外国钱币数百种，分别标明了当时市场价格。这一时期也出现了一批专门的外国钱币的研究者，代表人物如袁克文，专研古近代金币，著有《泉简》等著作，深有所得。近代上海由于其独特的地理和经济地位，使得中外钱币学家云集沪上，一些在上海生活的西方人有自己的钱币聚会，并以英文出版了一批著作。

当代著名学者张星烺编著的《中西交通史料汇编》，保存了许多外国钱币资料。历史学家向达翻译出版了《斯坦因中亚考古记》，介绍了斯坦因在中亚发掘的古钱币概况。彭信威《中国货币史》一书对通过丝绸之路传过来的外国货币给予了特别重视，指出中国唐朝开元通宝背月纹与西域诸国钱币上的月纹存在着渊源关系，并介绍了近代在中国流通的外国银元，分析其对中国物价的影响，对近代中外金银币的比价情况也进行了研究。

中国考古学界对中国境内出土发现的外国钱币非常重视，早在30年代,黄文弼在新疆考古调查时就发现了许多丝绸之路沿线的中亚古代货币,并整理收入已出版的《塔里木盆地考古记》《新疆考古发掘报告》和《吐鲁番考古记》。20 世纪 40 年代,夏鼐先生沿丝绸之路从陕西、甘肃到新疆调查,收集了大量的安息钱币、东罗马钱币、波斯萨珊银币、阿拉伯金银币及其他中亚钱币的实物及相关资料,并从事整理和研究,先后发表了数十篇有关钱币的研究论文。如《青海西宁出土的波斯萨珊朝银币》(《考古学报》1958 年第 1 期)、《综述中国出土的波斯萨珊朝银币》(《考古学报》1974 年第 1 期);《西安唐墓出土阿拉伯金币》(《考古学报》1965 年第 8 期);《赞皇李希宗墓出土的拜占廷金币》(《考古学报》1977 年第 6 期)等。

(二) 80 年代以来我国对国外货币的研究

1. 对丝绸之路货币的专题研究

20 世纪 80 年代以来,在中国钱币学会的推动下,成立了由甘肃、内蒙古、新疆、西藏、宁夏、陕西、河南、山西、云南等 11 省区钱币学会组成的中国钱币学会丝绸之路货币研究组,推动了中国丝绸之路货币研究的发展,涌现出一批高水平的研究成果,沟通了中外之间的学术交流。现在已经由兰州大学出版社出版了《丝绸货币》等十项专著。

新疆蒋其祥先生在丝绸货币研究方面的贡献尤为突出。他在 80 年代后期发表了多篇关于西域古国货币的论文,如《北京出土"新疆银币"考辩》《苏来曼卡得尔桃花石可汗钱币再探》和《新疆阿图什县出土喀喇汗王朝钱币窖藏清理简报》等,并著有《新疆黑汗朝钱币》一书(新疆人民出版社 1990 年版)。此后他致力于西域蒙古汗国钱币的研究。主要论文有:《新疆博乐发现的察哈尔金币初步研究》(《中国钱币论文集(第 2 辑)》,1992 年版),《蒙古元朝时期西域货币概说》(《新疆钱币》1995 年第 4 期),《北京发现的"沙哈鲁银币"》(《中国钱币》1993 年第 3 期)等。

西北的一些钱币研究者对丝绸之路货币进行了深入研讨,林梅村先生对古代丝绸货币的研究在国内一直处于领先地位,如《从突骑施钱看唐代汉文化的西传》(《文物》1993 年第 5 期)等文章颇有影响。康柳硕的主要文章有:《甘肃境内出土的丝绸外国和西域钱币综述》(《内蒙古金融研究·钱币专刊》1993年第4期),《丝绸之路货币研究的现状与展望》(《考古学报》1958年第1期)。刘大有的著作主要有:《丝绸之路骑车访古觅币录》(中国泉友丛书编委会1991年版),《天水发现的波斯萨珊朝银币》、《天水发现突骑施钱币》(《内蒙古金融》1987年增刊)等。王贵忱先生对广东出土的波斯银币也进行了深入的研究。

关于上海丝绸之路和美洲银元对中国的印象问题,近年来渐成研究焦点。台湾地区的戴学文对西班牙银币的研究均为佳作,如《一中带有西班牙王徽的古银片》。其他人的作品有《明代白银国内开采与外流入数额试考》和《浙江普陀山出土西班牙银币》等。

2. 对东亚、东南亚货币研究的深入

上述两个地区在清朝以前的数百年里一直受中国货币文化的深刻影响,属于中国货币文化圈的范畴,因而中国学者对东亚和东南亚钱币的关注,也是以中国货币研究为基础,是对中国古代货币文化研究的深入和延伸。《中国古代货币的海外流播与意义》(盛观熙,《亚洲钱币》1991年第1期)和《中国古钱与东亚、东南亚钱币的关系》(戴志强,《亚洲钱币》1991年第1期)等文章中国钱币对亚洲邻国的影响。

中国学者对中日货币交流关注颇多,《中国钱币》是研究的主要阵地之一,如《日本人金银币琐谈》(屠和,1985〔3〕《中国钱币》,1998〔3〕)和《日本的皇朝十二币》(耿宗仁,1985年第3期)等。20世纪90年代周爱萍《中国货币向日本流向与影响》(1995年第4期)和《浅谈日本江户时代的藩国货币》(1999年第4期)把对日本货币的研究由铸币延伸到纸币。

对安南钱的研究目前已成为中国钱币界关注的新热点。过去由于种种原因,安南钱在国内钱币市场上难得一见。但随着两国交往的日益频繁,尤其是90年代以来越来越多的安南钱因越南国内的大规模基本建设得以重见天日,为研究安南钱提供了新的契机。关于安南钱的论文有:翁翼翔《安南铸的明钱》(《陕西金融·钱币专辑(18)》,1992年版),郭若愚《略说安南"明命""绍治""嗣德"三种美号当陌钱》(《中国钱币》1996年第4期),戴学文《在中国流通的越南条银》(《中国钱币》1996年第4期)。另有云南、广西两省钱币学会共同编著的《越南历史货币》(中国金融出版社1993年版)。

此外，中国学者对朝鲜、马来西亚、泰国、印度尼西亚等国的钱币也展开了研究，如周京南《中国铜钱在印度尼西亚》（《中国钱币》1986年第2期），卫月望《暹罗（泰国）瓷钱通宝》（《内蒙古金融研究钱币专刊》1995年第1期），姚朔民《泰国的"瓷钱"是赌筹》（《内蒙古金融研究钱币专刊》1995年第3期）等。

3. 近代以来对外国钱币资料的系统整理与研究

主要的出版资料有：《中国历代货币（英文版）》（中国国际图书总公司1983年版）；上博青铜器研究部编《上海博物馆藏钱币·外国钱币》（上海书画出版社1995年版）；马传德、徐渊、胡幼文著《上海滩货币》（上海教育出版社2000年版）；马传德、汤伟康等编著《老上海货币》（上海人民美术出版社1998年版）；朱鉴清《外国钱币丛谈》（上海古籍出版社1998年版）；上海博物馆《施嘉干先生旧藏中外钱币》（上海人民美术出版社2000年版）等。

中国钱币学会外币专业委员会李铁生等人连续出版了《古希腊罗马币鉴赏》《世界硬币趣谈》《东罗马钱币鉴赏》等著作，笔者所著《中外货币文化交流研究》（中国农业出版社2003年版）。

二 西方学者对东方钱币的研究

（一）外国学者对丝绸之路货币的研究成果

近几十年来，西方学者对于丝绸之路货币的研究，也可谓硕果累累。

在波斯萨珊钱币研究方面，瓦伦丁的《萨珊钱币》是第一部有关这一王朝钱币的专著，其他还有摩根的《东方古币手册》、倭尔克《阿拉伯——萨珊式古币目录》、普波的《波斯艺术综述》等。加拿大的杜维善先生将自己收藏的大批丝路货币捐献给上海钱币博物馆，并整理编写了《丝绸之路古国货币》（1992年版）。

苏联发表一批中亚古币研究成果，如斯米尔诺娃《粟特青铜钱币》等。20世纪70年代以来，外国发表的丝路货币论文和著作比较多，研究范围也更广泛，如印度对贵霜帝国钱币的研究，英国大英博物馆克利布对汉佉二体文钱币的研究，荷兰易仲廷对哈喇汗王朝钱币的研究，俄罗斯彼得堡博物馆捷马儿对中亚钱币的研究，法国蒂埃里对拜占庭金币的研究，波兰波佩拉维支对大夏钱币的研究，日本平山郁夫对中亚各地收集的钱币藏品的研究等。

(二) 欧洲国家对伊斯兰钱币的研究

有法国汉尼魁（Hennequin）编著的《伊斯兰钱币目录——赛尔柱王朝及其后各朝至蒙古人入侵亚细亚前》（巴黎国家图书馆1985年版）。全书共932页，其中50页插图。共收录了2000多枚钱币，所涵盖的地理范围上包括现在的叙利亚、伊拉克、伊朗和土耳其的亚洲部分，时间约在伊斯兰纪元433年至869年（1041—1464）。大英博物馆早就为其收藏的伊斯兰钱币编过一部10卷本的目录，最后一卷是在近一个世纪前出版的，颇具参考价值。约翰·华克尔（John Walker）在1941年就开始重新修订，至今还未完成第2卷。现在大英博物馆仍是世界研究东方钱币的重要基地，克利布、汪海岚等人在研究中国钱币及中外钱币交流方面均多有建树。其东方钱币学会（ONS）在世界钱币界极有影响。

三 外国学者对中国货币的研究

(一) 日本学者对中国钱币研究的丰硕成果

日本学者对于中国古代钱币的研究，其研究的深度和广度都是中国钱币学者应当认真学习和研究的。

20世纪30年代，日本的平尾聚泉编纂出版了一系列包含日本、中国及朝鲜等国钱币的《泉谱》，由东京丽德庄出版发行：《半两泉谱》《五铢泉谱》《五铢以外五铢泉谱》《除半两五铢新钱泉谱》《乾元大宝泉谱》和《开通钱以外唐朝钱泉谱》（1931），《五代钱泉谱》和《十国钱泉谱》（1932），《天保钱泉谱》和《辽钱泉谱》（1933），《宋朝钱泉谱》（1934），《南宋钱泉谱》（1935），《西夏钱泉谱》《金朝钱泉谱》和《元朝钱泉谱》（1936），《明朝钱泉谱》（1937），《清朝钱泉谱》（1939）。1931年编纂综合性著述《新定昭和泉谱》，内容为远东货币，并不断补充，直到1939年时已包括日本和中国除金币、银币和中国古代布币和刀币以外的其他钱币类型，其中不乏罕见珍品。

其他还有：穗井田忠有《中外钱史》（1931年初版，1916年再版）。

三上香哉《货币》（东京雄山阁 1936 年版）包括大量的中国各个时期钱币的拓本。吉田虎雄《支那货币研究》（东京大阪星屋号书店 1933 年版）介绍了中国铸币、纸币和当时中国货币制度等情况。奥平昌洪《东亚钱志》（共 18 卷，3034 页，东京岩波书店 1938 年版）则是日本 20 世纪 30 年代关于远东钱币最具有影响的著作。作者对远东钱币进行了科学的整理和校对，对东方的铸币材料、钱币学术语、铸钱范、钱币书法等进行了整理研究，其中对日本、中国及安南钱的总结，对东方钱币书法的考证等工作都是十分独到的。

20 世纪初日本学者就有不少研究东方钱币的杂志，如钱币杂志《方泉处》《古泉学杂志》，考古学杂志《考古学杂志》《考古界》，历史文化杂志《历史地理》《历史公论》《史学杂志》《支那》和《支那学》等。

近年来，日本对中国货币的研究以秋友晃等为代表。秋友晃先生是一位对中国钱币极为执着的学者，自号"龙痴"，1921 年生于北海道，现居大阪市。20 世纪 70 年代秋友晃创立"中华铜币研究会"，在海外掀起了一股中国铜币研究的风潮，会员遍及日本、中国台湾及北美。1974—1976 年，秋友晃陆续发表了《光绪元宝》《大清铜币》和《民国铜元》三部巨著。这是继 1936 年法国人邬德华编写《中国当十文铜币》之后 40 年间中国铜币研究的唯一专著。秋友晃曾创办《铜币通讯》月刊，还出版了《龙痴藏拓集》等著作。

（二）西方学者对中国钱币的研究

20 世纪上半叶，出现了一些收藏研究中国古币的西方钱币学家，代表人物有邱文明、耿爱德和邬德华等。

邱文明（Arthur B. Coole）1900 年生于美国堪萨斯州，很小随父亲移居中国福建，后来在教会学校中任职，开始收藏中国古钱。他的藏品分为中国古币和古币书刊两部分。中国钱币凡 6000 余品，其中钱范 56 块，刀币和布币各数百枚，大明宝钞 14 张等。这批藏品大部分至今仍在美国。而他收藏的中国钱币书籍堪称"富甲天下"，其中珍贵的钱币书刊就有 2000 多册。这些藏书在他 1978 年去世后全部捐给美国钱币协会（ANA）。该协会在总部所在地科罗拉多州建立了以邱文明命名的东方图书馆，对外开放。邱文明早起著作有《中国历史上的货币》（1936）和《中国历代五金货币》（1937）。后又编写《中国钱币百科全书》（1973），出至第七卷隋唐部分，因辞世而绝笔。

奥地利人耿爱德（Eduard Kann）（1886—1962）于20世纪初被派往中国华北工作。20年代开始在上海从事金银交易。在1948—1949年，藏家纷纷抛售珍罕中国钱币，耿氏趁机吸纳，尤其是金银币。耿氏迁居美国加州时带走大部分藏品，不仅极其珍贵，且数量颇丰，其中银元宝200余只，新疆钱200余品，多数为金银币。1954年其著《中国币图说汇考》，书中图例均为其藏品。出于他长期从事金银业，对中国银元有相当造诣，故该书迄今仍不失为一本重要的中国银元参考书。他还著有《中国货币论》（商务印书馆1929年汉译本）。耿氏为早期研究中国经济、财经的学者，他所统计的中国金融财政货币数据，皆有所据，屡为后人引用。

邬德华（M. Tracy Woodword）（1876—1938）对中国钱币的收藏有独到之处。他12岁时接管了其父的邮票藏集，养成其一生收藏癖。1916年后，他移居中国，直到1930年。他的《中国当十文铜币》从1926年起到1936年原在中国经济刊物上连载，后汇编成书出版。

斯托德·罗克哈特（Stwar Lockhart）的著作亦颇具影响，如《远东货币》（Currency of the Farther East）（香港诺论哈公司1907年版）。他出生于苏格兰，后来到香港工作。从1902年起成为中国威海卫海关的专员，前后15年之久。出版有《斯托德·罗克哈特的中国铜币收藏》（上海吉利华士公司1915年版）。全书174页，2070幅中国青铜及黄铜币图片，为后人的研究提供了大量的钱币资料。

以上介绍的几位外籍钱币学家，在收集中国货币时各有所侧重，不仅藏品丰硕，而且各有专著问世，对我国的钱币研究事业有一定的贡献。他们的著作均为英文，对中国钱币文化的对外传播发挥了积极作用。但是他们带走了大量中国钱币，不能不说是中国文化的一大损失，这也是应该正视的。

（三）外国学者对中外货币文化交流的关注

如苏联学者斯米尔诺娃教授对中亚塔吉克斯坦出土的中国开元通宝钱的研究，印度学者对印度泰米尔纳德邦出土的中国宋代钱币的研究，俄罗斯学者对乌兹别克斯坦费尔干纳地区出土的中国五铢钱的研究，日本学者对日本出土发现的中国历代钱币的研究等。

日本学者早在20世纪30年代就关注中朝两国货币文化交流的问题。如黑田干一《关于新罗时代的金银》《关于再次从北朝鲜出土的明字刀》，奥平昌洪《朝鲜通宝钱》等。

近年来韩国人李建茂的《民族文化大百科辞典》中的"明刀钱"部分，也论及中韩货币交流的情况。

新加坡的黄汉森、法国的蒂埃里、荷兰的易仲廷等对中外货币文化交流情有独钟，近年来在各媒体上发表了一系列相关文章。

（原载《江苏钱币》2005年第1期）

一部独具特色的外债史研究成果

——评马陵合的《晚清外债史研究》

外债是随着世界经济发展而出现的金融国际化的一种表现，是指以附加利息偿还为条件的借贷行为。它是一种国际信贷，是指国际间所发生的一切借贷的总称，包括各种贷款、信贷担保、发行债券等。鸦片战争前，中国以"天朝无物不有"的泱泱大国而自命，没有近代意义上的外债理念和实践，基本上处于与世隔绝的状态，即使微不足道的对外经济往来，也多是从朝贡关系上去展示皇朝的"富有甲天下"。1853年，中国举借了第一笔外债，之后外债逐渐成为近代中国历史的重要构成部分。总体来看，外债是列强对华资本输入的主要形式，它与近代中国政治、外交、社会、经济各方面均有密切关系，因此，近代中国外债史，历来受到学术界广泛的重视。马陵合教授的新著《晚清外债史研究》是这一研究领域视角新颖、用力深厚的又一成果，也是作者10余年外债史研究的结晶。

在半殖民地的近代中国，外债因为其并不带有明确的武力强迫性质，且主要源于中国自身的需求这一特殊特点，决定了在不同视点之下对其的评判必然具有多元性；而中国经济近代化面临的一个重大困难是缺乏资本，是否引进和如何引进外资，是当时朝野时常要面对的问题，外债观歧异迭出。在引入马克思主义作为指导思想和1959年宣布中国成为世界上第一个既无内债又无外债的国家的情况下，对外债的帝国主义性质的认识被进一步强化了，中国大陆的外债史研究者比较注重外国资本的经济侵略性和资本主义所体现的剥削本质，认为外债对于近代中国而言，消极因素大于积极因素，外国资本是帝国主义对华侵略的主要工具之一，是中国沦为半殖民地半封建社会的重要原因。外债是帝国主义国家侵略中国的重要手段之一,也是它们互相之间剧烈争夺中国政治、经济、军事等各种权益的工具。帝国主义通过借款给中国反动政府的办法,实现其进行政治上、经济上对中国的控制;中国的反动政府则又通过外债勾结外国侵略势力,镇压中国人民的反抗斗争和进行反革命的内战。帝国主义对中国借款的发展历史,也就是它们在中国争夺霸权和它们与中国的封建地主及官僚资产阶级相勾结的历史。20世纪80年代之后,中国学者的研究受引进外资、改革开放的时代潮流的影响,对近代外债的认识开始有了明显的转化,更多的是用"双重性""双刃剑"这类话语对外债作出更为理性的评断。

尽管学术界对近代外债的认知在发生着明显的变化,但是,外债史中还原历史真实应是最为基本的追求。吴景平教授在《历史研究》上发表文章,呼吁相关研究者应更多从外债自身出发,强化对外债要件的研究。要在整体上对近代中国的外债问题有较准确的把握,须以科学的个案研究,特别是要以典型债项、重大债项的深入研究为基础。而个案研究又应从搞清构成特定外债关系的要件入手,如债权方、债款形态、债款数额、折扣、利息、期限、抵押和担保、用途、偿还等。同时,要通过仔细研究借债的谈判交涉文件和达成的借款合同,弄清有关的外债要件,并且通过相关的后续资料,弄清要件有无变化。但是,近年来的研究成果能显现这种细致功夫的并不多。西方学者在这一方面并未显现出与中国学者的不同。做出超出简单的合同文本之外的精致的个案研究,应是今后外债史研究的方向,只有这样,才能显示外债史研究的独立价值,否则则会沦为其他专门史研究的附庸。

马陵合教授《晚清外债史研究》是一部基于翔实资料的个案研究,并具有鲜明特色的外债史专著。该书并非是依时间为序对外债作出梳理,而是清晰地表现自己对外债问题的理解和表述框架。揭示近代中国低下的国际地位对利用外资的影响,并重新建立一种对落后国家近代化道路进行更为合理解释的理论框架和思维方式。

该书始终强调,近代中国的外债具有超经济的特质,其意义远不是单纯的偿本付息问题。近代中国在处理借用外资与维护利权之间关系时处于一种两难的困境;受半殖民地国家地位的刺激,倡导利用外资的言论与实践往往招致非议,对外债的排拒往往成为舆论的主流;伴随着近代民族主义的兴起,其声势更大。然而,这种排拒并不足以改变近代中国对外债的依赖的状况。与此相关,是对外债的评论问题。作者认为,外债的双重历史地位越来越受到中外学术界的关注。但是,晚清外债所展现的中外之间的经济交往方面的不对等则是问题的主要方面。作者在书的序言中,用了近万字的篇幅,从三个角度阐述了对外债问题的一些新的思考。

第一,晚清外债源于对传统财政体制缺陷的弥补,并非基于对公债原理的自觉运用。晚清外债从产生时就注定其恶债性质,对中国经济破坏力极强,并难以引发财政制度的近代化。外债对于中国而言,虽不失为一种近代化的财政制度,但是,在更大意义上却是传统财政制度的一种补充。

第二,晚清外债的症结在于担保抵押形式。外债由抵押而损及主权归根到底是国家地位所决定的,其间的观念和政策只是国人对现代化感知的深浅问题。透过纷繁复杂的举债历程和外债观的冲突,可以看到其中症结之一是外债理论认识的缺陷,即混同了资信与偿还、抵押与担保、抵押品的收益与产权等一系列概念,导致外债交涉中往往避重就轻,进而使近代关于主权的认识处于矛盾和模糊的状态之中。

第三,近代中国特殊的时代环境使外债观始终处于一种排拒与依赖并存的两难困境。一方面,近代中国普遍存在的经济活动政治化倾向使外债观一直有着民族主义的特征。强烈的民族危机感很容易使激进主张居于主导地位,现实环境往往使激进性主张蜕化成一种极端,在外债观中就表现为无条件地排拒外债,将借债与亡国等同起来。另一方面,在一定程度上又将外债作为了一种外交工具,体现了外债观的超经济性。晚清外债的功能有着多向延伸的特点。晚清外债与内政、外交之间互联、互动,外债不仅成为外交工具,甚至也成为一种改变国内政局的工具。但是,这种对外债的功利性和策略性的运用,非理性地夸大了外债的超经济性,这充分说明近代中国在处理借用外资与维护利权之间关系上始终处于一种两难的困境。

作者在该书中运用详尽史实梳理晚清外债的具体债项和阶段性的发展特点,以外债抵押方式的演变为重点,总结晚清外债与中国社会半殖民化之间的相互关联,从财政体制变化的角度,说明了外债在晚清财政变迁的突出地位,从内政与外交的角度,阐述外债在近代中国的多重功用。结构上颇具匠心,表达出一种较为新颖的研究思路,结合不同类型外债的生成历程,以晚清外债在不同时段的特点及相关社会反映为重点,梳理外债演进的发展轨迹。同时，对一些债项进行了详尽的考证，对过去一些存有误解的观点进行了修正，体现了作者在这一领域较深厚的功力。作者首先认为地方外债是中国近代外债的早期形态，通过对太平天国时期、中法战争时期、甲午战争时期的地方外债不同情形的考察，总结早期外债的特征，既是传统财政体制的产物，对传统财政体制并非产生实质性影响，又刺激了近代对外债的依赖心理。作者对甲午战争时期的"克萨借款"和"瑞记借款"的成立过程作了深入的考证，纠正了过去一些误解。这两笔外债几乎同时订立，且数额巨大，均为100万镑，在晚清地方督抚举债中是较为罕见的。相关的外债史著述对于张之洞在清政府限制地方政府举债的情况下，为何能同时订立两笔巨额外债均没有作清楚的说明。作者经过考证认为，由于诸多因素的影响，清政府在屡次下令禁止地方举债的情况下，还是对地方实力派张之洞的举债要求无奈地"网开一面"。而外国银行之间的"鹬蚌之争"又使张之洞由于多方举债，又无法取消，而获得所谓同时举借两笔巨额外债的"渔翁之利"。

  该书正文第二部分着重探讨了三大洋款（俄法洋款、英德洋款、续借英德洋款）和庚子赔款的形成过程。作者在论述过程中紧紧地抓住担保问题与势力范围、铁路让与权和税收主权等之间的关系，突出了这些巨额外债的政治性特点。作者在该部分最后还以国民捐和筹还国债运动为主研究了清季无功而返的还债运动。这一场运动本身虽显幼稚，但充分显现外债与20世纪初年民族主义思潮之间的互动关系，同时也说明运用政治手段解决经济问题时所面临的困境。

  该书第三、四章则研究晚清铁路外债及围绕铁路外债的收回利权运动。作者认为，芦汉铁路的外债在近代铁路外债史上无疑具有典型意义：比国债款的举措是19世纪末中国借债筑路的起点；若置于当时的大环境之下它又是甲午战后列强以铁路外债为诱饵扩充势力的蓝本。对以路作抵的借款模式的认同反映出近代中国朝野对于外国债权人肆意扩大抵押权的范围，中国对铁路的主权变得有名无实并没有清楚的认识，而这恰恰是近代路权丧失的"合法"的根源。抵押权的无限扩大，使得中国在提供"切实"抵押的名目下，轻易失去了铁路建筑和管理的用人权，外国工程师和会计师成为铁路实际管理者。作为借款筑路政策的对立物，晚清铁路商办公司本身具有强烈的政治意义，它不是资本人格化的自然结果，而是以拒债为核心的经济民族主义的产物。其间所包含的官商之间的复杂关系则是通过铁路外债这一敏感问题体现出来。晚清政府铁路外债政策的倾向性及变化趋势与官商关系的变化有着密切关系，并存在着从趋同、互动到妥协的发展历程。商办铁路公司自身所体现的经济民族主义本身是政治动机与经济动机的结合物；无法实现的经济动机最终也使这种形式的经济民族主义成效受到制约。

在最后两章，作者以"走上歧途的清季外债"为题，分两个部分集中阐述了清覆灭前外债举借的诸多失错。主要集中于发生在东北的借款救国理念之下的均势外交努力；被迫接受列强共同投资的银行团体制；屡禁不止的地方外债等。这些外债的梳理与评述在一定意义上为我们重新审视清王朝的覆灭历程提供了新的视角。

马陵合教授长期研究外债史，积累了大量资料，发表数十篇相关论文，有着较深厚的学术积累和学术影响力。2003年他还曾赴台湾访学，在台期间他在"中研院"近代史研究所和"国史馆"等地查阅了大量的档案史料，这使得他的研究显得非常厚实，也提升了该书的学术含量。但是，作为研究外债的专门史著作，该书存在着"全"与"精"的矛盾，也存在着学术视野的问题。外债研究的"全"主要是指外债要件研究的全面，应尽量避免债项的遗漏，同时应从外债的借、用、还多方位研究外债问题，这需要借助大量外文资料，尤其是债权人（包括银行、洋行、外国政府）方面的原始资料。"精"即是研究的深入。探究外债与经济近代化之间的关系则是拓展研究视野的一个重要问题。如外债与近代金融机构（包括外资银行、华资银行及钱庄票号、外债与外汇市场）、外债与近代中国民族企业的资本形成之间的互动关系等均具有相当学术价值的研究内容。马陵合教授的著作尽管侧重点在财政、外交方面，但我相信，在今后的研究中，他会在上述两个方面做出更多的成果。

（原载《历史档案》2006年第2期）

读刘志英著《近代上海华商证券市场研究》

金融是现代经济的核心，而资本市场又是现代经济配置资源的重要方式，其与现代经济的关系极为重要。随着中国近代经济史研究的深入，经济学界已不再有不知中国近代风光一时的证券及其市场运行的笑话，但是深入研究中国近代证券及市场的发展，并依此探索中国经济发展的独特道路——特别是政府市场监管的特殊性，学术界此类著作还不多见。

复旦大学博士刘志英所著32万字的《近代上海华商证券市场研究》，近由学林出版社出版。该书是在作者博士论文的基础上修改而成，且为上海市哲学社会科学"九五"规划2000年青年课题，并得到浙江省社会科学学术著作出版资金资助出版，翻读全书，受益匪浅。

近代上海华商证券市场是旧中国持续时间最长、规模最大、最典型的证券市场，是近代上海金融市场的重要组成部分，也是中国经济、社会资本主义近代化历程中的重要里程碑。刘著运用历史学的方法总结了近代证券市场发展的历史，并在此基础上力求历史的逻辑与经济的逻辑相结合，深层次分析中国近代证券及其市场的发展。全书可分成两大部分。

第一部分主要体现在刘著的第一章中，此一部分对近代上海华商证券市场历史演进进行了探讨，在认真清理了诸如档案、官书、报刊等文献材料的基础上，勾画出一幅近代证券市场的全貌，归纳出上海华商证券市场历史演进所独有的三个特点。

一是发展道路的曲折性。通常情况下，在经济近代化的进程中，一个国家或地区的证券市场应该是产业证券（包括企业股票与债券）与政府公债的统一，而以产业证券为主体地位，近代上海华商证券市场却恰恰相反，长时期以政府公债居主导地位。

二是市场结构的不完整性。证券发行和流通交易构成了完备的证券市场，但近代上海华商证券市场只是一个二级交易市场，发行市场并未真正建立。

三是财政性与投机性并存、融资功能低下且不稳定。近代上海华商证券市场是一个财政性很强的证券市场，偏重于对政府财政的支持，起不到对近代企业有力度支持的融资作用，离真正经济意义上的资本市场还有一段距离。

第二部分是刘著的第二章到第五章，分别从政府的证券监管、债券市场、股票市场的管理、证券行业的自律等不同角度对近代上海华商证券市场管理进行全方位研究，通过作者开创性的研究，得出了一些有创见的结论。

一是政府监管体制属于财政依附型。无论是北洋政府时期，还是国民政府时期，政府对整个上海的证券业监管基本上以财政部为主体，由于政府公债库券是证券市场的主要品种，在20世纪二三十年代的证券市场上居于核心地位，而财政部则是绝大部分公债库券的发行者，由此导致政府既是证券一级市场的参与者，又是证券市场的监管者，扮演着双重角色，致使近代中国的公债滥发难以节制。这种体制也是造成政府对证券市场监管最终失灵的重要原因。

二是证券行业自律管理规章与实际运作相背离。证券交易所是最基本的自律管理机构，其基本职能是促进证券价格的合理形成和流通，必须防止证券买卖的过度投机和价格操纵等不规范交易，并对违反证券交易规则的经纪人进行处罚。整个近代上海各证券交易所虽也分别制定有相应的自律规章，然而，在实际运作中，却并没有真正做到自律。

在中国近代经济史研究中，对于金融市场的研究由于其高度的专业特色并限于其难，人们很少涉及。迄今为止，除洪葭管、张继凤著《近代上海金融市场》；中国人民银行总行金融研究所金融历史研究室编《近代中国的金融市场》；郑振龙等主编《中国证券发展简史》；吴景平等著《抗战时期的上海经济》《上海金融业与国民政府关系研究（1927—1937）》；杜恂诚等著《上海金融的制度、功能与变迁（1897—1997）》等著作中，对近代中国证券市场的相关问题有所涉及与论述外，还没有一部全面深入研究近代中国证券市场，特别是有关近代上海华商证券市场演变历史的专著。此项研究一直是海内外经济史学界相对薄弱的课题。

刘著在前人研究的基础上，从近代中国经济转轨的环境和特点出发，以近代上海华商证券市场的产生、发展以及运行的全过程为背景，选取证券市场运行的核心内容——证券市场的管理为突破口，对近代上海华商证券市场的管理及演变进行了全方位的研究，总结其历史经验与教训，填补了近代经济史，尤其是金融史方面研究空白的作用。

经济史研究的基石是史料，刘著研究有据，避免臆断，着力于挖掘原始资料，所据资料大量源自各类已刊、未刊档案文献、旧报刊文献资料，重点利用了南京中国第二历史档案馆、上海档案馆的大量未刊档案资料，以及当时的报刊文献，引用资料多为以前学者所未知见。

刘著注意借鉴经济学、管理学、财政学、金融学等相关学科的理论，对近代证券市场进行多角度的综合分析，特别强调历史的逻辑与经济的逻辑相结合，以期对所研究的问题有较全面的科学认识。提升研究对象的立意，从而总结出近代上海证券市场演变及管理层面的规律性的东西。

当前国内的经济学界不太注意对自己经济发展道路的回顾，尽管所有的现实问题都是历史问题。我们很多人喜欢使用新制度经济学的分析方法，但是很少有人从逻辑上推理新制度经济的历史因素。

经济史是经济学抽取规律的最好逻辑方式，而没有规律的经济学只能是经济新闻或是就事论事，人云亦云，再好的分析工具在手，也只能熟于眼前匠事。

仅从刘著所涉及的金融学的角度而言，改革开放后中国证券市场刚刚建立的时候，我们更多的是从西方世界里汲取营养，甚至一些青年学者不知道中国还曾出现过证券市场，"言必希腊"，而按照一种全新模式出现的新的证券市场，其融资的功能是不是又没有得以充分发挥，恰如中国的信托业，近代与现代所发生的问题如出一辙，是什么原因呢？这不是一个很有意思，也是值得深入研究的课题嘛？！为什么在历史上一些经济问题会重复出现，这不仅仅是一个视角，更是一种思维方式。

改革开放以来，尤其是社会主义市场经济体制确立以后，我国的金融体制和金融运行机制发生了深刻的变化，其中一个引人注目的内容就是证券市场的迅速崛起。然而，由于证券市场所具有的自发性、投机性和高风险性等特点，证券市场本身并不能自发实现高效、平稳、有序的运行，因此必须对证券市场加强管理。强化和改善对证券市场的管理，提高证券市场的安全性和运行效率，这是各国政府、金融、证券业界注重研究的重要课题。我国证券市场建立以来，证券理论界对此进行了较为深入的研究和理论探讨。然而，这些研究和探讨，主要集中在从国外的证券市场及其管理中寻找理论依据和体制借鉴，这种研究方法无疑是十分必要的。但是，除此之外，从历史的角度，对中国近代证券市场进行研究，无疑也是十分必要的。不仅仅是因为这种研究有助于揭示中国证券市场发展演变的脉络与轨迹，更在于这种研究能够为我们今天证券市场的健康发展提供一系列丰富的纵向比较的重要历史经验。刘著披露出的近代证券业的监管问题，有多少与我们现在证券市场遇到的问题实质上相似，我想这是值得我们认真思考的，也是这部专著的现实意义所在。

　　金无足赤，刘著在金融理论的运用以及对近代证券市场的总体把握上尚有广阔的空间，一些材料的取舍亦可细究，这也正是一个年轻学者的努力方向。

中日货币对谈录

编者按：日本学者 2011 年秋专程到中国河北师范大学进行了访学，此为记录整理稿。

对话人：
戴建兵，中国河北师范大学教授
岩桥胜，日本松山大学经济学部教授
李红梅，日本松山大学教师

谈话记录：
岩桥胜：在您百忙之中抽出时间，而且今天还是一个休息日，实在不好意思。

戴建兵：不客气。

岩桥胜：您主要是研究 17、18 世纪的货币和汇率史为主的经济史，我们也读过您的书。近代和近世之间相对有点时间上的差异，但是在日本来讲，近世是给近代发展做出什么样的贡献或带来什么样的遗产。这个遗产、贡献已经得到共识。比如纸币，有的地区开始没有用过，然后到近代开始用了，或者是有的地区纸币一直在坚持用，以前就有，近代也在使用。这是刚才所说在中国的情况，那么日本的情况是在 19 世纪初开始发行大量纸币。中国清代是以银和钱币为主的，这两样货币在近代一直使用，那么实际上在这当中纸币应该说是没有怎么使用，我们是这么去理解的。我们现在比较感兴趣的两个问题，一个是纸币没有在近代流传，而实际上纸币在元朝的时候已经被使用了，中间又没有被使用，这两点应该怎么理解？

戴建兵：清代，从乾隆年间，如果从政府这个角度来说，是大量流通纸币的，种类是非常多的。两个部分，一个是政府的，一个是民间的。先说政府部分，在顺治年间，清朝入关以后，立刻就发行了纸币，叫顺治钞贯。发行数量都很准确地记载在历史上，因为打仗，用于军事目的，清政府鉴于中国历代王朝发行纸币后来崩溃的这个恶果，最后很快把它收回了。这个非常奇怪，就是到现在没有发现过实物。明代大量地使用纸币，像大明宝钞，现在发现很多，但是清代的顺治钞贯一张也没发现。可以判断新政府刚建立的时候政策执行得是非常严的，说收回就全部收回了。政府发行纸币的第二个阶段是咸丰年间。咸丰年间中国内有洪秀全的太平天国，外有英法的第二次鸦片战争，财政非常困难，咸丰四年开始发行两种纸币。这两种纸币，一种是跟银挂钩，一种是跟钱挂钩。跟银挂钩的叫户部官票，跟钱挂钩的叫大清宝钞，这两种都和现在的纸币一样，是成系列的，比如五两、十两、五十两、一百两。现在中国人管纸币叫钞票，就是来自户部官票、大清宝钞后边那两字——钞票。与此同时，各省都成立官钱局，发行纸币。

岩桥胜：也是咸丰时期？

戴建兵：对，咸丰。它有两个体系，一是中央政府的。到了同治，特别是光绪年间，按着这个系列又发行过一次纸币。咸丰朝是为解决财政困难，但很快通货膨胀，失败了。同治末年和光绪中期以前，都成立了地方政府的官钱局，发行纸币。不是现在的银行体系，是政府的官钱局。实物很多。除了政府层面的以外，据我们所看到的材料，从乾隆年间开始，民间就有大量像日本的"私匦"出现，主要是由钱庄这些小的金融机构发行。道光以后，基本上只要是各行各业的有资本的都发行纸币。特别是光绪年间，种类已经很难统计了，太多太多了。

岩桥胜：您的那个《中国钱票》的种类已经难以统计了是吧？

戴建兵：对。

岩桥胜：咸丰年间政府发行纸币是因为那个时期的银或者是钱流通得很少了吗？

戴建兵：不是，就是政府财政紧张，因为战争，太平天国把中国最富庶的江南占领了，同时还有第二次鸦片战争，政府没钱，没办法就采取了通货膨胀的办法。一个是在铜钱上做文章，叫虚值的大钱，就是当五

十、当百、当千等大钱；一个是发行纸币，主要是为解决财政危机。

岩桥胜：太平天国把整个地区都占了，税收就没有了吗？

戴建兵：不是。政府一方面发行大钱、纸币，一方面大力加强税收。这时候在中国出现了一种新的税种，叫厘金，很残酷的，只鸡寸布，都要收税。

岩桥胜：财政困难是当时的实际情况。

戴建兵：对。

岩桥胜：1840年前的时候，应该说有很多白银流入中国。这些白银国家收不上来，一直在民间存在？

戴建兵：不，白银大部分还是集中在政府手里的，因为中国老百姓在日常生活当中用钱，但政府税收一定要收白银，所以政府手里有大量的白银。只不过按照中国传统的观点，道光年间因为鸦片贸易流出大量的白银。

岩桥胜：实际上没有那么多。

戴建兵：还有一个很重要的因素就是以前民间基本上都是用钱，明代中后期开始，因为西班牙银元和日本的白银流入中国，白银变成市场上的价值尺度，需要量也是很大的。清代中叶，白银进入市场上很多原来用钱的领域，这会沉淀很多白银在里边。以前中国人都用铜，现在都用银。尽管政府收银，但是还会在市场沉淀很多。随着中国经济的发展，货币价值提高的过程就跟后来欧洲等国家实行金本位一样，是一个经济发展的规律，所以说在这个过程当中白银会沉淀在流通领域。因为银最早从东南沿海流入，特别是福建、广东用的银元，当然这些银元最初被熔化，变成中国的银两。可是到咸丰时，西北全用白银，包括西安等都开始铸很有特色的银锭了，所以说使用量会增加很多。

岩桥胜：白银流入以后政府要收税，从税收上控制。那么进入民间的白银全是用在作为通货的交换上，还是用在比如银器、储存起来等，是全部都在流通吗？

戴建兵：不是。因为银的价值很高，用处是很多的。首先中国那时候没有很发达的金融机构能够吸收这些白银，所以老百姓窖藏，这是一种。再有一个是女人的首饰，比如《金瓶梅》中，王婆给潘金莲簪子，那是银子，本身就是钱。这个消耗量都是很大的。

岩桥胜：还有一个问题中间插进来，就是金子。中国怎么理解金子，是想用没有这么多，还是光储存或者不用金子等？

戴建兵：金子在流通领域使用的时候比较少，因为它跟银有一个非常高的比价，1∶15，相对地它也被储藏，同时也是百姓炫耀财富的手段，中国过去不是讲穿金戴银嘛。但是很少在流通中见到金货币，它主要是用在储藏，作为一个财富的象征。

岩桥胜：在日本金和银的比率大概是1∶5，中国是1∶15，那么有些人会不会更多地收藏金子，是因为没有还是因为什么？

戴建兵：不是，有。中国人其实很早知道金，秦代时金子是上币，包括汉代铸的金饼，都曾经流通过，但是中国历史上有一个现在未解之谜。就是王莽以后，中国就没有金子了。比如《汉书》中曾记载，西汉的时候赐金，卫青、霍去病打了匈奴以后，赐给将领成千上万的金子。但是新莽以后政府就没有金子了，当然现在的解释是：由于笃信佛教给佛像贴金，还有老百姓墓葬里开始出现金首饰。跟西方一直用金币、银币的传统不太一样，中国从五铢以后基本是铜币，一直到宋代政府再用白银。

岩桥胜：那实际上皇帝的手里也是有金子的。

戴建兵：有。

岩桥胜：但是因为算是比银更高级的财宝不会轻易给别人，只是自己所有。

戴建兵：不是，比如唐朝、宋朝的时候，中国也铸金币，叫洗儿钱。比如安禄山是杨贵妃的干儿子，他开玩笑要过洗儿钱，当时儿子过百岁的时候，要在盆子里扔金钱当成一种赏赐，或者是在皇帝、皇后过节的时候，拿着金币在宫殿上往下扔，就是一种赏赐。

岩桥胜：普通庶民的生活当中货币的使用情况是怎样的？

戴建兵：明、清时候，尽管白银和铜钱都在市场上流通，但是一般的人都管铜钱叫穷人的货币，银两是富人的货币。有的穷人可能一辈子见不着银子，这种事情非常多。小额交易基本上全部用铜钱，但大额交易基本上用银子，不过这两种并不是主辅币的关系，它们有时是可以互相替代的。

岩桥胜：那么大额到什么程度就是一定要用银了？

戴建兵：首先这两者不是主币和辅币的关系，也没有特殊的规定，但是相对来说大额交易一般用银。

岩桥胜：那可以理解成比如在限定地域里，铜钱和银两都有，铜钱移动也比较容易，那可以用铜钱，如果更远距离就用银。

戴建兵：不是，这个非常复杂。比如明代的《杜骗新书》，里面记载晚明江南地区全部用银子。但是华北、西北习惯用钱，东南沿海用银较多，但是没有具体的规定。一直到近代，火车用银元，轮船一定要用银两，为什么呢。就是计量单位的差别，你买船票一定用银两计，你上火车则是银元，钱和银到近代仍不一样。

岩桥胜：结算的时候，相对于500千米的距离或者1000千米的距离以上的时候，是用银还是相当于支票之类的结算。

戴建兵：它跟不同的商帮和贸易的种类都有非常密切的关系，比如说近代的茶叶贸易，茶叶的零售商用银元，但是大量批发的时候一定要用银两。晚清的时候，中国各地银子异地不能流通，铜钱也是如此。

岩桥胜：铜钱也是如此？

戴建兵：对，北京的计算单位跟天津的计算单位不一样。比如都是串，有的一串是500，有的是980，非常体现中国的封建性和地域性。它不是统一的，没有真正地统一到现代的货币形态。

岩桥胜：那一两银子兑1000铜钱，实际上是不可能的。

戴建兵：1∶1000是清初的法令，但基本没有被执行过，铜贵的时候，一两银可能兑960、980，反之则可能兑1600、1700，每天都在变化，随行就市，它不是主辅币的关系。

岩桥胜：结算的时候一定要带着银子结算还是像票号一样，有什么新的方式慢慢发展起来？

戴建兵：不是，中国人最早的大额结算，是唐代的飞钱。所谓飞钱，就像现在的驻京办事处，大规模结算的时候，用飞钱作为凭据。票号出现在近代的山西，通过发行汇票解决异地结算的问题。

岩桥胜：票号之前，比如乾隆朝的大额银两如何处理？

戴建兵：在笔记小说里可以看到。包括《金瓶梅》里边也有这方面的记载，比如一大笔钱要到另外一个地方去，你写一个字据，就给你汇过去，这就叫汇票，但当时没有专门的行业和从事这个行业的人，直到票号出现以前都是零星的、个人之间的。

岩桥胜：土地文书里边写着用大额钱的，这个钱确实是在交易，手交手到吗？

戴建兵：对。

岩桥胜：岸本美绪先生讲的用银的可能性是因为要给政府交税，所以他写的是用银，那实际上也有用钱的可能性吗？

戴建兵：不是。交税的时候必须用银子，钱先变成银子，然后由官银匠当场铸成银锭。

岩桥胜：那就是说土地文书中写银的是用银，写钱的是用钱？

戴建兵：应该是的。钱和银都有地方色彩，比如说钱是九八钱，那肯定他得用钱。这里边都是很有特色的。包括银子，为什么说它是实际用过的？因为它不是泛泛的银，比如松江银多少多少两，行化银多少多少两，还有北方的冲头钱。都是实际支付的，没有说泛泛地指钱，或者是银。

李红梅：前两年岩桥先生做了中日朝三国货币的比较研究，中国选择的是福建，结果显示中国钱是日本钱5倍的价值。而当时日本地方的藩实际上的用钱量是很多的，500两的银，要是换成钱可能需要5头牛才能运送，所以日本钱的价值在日本当地是很低的，为了弥补流通量的不足，又发行了钱札，也就是纸币。岩桥先生因此认为，比较起来，中国的钱足够支付各种交易，日本钱的发行量不够，所以产生了纸币。

戴建兵：钱在清代货币体系中的作用非常重要，和清代经济的发展密切相关。因为钱是由政府供给的，通过中央和各个省不停地铸造，而中国基本不产银，银是通过外贸而来，所以银实际上不受政府控制。

岩桥胜：政府往社会上投钱是需要资金的，在清代意味着需要更多的资金买铜，然后大量铸钱。

戴建兵：是的。而且钱的主要用途一个是军饷，一个是工程款，比如修桥造路等。钱通过这种形式投入到市场当中。这里面蕴含着清代经济增长模式的问题，政府铸钱主要考虑投入，很少层面考虑流通。另外，刚才岩桥说中国钱比日本值钱，结果是否就是宽永钱在中国的大量流通？

岩桥胜：日本16、17世纪的德川幕府时期，日本发现银山，丁银的铸造量大约为120万贯，估计其中100万都流入中国，之后日本禁止银出口到中国，但没有限制铜的出口，宽永通宝是作为铜料流入中国的。

戴建兵：宽永通宝是如何铸造的？

岩桥胜：宽永通宝是由关札（德川幕府的铸钱机构）委托民间铸造的，它的铸造年代不同，所以形制各异。后来因为铜料缺乏，还铸造了铁钱。但是同一时期的钱币都是统一铸造，形制相同，不像中国有中央和地方之分。

戴建兵：宽永通宝据说有几百种。

岩桥胜：因为不同时期地方铸造的钱币形制不同，而且委托的机构也各异，所以有很多不同的种类。

戴建兵：宽永通宝背面一般都有一个汉字，有的也没有，比如说"文"字，或者"小"字，这些在中国都非常普遍，只有一种后边有水波纹图案的特别少，而且那种钱相对来说铸造得很精美。

岩桥胜：清波钱。

戴建兵：对。

岩桥胜：清波钱实际上可能是在 1760 年左右出现的，都是纯铜铸造的，一枚相当于四文钱，后来因为铜料缺乏，清波钱也掺杂了其他金属，开始铸造一文的铁钱。1830 年的天宝钱可以折合 100 文钱。

戴建兵：类似于清代咸丰朝铸造大钱。

岩桥胜：日本因为出口了大量的铜，导致国内铜料匮乏，所以铸造铁钱。中国有铁钱吗？

戴建兵：有。

岩桥胜：铁钱是民间铸造的吗？

戴建兵：不是。中国币材的种类很多，比如铜、铅、铁、锡、锑等等。宋代曾大量铸造铁钱。清代咸丰年间，铸铁钱、铅钱，都是政府行为。

岩桥胜：咸丰朝铁钱的铸造量是多少？

戴建兵：咸丰朝铁钱主要在北京流通，但是民间不接受，所以历史很短，不到一年。中国用铁钱最长的时期是宋代。为了跟金、辽打货币战，特别在两国交界的地方划出来一片铁钱区，保护铜料不流入到敌国。流通了几十年，数量非常大。

岩桥胜：实际上的比例是多少？

戴建兵：因为民间私钱的大量流通，具体的比例不易估算。

岩桥胜：在日本，根据德国学者的理论，纸币发行需要国家"固定化",就是纸币正当化以后在国内流通。整体看来,各个王朝的政府都是垄断了纸币发行权,那么中国的实际情况如何?

戴建兵:中国人很早就发明了纸币,但是中国人对纸币的认识,跟西方完全不同。是国家货币与银行券的差别。纸币一定要代表一定的实物货币,比如,一串,意味着一串的铜钱。实际上,政府发行一百元钱的纸币,只需要二十元钱的准备,基本上就可以维持其兑换。中国政府发现这个奥妙后,往往掏空准备金,扩大发行量。通过通货膨胀,掠夺社会的财富。结果造成社会动荡,引发王朝的更迭。

岩桥胜:政府对地方发行的纸票是如何管理或者限制的?

戴建兵:晚清以前,除了发生信用危机以外,政府对于票号等金融机构,基本上没有限制。晚清时期,西学东渐,才开始有更详细规定。

岩桥胜:是否意味着除非事态严重,否则政府不予管理。

戴建兵:中国有句俗话叫"民不报,官不究",就是这个意思。政府管理商业行为只有三件事:办理经营执照、缴纳固定税、官方处罚。日常的管理依靠商帮,或者同业公会。

岩桥胜:契约的概念,是阶级社会以后产生的,那么在清代等或者是在日本的甲午时代,契约的履行是依靠地缘关系和人与人之间的关系来保证吗?

戴建兵:不是,契约分为两种:一种叫白契,是私人间约定的在民间有很强的约束性,官府一般不予管理。另一种是红契,需要经过官府备案,缴纳税金,包括后来贴印花税券。这种契约如果出现违规,政府就会出面。但是清代前期的违约率不高,出于节省费用的原因,民间白契的数量很多。

李红梅:土地文书是否属于白契?

戴建兵:大部分相当于白契。在中国传统社会,是非常重视契约的,所有的事都是立字为据,只要你能拿出字据,一般不会引起争议。比如地契,上面很有可能粘贴着明代的契约、清代的契约、民国的契约,非常完整。

岩桥胜:那么在中国的契约中,同乡关系或者是个人与个人之间的关系是如何体现的?

戴建兵:在形成契约之前,所有的契约都会有中人或者第三方。他和签订契约的双方不是同乡，就是有其他千丝万缕的关系。

岩桥胜：中人是指保证人的意思吗？

戴建兵：中国是人情社会，特别是封建社会，契约能够执行，是因为有担保。不是随便一个人就可以作为中人，中人需要和双方都有一定的关系，就像经纪人一样，他为此还能获得一定的利益。如果到官府备案纳税，就可以有两层担保，所以大体上执行起来是没有困难的。而且只要第一次的合同顺利履行，就会有第二次、第三次，然后就形成了商帮。

岩桥胜：近代或者现在，做生意依靠的是国内或国际的法律法规，日本在明治三四十年以后制定了商法，中国的商法是何时制定的？

戴建兵：中国从晚清开始学习日本，许多经济学的名词都是从日本传入的，商法也是参考日本的。但是里面体现着中国特有的人际关系网络，而且后来也受到西方的影响。

岩桥胜：在晚清和民国的时候，商法是否并没有被充分遵守？

戴建兵：不是。商法很多是物权法。但中国的传统是"普天之下，莫非王土；率土之滨，莫非王臣"，国家可以凌驾于法规之上。

岩桥胜：我们以前发过去给您的问题，已经都得到您的回答了，非常满意，谢谢！

戴建兵：谢谢！我还有几个问题要问，就是日本的四方形小银币，上有"银坠常是"是什么意思？

岩桥胜："常是"是这个人的名字，"银坠"是指铸这个银子的地方，制造银的叫银匠、银炉什么的。

戴建兵：一般银币都是圆的，为什么日本是四方的？包括大判、小判是个椭圆形的。

岩桥胜：那个时期，日本跟外国是没有接触的，它没有受他国的影响，没有关系。开始的时候，银是称量货币。后来为了跟银相配，当它的辅助货币，所以银币就是铸出来的新的计数货币，就不用称量货币，跟西班牙银元的样子一点关系都没有。

戴建兵：为什么日本要铸金和银的永乐通宝？

岩桥胜：这是在丰臣秀吉时代，丰臣秀吉时代是试做，样品似的，实际上没有流通。丰臣秀吉做了，赐给地方的大名。

戴建兵：日本铸造的金银永乐通宝，仔细看呢，都是一个一个的小圈，这个在中国首饰业中称为"珍珠地"，但是中国人制作的话会在钱面所有的地方都做成"珍珠地"，可是日本呢，只是在字底下才有。为什么？

岩桥胜："永乐通宝"是在日本模仿铸造出来的，模仿的时候呢，完全模仿一样的也有，也有完全不是一样的，可以这样理解。

戴建兵：西班牙银元从来没有在日本流通过吗？

岩桥胜：1859 年，开国以后在横滨和神户有这个银元的流通。西班牙的银元流入到日本，日本同时也在做自己的货币，铸造了很多自己的货币。还有，西班牙银元在神户和横滨只允许外国人使用，其他地方是没有流通的。

戴建兵：在大帆船贸易上，西班牙和日本没有任何来往？

李红梅：实际上是这样的，西班牙在 Marco（澳门）地方，它从中国进了很多东西，它到日本来，把东西卖给日本人，然后呢，再把日本的银子等再带回来，以后回到中国来。应该是这样一个过程。等于是西班牙人在中间两边赚，自己再要的东西再带到欧洲去。

戴建兵：我去过韩国中央银行博物馆，朝鲜曾用银瓶做过货币，您如何理解？

岩桥胜：他们说有可能用，但是实际上还是说金子的原形，实际上，在朝鲜银子应该没有什么存量，本身不产，是日本要买朝鲜的高丽人参，这样有很多的银子进到朝鲜去，又通过朝鲜，去买中国的丝绸、生丝等，运到日本来，所以日本的银子通过韩国再到中国，是这样一个程序。

戴建兵：好，非常感谢！

（《江苏钱币》2012 年第 2 期）

后　　记

　　这本小书是一个时期以来对自己学术的总结，因而也就保持了其原来的样子。

　　其中一些文章是和我的学生一起发表的。文章名称如下：《全球视角下嘉道银贵钱贱问题研究》，习永凯《近代史研究》，2012 年第 6 期；《传教士与中国货币》，陈晓荣《江苏钱币》2008 年第 2 期；《近代上海黄金市场研究（1921—1935 年）》，史红霞《黄金》2003 年第 3 期；《抗日战争时期国民党政府的黄金政策研究》，陈晓荣《黄金》2004 年第 3 期；《论中外合办银行的纸币发行》，陈晓荣《中国钱币论文集》（第五辑），中国金融出版社 2010 年版；美丰银行及其纸币发行，史红霞《中国钱币》2003 年第 3 期；《浅析冀察币政特殊化及冀察自铸辅币》，韩立彦《天津钱币》2007 年第 2 期；《日本对华经济战中被忽视的一面——日本在华公债政策研究（1931—1945）》，申玉山《抗日战争研究》2009 年第 2 期；《中国金融史学术研讨会综述》，许可《中国经济史研究》2011 年第 3 期，本集改为《第一届金融史学术研讨会综述》；《第二届中国金融史国际学术研讨会会议综述》，侯林《中国经济史研究》2013 年第 4 期，本集改为《第二届中国金融史学术研讨会综述》；《中外货币文化交流研究成果百年回顾》，陈晓荣《江苏钱币》2005 年第 1 期。

　　读刘志英博士著《近代上海华商证券市场研究》一文为未发表之作。

　　早年的一些文章是用季愚之名发表的。

　　感谢中国钱币学会课题经费支持，批准了我和习永凯的课题，才使自己有了总结学术的机会，今后一定会继续为光大钱币学而努力。